한국민족운동사론

강만길 저작집

간행위원: 조광 윤경로 지수걸 신용옥

해제: 고정휴 구선희 김기승 김명구 김윤희 김행선 박은숙 박한용
　　　변은진 송규진 이주철 정태헌 최덕수 최상천 하원호 허은

교열: 김만일 김승은 이주실 조철행 조형열

강만길 저작집

———

04

한국민족운동사론

창비

저작집 간행에 부쳐

그럴 만한 조건이 되는가 하는 생각을 버리지 못하면서도 제자들의 준비와 출판사의 호의로 저작집이란 것을 간행하게 되었다. 잘했건 못했건 평생을 바친 학문생활의 결과를 한데 모아두는 것도 나름대로 의미가 있을 것 같기도 하고…… 한 인간의 평생 삶의 방향이 언제 정해지는가는 물론 사람에 따라 다르겠지만, 지금에 와서 뒤돌아보면 나의 경우는 아마도 세는 나이로 다섯 살 때 천자문을 제법 의욕적으로 배우기 시작하면서부터 어쩌면 학문의 길이 정해져버린 게 아닌가 생각해보기도 한다. 그리고 요즈음 이름으로 초등학교 6학년 때 겪은 민족해방과 6년제 중학교 5학년 때 겪은 6·25전쟁이 역사 공부, 그것도 우리 근현대사 공부의 길로 들어서게 한 것 같다고 말하기도 한다.

대학 3학년 때 과제물로 제출한 글이 활자화됨으로써 학문생활에 대한 의욕이 더 강해진 것 같은데, 이후 학사·석사·박사 논문은 모두 조선왕조시대의 상공업사 연구였으며, 특히 박사논문은 조선왕조 후기 자본주의 맹아론 연구였다. 문호개방 이전 조선사회가 여전히 고대사회와 같은 상태에 머물러 있었다고 주장한 일본인 연구자들의 연구에 대항한 것이었다고 하겠다. 역사학계 일부로부터 박정희정권하의 자본주의 성장을 뒷받침하는 연구라는 모함을 받기도 했지만……

자본주의 맹아론 연구 이후에는 학문적 관심이 분단문제로 옮겨지게 되었다. 대학 강의 과목이 주로 중세후기사와 근현대사였기 때문에 학문적 관심이 근현대사에 집중되었고 식민지시대와 분단시대를 연구하고 강의하게 된 것이다. 『분단시대의 역사인식』을 통해 '분단시대'라는 용어가 정착되어가기도 했지만, '분단시대'의 극복을 위해 통일문제에 관심을 두게 되면서 연구논문보다 논설문을 많이 쓰게 되었다. 그래서 저작집도 논문집보다 시대사류와 논설문집이 더 많게 되어버렸다.

그런 상황에서도 일제시대의 민족해방운동사가 남녘은 우익 중심 운동사로, 북녘은 좌익 중심 운동사로 된 것을 극복하고 늦게나마 좌우합작 민족해방운동사였음을 밝힌 연구서를 생산할 수 있었다는 것을 자윗거리로 삼을 수 있지 않을까 한다. 사실 민족해방운동에는 좌익전선도 있고 우익전선도 있었지만, 해방과 함께 분단시대가 되리라고는 꿈에도 생각하지 않았기 때문에 민족해방운동의 좌우익전선은 해방이 전망되면 될수록 합작하게 된 것이다.

『고쳐 쓴 한국현대사』는 '한국'의 현대사니까 비록 부족하지만 남녘의 현대사만을 다루었다 해도 『20세기 우리 역사』에서도 남녘 역사만을 쓰게 되었는데, 해제 필자가 그 점을 날카롭게 지적했음을 봤다. 아무 거리낌 없이 공정하게 남북의 역사를 모두 포함한 '20세기 우리 역사'를 쓸 수 있는 때가 빨리 오길 바란다.

2018년 11월 강만길

일러두기

1. 이 저작집은 '내일을 여는 역사재단'의 기획으로, 강만길의 저서 19권과 미출간 원고를 모아 전18권으로 구성하였다.

2. 제15권『우리 통일, 어떻게 할까요/역사는 변하고 만다』는 같은 해에 발간된 두 권의 단행본을 한 권으로 묶었다.

3. 제17권『내 인생의 역사 공부/되돌아보는 역사인식』은 단행본『강만길의 내 인생의 역사공부』와 미출간 원고들을 '되돌아보는 역사인식'으로 모아 한 권으로 묶었다.

4. 저작집 18권은 초판 발간연도 순서로 배열하되, 자서전임을 감안해『역사가의 시간』을 마지막 권으로 하였다.

5. 각 저작의 사학사적 의미를 짚는 해제를 새로이 집필하여 각권 말미에 수록하였다.

6. 문장은 가급적 원본대로 유지하는 것을 원칙으로 하였고, 명백한 오탈자와 그밖의 오류는 인용사료, 통계자료, 참고문헌 등을 재확인하여 바로잡았으며, 주석의 서지사항 등을 보완하였다.

7. 역사용어는 출간 당시 저자의 문제의식을 살리기 위해 그대로 따랐다.

8. 원저 간의 일부 중복 수록된 글도 출간 당시의 의도를 감안하여 원래 구성을 유지하였다.

9. 본서의 원저는 증보판『한국민족운동사론』(서해문집 2008, 초판 한길사 1985)이다.

증보판을 내면서

『분단시대의 역사인식』 이후 두번째 사론적 성격의 책인 『한국민족운동사론』이 1985년에 출간되었으니 벌써 23년이 지났다. 돌이켜보면, 기본적 인권은 말할 것도 없고 최소한의 민주주의적 조건마저 유린당했던 시기에 역사학이 감당해야 했던 그 시대의 책무에 답하기 위해 이두 책을 출간했던 셈이다.

책머리에서도 밝혔듯이, 이 책은 『분단시대의 역사인식』을 좀더 구체화하고 분단극복의 방향을 모색하기 위해, 민족주의는 어떻게 이해되어야 하며 또 어떤 방향으로 나아가야 할 것인가를 생각하면서 쓴 글들을 모은 것이다.

자율적 근대화와 통일민족국가 수립에 실패했던 우리 근현대사 위의두 번의 역사적 실패를 반성하고, 한편으로는 통일민족국가를 건설하기 위한 노력들을 역사적으로 자리매김하고자 했던 것이다. 요즈음 일각에서는 이러한 역사인식을 '자학사관'이라고 하는 모양이지만, 무분별한 자의적 판단을 불식하기 위해 굳이 이름붙인다면 '분단극복사관'이다.

이 책이 출간된 후 지난 20여 년 동안 우리 사회의 역사인식은 한층 성숙해지고 민족주의에 대한 인식도 다양해졌다. 실질적 민주화를 요구하며 좀더 독립적인 주권국가가 되기를 원하는 일반 시민들의 바람은 이 책에서 강조했듯이, 분단국가주의를 극복하고 통일과 민주주의를 지향하는 민족주의의 과제에 다름 아닐 것이다.

지금도 계속 읽혀서 판을 거듭하고 있는 『분단시대의 역사인식』과 이 책을 짝지어 대학생들이나 일반인들에게 좀더 읽힐 필요가 있다는 주변의 권유도 있어 『한국민족운동사론』의 증보판을 내게 되었다. 이번 증보판에는 해방된 지 반세기를 넘긴 오늘에도 여전히 해결되지 않은 일제 식민지배 청산의 과제들을 묶어 넣었다.

모쪼록 우리 사회가 한걸음 더 나아가기 위해 우리 민족주의가 걸어온 길을 되새겨보면서 그 나아갈 길을 모색하는 데 이 책이 보탬이 되었으면 한다. 간행된 지 20년이 넘은 책의 증보판이 세상에 나오게 해준 서해문집 출판사에 감사해 마지않는다.

2008년 6월
강만길

책을 내면서

『분단시대의 역사인식』 이후에 쓴 사론적인 글들을 모아 『한국민족 운동사론』이란 이름을 붙였다. 『분단시대의 역사인식』에 실린 글들이 쓰여진 1970년대 전반기까지의 사론적인 관심은 우리가 살고 있는 20세기 후반기를 민족사의 또 하나의 불행한 시대로서의 분단시대로 인식하는 문제가 중요하다는 점에 쏠려 있다. 역사와 현실이 송두리째 냉동된 이른바 유신체제 속에 살면서 현실을 기피하지 않고 현실 속에 함께 냉동되지 않기 위해 역사학이 무엇을 할 것인가 하는 자기물음에 대한 답이었는지도 모르며, 그 때문에 생각과 글이 너무 절박했는지도 모른다.

『한국민족운동사론』의 중요한 부분을 이루는 글들은 1980년대에 들어와서 소위 '해직교수'가 된 시기에 이루어진 것들로서 분단민족에게 민족주의는 왜 절실하며 그것은 또 어떤 것이어야 하는가를 생각하면서 쓴 글들이다. 어쩌면 역사적 소용돌이의 한 모퉁이에 휘말려 있었기 때문에 오히려 이런 문제들에 집착하게 되었는지도 모른다.

이 시기의 사론적 관심은, 우리 근현대사에는 민족분열적인 요인만 있었던 것이 아니라 통일된 민족국가를 건설하기 위한 생각과 행동도 역사적 맥락을 이루었다는 사실을 실증해야 하며, 그것이 분단시대 역사학이 해놓아야 할 과제 중의 하나라는 것이었다.

종래의 한국민족운동사 연구는 대체로 근대 이후의 외세침략 과정에서 우리 민족이 어떻게 저항해왔는가 하는 측면에 치우쳐 있었고 외세의 침략을 받고 어떤 체제의 민족국가를 건설하려 했는가 하는 문제를 구명하는 일에는 다소 소홀하지 않았는가 하는 느낌이 있다.

외세의 침략을 저지하거나 식민지배를 벗어나는 일이 우리 근현대 민족운동의 주된 과제였으나 외세를 극복하는 일과 함께 민주주의 통일민족국가를 수립하는 일이 함께 수행되어야 했으며 민족운동도 이 두 가지 측면이 일치되었을 때 비로소 역사적인 위치를 확실히 하는 것이었다고 생각된다.

대한제국시기의 민족주의운동에서는 반외세운동과 국민주권주의운동이 합치되어야 했으며 식민지시기의 민족주의운동은 국민주권국가 수립을 위한 항일독립운동이었고 해방 후의 민족주의운동은 민주주의운동과 합치된 민족통일운동, 통일운동과 합치된 민주주의운동일 때 그 올바른 노정을 걷는 것이라 생각된다.

그 때문에 대단히 미약한 것이기는 했지만 대한제국시기의 공화주의운동은 그 반외세운동과 함께 높은 역사적 의미를 가지며, 식민지시기 독립운동전선에 공화주의가 정착한 사실, 그리고 해방 후 분단시대의 민족통일운동이 민주주의운동과 그 궤도를 같이하고 있는 사실은 바로 역사적 필연성이라 할 수 있을 것이다.

또한 식민지시기의 민족운동전선은 민족해방이 민족사의 어떤 단계가 되어야 하는가를 구명하기 위한 노력을 계속해왔고 제한적이기는 하지만 통일된 의견에 어느정도 접근하고 있었다. 이 책에서 거듭 지적

된 독립운동전선에서의 민족협동전선·민족연합전선운동은 비록 그것이 해방 후의 통일민족국가 수립에는 실패했지만 민족주의운동의 귀중한 유산으로서 우리 앞에 살아 있는 것이다.

분단시대 역사학 및 민족주의운동론의 또 하나의 과제는 민족통일이 민족사의 어떤 단계가 되어야 할 것인가 하는 문제에 대한 이론적 모색을 해야 하는 것이라 생각되지만 이 책은 그것에까지는 미치지 못하고 있다.

정작 들어 있어야 할 중요한 부분은 결여되고 책 제목과 다소 거리가 있는 부분으로 생각될 수 있는 3장과 4장의 글들이 들어간 것이 저자로서도 불만이지만, 그동안에 쓴 다소 가벼운 글들을 한데 모으자는 생각에서, 이 글들도 그 나름대로 민족운동론의 배경이나 변두리는 될 수 있으리라 스스로 변명하면서 함께 신기로 했다.

이 책에 실린 글의 주된 부분은 얼마 전에 출간된 『한국근대사』와 『한국현대사』의 기저가 된 글들이다. 두 권의 통사 내용을 더 깊이 알고자 하는 독자들에게 도움이 될 것이다.

1985년 3월 9월
강만길

차례

저작집 간행에 부쳐　　　　　　　　　　　　　004

증보판을 내면서　　　　　　　　　　　　　　007

책을 내면서　　　　　　　　　　　　　　　　009

1부　분단과 통일운동

1 한국 근대 민족주의의 전개 과정　　　　　017

2 좌우합작운동의 경위와 그 성격　　　　　040

3 4월혁명의 민족사적 맥락　　　　　　　　096

4 민족분단의 역사적 원인　　　　　　　　　113

2부　민족운동사의 성격

1 독립운동 과정의 민족국가건설론　　　　　145

2 동도서기론의 재음미　　　　　　　　　　202

3 민족운동·삼균주의·조소앙　　　　　　　221

4 일제시대의 반식민사학론　　　　　　　　250

3부 　민족운동의 전제

1 　조선은 어떻게 500년이나 지속되었는가　　　　299

2 　실학의 상공업발전론　　　　314

3 　대한제국 앞의 네 가지 길　　　　330

4 　일제 통치의 민족사적 피해　　　　346

4부 　민족운동사론의 주변

1 　독립운동사 연구론　　　　363

2 　신간회운동 연구론　　　　378

3 　지식인과 역사변혁　　　　386

4 　역사학이 찾은 시대와 소설이 담은 시대　　　　394

5 　소설『토지』와 한국 근대사　　　　407

5부 일제 식민지배 청산의 과제

1 대담: 한·일 근대사를 바로잡는다   431
2 일본군 '위안부'의 개념과 호칭 문제   457
3 침략전쟁기 강제동원된 조선 노동자의 저항   492
4 독도는 왜 일본 땅이 아닌가   518

해제 | 김기승   527

1부

분단과
통일운동

1. 한국 근대 민족주의의 전개 과정
2. 좌우합작운동의 경위와 그 성격
3. 4월혁명의 민족사적 맥락
4. 민족분단의 역사적 원인

1. 한국 근대 민족주의의 전개 과정

한국 민족주의론의 음미

민족주의를 이해하는 방법은 시대에 따라 혹은 지역에 따라 많은 차이가 있어왔으며 한국 민족주의의 경우도 예외는 아니었다. 식민지시대를 겪은 한국 민족주의가 외세에 대한 저항주의 중심으로 이해되어 온 것은 당연한 일이라 말할 수도 있다. 그러나 해방이 된 지 40년이 되는 지금도 민족주의의 이해가 저항주의 중심의 단계에 머물러 있다면 한국의 민족주의론은 하나의 두꺼운 벽에 부딪혀 있는 것이라 하지 않을 수 없을 것이다.

민족주의론이 이와 같은 식민시대적 상황에서 탈피하는 길은 그것을 저항주의 중심으로 보던 시각에서 벗어나 근대사 발전의 단계 및 근대 민족국가 수립 과정에서의 역사적 방향을 정립하는 이론으로 파악하는 일이라고 생각되지만, 이를 위해서는 지금까지의 한국 민족주의 이론이 어떤 문제점을 가지고 있었는지 다시 한번 음미해볼 필요가 있다.

이미 지적한 것과 같이 한국 민족주의는 그 특수한 역사적 조건 때문에 주로 외세 침입에 대한 저항주의 중심으로 파악되어왔다. 즉 외국 자본주의 및 제국주의 세력의 침략에 대항하는 의식 내지 행동 속에서 민족주의의 형성과 발전 과정을 찾으려 한 것이다. 이 경우 한국 민족주의의 시점은 자연히 1860년대에 있었던 프랑스나 미국의 문호개방 요구에 대항하는 시점에까지 올라가는 것으로 이해되었으며, 따라서 이 시기의 외세 침략에 대항하는 이론으로서의 위정척사론도 민족주의론으로 이해되게 마련이었다. 봉건적인 정치체제나 사회경제체제를 그대로 유지하는 데 바탕을 둔 이론이라 하여도 외세 침략에 대한 저항도만 높다면 민족주의로 볼 수 있다는 논리가 성립된다면 민족주의의 의미를 아무리 확대해석한다 하여도 동의를 얻기가 어려운 것이 아닌가 한다.

지금까지의 한국 민족주의의 이해에서 또 하나 지적해야 할 점은, 그것을 구한말과 식민지시대에만 한정하여 파악하는 경우가 많았고, 해방 후 한국 민족주의 문제로까지 연장해서 이해하려는 노력이 적었다는 사실이 아닌가 한다. 민족주의를 외세 침략에 대한 저항주의 중심으로 이해했기 때문에 그 범위가 구한말이나 식민지시대에 한정되었지만, 그것을 국민국가 내지 민족통일국가 수립을 위한 역사적 과정에서 하나의 방향을 정립하는 이론 전개로 이해하면 오히려 해방 후 한국 민족주의 문제가 더 큰 관심의 대상으로 나타나지 않을 수 없을 것이다.

마지막으로 지금까지의 한국 민족주의론을 되새겨보면, 저항주의 중심의 이해에서 벗어나 근대사의 발전 과정 속에서, 근대 민족국가의 발전 과정 속에서 그것을 이해하려는 경우가 있었다 해도 지나치게 국가주의적 이해에 한정되어 있었다는 점을 지적할 수 있지 않을까 한다. 이와 같은 한계성은 19세기 후반기의 흔히 말하는 민족운동, 근대화운동을 분석할 때 두드러지게 나타나는 것이라 생각된다. 청나라와의 종속관계에서 국가적인 독립을 확보하는 일, 중세적인 왕국을 근대적인 제국(帝國)으로 만드는 일, 왕을 국제적으로 중국의 황제나 일본의 천황과 같은 위치로 올려놓기 위해 황제로 호칭을 바꾸는 일, 군주주권체제를 그냥 둔 채 외세 침략을 저지하기 위한 애국주의운동을 일으키는 일 등이 민족주의로 이해되었는가 하면, 이른바 동도서기론(東道西器論)과 같이 전제군주체제를 그냥 두고도 서양의 기술문명만 수용하여 전기·전선·철도 시설을 갖추기만 하면 근대화가 되는 것으로 생각했던 것이다.

민족주의란 여러가지 뜻으로 설명되지만 역사적인 시점에서 볼 때 무엇보다도 국민주권주의를 바탕으로 하여 설명되고 또 이해되어야 한다고 생각하며, 따라서 국민주권의식보다 국가주의적 의식이 팽배했던 구한말 시기는 엄격히 말해서 국가주의시대나 민족주의 배태기는 될지언정 민족주의 시기로 보기는 어려운 것이 아닌가 한다. 역사상의 민족주의시대는 국민주권주의를 달성하기 위해 생각하고 행동하던 시기이며, 그것은 또 역사발전의 또 하나의 새로운 단계로서 인간해방도를 국민주권주의의 달성을 통해 한층 더 높여가던 시기였던 것이다. 다만 한국의 경우 민족주의는 전제군주제의 청산과 국민주권의 달성을 통한 인간해방도의 높임과, 식민지배로부터의 해방을 통한 인간해방도의 높임이 병행된 시기를 걸어왔으며, 이 때문에 그 길은 한층 더 험난했던 것이다.

그리고 해방 후 한국 민족주의가 당면한 과제로 당연히 민족의 재통일을 들지만 그것으로 가는 지름길도 철저한 국민주권주의의 달성에 있으며, 민족통일이 분단된 국토와 민족 구성원 사이의 물리적인 재결합을 뜻하는 것이 아니라 민족사의 또 하나의 새로운 단계로의 발전을 의미하는 경우, 그것은 당연히 철저한 국민주권주의의 달성, 인간해방도의 제고를 바탕으로 하여 이루어질 것이다. 또한 한국 민족주의가 국민주권주의와 인간해방도의 높임을 목표로 하여 추구될 때에야 비로소 그것은 대내적으로 분단국가 속에서의 국가주의, 복고주의, 국수주의, 분단국가 상호간의 대립주의를 떨어버릴 수 있을 것이며, 대외적으로는 세계주의, 보편주의와의 상치를 넘어서 인류 공동의 목표에 부합할 수 있을 것이다.

한국 민족주의를 외세 침략에 대한 저항주의 중심이 아닌 근대사 자체의 발전 과정 속에서, 근대 민족국가의 수립 과정 속에서 파악하고, 또 그것을 국민주권주의의 발전과 인간해방도의 제고 중심으로 이해하는 시각에서 보면, 근대사 일반의 발전 과정과 동떨어질 수 없으며, 따라서 다음과 같은 네 단계로 나눌 수 있을 것이다.

첫번째 단계는 아직 국민주권 의식이 철저하지 않았고 개화자강주의(開化自强主義)와 충군애국주의(忠君愛國主義) 중심의 시대였다 해도 한편으로 국민주권 의식이 서서히 싹터가고 있었던 구한말 시대다. 두번째 단계는 조선의 패망과 함께 군주와 국가와 국민을 각각 분리 인식하게 되고 독립운동의 또 하나의 목적인 공화주의(共和主義)가 정착해갔으며 마침내 한국 역사상 최초의 공화주의 정부로서 상해임시정부가 수립되던 시기까지로 잡을 수 있을 것이다. 그리고 세번째 단계는, 이 공화주의운동이 구한말에 형성된 개화주의자 중심으로 진행된 데 반하여 식민지 치하에서의 노동자·농민계급의 급격한 의식성장과 조선공산당의 성립 등으로 공화주의운동과 독립운동 내부에 사상과 방법론의 차이가 생겨 한때 독립운동전선에 심한 분열을 일으켰다가 좌익과 우익이 연합해 다시 민주사회주의 성격의 연합전선을 이루어 민족해방에 대비하는 때까지로 잡을 수 있을 것이다. 다음 네번째 단계는 해방과 함께 분단국가가 성립됨으로써 국민주권주의가 크게 후퇴하고 국가주의적인 상황으로 되돌아가 정체(政體)는 공화주의를 갖추었으나 정치 현실에는 독재주의가 심화되었고 여기에 대항하는 4·19운동이 일어남으로써 국민주권주의를 한때 회복하고 급진적으로 민족통일운동으로 연장돼갔으나 5·16정변의 발발로 국민주권주의와 민족통일운동이 다시 후퇴했다가 7·4공동성명을 계기로 통일 논의의 금기성(禁忌性)을 어느 정도 탈피하고 유신제도의 등장으로 국민주권주의가 혹독한 시련을 겪게 되는 시기까지로 볼 수 있지 않을까 한다.

종속국에서 독립국으로

병자호란으로 청나라에 패배한 조선은 의례상(儀禮上)으로는 계속 청나라의 속국 위치에 있었으나 내정독립은 그대로 누리고 있었다. 그러나 문호개방기부터 청나라의 외교적 간섭이 강화되다가 특히 임오군란 이후에는 내정 면에까지 간섭이 확대되어 식민지 지배를 방불케 했다. 이와 같은 상황 아래서 일어난 갑신정변은 그 개혁정강 제1조에서 청나라에 유폐되어 있는 대원군의 송환과 조선의 청나라에 대한 조공의 폐지를 들었다. 청나라로부터의 국가적 독립이 이 정변의 제일 목표였던 것이다. 정변이 성공할 경우 국내 정치 면에서 어떤 정체를 지향하겠는가 하는 문제가 개혁정강에 분명히 나타나 있지는 않지만 대체로 군민동치(君民同治), 즉 입헌군주제를 지향한 것이 아닌가 생각된다.[1]

결국 갑신정변이 지향한 것은 국가적 독립과 입헌군주제 정체였다고 볼 수 있지만 국가적 독립 문제 자체가 수구파의 강력한 반대 앞에 부딪

---

1) 개화파들이 주도하여 발행한 『한성순보』의 논설에서는 삼권분립론을 소개하면서, 구미 각국의 '치국지요(治國之要)'에 군민동치와 합중공화(合衆共和)의 두 가지가 있는데, 그것은 모두 입헌정체라 했다. 군주체제를 부인하지 않는 입헌정체, 즉 입헌군주제의 실현이 그들 개화파의 정치적 이상이었다고 할 수 있을 것이다.

힘으로써 정변 자체도 실패했던 것이다. 갑신정변의 일차적인 목적이 국가적 독립에 있었지만 전제군주체제를 입헌군주체제로 바꾸려 했다는 사실로써 국민주권주의에 한걸음 다가선 정변이었다고 할 수 있을 것이다.

갑신정변 실패 후 10년간은 국가적 독립이나 전제군주제의 지양을 목적한 정치운동이 일어나지 않다가 갑오농민혁명으로 폭발했다. 갑오농민혁명은 봉건적인 유제를 타파하기 위한 구체적인 폐정개혁안(弊政改革案)을 제시했으나 혁명군 측의 자료가 부족하여 이 혁명이 어떤 정체를 지향했는지 분명히 밝힐 수 없다. 이 혁명은 자본주의 세력의 침략 앞에서 국가적 독립을 지키는 일, 서민과 천민층을 정치·경제·사회적 속박에서 해방하는 일에 대해서는 구체적인 방법을 제시했으나, 조선의 왕권을 부인하고 국민주권을 지향한 흔적을 찾기는 어렵다. 혁명군의 대청(對淸)종속관계 거부가 척양척왜(斥洋斥倭)만큼 선명하지 못한 점을 고려하지 않더라도 국가적인 독립과 국민주권의식 사이에는 상당한 거리가 있고 봉건적인 속박에서의 해방이 곧바로 국민주권주의와 연결되지 못한 것도 사실이다. 반봉건주의, 반침략주의가 국민주권주의의 전제가 됨은 물론이지만 그것이 곧 국민주권주의는 아닌 것이다.

청일전쟁을 계기로 하여 갑오개혁이 추진되는데, 이 개혁의 주체성과 타율성 문제에는 논의가 많지만, 이 개혁은 멀리는 실학사상의 개혁안, 가깝게는 갑신정변과 갑오농민혁명의 개혁 의지를 제도적으로 구현한 것이다. 그러나 개혁의 핵심이 경제적, 사회적인 면에 있었고 정치적으로는 전제군주제를 어느정도 제한하는 데 그쳤으나, 반면 종래의 '국왕 전하'를 '대군주 폐하'로 바꾸고 독자적인 연호를 채택하여 왕과 국가의 국제적 지위를 높이려는 의지를 보였다.[2] 연호를 채택하고 국왕의 호칭을 '폐하'로 고친 반면, 갑오개혁 추진의 핵심 인물 중 하나는 군민동치체제가 시기상조라고 생각하며 오히려 갑신정변 주동자들보다 국민주권주의에 있어서는 후퇴하고 있었음을 나타내준다. 흔히 갑신정변 주도자들을 급진개화파로, 갑오개혁 주도세력을 온건개화파로 구분하기도 하지만 국민주권주의에 대한 견해에도 차이가 있다 할 것이다.

구한말에 국민주권주의론이 한걸음 크게 전진한 것은 역시 독립협회 운동에서였다. 그 주도자들은 천부인권·만민평등을 이해했고 직접민주주의를 어느정도 시험하려 했는가 하면 주권독립을 강력히 요구하면서 의회개설론으로까지 나아갔다. 그러나 한편 이 운동도 많은 한계성을 가지고 있었다. 무엇보다도 이 운동은 국민혁명의 가능성을 부인했다. 전제군주체제 아래서 국민주권주의를 달성하는 첩경은 국민혁명에 있었지만, 이 운동은 당시 일부 진보주의자들 사이에 나타났던 공화주의론 내지 국민혁명론을 오히려 진정시키는 논설을 폈다. 그뿐만 아니라 국가적인 독립을 위해서는 군주권을 강화해야 한다고 주장했고, 그 결과가 칭제건원(稱帝建元)을 건의하는 것으로 나타났으며, 의회개설론은 상원에 한정했고, 그것도 관선 의원과 독립협회 회원 의원으로만 구성하자는 주장이었다.

『독립신문』의 논설들은 "임군께 충신이 되려면 첫째 그 임군을 사랑하여야 하는데 임군 사랑하는 법이 임군께서 들으시기 좋은 말만 아뢰는 것이 사랑하는 근본이 아니라 임군이 정해놓은 법률대로 만 일을 하게 되면 그 사람이 충신이요, 조금치라도 임군이 정해놓으신 법률 외의 일을 하든지 금칙 밖의 일을 행하는 것은 그 임군께 역적이요, 전국 인

---

2) 아직 대한제국이 성립되기 전이지만 갑오개혁에서 군주의 호칭을 '대군주 폐하'로 할 것을 법률로 정하고 있다.(『官報』 開國 503년 12월 17일)

민의 원수라. 군주국에서는 군권이 있어야 하는 고로, 조선도 대군주 폐하께서 권세를 모두 잡으셔야 나라일이 잘 되어갈 터라"[3] 했고, 황국협회 측의 하원개설론에 대하여 "무식하면 한 사람이 다스리나 여러 사람이 다스리나 국정이 그르기는 마찬가지요, 무식한 세계에는 군주국이 도리어 민주국보다 견고함은 고금 사기와 구미 각국 정형을 보아도 알지라"[4] 하고 반대했다.

독립협회는 왕권을 부정하지 못했음은 물론, 군민동치에 참여하는 '무식'하지 않은 민권 역시도 독립협회의 민권을 가리키는 것이라 볼 수 있다. 문호개방 이후의 어느 정치운동보다도 국민참정을 선명히 요구한 것은 사실이지만 군주주권의 부정과 철저한 국민주권의 달성에는 상당한 거리가 있었으며, 갑신정변에서 미처 선명하게 드러내지 못했던 군민동치론이 한층 더 분명히 드러난 단계라 보아야 하지 않을까 한다. 군민동치론에 머물렀던 독립협회의 정치운동도 왕권 측의 탄압으로 실패하고 러일전쟁의 발발과 함께 대한제국은 일본의 보호국으로 전락했다. 보호국 체제 아래서 이른바 합법적인 애국계몽운동이 일어났는데, 왕권이 일본에 굴복을 하고 정부가 완전히 일본의 괴뢰화한 이때에 이르러서야 애국계몽운동은 서서히 군주권을 부인하는 방향으로 나아갔다.

『대한자강회월보』는 「국가급 황실의 분별」이란 논설에서 "사람이 생명이 비록 길다 하여도 팔구십에 불과하고 국가는 그 생명의 장구함이 천만 년이나 가니 황실의 흥망으로써 국가의 흥망이라 말함은 국가 본의에 불명한 소이라"[5] 했고, 『서우(西友)』논설에서도 "임금은 수레를

---

3) 『독립신문』 1896년 9월 8일 논설.
4) 「하의원은 급지 않다」, 『독립신문』 1898년 7월 27일 논설.
5) 『대한자강회월보』 제3호, 55면, 1906년 9월 25일.

모는 사람에 비유할 수 있고 민인(民人)은 수레를 탄 사람에 비유할 수 있다. 어느 방향을 향하여 출발할 것이며 어느 길로 나아갈 것인가 하는 것은 수레에 탄 사람의 뜻에 따르는 것이니 수레 모는 사람은 수레 탄 사람의 뜻을 좇아서 수레 모는 기술을 부릴 뿐이다"[6]라고 하여 국민주권주의를 완곡히 표현했다.

비록 일본의 보호국이 되었다고는 하나 전제군주제 아래서 국내 언론이 왕권을 정면으로 부인하기는 어려웠지만 해외 교포들이 발행하던 신문에서는 이 무렵에 국민혁명을 전망하는 논설을 싣고 있었다. 미국에서 발행되던 『신한민보(新韓民報)』의 「대호국민(大呼國民)」이란 논설은 "저 영국이 국왕을 시살한 것은 무도 불법한 사적을 후세에 유전코자 함이 아니라 국민의 권리를 세우고자 하여 부득불 행한 일이라"[7] 하고, 한인(韓人)들이 국민의 권리를 실행할 때에는 영국 국민이 왕에게 형벌을 내린 일이나 미국 국민이 공화정부 세운 것을 모방하는 것도 가하며, 일본 국민의 막부(幕府) 전복을 모방하는 것도 가하다 했다.

그러나 구한말에 국민주권주의는 겨우 의식되기 시작했던 데 불과하고 한일합방이 될 때까지 국민혁명은 일어나지 않았으며 국민주권주의는 실현되지 않았다. 약간의 국민주권 의식이 싹트기는 했으나 일반적으로 보아 구한말의 정치의식 및 정치운동은 군민동치로 불린 입헌군주체제를 이루려는 데서 멈추었으며, 이 시기의 애국운동은 군주주권체제를 그냥 둔 채 국가를 부강하게 하고 외적의 침입에서 주권을 지키는 데 목적이 있었을 뿐, 지켜야 할 주권이 국민의 것일 때 애국주의가 더 적극화한다는 사실에는 생각이 미치지 못했던 것이다. 청나라의 속

---

6) 「自治論」, 『서우』 제12호, 1907년 11월 1일 논설.
7) 『신한민보』 1909년 8월 4일 논설.

국 상태에서 벗어나고 자본주의 제국의 침략 앞에서 국가와 주권을 지키는 것이 이 시기 정치운동 내지 애국운동의 주류였으며 지켜야 할 주권의 소재에 대해서는 적극적인 관심이 없었던, 일종의 국가주의 시대라 할 수 있을 것이다. 민족주의의 출발을 국민주권주의의 성립에서 구한다면 구한말의 시기는 아직 민족주의가 본 궤도에 오르기 전인, 그 배태기 내지 맹아기로 볼 수 있을 것이다.

공화주의 정부의 수립

구한말에 이미 국민주권 의식이 일부 나타나고는 있었지만 구체적인 정치운동으로 나타난 것은 역시 3·1운동을 통해서가 아닌가 한다.

3·1운동은 물론 항일독립운동이지만 독립 후 어떤 정체의 나라를 세우려 했던가 하는 데까지 생각을 넓혀보면 그것은 또 국민주권주의운동이요, 공화주의운동이었다고 볼 수 있는 것이다. 3·1운동에서 33인의 위치를 어느 정도의 비중으로 봐야 하는가 하는 문제도 있지만, 여기서 관심사는 그들이 어느 정도의 공화주의자였는가 하는 데 있다. 손병희는 재판정에서 "조선이 독립하면 여하한 정체를 세울 생각이었는가?" 하는 물음에 "민주정체로 할 생각이었다. 그 사실은 나뿐만 아니라 일반적으로 그와 같이 생각하는 것이라 여겨진다. 또 나는 구주대전(歐洲大戰)이 한창일 무렵 교도들과 우이동에 갔을 때 전쟁이 끝났을 때는 상황이 일변하여 세상에 군주라는 것은 없어지게 될 것이라 이야기한 적이 있다"고 대답했고,[8] 여타의 사람들도 대체로 공화주의자였다고 생

---

8) 1919년 7월 4일, 경성지방법원 예심 조서 참조.

각되며, 대한제국을 복구하기 위해 혹은 새 왕조를 세우기 위해 3·1운동에 참가한 사람은 거의 없었다고 봐야 하지 않을까 한다.

또한 3·1운동에 가담한 일반 민중은 대부분 독립 후의 정체 문제에까지 생각이 미치지 못했고 독살로 알려진 고종의 죽음에 자극되어 참가한 것이 사실이지만, 의식있는 일부의 사람은 "민중의 행복은 군주정부를 폐하고 공화정치하에 조선을 독립시켜 동양의 평화를 확립하는 데 있다"고 생각했고,[9] 또 "이태왕이 구한국시대 집정 당시 일반민은 하등의 은전을 입은 자 한 사람도 없고 오히려 말할 수 없는 악정에 주구(誅求)되었기 때문에 이태왕의 홍거(薨去)에 대해서는 조의를 표할 필요가 없다"고 말하기도 했다.[10]

3·1운동으로 세워진 국내외의 각종 임시정부는 모두 이의 없이 공화제 정부였고 마지막으로 통일정부로 나타난 상해임시정부도 물론 공화정부였다.

임시정부에는 대한제국 관료 출신들이 일부 있었고 구황실이 나라를 망하게 한 장본의 하나라는 생각이 철저하지 못하여 임시헌법에 "대한민국은 구황실을 우대함"이란 조항이 들어가기는 했으나[11] 일부 정치세력이 의친왕(義親王) 이강(李堈)을 상해로 데려올 계획을 세웠다가 실패했을 때 임시정부의 『독립신문』은 그가 오더라도 대한민국의 한 사람 공민(公民)에 지나지 않음을 굳이 밝혔다.[12]

초기의 항일운동전선에는 일부 복벽주의자(復辟主義者)도 있었다. 그러나 이들은 점점 독립운동전선에서 도태되었고 이후의 독립운동은 공

---

9) 1919년 11월 1일, 高警 제30932호 「地方民情報告不穩言動者檢擧」.
10) 1919년 3월 17일, 高警 제7098호 「李太王薨去에 關한 全道民情一般 黃海道」.
11) 『대한민국임시헌법』(1919년 9월 11일), 제7조.
12) 『독립신문』 1920년 1월 8일.

화주의 중심으로 정착돼갔다. 만주에 있던 대한국민회장의 임시정부 군적등록령(軍籍登錄令)에 의한 포고문에는 "임시정부 밖에 서 있는 저들 복벽주의 단체 등의 군인이 되어 죽으면 아무 가치도 없고 아무 성공도 없다. 가치 있고 성공 있게 죽으려 하면 공화정부의 군적에 등록하여 공화정부의 군인이 될 것이다"[13]라고 하여 복벽주의와 공화주의를 선명히 구별하고 상해임시정부가 공화주의정부임을 강조하고 있다. 상해임시정부가 수립되었다는 사실은 독립운동전선의 총지휘기관이 생겼다는 점에서도 중요한 의미를 가지지만, 그것보다도 비록 임시정부이기는 하지만 역사상 최초로 국민주권정부, 공화주의정부가 수립되었다는 점에서 더 큰 역사성을 가지는 일이었다.

한편 식민지시대를 통해 국내에서는 국민주권주의가 전혀 실시될 여건이 아니었지만 국외의 교포들이 집단적으로 모여 사는 곳에서는 국민주권주의가 실제로 실시되고 있었다. 일찍부터 교포사회가 형성되었고, 그것을 기반으로 하여 곳곳에 독립군 기지가 설치되었던 만주지방에서는 독립군 기지마다 군정(軍政) 조직과 민정(民政) 조직이 이원적으로 성립되어 있었으며, 민정 조직이 완전한 자치국의 형태를 갖춘 곳도 있었다.[14] 또한 노령(露領) 연해주(沿海州)의 경우에는 이곳 교포사회에서 한일합방 전에 이미 "거기 있는 조선 사람들은 관원들을 백성들이 투표하여 뽑아 그중에 지식 있고 정직하고 물망 있는 사람으로 중임을 맡기는 까닭에 거기 관원들은 백성들에게 돈 한 푼이라도 무리하게

---

13) 「國民會告諭文」 제3호, 姜德相 編 『現代史資料』 27, 東京: みすず書房 1977, 18면.

14) 서간도에 이회영(李會榮), 이상룡(李相龍)이 만든 독립운동단체 한족회(韓族會)의 경우를 예로 들면 민정기관은 중앙부서가 서무·법무·내무·학무·재무 등으로 나뉘어 있었고, 지방조직은 대부락을 1000가(家), 약 100가의 부락을 구(區), 10가를 패(牌)라 하여 각각 장을 두었고, 군사조직으로는 군정부를 두고 군사 양성기관으로 신흥학교를 두었다. 한족회의 군정부는 뒤에 임시정부 아래 들어가 서로군정서가 되었다.

취할 수가 없는"[15] 사회가 되어 있었다.

조선왕조의 전제군주체제가 공화주의자들이 주도하는 국민혁명에 의해 무너지지 않고 외국의 침략세력에 의해 무너졌기 때문에 이후 항일운동전선에 복벽주의운동도 일부 있었고, 그것도 민족주의운동인 것같이 이해된 경우가 있었다. 그러나 위정척사론적 논리가 반외세주의는 될지언정 민족주의적인 이론이 될 수 없었던 것과 같이 복벽주의운동은 항일운동에 한정되었을 뿐 민족주의운동은 될 수 없었다. 이 때문에 복벽주의운동은 항일운동으로서도 점차 도태돼갔고, 국민주권주의위에 선 공화주의자들의 항일운동만이 지속되어 독립운동의 모체가 되었으며, 또 민족운동으로 발전할 수 있었던 것이다.

항일운동에는 같은 목적을 가졌다 해도 군주주권체제를 되살리려는 복벽주의운동이 독립운동전선에서 도태된 것은 역사 발전 과정에서 당연한 결과이며 공화주의, 국민주권주의만이 옳은 의미의 민족주의운동이었음을 실증해준 것이다. 요컨대 한일합방으로 군주주권체제가 무너진 때부터 3·1운동을 겪고 그 결과로 상해임시정부가 성립되어 그것이 독립운동의 중심체적인 역할을 어느정도 다할 수 있었던 1920년대 전반기까지는 독립운동의 성격이 항일운동인 동시에 군주주권체제를 옹호하는 복벽주의를 물리치고 국민주권주의에 의한 공화정부를 수립하는 운동이었으며, 민족주의를 국민주권주의 중심으로 이해한다면 한국의 민족주의는 이 시기에 비로소 형성된 것이라 할 수 있을 것이다.

---

15) 『독립신문』 1897년 1월 16일 논설.

민주사회주의의 지향

상해임시정부는 1920년대 전반기까지는 독립운동전선에서 공화주의자의 집합체였다고 할 수 있다. 임시정부 성립 당초에 그것을 독립전쟁 수행을 위해 연해주나 만주지방에 둘 것인가, 외교적인 활동을 위해 국제도시 상해에 둘 것인가 하는 문제를 두고 의견의 대립이 있었으나 상해로 확정되면서 연해주의 독립운동 세력도 이에 합류했고, 만주에 있던 독립운동단체들도 공화주의를 지향하는 단체인 이상 일단 상해정부를 지지했던 것이다.

그러나 공화주의자들의 독립운동 방법론에는 처음부터 차이가 있었으며, 그것이 곧 구체적으로 나타나기 시작했다. 상해임시정부 안에서는 우선 독립전쟁론과 외교독립론의 대립이 표면화해 심한 대립을 보이다가 독립전쟁론자가 이탈하고 외교독립론자 중심으로 임시정부가 개편되었다. 임시정부가 독립전쟁을 최후의 방법으로 미루게 되자 자연히 만주지방에 분산되어 있던 무장독립운동단체를 통괄하지 못하게 되었고, 이 때문에 임시정부는 독립운동전선의 중심 기관으로서의 기능을 잃어간 것이다.

이와 같은 임시정부를 다시 강화하기 위한 노력이 있었지만 국민대표자회의의 결렬을 계기로 임시정부는 하나의 단위독립운동단체로 떨어졌고, 특히 1925년에는 조선공산당이 조직되면서 독립운동전선은 좌익계와 우익계로 크게 양분되었다. 좌우익의 분열로 독립운동전선 전체가 약화되자 좌우익의 세력을 연합하여 다시 독립운동전선을 강화하기 위한 민족유일당(民族唯一黨)운동이 먼저 중국 만주지방의 독립운동자들에 의해 일어났다.

1926년에 먼저 결성된 한국유일당 북경촉성회에서는 "동일한 목적, 동일한 성공을 위해 운동하고 투쟁하는 혁명자 등이 반드시 하나의 기치 아래 모이고 하나의 호령 아래 모여야만 비로소 상당한 효과를 거둘 수 있음은 더 말할 필요가 없다"고 선언하고[16) 유일당 운동을 전개해 나갔다. 이 운동은 곧 만주지방으로 번져 여러 독립운동단체를 통합하고 좌우세력이 연합하기 위한 노력이 이루어졌다. 대단히 분산되어 있던 해외의 독립운동전선이 유일당운동으로 쉽게 공동전선을 형성하기는 어려웠지만, 이 운동은 오히려 국내에서는 신간회(新幹會)운동으로 일단 성공했다.

　　국내에서는 3·1운동 이후 일본의 식민정책이 '문화정치'라는 이름의 교묘한 민족분열정책으로 바뀌어 일부 친일세력이 중심이 되어 식민지 지배 아래서의 조선인의 일본 의회 참가를 청원하는, 이른바 참정권청원운동이 일어났고, 이에 반대하는 민족세력의 일부가 식민통치를 인정하면서 조선 의회의 구성을 요구하는 자치론을 내놓기에 이르렀다.

　　3·1운동이 적어도 국내에서는 목적 달성에 실패하여 식민지시대가 장기화하면서 일본의 민족분열정책이 치밀해지고 적극화된 점, 1920년대 이후 노동자·농민운동이 치열해지면서 그 운동 대상 속에 결국 조선인 지주와 자산가도 포함되어 그들의 이해관계가 조선인 노동계급과 상치되는 반면 식민지 지배층과는 합치될 조건이 조성되어간 점, 일부 지식인층이 스스로 선민의식에 빠져 민중의 정치의식을 과소평가하고 나아가 민족성에마저 회의를 가지게 된 점 등이 자치론이 나온 이유라 할 수 있을 것이다. 그러나 일본은 자치를 허용하지 않았고 조선총독부가 실시한 '지방자치제'를 통해 일부 친일적인 자산계급이 부·면협의원

---

16) 慶尙北道警察部『高等警察要史』, 1934, 110~11면.

(府面協議員)이나 도회의원(道會議員)이 되어 식민통치의 들러리 노릇을 했다.

우익세력의 일부가 자치론을 내놓게 되자, 이에 반대하는 다른 일부의 우익세력과 좌익세력이 함께 연합하여 해외 독립운동전선에서의 유일당운동과 발맞추어 조직한 것이 신간회였다. 자치론적 움직임에 가담하지 않았던 우익세력이 신간회운동에 적극 참여했음은 물론, 좌익세력도 "1927년 2월 이래 민족적 협동전선으로서 창립된 신간회는 민족해방운동의 현단계의 필요 산물이라 할 것이다"[17]라고 하여 적극 지지 참여했으며, 이 운동은 노동자·농민·학생운동을 실질적으로 지도함으로써 한국 민족주의운동의 새로운 단계를 수립했다.

그러나 일본 측의 끈질긴 탄압과 코민테른의 지시를 받은 좌익 측의 파괴 활동에 의하여 신간회는 해체되고 국내에서의 민족유일당운동도 실패했다. 즉 1927년에 발표된 「조선 전 민족 단일혁명정당 조직선언서」에서는 "실력 양성도 개인 폭력도 사회주의혁명도 모두 무용하다. 다만 이해가 동일한 계급이 민족에 단결하여 무작정으로 일본을 타도하는 이외에 다른 길이 없다"[18] 하여 좌익도 민족유일당운동을 민족운동의 유일한 길로 채택했으나, 1930년의 '조선 공산당 조직문제에 대한 국제당 집행부 결정'에서는 "신간회는 대체 어떠한 것인가? 소위 전족(全族)의 단일당 또는 그 매개 형태인가? 유일당이란 간판을 걸고 아무것도 모르는 공산주의자들이 공산주의 제3인터내셔널의 존재와 독립적 행동을 매장하여 민족단일당조직을 부르짖거나 또는 제 역량을 민족단일이란 표어에 던져버리는 것은 두말할 것 없이 공산주의의 초보

---

17) 「조선공산당의 민족해방운동에 관한 논강」, 梶村秀樹·姜德相 共編 『現代史資料』 29, 122~24면.

18) 「朝鮮全民族單一革命政黨組織 宣言書」, 같은 책 512면.

적 진리에 대한 반역행동이라고 하지 않을 수 없다"[19]고 하여 좌익세력의 민족유일당운동, 신간회운동 참여를 반대하는 극좌주의 경향으로 변했다.

신간회운동이 실패한 후 국내의 민족운동은 그 방향을 잃었다. 좌익운동은 일제의 철저한 탄압으로 당을 재건하지 못했고, 신간회운동에 참가했던 우익세력의 좌파는 거의 조직적인 활동을 하지 못했으며, 다만 우익의 우파적인 세력만이 주로 문화운동 쪽에서 활동을 하다가 그 상당수가 친일세력화했다. 그러나 국외, 특히 중국에서의 독립운동전선은 민족유일당운동이 실패한 후 분산된 활동만 계속하다가 다시 전선 통일의 움직임을 보이기 시작했다. 우선 1932년에 중국에서의 독립운동전선은 한국대일전선통일동맹(韓國對日戰線統一同盟)을 결성했고, 이 동맹은 곧 민족혁명당(民族革命黨)으로 개편되어 민족연합전선의 시발점을 이루었다. 이후 민족혁명당은 여러 번의 곡절을 겪으면서 결국 중국 전선에서 좌파적인 세력을 통합해 1937년 조선민족전선연맹(朝鮮民族戰線聯盟)을 발족했다.

한때는 중국 전선에서의 우파 세력도 우선 1935년에 한국국민당을 만들었다가 1937년에는 다른 우파 단체들을 통합하여 한국광복운동단체연합회(韓國光復運動團體聯合會)를 만들었고, 마침내 1939년에는 이들 좌우파의 '연맹'과 '연합회'가 합쳐져서 전국연합진선협회(全國聯合陣線協會)를 발족하고 임시정부에 함께 참가함으로써 중국 전선에서의 민족운동은 연합전선을 형성하는 데 성공했다.[20]

'진선협회'의 결성을 계기로 '연합회'의 대표 김구(金九)와 '연맹'의

---

19) 「코민테른 등의 방침」, 같은 책 184면.

20) 강만길 「한국독립운동의 역사적 성격」, 『아세아연구』 통권 59호, 1978 참조.

대표 김원봉(金元鳳)은 공동 명의로 발표한 「동지 동포에게 보내는 공
개통신」에서 "여하한 방법에 의하여 민족적 통일기구를 구성하더라도
그 기구는 현단계의 전 민족적 이익과 공동적 요구에 의한 정강 아래 여
하한 주의, 여하한 당파도 그 산하에 포용하여 조직하지 않으면 안 된
다"고 했다.[21] 그야말로 주의와 당파를 초월한 민족연합전선의 성립을
지향한 것이다.

　한편 전국연합진선협회의 성립은 독립운동전선의 연합전선 형성만
을 뜻하는 것이 아니라, 국민주권주의의 전진이라는 점에서 한국 민족
주의의 발전에 큰 위치를 차지한다. 3·1운동 이후 임시정부가 성립되었
을 때 그 헌법에 나타난 국민주권주의보다 전국연합진선협회가 성립되
면서 발표한 정강에서의 국민주권주의가 한층 더 전진하고 있음을 볼
수 있는 것이다.

　성립 당초 임시정부 헌법에서는 "대한민국의 주권은 대한 인민전체에
재(在)함"이라고 하여 주권재민의 공화국임을 분명히 하는 데 역점을 두
고 종교의 자유, 재산 보유와 영농(營農)의 자유, 언론·저작·출판·집회·
결사의 자유, 서신 비밀, 거주 이동의 자유 등을 규정한 한편, 법률에 의
하지 않고는 체포·사찰·심문·처벌·가택침입을 받지 않을 권리와 선거
권·피선거권 및 입법부·행정부에의 청원권, 재판소송권, 문무관 피임권
등을 규정하여 공화국 헌법의 기본적인 요건을 갖추는 데 충실했다.[22]
이 헌법을 1899년에 제정된 대한제국의 헌법이라 할 수 있는 「대한국국
제(大韓國國制)」의 조목들 "대한국은 세계 만국의 공인되온 바 자주독
립해온 제국(帝國)이니라" "대한제국의 정치는 앞서 오백 년을 전래하

---

21) 金正明 編 『朝鮮獨立運動』 2, 東京: 原書房 1967, 639면.

22) 「대한민국 임시헌법」(1919년 9월 11일), 국회도서관 편 『대한민국임시정부 의정원
　　문서』, 1974 참조.

시고 앞으로 만세불변하오실 전제정치이니라" "대한국 대황제게옵셔
는 무한하온 군권(君權)을 향유하옵시나니 공법에 위(謂)한 바 자립 정
체이니라"[23] 등과 비교하면 상해임시정부가 공화국 정부임을 실감할
수 있지만, 한편 상해임시정부 헌법과 전국연합진선협회의 정강을 비
교하면 1920년대 후반기 이후의 독립운동전선을 통해 우리 역사상의
국민주권주의, 민족주의가 얼마나 전진하고 있었는가를 또 한번 실감
할 수 있다.

중국에서의 독립운동전선이 연합전선을 이루고 해방 후에 수립할 민
족국가의 성격을 고려하면서 제정한 이 정강은 앞으로 수립될 민족국
가의 정체를 '민주공화국'으로 정하고, 토지의 농민 분배와 매매의 금
지, 국가적 위기 아래서의 기업의 국유화, 노동시간의 감소와 노동자에
대한 보험사업 실시, 남녀의 정치·경제·사회적 권리평등, 언론·출판·
집회·결사·신앙의 자유, 국가 경비에 의한 의무교육과 직업교육의 실
시 등을 규정했다.[24]

전국연합진선협회를 형성한 좌파 측의 기본 정당인 조선혁명당의 정
강이 토지의 국유화와 농민에의 분배, 대규모 생산기관 및 독점적 기업
의 국유화를 규정한 것은 물론,[25] 우파 정당인 한국국민당도 "토지와
대생산기관을 국유로 하고 국민의 생활권을 평등으로 할 것"을 당의(黨
議)에서 정하고 있다.[26] 1941년에 공포된 임시정부의 건국강령에서도
"대생산기관의 공구(工具)와 수단은 국유로 하고, 토지·어업·광업·농

23) 『舊韓國官報』 612~14면, 1899년 8월 22일.
24) 김정명 편, 앞의 책 639면.
25) 같은 책 540~41면.
26) 같은 책 645면. 그리고 1941년 임시정부 국무위원의 공식 기구를 통해 발표된 한국독
    립당의 건국강령에서도 이 조항은 그대로 채택되었다.

림·수리·소택(沼澤)과 수상·육상·공중의 운수사업과 은행·전신·교통 및 대규모의 농·공·상 기업과 성시(城市) 공업 구역의 주요한 공용방산(公用防産)은 국유로 함. 단 소규모 혹은 중등 기업은 사영(私營)으로 함"이라는 조목이 들어 있다.[27]

식민지시대를 통해 토지의 상당 부분이, 또 중요 산업의 거의 대부분이 적산(敵産)이 되어 있는 상황이었기 때문에 그것을 국유로 할 수 있는 조건이 쉬웠다는 점도 있지만, 1930년대 후반기에 형성된 민족연합전선은 그것이 세울 해방 후의 민족국가를 정체는 '민주공화국'으로 하되 경제정책과 사회정책에는 사회주의적인 제도를 크게 채택한, 다시 말하면 일종의 민주사회주의제도를 지향한 것이라 볼 수 있다.[28]

식민지시기의 한국 민족주의가 그 전반기는 군주주권체제를 청산하고 공화주의를 실현하는 데 당면 목표를 두었다면 그 후반부에는 좌우익의 사상적인 대립을 해소하고 민족해방과 민족국가 건설을 위한 민족연합전선을 형성하면서 민주사회주의를 지향하고 있었던 것이라 볼 수 있다. 당초 공화주의의 실현에만 목표를 두었던 한국 민족주의가 한걸음 더 나아가서 민주사회주의제도를 지향하게 된 것은 국민주권주의가 그만큼 또 한번 전진한 것이라 할 수 있다.

---

27) 독립운동사편찬위원회 편 『독립운동사』 제4권 임시정부사, 834면.

28) 중국 북부지방에서 화북조선청년연합회를 기반으로 하여 1942년에 결성된 조선독립동맹도 조선 '민주공화국' 건설을 목적으로 했고, 전국민의 보통선거에 의한 민주정권의 건립, 일본제국주의의 조선에서의 일체의 자산 및 토지를 몰수하고, 일본제국주의와 밀접한 관계가 있는 대기업을 국영화하며, 토지분배를 실시할 것 등을 정강으로 내세웠다.

민주화와 민족통일로

1930년대 후반기 이후 독립운동의 주전장(主戰場)이었던 중국에서 민족연합전선이 형성되었으나, 그것이 미처 확고한 위치를 굳히기 전에 그리고 미국, 만주 등 다른 전선에까지 확대되기 전에 일본이 패망했고, 남북분단으로 이 연합전선이 해방 후의 민족국가수립운동을 주도하지 못했으며, 또 그 때문에 연합전선 자체가 와해되었다.

국토의 분단과 함께 독립운동 과정에서 있었던 좌우대립 현상은 다시 격화되었고, 특히 연합군 측이 제시한 신탁통치문제의 대응책을 두고 그것은 더욱 심화되었다. 이런 가운데서도 독립운동 시기의 연합전선 세력 일부가 계속 좌우합작, 남북협상을 기도했으나 효과를 거두지 못했고, 결국 분단국가체제가 굳어갔으며, 특히 6·25전쟁을 계기로 돌이킬 수 없는 국면으로 접어들게 됐다.

분단체제의 고정화는 한국 민족주의의 발전에 두 가지 큰 저해요인을 가져다주었다. 첫째는 분단국가 중심의 국가주의적 이해가 민족주의적 이해인 것처럼 혼동된 점이며, 둘째는 분단 상황이 국민주권주의의 발전을 저해하는 당연한 요인으로 작용될 수 있다는 인식이 강조된 점이다. 분단체제가 고정화되면서 분단국가들은 급격히 국가주의적 체제를 강화해갔다. 분단국가의 정당성, 필연성, 절대성을 실제로 강조하면서 분단국가 서로가 그 정통성을 내세우기 위해 민족주의의 이름으로 오히려 국가주의적 체제를 강화했으며, 분단국가들이 그 정통성을 강조하기 위해 표방한 민족주체성은 사실은 분단국가 상호간의 대립주의, 폐쇄주의를 양성하는 국가주의적 이론이 되었던 것이다.

해방 후에 다시 구한말기적인 국가주의체제가 강화된 직접적인 원인은 물론 분단국가의 성립과 상호간의 대립주의에 있었지만, 한편 식민지시대를 통해 구한말기적인 국가주의가 청산되지 못한 데도 큰 원인이 있었다. 식민지시대를 통해 한국 민족주의는 이론적으로 공화주의와 나아가 민주사회주의적인 성격으로까지 발전했으나, 실제로 그것을 정치 현실에서 실천해볼 기회가 많지 않았으며, 이 때문에 해방 당시의 현실적인 정치문화의 수준 일반은 구한말의 국가주의적 수준에서 크게 벗어나지 못하게 되었던 것이다. 비록 제도적으로 군주주권체제를 청산했다 해도 민권보다 국권 위주의, 사회성보다 국가성 우위의 정치인식이 일반화했으며, 그것이 바로 분단국가의 국가주의로 연결된 것이다. 해방 후 국가주의적 잔재의 부활은 당연히 국민주권주의를 크게 후퇴시켰다. 여기에 분단체제적 상황이 가중되어 분단국가의 정치체제를 독재주의로 나아가게 했다. 따라서 해방 후 한국 민족주의의 당면 과제는 분단체제의 극복과 국민주권주의의 확립에 있었지만, 여기에서 분단 극복의 전제조건은 바로 국민주권주의의 달성에 있는 것이다.

4·19운동은 바로 이와 같은 해방 후 한국 민족주의의 당면 과제를 그대로 표출한 운동이었다. 분단국가체제의 독재주의가 하나의 절정에 이르러 국민주권주의가 땅에 떨어졌을 때 국민주권의 회복을 당면 목표로 일어난 이 운동은 그 목표가 일단 달성된 후에는 극히 자연스럽게, 어찌 보면 졸속하다고 우려될 정도로 급격히 통일운동으로 연결되어간 것이다. 4·19운동의 주체세력으로서 민중의 민족주의적 요구와 이 운동의 결과로 집권한 정치세력이 이해한 민족주의 사이에 어쩔 수 없는 차이가 있었던 사실이 이 운동을 좌절하게 한 중요한 원인이라 볼 수도 있다. 주체세력의 민족주의적 요구에는 국민주권주의의 확립, 즉 민주화와 그것의 자연스러운 귀결로서의 민족통일문제까지 포함되어 있었던 데 반해, 집권세력이 이해한 혹은 한정한 민족주의는 국민주권주의

의 진전에만 있었던 것이 아닌가 한다.

해방 후 분단시대의 한국 민족주의의 목표는 거듭 말해서 국민주권주의의 확립과 민족통일문제로 귀결되며, 이 두 가지 문제는 언제나 동일 선상에 있는 한 가지 문제로 이해되어야 하지 않을까 한다. 즉 국민주권주의의 확립이 전제되지 않은 통일문제 논의는 하나의 허론에 지나지 않으며, 또 국민주권주의와 통일문제를 따로 떼어 이해하려는 어떤 종류의 민족주의론, 민주주의론도 미완성의 이론이 될 것이라 생각되는 것이다. (1983)

2. 좌우합작운동의 경위와 그 성격

머리말

해방 직후 신탁통치문제를 두고 좌우익의 대립이 심화되어갈 때 임시정부계의 김규식(金奎植)과 건국동맹·건국준비위원회를 조직해 활동했던 여운형(呂運亨)을 중심으로 좌우합작운동이 일어났다. 좌우합작운동이라고 해서 단순히 좌익과 우익을 합작하기 위한 중재 역할만을 한 것이 아니라, 합작운동을 중심으로 하나의 정치세력이 형성되어 중간파·중도세력 등으로 불렸고, 이 정치세력은 좌우익의 대립을 절충해 통일민족국가를 수립하기 위한 그 나름대로의 정강, 즉 좌우합작 조건을 제시했다. 그뿐만 아니라 비록 남한에만 한정되기는 했지만 입법기관을 만들어 그것을 주도하려 했고, 또 그 일원이 미군정의 민정장관(民政長官)이 되어 비록 미군정의 지휘를 받는 범위 안에서의 일이기는 했지만 한때 정권을 담당한 셈이었다.

좌우세력이 합작을 이루어 분단을 막고 통일민족국가를 수립할 것을 목적으로 했으면서도 또 한편으로는 미군정 시기의 일종의 여당적 역할을 한 좌우합작위원회는 그 성격이 여러가지 측면으로 이해될 수 있었다. 이를테면 "합작위원회는 다른 정치집단으로부터 인원을 끌어들여 그 정치집단의 힘을 감소시킬 수는 있었지만 어떠한 다른 응집력을 마련할 수는 없었다"[1]고 하여 일정한 정강정책을 내건 응집력을 가진 정치세력으로 볼 수 없다고 생각됐을 뿐만 아니라, 심하게는 합작위원회가 "미국 통치자들의 괴뢰집단"으로 간주되는 경우도 있었다.[2] 그렇다고 좌우합작운동이 그렇게 부정적으로만 평가된 것은 아니다. 예를 들면 "외세를 배경으로 한 강력한 냉전 편승 세력은 민족 일부에 싹트기 시작한 민족자주운동을 궁지로 몰아넣어 설 땅을 잃게 하고, 1948년 8월 마침내 단독정부를 세워 이들 자주세력은 남북으로 흩어지기도 하고 혹은 좌절되기도 하여 그후에는 존재조차 사라지고 만다. 이 민족주체 세력의 생성·발전·좌절 과정을 더듬어보면 첫번째 노력이 좌우합작운동이었다"[3]고 하여 민족자주 세력이 벌인 주체적 민족운동으로도 생각되는 것이다.

우리는 그것이 민족주의적 운동이었느냐, 그렇지 않았느냐를 말하기 전에 1946년 시점에서 왜 좌우합작운동이 일어났는가, 미군정 당국은 왜 이 운동을 원조했는가, 이 운동은 어떤 과정을 밟으면서 진행되었으며, 그것이 실패한 원인은 무엇인가, 실패했음에도 그것은 우리 근대사 및 현대사에서 어떤 위치를 차지하며, 또 이전의 어떤 운동과 맥락이 닿는가 하는 문제들을 좀더 상세히 들여다볼 필요가 있다.

---

1) 김정원 「해방 이후 한국의 정치과정(1945~1948)」, 『한국현대사의 재조명』, 돌베개 1982, 167면.
2) 같은 글 172면.
3) 송건호 「8·15 후의 한국민족주의」, 송건호·강만길 편 『한국민족주의론 I』, 창작과비평사 1982, 174면.

식민지시대의 항일운동이 모두 민족주의운동이 될 수는 없었고, 복벽주의운동이 아닌 공화주의운동만이 민족주의운동이 될 수 있었던 것과 같이 분단시대라고 해도 통일운동 모두가 민족주의운동이 될 수는 없다. 역사의 발전 방향, 다시 말하면 정치적·사상적 자유, 경제적·사회적 평등이 진전되는 방향, 인간해방도가 한층 더 제고되는 방향, 민족사를 식민지시대 그리고 분단시대보다 한층 더 전진시키는 방향에서의 통일운동만이 진정한 민족주의운동으로 평가받을 수 있는 것이다. 이러한 시점에서, 또 분단체제가 극도로 강화된 오늘의 시점에서 바라볼 때 좌우합작운동은 많은 한계성을 지니고 있는데도 해방 후 분단시대 민족주의운동의 일환이 되는 것이 아닌가 한다.

좌우합작운동의 배경

국내 정정(政情)의 추이

1946년 5월 시점에서 좌우합작운동이 일어나게 된 직접적인 배경을 국내 정치정세 면에서 정리해보면, 첫째 신탁통치문제를 둘러싼 좌우대립의 심화, 둘째 제1차 미소공동위원회의 결렬로 인한 새로운 임시정부 수립 방안 모색의 필요성 그리고 셋째 이승만(李承晩)을 중심으로 하는 일부 정치세력의 남한 단독정부 수립 획책 등을 들 수 있을 것이다.

1920년대의 독립운동 과정에서 이미 좌우대립이 표면화한 후, 1920년대 말기의 민족협동전선, 1930년대 후반기 이후 해외 독립운동전선에서의 민족연합전선의 형성 등을 통해서 독립운동전선의 통일이 기도되었지만, 이 연합전선이 확립되지 못한 채 일본이 패망해[4] 해방 후 민족국가 수립 과정에서의 노선 재분열의 가능성은 높았으며, 그 위에 미·소 양국의 분할점령은 그 위험을 더해주었다. 또한 해방 후 국내 정계에서도 한국민주당을 중심으로 하는 우익세력이 건국준비위원회 활동과 인민공화국 선포에 반대함으로써 이미 좌우분열의 기미가 나타났으나, 모스끄바3상회의의 결과로 한반도의 신탁통치안이 발표되기 이전에는 좌우대립이 아직 본격화하지는 않았다.

신탁통치안이 발표되었을 때(1945년 12월 27일) 남한의 우익세력은 안재홍(安在鴻)의 국민당(1945년 9월 1일), 지주세력을 중심으로 한 송진우(宋鎮禹)등의 한국민주당(1945년 9월 16일) 등이 결성돼 있었고, 미국에서 귀국한 이승만 중심의 독립촉성중앙협의회가 만들어졌으며(1945년 10월 25일), 임시정부도 중국에서 그 1진이 귀국했었다(1945년 11월 23일). 한편 좌익세력과 연합해 인민공화국을 선포했던 여운형의 조선인민당이 결성됐고(1945년 11월 11일), 좌익세력은 박헌영(朴憲永)의 이른바 재건파가 장안파를 누르고 우위를 차지한데다가 '북조선 5도 당 책임자 및 열성자 합동대회'(1945년 10월 13일)의 지지까지도 받고 있어서 비록 조선공산당 북조선분국이 설치되기는 했어도 남북한을 망라한 공산주의 세력은 박헌영에 의해 일단 통일돼 있었다.[5]

이와 같은 정세 아래서 신탁통치안이 발표되자 우익 정치세력은 대부분 이를 반대했다. 먼저 임시정부 세력은 즉각 국무회의를 열어 반탁(反託)결의문을 발표하는 한편, '신탁통치반대 국민총동원위원회'를 설치했다(1945년 12월 28일). 임시정부 측의 반탁운동은 곧 전체 정계로 확

---

4) 독립운동전선에서의 민족협동전선과 연합전선의 성립 문제에 대해서는 강만길 「독립운동 과정의 민족국가건설론」, 송건호·강만길 편, 앞의 책 참조.

5) 「8·15해방과 재건조선공산당」, 김준엽·김창순 『한국공산주의운동사』 5권, 고려대 아세아문제연구소 1976 참조.

대돼 '신탁통치반대 국민총동원위원회'의 조직조례가 발표되고 '신탁관리 배격 각 정당 각 계층 대표자대회'가 열렸다. 여기에는 한국민주당, 국민당과 함께 조선공산당과 인민당도 참가했다.[6]

한편 조선공산당은 "탁치문제의 해결을 민족통일전선 결성으로"라는 구호 아래 일부의 반탁시위를 비판하면서 반탁운동을 위한 민족통일전선의 형성을 촉구했다.[7] 그러나 다음 날(1946년 1월 2일)에는 건국준비위원회가 선포한 '조선인민공화국'의 중앙인민위원회가 모스끄바3상회의 결정, 즉 한반도의 5년간 신탁통치안이 "현하 국제정세뿐만 아니라 조선 국내 사정에 비추어 조선 민족의 이익을 존중하는 가장 적절한 국제적·국내적 해결이며, 세계의 평화 유지와 인류의 민주주의화에 최적한 결정"[8]이라 하여 이를 지지했고, 조선공산당도 즉시 독립보다는 민족의 민주주의적 통일이 더 시급하다는 논리로 민족통일전선의 완성을 위한 기간으로서의 신탁통치를 지지하고 나섬으로써[9] 찬탁과 반탁 노선으로 나뉜 좌우세력의 대립은 본격화했다.

우선 우익 측은 지금까지 비교적 분산돼 있던 그 세력을 반탁운동을 통해 결집해나갔다. 먼저 임시정부가 소집한 '비상정치회의'와 이승만의 '독립촉성중앙협의회'가 중심이 돼 '비상국민회의(非常國民會議)'를 열었고(1946년 2월 1일), 역시 '독립촉성중앙협의회'와 임시정부계가 만든 '탁치반대 국민총동원위원회'가 합동해 '대한독립촉성국민회'를 발족하는(1946년 2월 8일) 한편, '비상국민회의'의 최고정무위원회와 미군정의 자문기관을 겸하는, 이승만을 의장, 김구·김규식을 부의장으로 하

---

6) 『동아일보』 1945년 12월 30일, 국사편찬위원회 편 『자료대한민국사』 1권 693면.
7) 『조선일보』 1946년 1월 2일, 같은 책 743면.
8) 『조선일보』 1946년 1월 4일, 같은 책 748면.
9) 『중앙일보』 1946년 1월 3일, 같은 책 749면.

는 '대한국민대표민주의원(大韓國民代表民主議院)'을 결성했다(1946년 2월 14일).

한편 좌익 측도 인민당, 공산당, 조선독립동맹 등의 정당이 중심이 되고 '조선노동조합전국평의회' '전국농민조합총연맹' '조선민주청년동맹' '조선부녀총동맹' '천도교청우당' 등 33개의 정당·사회문화단체가 모여 여운형·박헌영·허헌(許憲)·김원봉 등을 의장단으로 하는 '민주주의민족전선(民主主義民族戰線)'을 결성함으로써(1946년 2월 15일) 그 세력을 결집시켰다.

이와 같이 좌우합작운동이 일어나기까지의 남한 정국은, 우익세력은 대체로 '민주의원'을 중심으로 좌익세력은 '민족전선'을 중심으로 결집되어, 우익은 반탁 노선으로 좌익은 찬탁 노선으로 나아가고 있었다. 그러나 민주의원에 부의장으로 참가한 김규식 세력과 민족전선에 의장단의 1인으로 참가한 여운형 세력이 중심이 된 좌우합작운동이 일어날 여지는 아직 있었던 것이다.

좌우합작운동이 일어난 대내적인 배경은 신탁통치문제를 계기로 본격화한 좌우 정치세력의 대립 심화에 있었지만, 이러한 좌우대립과 직접 관련되는 미소공동위원회의 결렬도 그 중요한 배경의 하나였다고 할 수 있다.

모스끄바3상회의 결정에 의해 미소공동위원회가 해야 할 일은 첫째, 정당·사회단체와의 협의에 의한 임시정부 수립 문제였고, 둘째, 수립된 임시정부 참여하의 4개국 신탁통치협약의 작성 문제였으나 임시정부 수립을 협의할 정당·사회단체의 선정 과정에서부터 반탁문제로 난관에 봉착한 것이다.

모스끄바3상회의 결정인 신탁통치에 반대하면서 역시 3상회의의 결정을 수행하기 위한 미소공동위원회에 참가할 수는 없었고, 미소공동위원회에 참가하지 않고는 임시정부 수립에 참여할 수 없게 된 우익 측은 결국 미소공동위원회에 참가해 임시정부 수립에 참여한 후에도 신탁통치에는 반대할 수 있다는 전략으로 공동위원회 참가를 결정했다. 그러나 소련 측이 3상회의 결정에 반대해 반탁운동을 전개한 단체나 개인을 공동위원회의 협의 대상으로 초청할 수 없다고 거절함으로써 제1차 미소공동위원회는 결렬됐다.

미소공동위원회가 결렬됨으로써 남북한을 통한 임시정부 수립의 길이 일단 막히게 되자 정계 일각에서는 남한만의 단독정부수립안이 나오게 되어 민족분열의 위험을 더해갔다. 민주의원 의장으로 있던 이승만은 갑자기 의장직을 사임하고(1946년 3월 20일) 지방 유세를 하고 있었는데, 바로 이 무렵에 한 외국 통신은 "서울에서 개최 중인 미소공동위원회에서 남북통일의 조선자치정부수립안이 졸연히 해결되지 아니하여 미 점령 당국은 남조선 안에 한하여 조선 정부 수립에 착수했다고 한다. (…) 또 일부 정보에 의하면 민주의원 의장을 사임한 이승만은 재차 출마하여 남조선 정부의 주석이 되리라"[10] 한다고 보도했다. 이에 대해 미국 국무성과 미군정 당국은 모두 부인했지만, 지방 유세를 계속하던 이승만은 마침내 이른바 '정읍(井邑) 발언'을 통해(1946년 6월 3일) "무기휴회된 공위(共委)가 재개될 기색도 보이지 않으며 통일정부를 고대하나 여의케 되지 않으니 우리는 남방만이라도 임시정부 혹은 위원회 같은 것을 조직하여 38 이북에서 소련이 철퇴하도록 세계 공론에 호소하여야 될 것이니 여러분도 결심하여야 될 것이다"[11]라고 하여 단독정부수립안을 표면화했다.

---

10) 샌프란시스코발 AP통신, 『서울신문』 1946년 4월 7일, 국사편찬위원회 편 『자료대한민국사』 2권 343면.
11) 『서울신문』 1946년 6월 4일, 같은 책 750면.

해방 이후 1년간의 정국이 좌우대립의 심화, 미소공동위원회의 결렬, 남한 단독정부 수립 획책에 의한 민족분단의 위험으로 나아가게 되었을 때 좌우세력이 타협, 합작하여 통일된 임시정부를 수립하려는 좌우합작운동이 일어난 것이다. 여기에는 또 미군정청 측의 작용도 있어서 그것도 좌우합작운동의 중요한 배경의 하나가 되었다.

미국 측의 사정

1946년 5월 28일에 있었던 민주의원 측 원세훈(元世勳)의 '민주의원과 민족전선 사이의 교섭 전말' 발표는 곧 좌우합작운동의 출발점이라 할 수 있다. 그의 발표는 "민주·공산 양 진영은 (미소공동위원) 회담 휴회 후의 이 중대 시국에 재하여 어떻게 해서라도 합작에 성공하여 자율적 정권 수립에 매진하려는 기운이 농후했다. 마침내 25일 오후 3시에 모처에서 민의(民議)부의장 김규식과 의원 원세훈이 민전(民戰)의 여운형, 황진남(黃鎭男) 양인과 버취, 아펜젤러 동석으로 회견하여 민족통일에 대한 의견을 교환해보았으나 이 역시 전철을 밟아 의견 불일치로서 실패되고 말았다"[12) 하여 당시 우익세력의 연합체라 할 수 있을 민주의원과 좌익세력의 연합체인 민주주의민족전선이 합작과 임시정부 수립을 위해 회합했고, 여기에 두 사람의 군정청 측 인사가 합석했음을 밝혔다.

이 발표로는 이 회합이 어느 쪽에 의해 발의되고 주도됐는지 분명하지 않지만 "국무성의 지시에 따라 미군정은 1946년 7월 소련과의 협상을 재개하기 위한 잠정적 방안으로 새로운 지도 그룹인 좌우합작위원

---

12) 『동아일보』 1946년 5월 29일, 같은 책 673면.

회 구성에 착수했다"[13]고 할 만큼 좌우합작운동이 전적으로 미국 국무성의 정책에 의해 시작된 것이라는 견해도 있지만, 어쨌든 이 운동의 배후에 미국이 개재했다는 사실을 배제할 수는 없다. 그렇다면 미국이 좌우합작운동을 촉발한 이유는 무엇인가 하는 문제를 따져보지 않을 수 없다.

미국은 바로 이 무렵 중국에서의 국공합작을 기도하여 중국 주재 대사 마셜과 국민정부 대표와 중공 대표로 3인위원회를 만들고 국·공 간의 정전협정을 성립시켰다(1946년 1월 10일). 나아가서 정치협상을 열고 군대의 정리·통일에 관한 협정을 성립해(1946년 2월 25일) 국민정부군을 50개 사단, 중공군은 10개 사단으로 감축할 계획을 세웠고 6월에는 15일간의 정전이 성립됐다. 물론 이후 미국이 주선한 이 국공합작은 실패했지만, 1946년경에 미국의 대외정책이 좌우 대립 지역에서의 합작을 기도했던 때였고, 미국 측에서만 보면 한반도에서의 좌우합작운동도 이와 같은 정책의 일환이라 할 수 있다.

한편 한반도에서 미국 측의 좌우합작운동 지지에는 분쟁 지역에서 그 분쟁을 조절함으로써 미국의 이익을 확보한다는 정책 일반적인 문제보다도 더 절박한 면이 있었다고 생각된다. 미군정청의 경제고문으로 있으면서 미소공동위원회의 미국 측 대표단의 실무자로 좌우합작운동과 관련한 미국 측의 사정을 잘 알고 있던 로버트 A. 키니는 뒷날 회고담에서 "미군정은 중도파를 지지했는데 그 이유는 만일 우리가 중도파를 제외하고 이승만과 김구 등 극우세력을 지지한다면 중도파는 공산당과 합류, 큰 세력을 유지할지 모르며, 또 우리가 중도파를 지지해도 민족주의 우익세력은 공산당과 합작할 리 없었기 때문이었다"[14]라고

---

13) 김정원, 앞의 글 166면.

하여 미군정이 중도파를 지지하게 된 사정을 솔직히 말하고 있다.

아직도 모스끄바3상회의 결정에 따라 한반도문제를 해결하려 했던 미국은 3상회의 결정인 신탁통치를 적극적으로 반대하는, 따라서 소련 측이 용납할 것 같지 않은 이승만·김구를 지지하기는 어려웠다. 따라서 공동위원회가 개최되기 직전에 국무성은 미국의 정책이 이승만·김구에 대한 지지를 철회하고 진보적 지도자들을 지지하기로 전환됐음을 하지에게 뒤늦게 통고했다.[15] 사실 미국이 이승만, 김구를 지지하는 경우 그들을 제외한 모든 정치세력이 반대편에 서게 돼 미국의 영향권 안에 둘 수 있는 남북한을 통한 통일된 임시 정부를 수립할 수는 없는 실정이었던 것이다.

따라서 "신탁 논쟁이 격렬하게 일어난 이후부터 미국은 소련과의 타협 없이는 이룩될 수 없는 통일된 한국 정부를 담당할 인물로서는 극단 좌파나 마찬가지로 이승만 같은 극단 우파 인물을 배격하면서 중립적 인물을 내세우려고 하였다"[16]는 견해는 적어도 미국이 3상회의 결정에 따라 한반도문제를 다룬다는 원칙을 버리지 않았던 동안에 한해서는 설득력이 있으며, 미국의 이와 같은 정책 결정이 바로 좌우합작운동을 뒷받침하게 했던 것이라 할 수 있다.

좌우합작운동이 본격화됐던 1946년 10월 초 평양에 체류하면서 소련 측과 미소공동위원회의 재개를 교섭하던 미군정의 고문인 랭던(Langdon)이 소련 군정 고문인 발라사노프(Balasanov)에게 "미국은 어떠한 상황에서도 공산주의자에 의해 지배되고 소련의 괴뢰정부가 될 임시정부의 수립에 동의하지 않을 것임"을 통고했고, 또 발라사노프로

---

14) 『동아일보』 1972년 4월 6일; 「남북의 대화」, 송남헌 『해방삼년사 1』, 까치 1985, 295면.
15) 조순승 『한국분단사』, 형성사 1982, 111면.
16) 이호재 『한국외교정책의 이상과 현실』, 법문사 1980, 219면.

부터 "소련 정부는 어떤 형태로든 이승만과 김구에 의해 지배되는 임시정부는 수락하지 않을 것"임을 통고받았다[17]는 사실로 미루어볼 때 중간파 내지 제3세력으로서의 좌우합작파와 같은 정치세력이 아니고는 새로 수립될 통일임시정부를 담당하기는 어려웠던 것이다. 요컨대 미국 측이 좌우합작운동을 지지, 원조하게 된 이유는 첫째, 통일임시정부가 공산주의자의 주도에 의해 수립되는 것을 막기 위한 데 있었으며, 둘째, 그러면서도 모스끄바3상회의가 결정한 원칙 안에서 한반도문제를 해결하려는 본래의 정책이 아직 완전히 폐기되지 않았기 때문이었다고 할 수 있을 것이다.

미국은 전쟁 말기인 1944년에 이미 전쟁 후의 한반도에 대한 20년 내지 30년간의 신탁통치를 구상했고, 한반도에서의 과도정부를 감독하는 일까지도 떠맡기를 바랐을 뿐만 아니라, 만약의 경우 소련이 단독으로 한반도를 점령한다면 태평양의 안전에 대한 중대한 위협이 될 것이라 생각하고 있었다.[18] 따라서 미국은 단독정부 수립이라는 마지막 전략을 제시하기 전에 한반도의 공산화를 막고 또 통일정부의 수립을 실현하기 위한 방법으로서의 좌우합작운동을 적극 지지하지 않을 수 없었던 것이다.

김규식·여운형의 처지

미국 측으로서는 비록 자국의 이익을 위해 좌우합작운동을 지지했다 하더라도 이를 추진한 국내의 정치세력으로서는 그것이 민족분단의 위

---

17) 같은 책 221면.
18) 브루스 커밍스 외 『분단 전후의 현대사』, 일월서각 1983, 133~34면 참조.

험을 극복하고 통일된 민족국가를 수립하는 데 한걸음 더 다가서는 길이라 판단했으며, 이와 같은 생각을 가진 정치세력의 핵심 인물이 김규식과 여운형이었다고 할 수 있다. 좌우합작운동은 이들 두 사람에 의해서 추진되었다기보다는 그것을 지향하는 비교적 광범한 정치세력에 바탕을 두고 진행된 것이지만, 이들 양인의 정치 경력과 해방 후 정계에서의 위치 및 정견(政見)을 정리해보는 것이 좌우합작운동의 배경 및 그 역사적 맥락을 이해하는 데 큰 도움이 된다.

　김규식은 1919년에 빠리강화회의에 참석하여 활동했으나 아무 성과도 얻지 못했고, 1921년 워싱턴에서 열린 태평양회의에 한국독립문제에 대해 어느정도 기대를 걸었다가 크게 실망한 후에는 1922년에 모스끄바에서 소련의 주도로 열린 극동노력자회의(極東勞力者會議)에 다른 51명의 한국 측 대표와 함께 참석했다. 그는 그곳에서 발간되는 영문 잡지에 「아시아의 혁명운동과 제국주의」라는 장문의 글을 발표했는데, 극동노력자회의가 강조한 통일전선의 실천 방법을 말하면서 한국의 독립에는 소련과 중국의 협조가 있어야 하며, 심지어 일본 근로 대중의 협조가 있어야 한다고 주장했다.[19] 그는 공산주의자는 아니었지만 독립운동에 성과가 있는 길이라면 그 방법에 대해서는 그다지 구애되지 않았음을 이때부터 보여주고 있다. 그의 주된 관심은 오로지 독립운동의 성공에 있었으며, 일정한 방법론에 얽매이지 않는 유연한 일면을 나타내고 있었던 것이다. 독립운동 과정에서의 그의 이러한 자세는 1930년대 중엽 이후 중국 지역 독립운동전선에서의 전선 연합 과정에서도 나타났다.

　1920년대 후반기에 나타났던 민족유일당운동과 같은 전선연합운동

---

19) 이정식 『김규식의 생애』, 신구문화사 1974, 86면.

이 실패하고, 일본의 만주 침략으로 만주에서의 무장독립운동이 큰 타격을 받게 되었을 때, 중국 지방 독립운동전선에서는 전선의 통일 강화를 위해 1932년 '한국대일전선통일동맹(韓國對日戰線統一同盟)'이 결성됐는데, 그것은 김규식이 주동한 것이었다. 모든 가맹단체는 물론 약체화한 임시정부까지도 해체하고 독립운동권의 광범위한 연합을 목적한 이 동맹의 결성에 김구 등의 임시정부 고수파는 참가하지 않았지만, 서로의 노선에 차이가 있던 김원봉·김두봉·이청천(李靑天) 등이 모두 참가해 전선 연합에 큰 진전을 보였던 것이다. 이후 이 동맹이 모체가 되어 조소앙(趙素昻)·신익희(申翼熙) 등도 참가한 민족혁명당을 결성해 (1935) 김규식은 주석이 됐고, 민족혁명당을 중심으로 한 '조선민족전선연맹'과 김구 중심의 '한국광복운동단체연합회'가 연합하여 '전국연합진선협회'를 만들고(1937), 중일전쟁 이후 다시 활기를 띤 임시정부에 민족혁명당이 참가하게 되자(1942) 그는 임시정부의 부주석이 됐다.[20]

김규식은 이와 같이 독립운동전선의 연합을 위해서는 개인적인 입장을 고집하지 않고 언제나 전선연합의 핵심 역할을 다했으며, 그가 참여한 민족혁명당·전국연합진선협회·임시정부의 정강정책은 대체로 민주공화국 정부 수립, 친일파의 철저한 처단, 토지 및 중요기업체의 국유화 등을 기본 노선으로 했으며[21] 이 정강정책은 해방 후 좌우합작 조건에도 연결된다.

해방 후 임시정부 부주석으로 귀국한 그는 곧 우익 정치세력의 지도자로 위치하여 김구와 함께 민주의원의 부의장이 되었고 신탁통치문제에도 처음에는 임시정부의 노선에 따라 적극 반대했다. 그러나 모스끄

20) 강만길 「독립운동의 역사적 성격」, 『분단시대의 역사인식』, 창작과비평사 1978 참조.
21) 강만길 「독립운동 과정의 민족국가건설론」, 송건호·강만길 편 『한국민족주의론I』 참조.

바3상회의 결정 중에서 신탁통치만을 중요시하여 극한적인 반대투쟁을 벌이는 것보다 먼저 남북한을 통한 임시정부 수립에 주력하고 신탁통치문제는 임시정부 수립 후 민족자결주의에 의하여 해결하는 것이[22] 민족분단을 막고 통일민족국가를 수립하는 길이라 생각하고 좌우합작운동에 앞장서게 된 것이다.

한편 여운형은 1918년에 이미 상해에서 '신한청년단'을 조직하여 그 총무가 되었고, 1920년에는 이동휘(李東輝)의 '공산주의자 그룹', 즉 뒷날의 고려공산당에 가입했으며,[23] 김규식 등과 함께 모스끄바에서 극동노력자회의에 참가했고, 중국으로 돌아가 활약하다가, 1929년에 상해의 일본영사관 경찰에게 체포돼 국내로 압송되었고 1933년까지 옥고를 치렀다. 이후 한때 『중앙일보』 사장 자리에 있었으나 신문이 폐간된 후 일본의 식민지 지배에 소극적으로 저항하다가 1944년에는 비밀조직인 건국동맹(建國同盟)을 조직했다.

건국동맹은 중국 연안(延安)에서 조직된 조선독립동맹과 협동하기 위해, 또 중경(重慶)의 임시정부와도 제휴하기 위해 각각 사람을 파견했으며 독립동맹과는 연결이 이루어졌다. 패전을 맞은 조선총독부가 정권 이양을 제의했을 때 선뜻 응할 수 있었던 것은, 그리고 해방과 함께 건국준비위원회를 효과적으로 조직해 나갈 수 있었던 것은 건국동맹과 같은 조직을 가지고 있었기 때문이었다고 할 수 있을 것이다.

그가 조직한 건국준비위원회는 한국민주당계의 협조를 받지 못했지만, 좌우의 세력을 고루 포섭한 정치단체였으며, 미군의 진주에 앞서서 선포한 '조선인민공화국' 역시 그 명칭은 비록 인민공화국이지만 각료

---

22) 이정식, 앞의 책 133면.
23) 김준엽·김창순 『한국공산주의운동사』 1권 190면.

구성은 주석 이승만을 비롯해 좌우의 정치세력을 망라한 것이었다. 또한 그의 정치이념이 반영됐다고 보아도 좋을 '인민공화국'의 정강과 시정 방침을 보면, 세계 민주주의 제국의 일원으로서 상호 제휴하여 세계평화의 확보를 기하며, 일본제국주의와 민족반역자들의 토지를 몰수해 국유화하고, 이를 농민에게 무상분배하며, 또 그 광산·공장·철도·항만·선박·통신기관·금융기관 및 기타 일체 시설을 몰수해 국유로 한다고 한 점이나 생활필수품의 공정·평등한 배급제도의 확립, 국가 부담에 의한 의무교육제도의 실시 등은 모두 중경의 임시정부가 1941년에 발표한 건국강령의 내용 그리고 역시 같은 시기에 연안의 조선독립동맹이 발표한 강령[24]과 별다를 것이 없었다.

여운형은 조선인민공화국이 미국 측에 의해 인정되지 않고 직접 미군정이 실시되게 되자 '조선인민당'을 결성해(1945년 11월 11일) 그 강령으로 진정한 민주주의 국가의 건설, 계획경제제도의 확립, 진보적 민족문화의 건설 등을 내세우는 한편, 아직도 유지돼오던 조선인민공화국 중앙인민위원회를 통해 모스끄바3상회의의 결정을 지지하고 있었다. 또 남한에서의 좌익세력의 연합체라고 할 수 있을 민주주의민족전선이 결성되자 그는 허헌·박헌영·김원봉 등과 함께 의장단의 한 사람이 되었다.

이와 같이 여운형은 조선인민공화국 선포 이후 좌익적 노선을 걷고 있었으나 뒷날 그가 주동한 인민당과 박헌영의 공산당, 백남운(白南雲)의 신민당 등 남한에서의 중요 좌익 정당이 합당해 '남조선노동당'을 결성하게 됐을 때(1946년 11월 23일) 그는 이에 참가하지 않고 따로 '근로인민당'을 조직하여(1947년 5월 24일) 인민당의 정강을 그대로 유지했다. 다시 말하면 김규식이 우익 정치세력에 속하기는 했지만 이승만·김구와

---

24) 강만길 「독립운동 과정의 민족국가건설론」 참조.

같은 극우주의적 방향으로는 나아가지 않았던 것과 같이, 여운형의 경우도 좌익 정치세력에는 속했지만 남로당과는 결별할 만큼 극좌주의로 나아가지는 않았다. 따라서 이들 두 사람을 중심으로 하여 좌우합작운동이 추진된 것이다.

좌우합작운동의 추진 과정

합작 조건의 제시

좌우합작운동의 추진 과정을 좀더 넓게 보면 대체로 3단계로 나누어 이해할 수 있지 않을까 한다. 즉 첫 단계는 좌우익 측의 합작 조건 제시와 그것을 바탕으로 한 합작위원회 7원칙의 성립 과정이며, 둘째는 합작위원회의 활동이 '남조선 과도입법의원'의 성립으로 나아가는 과정이며, 셋째는 미국의 한반도정책이 단독정부 수립의 방향을 확실히 하고 여운형이 암살됨으로써 좌우합작운동이 실패하며 김규식에 의해 '민족자주연맹'이 결성되는 과정이다.

좌우합작운동이 추진되고 있음을 처음으로 세상에 밝힌 1946년 5월 28일의 신문기자회견에서 원세훈은 "우리 일을 가장 걱정하는 외인(外人)이 여운형·허헌 양씨와 나와 김규식 박사가 회견을 할 필요가 있다고 역설하는 말을 듣고 나는 그에게 이 회견의 요청이 여·허 양인으로부터 온 것인가 혹은 당신이 거중 알선하는 것인가 함에 대하여 씨는 여·허 양씨의 요청이라면 요청이나 나의 알선이라면 나의 알선이라고 하겠다고 대답하였다"[25]라고 말했다.

이 기사로 미루어보아 아마 미군정청에서 먼저 좌익 측과 합의한 후

우익 측에 통고함으로써 발단된 것으로 보이는 좌우합작운동은 이승만의 이른바 '정읍 발언'(6월 3일)에 자극되면서 계속 추진돼갔다. 원세훈의 기자회견이 있은 후 『조선일보』는 사설에서 "누가 무슨 소리를 하든지 어떠한 사상과 어떠한 의도하에서든지 남북통일·좌우합작이 아니고는 조선의 완전독립이 될 수 없음은 상식화한 국민의 총의이다. (…) 우리는 국민으로서 좌우합작을 강행할 시기가 왔다"[26]고 하여 이 운동을 적극 지지했다. 원세훈은 다시 기자회견을 통해 "나는 김규식 박사와 같이 14일(6월) 시내 모처에서 여운형·허헌 씨 외 옵서버 수인과 함께 화기애애한 가운데 회합하여 장시간 동안 회의를 진행하였다. 그 결과는 구체적으로 완전한 성과는 거두지 못했으나 좌우합작문제에 대하여는 대체로 의견이 일치되어 세 가지 점으로 완전한 의견의 일치점을 얻게 되었다"라고 하면서 다음과 같이 세 가지 합의사항을 발표했다.

첫째, 대내·대외에 관한 기본 원칙으로서, 대내적으로는 부르주아민주공화국을 채택하고 대외적으로는 국제적으로 불편부당한 선린외교정책이라야 할 것.

둘째, 좌우를 막론하고 진실한 애국자며 진정한 혁명가라면 절대로 배격이나 중상을 금하고 이를 절대로 옹호하여야 될 것.

셋째, 남북합작은 북조선에 있어서는 공산당 일당독재를 제외하고 언론·집회·사상의 자유가 허여된 후에야 비로소 합작이 가능할 것.[27]

한편 미군정 당국은 사령관 하지의 이름으로 "김박사·여씨의 노력을

25) 『동아일보』 1946년 5월 29일, 『자료대한민국사』 2권 674면.
26) 「남북과 좌우의 통합」, 『조선일보』 1946년 6월 12일 사설, 같은 책 747면.
27) 『조선일보』 1946년 6월 19일, 같은 책 782면.

할 수 있는 데까지 전적으로 시인하고 지지합니다"라는 성명을 발표했고,[28] 곧 좌우 양측의 교섭 대표를 우익 측의 김규식·원세훈·안재홍·최동오(崔東旿)·김붕준(金朋濬) 5인과 좌익 측의 여운형·허헌·김원봉과 신민당 및 공산당 대표 각 한 명씩으로 구성했다.[29]

이후 정식으로 발족한 좌우합작위원회는 제1차 예비회담에서 회의 장소를 덕수궁으로 할 것, 회의는 매주 2회로 할 것, 의장에 김규식·여운형 양씨를 선거할 것, 미·소 양방의 연락장교 1인씩을 파견할 것을 요청할 것 등을 결의해 공동성명을 발표했다.[30] 이후 좌익 측의 민주주의 민족전선에서는 좌우합작의 5개 원칙으로

첫째, 조선의 민주독립을 보장하는 3상회의 결정을 전면적으로 지지함으로써 미소공동위원회의 속개 촉진 운동을 전개하여 남북통일의 민주주의 임시정부 수립을 매진하되 북조선 민주주의 민족전선과 직접 회담하여 전국적 행동 통일을 기할 것,

둘째, 토지개혁(무상몰수·무상분여), 중요 산업 국유화, 민주주의적 노동법령 급(及) 정치적 자유를 위시한 민주주의 제 기본 과업 완수에 매진할 것,

셋째, 친일파 민족반역자, 친파쇼 반동 거두들을 완전히 배제하고 테러를 철저히 박멸하며 검거 투옥된 민주주의 애국지사의 즉시 석방을 실현하여 민주주의적 정치운동을 활발히 전개할 것,

---

28) 『서울신문』 1946년 7월 2일, 같은 책 836면.

29) 『동아일보』 1946년 6월 11일, 같은 책 777면. 정시우 편 『독립과 좌우합작』, 삼의사 1946, 40~41면에 따르면 우익 측 대표는 여기서의 다섯 명과 같고 좌익 측 대표는 여운형·허헌·정노식·이강국·성주식 등 5인이며, 합작위원회 활동이 본궤도에 오르게 되자 우익 측 비서국의 영문비서에 김진동, 국문비서에 송남헌을, 좌익 측 비서국의 영문비서에 황진남, 국문비서에 김세용을 각각 두었다.

30) 『서울신문』 1946년 7월 24일, 국사편찬위원회 편, 앞의 책 937면.

넷째, 남조선에 있어서도 정권을 군정으로부터 인민의 자치기관인 인민위원회에 즉시 이양토록 기도할 것,

다섯째, 군정 자문기관 혹은 입법기관 창설에 반대할 것[31]

을 제시했다. 토지 및 중요 산업의 몰수와 국유화 문제는 독립운동 과정에서의 우익 측 각 정당의 정강정책이나 임시정부의 건국강령에서도 주장된 사실이었으나, 그것도 한국민주당을 비롯한 우익 정당에는 그대로 받아들이기 어려운 일이었다. 또한 3상회의의 결정, 즉 신탁통치안의 지지와, 친일파 민족반역자와 함께 이승만·김구 등을 가리킨 것이라 생각되는 이른바 '친파쇼 반동 거두' 제거 문제와, 미군정 정권의 인민위원회로의 이양 문제 등 우익 측이 용납하기 어려운 문제들이 포함돼 있었다.

이에 대하여 우익 측에서는 곧 합작 대체 8원칙을 제시했는데, 그것은 다음과 같다.

첫째, 남북을 통한 좌우합작으로 민주주의 임시정부 수립에 노력할 것.

둘째, 미소공동위원회 재개를 요청하는 공동성명을 발표할 것.

셋째, 소위 신탁문제는 임정 수립 후 동 정부가 미소공위와 자주독립정신에 기하여 해결할 것.

넷째, 임시정부 수립 후 6개월 이내에 보통선거에 의한 전국국민대표회의를 소집할 것.

다섯째, 국민대표회의 성립 후 3개월 이내에 정식 정부를 수립할 것.

여섯째, 보통선거를 완전히 실시하기 위해 전국적으로 언론·집회·결사·출

---

31) 『서울신문』 1946년 7월 27일, 같은 책 958면.

판·교통·투표 등의 자유를 절대 보장할 것.

일곱째, 정치·경제·교육의 모든 제도 법령은 균등사회 건설을 목표로 하여 국민대표회의에서 의정할 것.

여덟째, 친일파 민족반역자를 징치하되 임시정부 수립 후 즉시 특별법정을 구성하여 처리케 할 것.[32]

이것은 신탁통치문제를 임시정부 수립 이후에 해결하기로 미룬 데 특징이 있으며, 친일파와 민족반역자의 징치는 거론했으면서 토지문제, 중요 산업 문제에 대한 대책이 포함되지 않았음도 좌익 측 합작 조건과의 큰 차이점이었다.

우익 측의 8원칙에 대해 민주주의민족전선은 곧 그것이 이승만의 정치노선에서 일보도 전진하지 못한 반동적 강령이라고 비판했고,[33] 한국민주당은 좌익 측의 5원칙이 전혀 합작할 수 없는 조건이어서 합작의 성의를 의심한다고 하여[34] 합작 조건의 합의가 어려움을 예상케 했으나, 이후부터 합작운동은 극좌 측과 극우 측을 배제하고 중도 우파와 중도 좌파의 합작으로 추진돼갔다.

좌익 측과 우익 측의 합작 원칙이 발표될 무렵 좌익 정치세력은 공산당과 인민당·신민당의 강경파가 합당하여 남조선노동당의 결성을 추진했고, 미군정 당국이 조선공산당 간부 박헌영·이강국 등의 체포령을 내림으로써 남한의 공산주의 세력은 1946년 9월경부터 지하로 잠입하는 한편 대구 10·1폭동을 비롯한 극한투쟁을 벌여갔으므로 공산당은 현실적으로 좌우합작운동에 참가할 사정에 있지 못했다. 따라서 공산당 측은

---

32) 『동아일보』 1946년 7월 31일, 같은 책 963면.

33) 『서울신문』 1946년 8월 1일, 같은 책 988면.

34) 『동아일보』 1946년 8월 10일, 국사편찬위원회 편 『자료대한민국사』 3권 68면.

좌익 측의 5원칙을 제시한 후 실제로 합작위원회의에 참석하지 못했고 합작운동은 남로당에 참가하지 않은 좌익세력에 의해 추진되었다. 1946 년 8월 말경부터 좌우합작위원회는 우익 측의 앞서 선정된 다섯 명과 좌익 측의 여운형·장건상(張建相)·정노식(鄭魯湜) 및 공산당의 반간파(反幹派), 즉 남로당에 참가하지 않은 세력에 의해 일부 추진되는[35] 한편, 좌우합작위원회의의 참가 문제를 두고 논란을 거듭하던 민주주의민족전선이 "입법기관 설치 문제와 이것을 실현하기 위한 통일합작공작은 우리 민족의 남북통일과 완전 자주독립을 지연하는 것이므로 우리는 이에 대하여 절대 반대하는 바다"[36]라는 성명을 발표함으로써 '민족전선'은 실제로 좌우합작운동에서 이탈했다.

한편 좌익 3당, 즉 공산당·인민당·신민당의 남로당으로의 합당과정에서 공산당의 비간부파인 강진(姜進) 등과 인민당의 여운형을 중심으로 하는 합당 반대파 그리고 신민당의 백남운파가 합쳐 뒷날 남로당과는 따로 사회노동당(社會勞動黨)을 발족했다(1946년 10월 16일). '사로당'은 "여운형·김규식 양씨의 애국적 의도와 우리 민족의 주체적 입장에서 제기돼야 할 민주 역량의 집결체로서의 소위 좌우 합작은 우리가 열렬히 지지하는 바다"라는 성명을 발표했는데,[37] 주로 이들 좌익세력과 김규식을 중심으로 하는 우익세력 사이에 마침내 다음과 같은 좌우합작 7원칙이 성립됐다.

첫째, 조선의 민주독립을 보장한 3상회의 결정에 의하여 남북을 통한 좌우 합작으로 민주주의 임시정부를 수립할 것.

---

35) 『동아일보』 1946년 8월 27일, 같은 책 205면.
36) 『서울신문』 1946년 9월 22일, 같은 책 391면.
37) 『조선일보』 1946년 10월 17일, 같은 책 568~69면.

둘째, 미소공동위원회 속개를 요청하는 공동성명을 발할 것.

셋째, 토지개혁에 있어 몰수, 유조건 몰수, 체감매상(遞減買上) 등으로 토지를 농민에게 무상으로 분여해 시가지의 기지(基地) 급(及) 대건물을 적정 처리하며 중요 산업을 국유화해 사회·노동법령 급 정치적 자유를 기본으로 지방자치제의 확립을 속히 실시하며 통화 급 민생문제 등등을 급속히 처리하여 민주주의 건국 과업완수에 매진할 것.

넷째, 친일파 민족반역자를 처리할 조례를 본 합작위원회에서 입법기구에 제안하여 입법기구로 하여금 심리·결정케 하여 실시케 할 것.

다섯째, 남북을 통해 현 정권하에 검거된 정치운동자의 석방에 노력하고 아울러 남북·좌우의 테러적 행동을 일체 즉시로 제지토록 노력할 것.

여섯째, 입법기구에 있어서는 일체 그 권능과 구성방법, 운영 등에 관한 대안을 본 합작위원회에서 작성하여 적극적으로 실행을 기도할 것.

일곱째, 전국적으로 언론·집회·결사·출판·교통·투표 등 자유가 절대 보장되도록 노력할 것.[38]

앞서의 좌익 측 5원칙과 우익 측 8원칙을 절충한 것이라 할 수 있을 이 7원칙의 특징은 첫째, 모스끄바3상회의 결정안에 대처하는 방법으로서 남북을 통한 임시정부 수립 문제를 표면에 내세우고 신탁통치문제를 다음으로 미룬 느낌이어서 우익 측 8원칙의 그것을 받아들인 것이라 할 수 있다.

둘째, 토지문제는 일종의 절충안으로 좌익 측이 주장한 무상몰수·무상분배가 아니라 몰수, 조건부 몰수, 체감매상과 무상분배안을 내놓았으며, 중요 산업은 국유화로 하여 좌익 측 안을 받아들인 셈이다. 셋째,

---

38) 『동아일보』 1946년 10월 8일, 같은 책 468면.

친일파 처리 문제는 우익 측 안인 임시정부 수립 후로 미루었고 좌익 측이 이른바 '친파쇼 반동 거두'를 포함해 즉시 배제할 것을 주장했지만 합작위원회 안은 임시정부와 관계없이 합작위원회가 제안하는 입법기구가 처리하도록 한 것이다.

이 합작위원회 안이 발표될 무렵에는 남로당(11월 23일에 결성) 측이 사실상 합작운동에서 떨어져 나갔으므로 이 합작 조건에 의한 완전한 좌우합작 및 남북한을 통한 임시정부의 수립을 기대하기는 어려운 실정이었다. 그러므로 우익의 좌파라 할 수 있을 정치세력과 좌익의 우파라 할 수 있을 정치세력, 즉 극좌도 극우도 아닌 중간파 내지 제3의 정치세력을 형성하여 민족의 분단을 막고 통일된 임시 정부를 수립하려 한 것이며, 이 경우 해방 후 정치계의 가장 중요한 문제로 등장했던 신탁통치 문제, 토지 및 중요 산업 처리 문제, 친일파 처벌 문제 등을 어떻게 해결하려 했는가 하는 점을 이 7원칙을 통해 어느정도 엿볼 수 있다.

합작위원회와 미군정은 합작운동을 추진하는 한편으로 합작운동의 정치적 기반을 확대하고 장차 임시정부를 수립하기 위한 기반으로서 '남조선과도입법의원(南朝鮮過渡立法議院)'을 성립하기에 이르렀으니 이로써 좌우합작운동은 제2단계로 접어들게 되었다.

남조선과도입법의원

김규식·여운형을 중심으로 하는 좌우합작운동의 첫 접촉이 이루어진 직후 미군정청은 이 운동을 적극 지지하는 한편, 군정장관 러치가 주둔군 사령관 하지에게 청원하는 형식으로 "일종의 입법기관 없이는 나로서는 민간의 희망이 무엇이라는 것을 항상 결정하기가 불가능한 일입니다. 만일 이것이 각하의 시정방침에 일치된다면 나는 조선 입법기관 설치안을 제출합니다. (…) 전 기구가 현 군정청 하에 있을 것이고, 이것을 남조선 단독정부라 간주할 근거는 하등 없습니다"[39]라고 하여 입법기관 설립을 건의했고, 하지가 이에 동의함으로써[40] 확정되었다.

이 시기의 신문 기사들은 민주주의민족전선의 합작위원회 불참을 전망하면서, "좌우합작문제는 미소공동위 속개를 중요 목적으로 시작되었던 것이 이제 와서는 공위 속개가 막연하게 되자 미군정의 입법기관을 위한 합작공작으로 당면한 문제가 변경된 것은 부인할 수 없는 사실이다"[41]라고 논평했다. 좌우합작운동은 이제 남북한을 통한 통일임시정부의 수립을 목표로 한 운동이 아니라 여운형·백남운·강진 등 장차남로당 결성에서 이탈할 일부 좌익세력과, 극우세력을 제외한 우익의 김규식 세력이 합작하여 남한에서만의 임시정부 수립을 위한 운동으로 전개돼간 것이다. 이와 같은 사실은 앞에서도 인용한 바와 같이 민주주의민족전선이 "입법기관 설치 문제와 이것을 실현하기 위한 통일합작공작은 우리 민족의 남북통일과 완전 자주독립을 지연하는 것이므로 우리는 이에 대하여 절대 반대하는 바다" 하고 태도를 분명히 함으로써 더욱 명백해진 것이다.

민주주의민족전선의 반대에도 불구하고 좌우합작위원회는 합작 7원칙을 발표했다. 합작위원회는 또 미군정 당국에 대해 친일파·민족반역자, 식민지시대 관리 등의 입법의원 진출을 막아야 한다는 이유로 그 정원의 절반을 합작위원회에서 추천할 것을 요구했고,[42] 김규식은 방송을 통해 "국내외 정세에 비추어 미소공위 속개와 조선민주임시정부를

39) 『서울신문』 1946년 7월 2일, 『자료대한민국사』 2권 832면.
40) 『동아일보』 1946년 7월 10일, 같은 책 869면.
41) 『조선일보』 1946년 9월 22일, 『자료대한민국사』 3권 378면.
42) 『서울신문』 1946년 10월 9일, 같은 책 469~70면.

수립함에 있어 좌우합작의 필요성을 절감하고 그간 노력하였는데, 좌우합작위원회의 출발 당시는 미소공위의 속개에 있었으나 지금에는 입법기구까지 토의하게 되었고, 이제 합작 7원칙을 발표하게 되었다. 이에 서명한 사람은 현재로 김규식·여운형·박건웅(朴建雄)·장권(張權)·원세훈·안재홍·김붕준·최동오 제씨이며 조선공산당·남조선신민당·조선민족혁명당의 자리는 비워놓고 참가하기를 기다리고 있다. 입법기관에 대하여 항간에는 췌마억측(揣摩臆測)이 구구하나 절대로 군정의 연장도 아니며 우리 자주독립의 방해가 되는 것도 아니다"[43] 하고 합작위원회와 입법의원의 성격 및 관계를 밝혔다. 입법의원의 실체안이 나오자 그것이 조선총독부 중추원의 재판이다, 통일정부를 지연시키는 길이다, 미군정을 연장 또는 합리화하려는 방법이다, 민주의원의 법통을 무시하는 일이다 하여 비난이 심했으므로[44] 이를 해명한 것이기도 했다.

이후 '민족전선' 측은 계속해서 "지금 전개되고 있는 합작공작은 그 본연의 사명을 떠나서 남북통일과 민주독립을 지연하는 입법기관 설치 문제를 중심으로 전개되고 있나니 우리는 이를 배격지 않을 수 없는 바다. 따라서 소위 합작위원회와 7원칙은 우리 민전(民戰)으로서는 하등 주지하는 바가 아니며, 이러한 우리 민족의 독자적 입장을 떠난 강제 합작공작에는 절대 반대하는 바다"[45]라고 주장했고, 또 "입법기관은 미군정의 전속 기관이며 군정장관이 최후 결정권을 보유하고 있다. 따라서 그것은 하등 민주주의적 결의기관의 성격을 구유하지 못할 뿐만 아니라 결국 중추원의 재판(再版)에서 더 나아가지 못하게 될 것이다. 입법기관은 미소공동위를 속개, 촉진하여 남북통일정부를 수립하는 데

---

43)『동아일보』 1946년 10월 10일, 같은 책 507~508면.

44) 송남헌, 앞의 책 317면.

45)『서울신문』 1946년 10월 13일,『자료대한민국사』 3권 531면.

장애가 될 것이다"[46] 하고 반대했으나 입법의원 설치를 위한 선거는 그대로 실시됐다.

남한 각지에서 격심한 소요가 일어나고 있는 가운데 45명의 민선의원 선거가 끝나고 11월 4일 입법의원이 개원될 예정이었으나, 좌우합작위원회에서 파견된 선거감시위원이 선거에 부정이 있었고 친일파들이 당선되었다고 보고함으로써 김규식은 하지에게 "전체적으로 유능한 애국자가 못 나왔고, 더구나 좌익 진영은 전면적 검거 때문에 피선될 기회가 거의 없었다는 것 때문에 유감이며, 더구나 극도로 편향적인데다가 친일파라고 지목되는 자가 다수 피선된 것은 입법기구에 대하여 전 민중의 실망을 주었고 충분한 민의를 반영하지 못한 반민주적 선거라는 것을 국민 대중에게 인식하게 하여 진실한 입법기구가 아니라는 인상을 주게 되었다"[47] 하고 전면 혹은 부분적인 재선거를 요망했다. 이에 하지는 합작위원회에서 제출한 진정에 대해서 조사한 후에 "지난번 서울시와 강원도에서 선거한 입법의원은 무효"라고 선언하고 입법의원의 개원을 연기했다. 이후 두 지역의 재선거가 실시되고 좌우합작위원회에서 관선의원 45명을 추천함으로써 입법의원이 구성돼 의장에 김규식, 부의장에 최동오·윤기섭(尹琦燮)을 선출했다.

입법의원의 민선의원은 한국민주당원 12명, 이승만계의 독립촉성국민회원이 17명, 김구계의 한국독립당원이 4명, 무소속이 13명, 기타가 4명이었으나, 무소속 13명은 사실상 한민당과 같은 계열의 인사들이었고[48] 좌우합작위원회계는 거의 당선되지 못했다. 한편 관선의원을 살펴보면 좌우합작위원회계가 김규식·여운형을 비롯한 6명, 우익 정당계

46)『서울신문』1946년 10월 15일, 같은 책 547면.
47)『조선일보』1946년 11월 6일, 같은 책 720면.
48) 진덕규「미군정의 정치사적 인식」,『해방전후사의 인식』, 한길사 1980, 51면.

가 김약수(金若水) 등 11명, 좌익 정당계가 장건상 등 12명, 기타 16명이었으며,[49] 이들은 대체로 좌우합작운동에 동조하는 인사들이었다.

입법의원이 성립되는 과정에서 김규식은 "근간 좌우합작과 입법기관 설치 문제에 대하여 입법기관을 본 합작위원회에서 설치케 한 듯이 오해하는 듯하나 합작문제는 민족통일의 거족적 운동이며 입법기관 설치와는 직접 관계가 없고 다만 임정 수립까지 군정이 과도적 입법기관을 설치하는 한 이 기관으로 하여금 전 민족의 의사를 대표할 만한 민주주의적 기관화하려는 노력은 할 수 있는 것이다"[50]라고 해명했고, 여운형도 "좌우합작은 막부(幕府) 3상회의 결정에 의하여 규정돼 있는 미소공위를 속개해 외부적으로 우리의 과도정부 수립을 촉진하고 내부적으로 남북의 통일을 기하는 정치협상이다. 그러므로 좌우합작과 입법기관은 전연 별개의 것이다"[51]라고 했으나 실제로 입법의원의 설치는 좌우합작위원회가 그 지지 기반을 넓히고 임시정부 수립을 지향하는 전 단계로서 성립한 것이라 할 수 있다.

그러나 해방 직후의 혼란기에 같은 지역에 1년 이상 거주한 18세 이상의 세대주가 동(洞) 대표를 뽑고 이들 동 대표가 또 후보자를 선출하게 했던[52] 간접선거제에 의한 입법의원 선거는 좌익계의 전면적인 선거 거부와 일반 민중의 선거에 대한 인식 부족으로 투표율이 2, 3할에 불과했고[53] 토착 지주세력이 대거 진출함으로써 입법의원은 좌우합작위원회의 뜻과는 달리 우익화했다. 미군정 당국과 좌우합작위원회 측

---

49) 송남헌, 앞의 책 319면 참조.
50) 『서울신문』 1946년 11월 3일, 『자료대한민국사』 3권 709면.
51) 『조선일보』 1946년 11월 7일, 같은 책 44면.
52) 『동아일보』 1946년 10월 15일, 같은 책 553면.
53) 송남헌, 앞의 책 317면.

이 가장 당황한 것은 입법의원에서 반탁결의안이 통과된 일이었다. 한국독립당의 이남규(李南圭) 외 41의원에 의해 제출된 반탁결의안을 좌우합작위원회 측과 미군정 측은 저지하려 했지만 결국 실패했고, 하지는 입법의원에서의 반탁결의안의 통과에 유감을 표시하는 성명서를 내기에 이르렀다.[54]

김규식, 여운형 등 좌우합작운동의 핵심 인물들은 좌우합작위원회와 입법의원이 서로 무관함을 천명했다. 그러나 입법의원은, 미국 측이 한반도의 공산화를 막으면서 남북한을 통한 통일임시정부를 수립할 것을 목적하면서 그것을 위해 김규식, 여운형 등의 중간세력을 한때나마 지지했고, 위와 같은 미국의 한반도정책을 이용하여 민족분단을 막고 통일임시정부를 수립하려 했던 중간세력들이 그 정치적 기반을 넓히고 굳히기 위한 방편의 하나로, 또 통일임시정부 수립을 위한 전 단계의 하나로 설치된 것이라 볼 수 있다.

그러나 이와 같은 중간세력 및 미국 측의 의도와는 달리 입법의원은 우익세력에게 점거되어 신탁통치반대안을 의결하기에 이르렀다. 그것은 선거제도에도 문제가 있었지만 결국 좌우합작운동 세력의 정치적 기반이 그만큼 약했던 결과이기도 했으며, 따라서 입법의원의 우익세력에 의한 점거는 좌우합작운동에 더할 수 없는 큰 타격이 되지 않을 수 없었던 것이다.

민족자주연맹의 결성

입법의원이 좌우합작위원회의 의도와는 달리 우익세력에 점거되고,

---

54) 『동아일보』 1947년 1월 24일, 『자료대한민국사』 4권 125면.

좌익세력은 좌우합작운동에서 이탈한 남조선노동당과 이 운동에 애매한 태도를 취하고 있던 사회노동당으로 분열되었다. 따라서 좌우합작운동이 당초 목적했던 미소공동위원회 개최 촉구와 남북한, 좌우익을 통한 임시정부 수립은 입법의원의 설치로 오히려 멀어져가고 있었다.

입법의원이 설치된 후 사회노동당이 제일 먼저 "좌우합작위원회는 원래 무원칙한 존재인 만큼 민주주의에 조금도 기여하지 못할 뿐만 아니라 도리어 입법기관의 탄생을 합리화하는 등 반민주노선에 기여했다. 우리 당은 당초에 좌우합작문제에 대하여 애매한 반대의 태도를 가졌을 뿐으로 아무런 책임질 바는 아니지만 지금 그 애매한 태도를 청산하고 이에 적극적으로 반대하지 않으면 안 될 시기에 도달한 것이다"[55] 하여 합작운동에 반대하고 나섰다. 또 입법의원의 다수 의석을 차지한 한국민주당은 "합작위원회의 존재 의의는 끝났다고 생각한다. 즉 입법의원이 개원되면 남북통일과 토지정책 등 일반 정책은 동 원에서 추진하게 되기 때문이다"[56]라고 하여 합작위원회의 폐지를 주장했고, 민주주의민족전선은 "입의(立議)의 단독정부화가 중장(하지)의 언명대로 미국의 의도는 아니라 할지라도 그것이 오래 전부터 단독정부 수립을 획책해오던 일체의 반동 정객들을 중심으로 해서 실현된 것임은 엄폐할 수 없는 사실이다"[57]라고 하여 입법의원의 설치가 곧 단독정부 수립 획책이라고 공격했다.

입법의원 설치로 오히려 사면초가에 빠진 합작위원회는 "극좌·극우의 편향주의 선전가들은 본 합위(合委)를 '중간당적 결합' 혹은 '관제(官製) 좌우합작' 혹은 '입의를 위한 합작' 등등의 설로써 중상하고 있다.

55) 『서울신문』 1946년 11월 23일, 『자료대한민국사』 3권 879면.
56) 『서울신문』 1946년 12월 7일, 같은 책 1006면.
57) 『동아일보』 1947년 1월 4일, 『자료대한민국사』 4권 17면.

그러나 본 합위로서는 자주독립과 대중복지를 위해서 오직 합작 7원칙을 철저히 실시하기 위해서 진력·분투할 뿐이다"[58]라고 그 기본 입장을 밝히는 한편, 입법의원 의장이 된 김규식은 "초보적인 이 과도입법의원은 가급적 최속기한 내에 좌우는 물론 남북과 연합 혹은 연결된 총선거에 의한 입법기구로써 임시정부를 수립하려고 한다. 우리는 미소공위가 급속히 속개되어 임정이 수립되도록 측면적이나마 촉진시키기에 노력할 것이나 남북으로 양분되어 미·소 양군에게 점령되어 있는 현사정에 비추어 3상회의 결정에 충실한 자율 통일정부의 급속 수립에의 촉진이 요청되고 있는 것이다"[59]라고 하여 입법의원 기능의 한계성을 밝혔다.

1947년에 들어서면서 좌우합작위원회의 해체설이 떠돌아서 위원회의 선전부장 박건웅이 "일부에서 합위가 해체되었다 하나 사실은 점점 확대 진전되고 있다"고 반박하고, "합위와 입의를 혼동하여 비난하나 입의는 결코 남조선 단독정부는 아니고 다만 임시정부 수립 전까지의 미군정하 입의로 그 성격·임무가 있는 것이며, 본 합위는 가급적 입의로 하여금 민의에 의하여 그 직능을 발휘토록 노력할 뿐이다"[60]라고 하여 합작위원회와 입법의원은 그 역할이 다름을 거듭 밝히고 있다.

그러나 합작위원회에 대한 좌·우익 측의 공세는 계속되어서 우익 측의 민주의원에서는 동원 소속 좌우합작위원회 위원 김규식·원세훈·안재홍·김붕준 등에게 소환령을 내렸고,[61] 좌익 측의 민주주의민족전선은 "입의와 한가지로 합위도 해산해야 할 것이다. 원래 합위란 우리 민

58) 『조선일보』 1946년 12월 19일, 『자료대한민국사』 3권 1115면.
59) 『서울신문』 1946년 12월 22일, 같은 책 1140면.
60) 『조선일보』 1947년 1월 9일, 『자료대한민국사』 4권 34면.
61) 『동아일보』 1947년 1월 19일, 같은 책 96면.

전(民戰)이 전적으로 퇴진한 뒤에 일부 탈락분자들이 좌익 대표를 잠칭하여 만들어놓은 것이다. 그것이 한낱 민족을 기만하는 존재임은 두말할 것도 없는 것이다"[62]라고 하여 좌우합작위원회의 존재 의의를 철저히 부인했다.

이와 같은 좌·우익 측으로부터의 공세에도 불구하고 합작위원회의 활동은 계속됐다. 이 무렵 미국에 체재 중이던 이승만에 의해 남한 단독정부 수립 문제가 다시 대두된 데 대해서는[63] "남조선 단정설(單政說)이 근간 일부에서 재차 대두되고 있으나 결국 조선문제는 3상회의 결정에 의한 남북통일의 민주 임정이 수립될 것이고, 결코 남북을 분열하는 단독정부는 수립될 전도가 없는 것이다"[64] 하고 반박했고, 제2차 미소공동위원회가 개최될 즈음에는 "미·소 양국은 세계의 지구(持久) 평화와 조선의 독립을 위해 막부 3상회의 결정을 이행·실천할 의무가 있고, 우리는 공위 성공을 원조하지 아니하면 안 된다"[65]고 했으며, 미소공동위원회 개최 중에는 '남북통일 임시 민주주의 정부'의 수립을 위해 북한 측 요인들과의 회담을 기도하기도 했다.[66]

제2차 미소공동위원회의 개최(1947년 5월 21일)와 함께 활기를 띠기 시작한 좌우합작위원회는 그 위원을 확충해 주석에 김규식·여운형을, 그리고 종전의 위원 안재홍·원세훈·최동오·김붕준·정이형(鄭伊衡)·여운홍(呂運弘)·박건웅·강순(姜舜) 이외에 다음의 17명을 더 보강해[67] 지지

---

62) 『서울신문』 1947년 1월 25일, 같은 책 124면.
63) 『경향신문』 1947년 3월 23일, 같은 책 456면.
64) 『서울신문』 1947년 3월 27일, 같은 책 470면.
65) 『경향신문』 1947년 5월 15일, 같은 책 692면.
66) 『동아일보』 1947년 6월 5일, 같은 책 810면.
67) 『조선일보』 1947년 6월 19일, 같은 책 874면.

70 1부 분단과 통일운동

기반을 넓혔다.

이극로(李克魯-建民會), 김호(金乎-新進黨), 엄우룡(嚴雨龍-韓獨黨革新派), 신숙(申肅-天道敎輔國黨), 장자일(張子一-民衆同盟), 장두환(張斗煥-勤勞人民黨), 이선근(李瑄根-朝鮮靑年黨), 유석현(劉錫鉉-民主統一黨), 이경진(李慶辰-靑友黨), 박주병(朴柱秉-韓獨黨民主派), 오하영(吳夏英-基督敎), 김성규(金成圭-儒敎), 이시열(李時說-佛敎), 유기태(劉起兌-大韓勞總), 김시현(金始顯-高麗同志會), 강원룡(姜元龍-基靑), 박은성(朴恩聲-愛國婦女同盟)

그러나 제2차 미소공동위원회가 사실상 결렬되고(1947년 7월 10일), 위원회의 좌익 측 주석 여운형이 암살됨으로써(1947년 7월 19일) 좌우합작위원회의 활동은 큰 타격을 받았다. 미소공동위원회가 결렬 상태에 빠지게 되자 합작위원회 선전부는 "미소공위가 이와 같이 위기에 처하고 있는 때 우리 조선 민족은 과거와 같이 반탁·찬탁으로 서로 결렬하여 미·소 양측에 대하여 일방적인 지지 태도를 표시하는 것은 공위를 결렬시키는 주요한 원인이 되는 것이다"[68]라는 담화를 발표했다. 그러나 당초 미소공동위원회 개최를 촉구하고, 남북한을 통한 통일임시정부 수립을 목적으로 하여 성립됐던 좌우합작위원회는 미소공동위원회가 두 번째 결렬되고 미국이 모스끄바3상회의 결정을 포기하고 한반도문제를 그 영향력이 압도적인 유엔으로 가져가게 되자[69] 완전히 설 땅을 잃게 되었고, 따라서 1947년 12월 6일, 성립된 지 약 1년 5개월 만에 전체회의에 의해 해체를 결의했다.[70]

---

68) 『경향신문』 1947년 8월 7일, 『자료대한민국사』 5권 181면.
69) 미국의 마셜 국무장관은 1947년 9월 17일 유엔 총회에 한반도문제의 유엔 상정을 제의했다.

한편 1947년도 후반기 이후의 국내외 정세가 좌우합작위원회의 성과를 전혀 기대할 수 없는 방향으로 전개되자 좌우합작 세력, 즉 극좌·극우 세력을 제외한 중간노선, 제3의 정치세력은 새로운 활로를 찾으려 노력했다. 좌우 정치세력의 극단적인 대립을 피하고 민족분단을 막아 통일임시정부를 수립할 길을 찾고 있던 좌우합작위원회와 미소공동위원회대책협의회, 민주주의독립전선, 시국대책협의회 등의 정당·사회단체가 발전적으로 해체하고, '민족자주연맹 결성준비위원회'를 구성한 것이다.[71] 김규식을 위원장으로 하는 민족자주연맹결성준비위원회는 김규식·원세훈·안재홍·최동오·김병로·김붕준·홍명희·이극로 등 30명을 준비위원으로 선출했고, 1947년 12월 20일에는 민족자주연맹을 결성했다.[72]

이 시기에 중도적 정치세력의 집결체라고 볼 수 있는 민족자주연맹은 그 결성 선언에서 "금일의 조선에는 독점자본주의사회도 무산 계급사회도 건립될 수 없고 오직 조선의 현실이 지시하는 조선적인 민주주의사회의 건립만이 가능하다"[73]고 하여 역시 중간노선을 채택했고, "남북통일정부 수립에 대한 동 연맹의 주장은 누차 천명한 바와 같으며, 유엔 위원단도 총회 결의 그대로 남북을 통한 총선거로 통일정부 수립을 위해 노력할 것을 확신한다"[74]고 하여 한반도문제가 유엔으로 넘어간 이후에도 남북통일정부의 수립을 주장했다. 그러나 이후 미국의 제의에 의해 유엔 총회가 한국 총선거안과 유엔 한국임시위원단 설치

70) 『조선일보』 1948년 12월 7일, 『자료대한민국사』 5권 781면.

71) 『조선일보』 1947년 9월 28일, 같은 책 430면.

72) 송남헌, 앞의 책 356면.

73) 같은 책 357면.

74) 『서울신문』 1947년 12월 11일, 『자료대한민국사』 5권 801면.

안, 정부 수립 후 미·소 양군 철퇴안을 가결하고(1947년 11월 4일) 소련 측이 유엔 한국임시위원단의 38선 이북 입국을 거부하고(1948년 1월 23일) 유엔 소총회가 유엔 한국임시위원단이 접근할 수 있는 지역, 즉 남한에서만의 임무 수행을 결의해(1948년 2월 26일) 단독정부 수립이 확실하게 되자, 민족자주연맹은 김구의 한국독립당과 함께 남북협상으로 민족분단의 길을 막으려 했으나 결국 실패하고 말았다.

좌우합작운동과 각 정치세력

우익세력의 대응

좌우합작운동에 대한 우익 정치세력의 대응 문제는 대체로 이승만과 한국민주당계를 함께, 그리고 김구와 한국독립당의 대응을 따로 살펴보는 것이 편리하지 않을까 한다.

이승만은 이른바 정읍 발언(1946년 6월 3일)에서 이미 남한 단독정부 수립을 주장했으면서도 김규식에게 "독립을 위해서는 미국 사람이 해보라는 것을 하여튼 해봐야 안 된다는 것이 증명될 것이 아니냐"고 하면서 좌우합작운동을 담당해줄 것을 요청했다고 한다.[75] 그것이 사실이라면 그는 처음부터 좌우합작이 불가능하리라고 생각하면서 정치활동을 한 것이라 볼 수 있다.

그가 좌우합작운동을 지지한 이유를 다소 짐작하게 하는 발언으로는 합작위원회의 합작 7원칙이 나오고 이에 대해 남로당 측이 반발하면서

---

75) 이정식, 앞의 책 140면.

합작운동에서 이탈할 무렵 "우리가 자초로 좌우합작을 지지한 것은 우리의 독립주의를 양보하려는 것이 아니요, 다만 좌파들에게 한 번 더 기회를 주어 마음을 고쳐서 우리와 협동하여 나라를 회복하기에 합작되기를 바란 것이다"[76]라고 말한 사실을 들 수 있다. 이러한 발언 내용으로 보아 그에게 좌우합작이란 자신의 정치노선을 일보 양보하여 통일정부를 수립하려는 데 있는 것이 아니라, 합작운동을 통해 좌익 측을 그의 정치노선으로 선회시킬 기회를 가지려 한 데 불과한 것이었다 할 수 있다.

합작위원회의 7원칙에 대해 이승만 자신은 "신탁통치와 토지문제에 관한 것은 임시정부를 수립한 뒤에 토의될 것이며, 우리 민족의 공의(公議)대로 타협되기를 기다릴 것이다. 그러므로 비록 좌익파 소수인만으로라도 진정한 합작이 된다면 민족통일에 한 도움이 될 것이다"[77] 하여 소극적으로 찬성했지만, 그의 세력 기반인 대한독립촉성국민회의 전국청년총연맹은 "최근 좌우합작위원회의 동향은 남북통일이라는 중대 과업을 몰각하고 막연히 남조선만의 좌우합동을 공작함으로써 극렬 파괴분자의 책략을 엄호 조장하여 민족진영의 독립촉성운동에 지장과 혼란을 초래하는 결과를 맺고 있는 것을 볼 때 막연히 좌우합작을 지지할 수 없는 것이다"[78]라고 하여 합작운동을 반대하고 나섰다. 그뿐만 아니라 독립촉성국민회는 "합위가 3상회의를 전체적으로 지지한다고 한 것은 찬탁을 종용한 것이니 이를 분쇄해야 하며, 좌우합작이란 미명하에 기실 민족진영의 분열을 책동하는 결과가 되었고, 지방유세대의 명의 등으로 지방운동을 교란하고 있으니 이는 독립운동의 반역 집단으로 규정하여 경향을 막론하고 차종(此種) 회색(灰色) 행동을 철저히 소탕

---

76) 『동아일보』 1946년 11월 5일, 『자료대한민국사』 3권 721면.
77) 『조선일보』 1946년 10월 15일, 같은 책 545면.
78) 『동아일보』 1946년 11월 16일, 같은 책 820면.

할 것"[79]이라며 합작 운동을 정면으로 적대시했다.

한편 미국에 가서 남한 단독정부 수립을 다시 주장한(1947년 3월 22일) 이승만은 1947년 9월경에는 이미 남한만의 단독선거에 대비하여 한민당·독립촉성국민회 등의 우익단체와 협의했고[80] 한반도 문제의 유엔 상정을, 그리고 남한만의 단독선거를 적극 시시함으로써 그는 남한 단독정부의 대통령이 되었다.

한국민주당은 좌우합작운동 초기에 선전부장 함상훈(咸尙勳)이 "좌우합작문제가 진행되는 모양인데 합작에는 원칙이 필요하다. … 즉시 자주독립을 요구할 것과 프롤레타리아 독재 또는 파시스트 독재가 아닌 진정한 민주주의를 신봉할 것과 어떤 일국만을 친선하고 그 명령에 의하여 행동하는 주종외교를 버릴 것이다"[81]라고 하여 공산화 및 신탁통치를 반대하는 범위 내에서의 합작운동을 요구했으며, 입법의원 설치 문제에 대해서도 한민당은 우익 측 민주의원의 위치가 유지되는 한 받아들이는 자세를 취했다.[82]

그러나 좌익 측의 합작 5원칙과 우익 측의 8원칙이 제시되고 이를 절충한 합작위원회의 7원칙이 발표되자 한민당은 7원칙이 분명하게 언급하고 있지 않는 신탁통치를 반대하고, 토지개혁에 있어서 유가매수(有價買收)한 토지를 무상분여할 경우 국가의 재정적 파탄을 초래할 것이라 하여 반대한 후 7원칙은 합작위원회 자체 내의 결정일 뿐 입법기관이나 기타 정당·사회단체에는 구속력이 없다[83]고 함으로써 7원칙을 받

---

79) 『조선일보』 1947년 1월 26일, 『자료대한민국사』 4권 122면.

80) 『조선일보』 1947년 9월 6일, 『자료대한민국사』 5권 320면.

81) 『조선일보』 1946년 6월 22일, 『자료대한민국사』 2권 802면.

82) 『동아일보』 1946년 7월 7일, 같은 책 848면.

83) 『동아일보』 1946년 10월 9일, 『자료대한민국사』 3권 482면.

아들이지 않을 것을 밝혔다.

한민당의 이와 같은 합작 7원칙에 대한 반대, 특히 그 토지개혁 문제에 대한 반대는 당내에도 많은 문제를 일으켜 당원의 탈당이 속출했다. 우선 한민당의 총무이고 중앙상무집행위원이며 또 좌우합작위원이던 원세훈은 "유상매상의 무상분여를 국가 재정의 파탄이라고 하는 분들이 국가 재정을 위해 토지의 무상몰수를 주장할 용기는 어찌하여 없는가"[84] 하고 탈당했고, 송남헌 등 중앙위원 16명이 "원세훈 씨를 비롯한 우리들의 탈당을 가리켜 한민당의 분열이라느니보다는 좌우합작의 성립을 계기로 한 국내 정국의 일대 분해, 재편성 과정이라고 본다"[85] 하고 탈당하여 좌우합작운동에 동조했다. 이후에도 김약수(金若水)·김병로(金炳魯)·이순탁(李順鐸) 등 핵심 당원을 비롯한 270여 명이 대거 탈당했다.[86]

진보적 당원의 대거 탈당으로 보수 정당, 우익 정당으로서의 성격을 더욱 확실히 하면서 재편성된 한민당은 좌우합작위원회 활동과는 일정한 거리를 두면서도 입법의원 선거에는 적극적으로 참여하여 서울에서는 김성수(金性洙)·장덕수(張德秀)·김도연(金度演) 한민당 3인이 당선되었다. 그러나 선거에 부정이 있었다는 좌우합작위원회의 고발에 따라 서울과 강원도 재선거가 실시되었고, 이 과정에서 한민당은 좌우합작위원회의 재선거 요구를 "한민당을 모욕하고 외국 군인의 독재를 초청하는 것이라 아니할 수 없다"[87] 하고 강력히 반발하면서 한때 출석을 거부했으나 결국 출석하여 입법의원을 점거했다.

---

84) 『서울신문』 1946년 10월 10일, 같은 책 485면.
85) 『조선일보』 1946년 10월 11일, 같은 책 503면.
86) 송남헌, 앞의 책 311면.
87) 『동아일보』 1946년 11월 10일, 『자료대한민국사』 3권 767면.

입법의원을 점거한 한민당은 "합작위원회의 존재 의의는 끝났다고 생각한다"고 말한 한편, "본래 합위의 사명은 좌우합작으로써 독립정부를 수립하는 데 있었는데, 결과로 보면 좌우 양대 세력을 이탈시키고 어떤 정책을 공동히 하는 정치행동분자와 정실관계의 인물만을 관선으로 선정하여 일종의 중간당적 정당을 구성하였다. 이런 좌우합작은 삼천만이 원치 않을 것이며, 그 해독이 만천하에 침투할 것이다"[88]라고 합작위원회를 맹렬히 비난했다.

이후 한민당은 74개 정당·사회단체로 구성된 임정수립대책협의회를 통해 "남북을 통한 민족 총의에 의한 총선거로써 임시정부를 수립할 것"을 주장했으나[89] 곧 이승만의 남한만의 총선거에 대비한 우익 정당·단체 회합에 참가했고[90] 한반도문제의 유엔 상정을 환영했으며[91] 나아가서 "남북을 통한 총선거가 사실상 불가능한 형편인즉, 부득이 선거 가능한 지역, 즉 남조선에서만이라도 총선거를 실시하여 중앙정부를 수립할 것"[92]을 주장했다.

한편 같은 우익세력이지만 김구와 한국독립당은 합작운동에 대해 상당히 다른 대응 태도를 보였다. 한독당은 이 운동의 출발점에서부터 전적으로 지지했으며 합작위원회의 7원칙이 발표되자 "금번 좌우합작의 성립은 민족적 양심과 민족적 열의로 보아 8·15 이후 최대의 수확이다. 더욱이 7원칙은 민주국가 완성에 타당한 조건으로서 전면적으로 이를 지지한다"[93] 했고, 김구도 7원칙이 나온 후 개인 자격으로 "나는 신탁

---

88) 『동아일보』 1946년 12월 14일, 같은 책 1084면.
89) 『동아일보』 1947년 6월 21일, 『자료대한민국사』 4권 885면.
90) 『조선일보』 1947년 9월 6일, 『자료대한민국사』 5권 320면.
91) 『조선일보』 1947년 10월 31일, 같은 책 598면.
92) 『동아일보』 1948년 2월 7일, 『자료대한민국사』 6권 243면.

통치를 철두철미 반대하는 바이거니와 좌우합작 7원칙 작성에 몸소 노력한 김규식 박사도 장래 임시정부 수립 후에 신탁을 반대할 수 있다는 것을 세상에 해석해주었다. 그러므로 7원칙 중에 신탁 반대의 표시가 없다고 해서 신탁에 대한 점이 모호하다고 볼 것은 없다"[94] 하고 이를 지지했다.

김구의 이러한 입장은 한민당이 신탁통치문제와 토지문제로 7원칙을 반대했던 것과 비교될 수 있으며, 또 이승만의 7원칙에 대한 태도와도 달랐다.

이후 한민당과 이승만계의 대한독립촉성국민회 그리고 민주주의민족전선을 중심으로 하는 좌익 측의 합작운동에 대한 공세가 심화되자, 김구는 다시 "세상에서는 김 박사를 가리켜 좌파니 또는 신탁통치 찬성자니 하여 중상하는 자도 없지 아니한 듯하다. (…) 여운형씨에 대하여서 나도 불만이 없지 않았으며 또 근일 항간에서도 다소 비난이 일어나고 있는 듯하나, 그러나 나는 금차 좌우합작에서의 그의 몇 가지 용단을 알고 도리어 경의를 표하고 있다. 여하간 김·여 양씨에 대하여 기대가 큰 만큼 우리는 그들을 격려하며, 그들로 하여금 유종의 미가 있게 하기에 노력할 것이다"[95] 하고 합작운동을 지지하는 내용의 담화를 냈다.

그러나 김구와 한독당의 이와 같은 합작운동의 지지도 미소공동위원회의 재개를 타진하던 미·소 양국이 공동위원회에 참가하는 정당·사회단체는 모스끄바3상회의 결정을 반대할 수 없으며 반대하는 경우 임시정부 수립을 위한 협의 대상에서 제외할 것에 합의함으로써 우익 측의 반탁운동을 봉쇄하려 하자 그 태도가 바뀌어갔다. 우선 한독당은 "본

---

93) 『서울신문』 1946년 10월 9일, 『자료대한민국사』 3권 470면.
94) 『조선일보』 1946년 10월 16일, 같은 책 545면.
95) 『동아일보』 1946년 11월 18일, 같은 책 853면.

당은 좌우합작 및 전 민족적 단결을 시종일관하게 주장하는 바다. 이 정신에서 본 당은 합위를 지지하였던 것이다. 그러나 그것은 금차 문제되고 있는 하지 중장의 서한으로써 완전히 파괴되었다. 이러한 이유에 의하여 본 당은 합위 취소를 찬성한 것이다. (…) 합위 취소를 주장하는 것이 곧 좌우불합작을 의미하는 것은 절대 아니다"[96] 하여 좌우합작은 지지하되 합작위원회는 해체돼야 한다 했고, 반탁독립투쟁위원회 위원장으로서 김구도 성명을 통해 중도 노선, 중간당은 있을 수 있되 좌우합작위원회는 해체해야 한다고 주장했다.[97]

좌우합작운동의 성공을 처음부터 의심하면서 반탁운동으로 정치 기반을 닦은 이승만은 단독정부 수립을 처음부터 획책했지만, 반탁운동을 적극적으로 벌이면서도 좌우합작운동 자체에는 찬성했던 김구는 단독정부 수립에는 반대하고 나섰다. 좌익 측이 3상회의 결정을 지지하고 찬탁 노선에 선 이상 반탁 노선에 의해 남북을 통한 통일정부를 수립하기는 현실적으로 어려웠다. 또 미국이 3상회의 결정에 의한 한반도문제의 해결을 포기하고 소련의 반대를 무릅쓰고 그것을 유엔으로 이관한 이상 유엔의 노력에 의한, 소련의 동의에 의한 통일정부의 수립은 실제로 어렵게 되었다. 그런데도 김구는 "우리는 미구에 내조(來朝)할 유엔위원단을 충심으로 환영하는 동시, 그들로 하여금 우리에 대한 정당한 인식을 가지고 우리가 원하는 자주독립의 통일정부를 수립하는 임무를 완수하도록 우리의 최선을 다하여야 할 것이다"[98] 했다. 그러나 유엔은 남한만의 단독선거를 결정했고, 그는 단독정부 수립을 반대하면서 '삼천만 동포에게 읍고(泣告)'한 후 좌우합작운동의 핵심세력이던 김규식

---

96)『조선일보』1947년 1월 21일,『자료대한민국사』4권 101면.

97)『동아일보』1947년 2월 12일, 같은 책 228면.

98)『조선일보』1947년 12월 23일, 같은 책 884면.

의 민족자주연맹과 함께 남북협상으로 민족분단을 막으려는 최후의 노력을 다했으나 결국 실패했다.

요컨대 우익 정치세력 중 이승만계와 한민당계는 합작 7원칙의 신탁통치문제, 토지개혁의 방법론문제 등에 반발하면서 비교적 일찍부터 좌우합작운동에 반대한 데 비해 김구의 한독당계는 좌우합작에는 찬성하면서도 신탁통치문제에는 강력히 반대하다가 같은 반탁 노선이던 이승만 등의 단독정부 수립 획책이 완전히 드러난 후에는 좌우합작 세력과 연합하여 남북협상의 길로 나아가게 되었던 것이다.

좌익세력의 대응

좌우합작운동을 추진하던 김규식이 그 운동의 시초를 말하면서 "원래 합작의 시초는 좌측 여운형 선생으로부터 나에게 요청한 바 있어 나는 피동적으로 여선생(중간에 허헌까지 일차 합석하여 의논되었음)의 요청에 의하여 수차 회담하였다"[99)]고 말한 적이 있다. 즉 좌우합작운동은 당시 좌익세력의 연합체 민주주의민족전선 의장단의 한 사람이던 좌측의 여운형이 주도한 정치운동이 아니었던가 생각되며, '민족전선'의 또 한 사람의 의장인 허헌도 처음부터 참여했다.

따라서 좌익세력의 집결체인 '민족전선'도 처음부터 합작운동에 참가했지만 그것에 임하는 기본자세는 우익의 그것과 크게 달랐다. 합작운동 초기에 '민족전선' 사무국장이며 뒷날 좌익 측의 합작위원이 된 이강국(李康國)은 "남북통일 좌우합작의 원칙은 무엇인가?" 하는 기자 질문에 "남북통일 좌우합작의 원칙은 3상 결정의 지지다. 조선의 자주독

---

99) 『동아일보』 1946년 9월 10일, 『자료대한민국사』 3권 314면.

립이 카이로·포츠담의 국제적 결정으로 약속된 것과 같이 조선의 임시 정부 수립은 모스끄바3상회의 결정에 의한 미소공동위원회에서만 실현될 것임으로써다"라고 했고, "일부에서는 북조선 인민위원회를 좌익 단독정부라고 보는데, 귀견(貴見) 여하"란 질문에는 "그것은 조선 인민에 부여된 행정권과 사법권을 운영하지 않으면 안될 필요에서 생긴 임시조처로서 남북통일정부가 수립되면 자연 해소될 성질의 것이다"라고 대답했다.[100] 이때 '민족전선' 측이 지향한 좌우합작은 남한의 좌우합작만이 아닌, 남북한의 좌우 합작을 가리키는 것이었다고 할 수 있을 것이다.

조선공산당에서는 좌우합작 조건으로 친일파 파시스트의 제거, 테러 중지와 민주주의자의 석방, 3상 결정의 총체적 지지의 세 가지를 내놓았다.[101] 그것에 토지문제와 인민위원회에의 정권 이양, 입법기관 설치 반대 등을 더한 좌익 측 5원칙이 나온 후 민족전선은 우익 측 8원칙에 대해 "우리 동포의 가장 시급한 사활 문제에 관한 개혁은 그대로 덮어두고 모든 문제의 해결을 정부 수립 후로 미루어 정부 수립에만 급급한 것같이 보이는데, 이는 일견 민중의 요망에 영합하는 듯하나 8개 조건은 상술한 바와 같은 의도를 내포한 반동적 강령이다"[102]라고 논평했다.

한편 공산당의 박헌영은 좌우합작위원회의 7원칙에 대해 "이른바 7원칙은 마치 좌·우 양익에서 제시된 5원칙과 8원칙의 '극좌' '극우'를 극복하고 양방의 주장을 절충하여 안출한 중간노선인 것 같은 환상을 일으킬 수 있다" 하고, 그것은 첫째, 3상회의 결정, 토지개혁, 친일파·민족

100) 『조선일보』 1946년 6월 21일, 『자료대한민국사』 2권 769면.
101) 『서울신문』 1946년 7월 11일, 같은 책 874면.
102) 『서울신문』 1946년 8월 1일, 같은 책 888면.

반역자문제 등에 있어서 그 주장이 철저하지 못하여 회피의 길을 준비하고 있으며, 특히 토지개혁안이 지주의 이익을 위한 것이라는 점, 둘째, 정권을 인민위원회에 넘긴다는 조항이 없는 점, 셋째, 따라서 그것이 우익을 토대로 하고 '반동세력'을 조장하려는 의도가 역력하다는 점, 넷째, 입법기관의 창설로 군정을 개선할 수 있는 듯한 환상을 일으켜 좌우합작으로 통일을 가장하려 하였다는 점 등을 들어서 반대했다.[103]

이후 좌익 3당의 합당문제를 둘러싸고 좌익 측에서의 좌우합작 문제는 혼선을 빚게 된다. 3당의 합당문제가 추진되는 동안 '민족전선'은 "우익 측에서 제시한 8원칙은 이 박사의 정치노선을 그대로 답습하였던 것이다. 이 같은 조건하에서 좌우합작위원회의 속회는 하등의 의의가 없는 것이며 소호(小毫)의 성과도 기대할 수 없으면서 인민대중에게 환상과 혼란을 줄 뿐이다"[104] 하여 우익 측 8원칙을 비판하고 좌우합작운동 자체와 입법의원 설치를 반대했다.[105]

따라서 이 시기 이후의 좌우합작운동은 남로당 세력을 제외한 좌익 세력을 상대로 한, 즉 남북의 좌우합작을 지향한 것이 아니라 남한 내에서의 온건우익과 온건좌익만의 합작운동으로 그 범위가 좁혀져가며, 이 때문에 강경 좌파로부터의 합작운동에 대한 비난은 점점 높아져 갔다.

'민족전선'에서는 이제 합작운동을 "임정 수립에 있어서 협의의 대상에서 제외될 것을 예상하는 그들이 남조선 단독정부 혹은 자율 통일정부 수립을 음모하는 것이며, 이승만 노선과 동일한 것이다"[106]라고 했고, '민족전선' 회원으로 좌우합작위원회의 선전부장이던 박건웅을 제

---

103)『독립신보』1946년 10월 26일.
104)『서울신문』1946년 8월 24일,『자료대한민국사』3권 183면.
105)『서울신문』1946년 9월 22일, 같은 책 391면.
106)『서울신문』1946년 12월 25일, 같은 책 1150면.

명 처분했다.[107] 이후 남로당은 "남조선 정계에서 중간이라고 하는 것은 우익의 일부와 좌익에서 퇴진한 일부가 집결된 것으로, 그 정치적 역할은 언제든지 우익의 이익을 다하는 것을 지향한다. 그러므로 우리는 엄격한 견지에서 좌우익 양익뿐이라고 한다"[108] 하여 좌우합작운동의 추진체로서의 중도세력 자체를 부인했다. '민족전선'이 좌우합작운동 세력을 이승만 노선과 동일한 것으로 본 경우와 같다 할 것이다.

그러나 좌우합작운동 세력에 대한 좌익 측의 이와 같은 태도도 한반도문제가 미국에 의해 유엔으로 넘겨지고 남한 단독정부 수립 획책이 확실해짐에 따라 바뀌어갔다. 즉 합작운동 세력의 존재를 다시 인정하지 않을 수 없게 된 것이다. 남로당은 "민족자주연맹을 중심으로 한 중간 순수 우익 정당에서는 남북 요인의 회담을 제의하고, 이로써 자주적인 통일 독립운동을 도모하고 있는데, 이같은 행동 통일은 현하 정국 타개를 위한 적절한 조처다. 우리 당은 이러한 원칙적 투쟁에 적극 가담한다"[109] 하여 좌우합작운동 세력이 만든 김규식 중심의 민족자주연맹을 '중간 순수 우익 정당'이라 하여 그 남북요인회담 제의를 지지하고 있는 것이다.

한편 좌익 3당 중 여운형 중심의 인민당과 백남운 중심의 신민당은 모두 합작운동에 적극적으로 참여했다. 그러나 좌익 3당 합당 과정을 통해 공산당은 박헌영 중심의 간부파와 강진 중심의 비간부파로 나누어졌고, 인민당은 이걸소(李傑笑) 등의 48인파와 장건상 등의 확대위원회파로 나누어졌으며, 신민당 역시 백남운계와 비백남운계로 분열되어 공산당의 간부파, 인민당의 48인파, 신민당의 비백남운파는 남로당

---

107) 『조선일보』 1947년 1월 5일, 『자료대한민국사』 4권 12면.
108) 『조선일보』 1947년 6월 10일, 같은 책 833면.
109) 『조선일보』 1947년 10월 29일, 『자료대한민국사』 5권 576면.

에의 합당을 추진하면서 좌우합작운동에서 이탈했다. 그리고 인민당의 확대위원회파와 신민당의 백남운파, 공산당의 비간부파가 합당하여 사회노동당을 결성하고 "여운형·김규식 양씨의 애국적 의도와 우리 민족의 주체적 입장에서 제기되어야 할 민주 역량의 집결체로서의 이른바 좌우합작은 우리가 열렬히 지지하는 바다"[110]라고 성명을 발표했다가 곧 반대하고 나섰다.[111]

공산당을 중심으로 하는 좌익세력의 좌우합작운동에 대한 자세는 박헌영의 합작 7원칙 비판에 잘 나타나 있는 바와 같이 3상회의 결정의 지지, 토지개혁의 무상몰수·무상분배, 친일파의 즉시 처벌, 정권의 인민위원회에의 인도를 주장하는 선에서 전혀 양보하지 않았으며, 중도 정치세력의 존재를 인정하지 않는 자세로 일관하다가 한반도문제가 유엔으로 이관되고 민족분단의 위험이 높아진 후에야 중도세력을 통한 남북회담을 주선하려 했지만 이미 때가 늦어서 분단을 저지하는 데에는 전혀 효과가 없었던 것이다.

합작운동의 지지 기반

좌우합작운동은 좌우익 쌍방으로부터 배척받고 결국 실패했지만, 이 운동 자체는 어느정도의 지지 기반을 가지고 있었다. 먼저 이 운동을 지지한 정치세력의 경우를 들어보자.

한민당의 토지정책 등에 반발하여 탈당한 원세훈·김약수·이순탁 등이 조직한 민중동맹은 김규식을 총재로 추대하고 "우리는 일치단결하

---

110) 『조선일보』 1946년 10월 17일, 『자료대한민국사』 3권 569면.
111) 주 55의 인용문 참조.

여 좌우합작을 지지하여 조선민주임시정부 수립을 공약한 막부 3상 결정에 의한 미소공위의 속개를 요청하자"[112] 하고 결의한 후 합작운동에 적극적으로 참여했으며, 재미한족연합회(在美韓族聯合會)·신한민주당·청우당(靑友黨)·조선혁명당·신한민족당·국민당·삼우구락부(三友俱樂部)와 무소속의 8개 정당이 연합하여 결성한 유동열(柳東說)위원장의 신진당(新進黨)도 합작운동을 지지하는 정치세력이었다. 또한 '계획경제제도를 확립하여 전 민족 균등 생활의 실현을 기함'이란 강령을 내걸었던 여운홍 대표총무의 사회민주당도 합작운동 지지 정당이었으며, 공산당·인민당·신민당의 일부가 합당하여 결성한 사회노동당이 해체되고 다시 결성된 여운형·백남운 등 중심의 근로인민당, '정치적·경제적 사회제도를 혁신하여 국민 대다수의 복리를 본위로 할 것'을 강령으로 한 홍명희 대표의 민주통일당 등도 모두 좌우대립으로 인한 민족분열을 지양하고 통일된 정부를 수립하기 위해 합작운동을 지지한 정당들이었다.

이 밖에 건민회 등 32개 중도파 정치단체가 통일전선을 결성한 이극로 위원장의 민주주의독립전선이 있다. 이들은 또다른 협의체로서 미소공위의 대책협의회, 시국대책협의회 등을 이루었다가 좌우합작위원회와 함께 민족자주연맹을 결성했는데, 이와 같은 중간세력들은 미소공위 측 통계에 의하면 남한에서만 중간 우파·중간파·중간 좌파를 합하여 33개 정당·단체에 회원수 1만 1519명이었다. 이는 우익 정당·단체 44개와 회원수 1만 2483명, 좌익의 민주주의민족전선 산하 정당·단체 41개, 회원수 1만 4450명에 비해 다소 약세였다.[113]

---

112) 『서울신문』 1946년 12월 24일, 같은 책 1144면.
113) 『서울신문』 1947년 8월 2일, 『자료대한민국사』 5권 158면.

그러나 정당·단체를 떠난 일반적인 정치의식은 반드시 그런 것만은 아니었던 것 같다. 좌우합작운동을 앞장서 추진하던 여운형은 "좌우합작은 어떻게 진전되는가?" 하는 물음에 "합작이라고 한다고 반동과의 합작이 아니요, 우익이 싫든 좌익이 싫든간에 할 수 없이 합작하여 연립 내각과 같이 되는 좌우를 통한 합작이 있어야 비로소 통일이 되고 독립이 될 것이다"[114]라고 했고, 고려대학 총장이던 현상윤(玄相允)은 좌우합작운동에 대한 설문에 답하면서 "대체에 있어서 좌우가 다 사회민주주의적 방향을 취하여 영국 노동당에서 취하는 정책을 따라 나아가면 조선문제는 국제적 세력균형 밑에 해결될 줄 알며 이곳에 좌우합작의 가망도 있다"[115]고 했다.

우익 정치세력이 미국과 연결되어 순수한 자본주의체제를 지향했고 좌익 측이 소련과 연결되어 공산주의체제를 지향했다면 좌우합작을 추진하던 정치세력은 대체로 사회민주주의체제를 지향했다고 볼 수 있지 않을까 한다. 미소공동위원회가 정당·사회단체에 대해서 설문조사한 결과에 의하면 국호의 경우 한민당은 '대한민국', 민족전선은 '조선인민공화국'으로 답했는데, 합작위원회는 '고려공화국'으로 답했고, 국체는 세 단체가 모두 민주공화제를 채택한다 했으나 정체는 한민당이 3권분립제를, 민족전선은 인민위원회원칙의 3권귀일(三權歸一)을 주장했고, 합작위원회는 3권분립을 주장했다. 또한 토지정책에서는 한민당이 유상매상·유상분배, 민족전선이 무상몰수·무상분배인 데 비하여 합작위원회는 몰수·매상·무상분배를 내세웠고, 토지소유권에서는 한민당이 사유권을 인정하되 매매저당권을 제한하려 했고, 민족전선은 사유권

114)『조선일보』 1946년 10월 5일,『자료대한민국사』 3권 446면.
115)『동아일보』 1946년 7월 30일,『자료대한민국사』 2권 904면.

을 인정하되 처분을 금지하려 했으며, 합작위원회는 사유권은 인정하되 자유처분을 제한하려 했다. 이 밖에 산업소유권에서도 한민당은 대기업은 공유(公有)·공유(共有)로 하여 국가경영으로 하려 했고, 민족전선은 대기업은 국가경영, 중기업은 국유·공유·사유로 나누고 소기업은 사영(私營)으로 하려 했으며, 합작위원회는 대기업은 국가경영, 중기업은 관민합판(官民合辦), 소기업은 사유·사영으로 하려 했다.[116]

이와 같이 좌우합작운동이 단순히 좌익세력과 우익세력의 합작을 중재하는 것이 아니라 그 자체가 일정한 중간노선적 정치체제를 지향하고, 그것을 통해 남북을 통한 통일정부를 성립하려 했다고 볼 수 있으며, 그 경우 이 운동이 지향한 정치·경제체제는 자본주의나 공산주의가 아닌 사회민주주의체제였다고 할 수 있을 것이다. 또 그것을 지지하는 일반 민중은 오히려 순수 자본주의와 순수 공산주의를 지향하는 경우보다 더 많았던 것 같다.

미군정청 여론국의 설문조사에 의하면 자본주의, 사회주의, 공산주의 가운데 어느 쪽을 찬성하느냐는 설문에 자본주의 찬성이 14%, 공산주의 찬성이 7%, 모른다가 8%인 데 비해 사회주의 찬성이 70%나 되었다.[117] 바야흐로 좌우합작위원회 활동을 원조하고 있던 미군정청의 여론국이 실시한 여론조사라는 점에서 여론을 극우와 극좌적 방향이 아닌 쪽으로 유도하려는 의도가 어느정도 작용했는지 모르지만, 순수 자본주의와 순수 공산주의가 아닌 제3의 방향 내지 중도적인 방향을 택한 민중이, 특히 남북분단의 위험 앞에서 상당히 많았던 것으로 생각되는 것이다.

---

116) 『경향신문』 1947년 7월 6일, 『자료대한민국사』 5권 30면.
117) 『동아일보』 1946년 8월 13일, 『자료대한민국사』 3권 105면.

맺음말 – 합작운동의 성격

좌우합작운동은 신탁통치문제로 인한 국내에서의 좌우대립의 심화와 제1차 미소공동위원회의 결렬 등으로 민족분단의 위험이 높아지고 있을 때 일제하의 중국 지역 독립전선에서 연합전선 형성에 주동적 역할을 했던 김규식과, 식민지 치하 국내에서 건국동맹을 조직하여 중국 연안의 독립동맹 및 중경임시정부와 연합전선을 기도했던 여운형 등을 중심으로 남북한을 통한 통일임시정부수립운동으로서 출발했다.

이 운동은 또 한반도의 공산화를 막고 모스끄바3상회의 결정에 따르면서 소련 측의 동의를 얻어 통일정부를 수립하려는 한반도정책을 아직은 버리지 않고 있던 미국 측에 의해 원조되었다. 그러나 이와 같은 미국 측의 원조는 이 운동을 실패하게 하는 원인의 하나가 되기도 했다.

좌우합작운동의 전개 과정은 좌·우 양측의 합작 원칙 제시와 이를 절충한 합작위원회 원칙의 성립 시기, 좌우합작운동 세력의 정치적 기반 조성 및 확대가 그 설치 목적의 하나이기도 했던 입법의원 설립 시기, 미국과 일부 우익세력의 남한 단독정부 수립 책동에 쫓기면서 남한 내의 좌우합작 지지세력이 연합해 민족자주연맹을 결성하고 민족분단을 저지하려 노력하던 시기의 3단계로 나눌 수 있다. 그러나 엄밀히 말해서 남북한과 좌우익을 망라한 합작운동으로서의 성격을 지니고 있던 시기는 제1기에 한한다고 할 수 있다.

식민지시대의 독립운동전선에서부터 이미 좌우의 대립을 해소하고 연합전선을 성립하기 위해 국내와 국외에서 각각 진력했던 김규식과 여운형이 중심이 된 좌우합작운동은 좌익 측이 제시한 5원칙과 우익 측이 제시한 8원칙을 조절하여 합작위원회 7원칙을 일단 제시했다. 그러나 해방 직후 정치계의 가장 중요한 쟁점으로 등장했던 신탁통치문제, 토지개혁문제, 친일파처벌문제 등에서 우익 측과 좌익 측의 주장은 완전히 갈려 있었고, 합작위원회 7원칙은 이것을 중화, 조절하는 방향에서 짜였지만 좌우 양측으로부터 모두 받아들여지지 않았다.

좌익 측 5원칙이 모스끄바3상회의 결정의 전면적 지지, 무상몰수·무상분배에 의한 토지개혁, 중요 산업의 국유화, 친일파의 즉시 응징 등을 주장한 데 대해, 우익 측 8원칙은 신탁통치문제 및 친일파 응징의 임시정부 수립 후 해결, 균등사회 목표의 경제제도 수립 등으로 응수했다. 이를 절충한 좌우합작위원회 7원칙은 3상회의 결정에 의한, 남북을 통한 좌우합작의 임시정부 수립을 주장해 대단히 우회적인 표현이긴 하지만 신탁통치 지지에 의한 통일임시정부 수립을 시사했고, 무상·유상 몰수 및 매입에 의한 무상분배의 토지개혁정책과 중요 산업의 국유화를 채택했으며, 친일파문제는 좌우합작위원회 자체가 즉시 응징할 것을 제시했다.

이 안은 신탁통치문제를 애매하게 표현함으로써 좌우 양측으로부터 거부반응을 일으켰고, 특히 토지문제는 좌우 양측의 이해관계가 크게 상반되어 쌍방의 심한 반발을 샀다. 해방 전의 독립운동전선에서는 좌우익을 막론하고 전체 토지의 몰수·국유화, 중요 산업의 국유화를 정강정책으로 채택했으나 좌우합작운동에서는 대체로 지주계급 중심인 국내 우익 측의 요구를 감안해 유조건 몰수, 체감 매상으로까지 후퇴했다. 그러나 좌익으로부터는 지주의 이익을 보장하기 위한 방안이라 비난받았고, 우익 측에서도 체감매상·무상 분배가 국가 재정을 어렵게 한다는 이유를 내세워 반대했던 것이다.

합작위원회의 합작 7원칙 성립 이후 국내의 정치정세는 대체로 두 가지 방향으로 바뀌어갔다. 첫째, 이 시기 정치세력의 분포를 우익과 좌익 그리고 중도세력으로 구분하는 일종의 정계 개편을 가져온 것이다. 우익 측에서는 합작 7원칙에 찬성하는 일부 세력이 그것을 반대한 극우의 이승만·한민당 세력과 결별하여 합작운동에 합세했고, 좌익 측에서도 7원칙과 3당 합당 문제를 둘러싸고 극좌적인 세력과 온건좌익적인 세력으로 양분된 것이다. 극좌·극우적 세력 이외에 온건좌익과 진보우익 세력이 합쳐 하나의 중간세력, 제3의 세력을 형성했다.

합작 7원칙이 성립된 후 또 하나의 변화는 좌우합작운동 자체가 본래 지향했던 전체 우익과 전체 좌익의 합작에 의한, 남북한을 통한 임시정부수립운동의 성격을 사실상 벗어난 것이다. 이후의 좌우합작운동은 온건우익과 온건좌익을 묶어서 중간적 정치세력, 제3의 세력을 형성하고, 이 세력을 중심으로 남북한을 통한 통일정부를 수립하거나 그것이 불가능할 경우 남한만이라도 중간세력의 정권을 형성했다가 그것을 바탕으로 하여 북한 측과 합작 교섭을 벌이려 한 것이라 내다볼 수 있는 것이다.

이와 같은 과정에서 중간세력, 제3의 세력으로서의 좌우합작 세력은 통일정부 수립의 방안으로 전형적인 자본주의 및 공산주의 체제를 피한, 대체로 사회민주주의체제를 지향한 것이라 보이며, 따라서 그것은 좌우세력이 호각을 이루고 정면으로 대치한 조건 아래서의 좌우합작 방안으로서의 하나의 길을 연 것이라 할 수 있을 것이다.

그러나 이 운동은 결국 실패했다. 이제 그 원인을 생각해보면 다음과 같은 몇 가지를 지적할 수 있지 않을까 한다. 첫째, 무엇보다도 좌익세력의 극좌주의화와 우익세력의 극우주의화를 들 수 있지 않을까 한다. 해방 전 독립운동전선에서 국내 공산주의 재건파는 민족해방의 역사적 단계를 대체로 이른바 부르주아민주주의혁명 단계로 설정했고, 만주의 조국광복회도 부르주아지와의 협력을 주장했으며, 중국 연안의 독립동맹은 한국독립당 등 우익 독립운동단체의 "영웅적 분투에 대하여 무한한 경의"를 표하면서 민주주의공화국 수립을 지향했다. 또한 우익세력의 경우도 민족혁명당과 같은 좌파적 성격의 정당은 물론 가장 우파적인 한국독립당까지도 토지와 중요 산업의 국유화를 정강정책으로, 또 건국강령으로 내세워 좌익 측의 건국론에 접근하고 있었으며 좌우의 연합전선도 형성되어가고 있었다.[118]

그러나 해방이 되어 귀국한 각 독립운동 세력은 미·소 양국의 분할점령, 신탁통치문제 등에 휩쓸리면서 좌우대립을 심화해갔고, 특히 남한 안에서도 임시정부 세력과 연합하려다 실패하고 이승만세력과 연합한, 국내 지주세력의 이해를 대변한 한민당과 국내 재건 운동파가 우위를 쥔 공산당과의 대립은 격심했다. 이 두 세력은 해외에서 귀국한 독립운동 세력을 각각 자기 진영으로 흡수하려 하면서 정국을 극우적, 극좌적 방향으로 양분하여 제3세력이 존속할 수 있는 공간을 두려 하지 않았던 것이다.

둘째, 좌우익세력의 이와 같은 분열 책동을 일반 민중세계가 용납하고 그것에 흡수된 점에, 다시 말하면 좌우합작운동의 정치적 기반이 그만큼 확고하지 못한 점에 이 운동이 실패한 원인의 하나가 있는 것이 아닌가 한다. 이 시기의 여론조사에 사회주의를 지향한 민중이 자본주의와 공산주의를 지향한 경우보다 훨씬 많아 70%나 되었다. 하지만 그것은 한민당을 지지한 지주세력과 같이 경제적 이해문제로 결합되었거나 공산당을 지지한 세력과 같이 이념적으로 결속된 것이 아니었다.

좌우합작운동을 지지하고 뒷받침할 만한 사회계층으로는 지식인 일반, 중소기업 경영층, 자영농민층 등을 상정할 수 있겠다. 그러나 식민

---

118) 강만길 「독립운동 과정의 민족국가건설론」 참조.

통치의 우민화정책 때문에 교육받은 인구가 적었을 뿐만 아니라 일부 교육받은 인구라 해도 식민지시대를 통해 정치훈련을 받을 기회를 전혀 가지지 못했기 때문에, 해방 직후의 지식인 일반이 지주층 및 그 이익을 대변하는 극우세력과 식민통치의 가혹한 탄압 아래서 공산주의운동으로 단련된 좌익세력을 함께 견제하면서 정치정세를 통일민족국가 수립의 방향으로 이끌고 갈 만한 역사의식과 정치의식을 갖출 단계에는 있지 못했던 것이다.

한편 식민지시대의 민족자본가로서의 중소기업 경영층은 1920년대를 통해 대단히 제약된 조건 속에서나마 어느정도 성장하고 있었다. 그러나 일본의 대륙침략이 본격화하면서 민족자본적 성격을 유지하려 한 기업은 철저히 탄압받았고, 마침내 전쟁 중의 '기업정비령'(1942)으로 강제 해체되거나 일본의 재벌 기업에 흡수되어, 해방되었을 때는 조선인 중소기업 경영층은 거의 남아 있지 않았다. 한편 식민지시대 초기에 실시된 이른바 토지조사사업 이후 자영농민층은 계속 몰락하고 농촌에서의 지주·소작제가 점점 심화되어갔다. 농민의 영세화가 한계점에 다다랐음을 알게 된 식민통치 당국이 이른바 자작농 창출정책이라는 것을 실시한다 했으나 효과가 없었고, 따라서 해방이 됐을 당시에는 자작농층이 어떤 형태로건 하나의 정치세력을 뒷받침할 만한 조건에 있지 못했다.

셋째, 좌우합작운동이 실패한 또 하나의 원인은 그것이 미국 측의 원조에 의해 진행됐다는 점에도 있었다. 이 운동은 당초부터 미군정 측이 관계했을 뿐만 아니라 입법의원 설치, 한미공동위원회 개최[119] 등을 통

---

119) 1946년 하반기에 남한 전역에서 파업이 일어나자 미군정 당국은 이를 수습하기 위해 좌우합작위원회 쪽과 함께 한미공동위원회를 개최했다. 위원회에서는 식민지시대의 경찰을 미군정이 다시 등용한 데 대한 민중의 원한 문제, 군정청 안에 친일파가 그대

해 그 정치적 기반을 강화해주려 했다. 특히 좌우합작위원회의 경비는 1946년도에 300만 원, 1947년도에 300만 원, 합계 600만 원을 미군정의 '국고금'에서 보조했으며,[120] 합작위원회의 주석 김규식은 입법의원의 의장이 되고 합작위원회 위원 안재홍이 민정장관이 됨으로써 합작위원회는 어떤 의미에서는 미군정의 일종의 여당같이 된 셈이었다.

이와 같은 미군정 측과의 긴밀한 관계 때문에 합작위원회는 특히 좌익 측의 공격 대상이 되어 그 본래의 목적인 좌우합작에 대한 역할은 거의 못하게 되었을 뿐만 아니라 민중으로부터 지지폭도 그만큼 좁아질 수밖에 없었다. 어떤 증언은 "1947년 초부터 미군정의 통치에 대한 민족주의자들의 반감이 너무 높아져서 한국인 민정장관 안재홍이 사무실을 떠날 때 미군은 그를 보호하기 위해 호위를 했으며 좌우합작위원회의 위원들은 거리에서 그들을 야유하는 젊은이들로부터 '반역자'란 외침을 들어야 했다"[121]고 했는데, 이 경우의 '민족주의자'는 극우세력을 가리키는 것이라 하더라도 "좌우합작위원회 위원들을 입법의원 의원으로 임명하고 이 위원회를 공연하게 보증함으로써 위원회를 강화시키려 했던 군정 당국의 노력은 지방단위에서의 이 위원회에 대한 대중적 지원을 더욱 해쳤으며 지방에서는 이 위원회가 미국 통치자들의 괴뢰 집단으로 간주되었다"[122]고 할 정도였다.

이들 원인 이외에도 이 시기에 이미 높아져가고 있던 미국·소련 간의 냉전 대결도 중요한 원인의 하나로 들 수 있겠지만, 이와 같은 원인들이

로 있는 문제, 귀속 재산 처분 문제를 둘러싼 미국 관리와 조선인 관리의 부패 문제 등을 하지에게 건의해 시정을 촉구했다.

120) 송남헌, 앞의 책 316면, 주 10.
121) 김정원, 앞의 글 169면.
122) 같은 글 172면.

겹쳐져서 좌우합작운동은 결국 실패했다. 그러나 지금에 와서 이 운동을 되돌아보면 그것이 가지는 역사적 의의는 다음과 같은 이유에서 인정되어야 하지 않을까 생각된다.

첫째, 이 운동은 식민지시대의 독립운동전선에서 형성되어가던 민족연합전선운동의 하나의 연장이라고 할 수 있다는 점이다. 상해임시정부가 성립될 때 이미 나타나기 시작했던 독립운동전선의 좌우대립은 이후의 독립운동에 큰 독소가 되었다. 그러나 그 과정에서도 1920년대 후반기 국내외에서의 민족협동전선의 형성, 1930년대 후반기 중국 지역에서의 민족연합전선의 추진과 같은, 좌우대립을 해소하고 해방 후 단일 민족국가를 건설하기 위한 일종의 합의가 어느정도 이루어져가고 있었다. 이와 같은 추세가 해방 후의 미·소 분할점령으로 더 진전되지 못하고 오히려 좌우의 대립을 격화했지만 그런 조건 속에서도 통일민족국가를 수립하기 위한 노력이 식민지시대 민족연합전선운동의 핵심 인물이었던 김규식·여운형 등에 의해 건국준비위원회 활동, 좌우합작운동 등으로 계속된 것이다.

둘째, 좌우합작운동이 식민지시대의 독립운동전선에 나타난 민족연합전선운동의 연장선상에 있었다는 사실은 그것이 좌우의 대립을 해소하고 통일민족국가를 수립하려는 운동이라는 점에만 있는 것이 아니라 통일민족국가를 수립하는 방법론에서도 그 맥을 잇고 있다는 점이다. 식민지시대 말기 중국 지역의 독립운동전선에서는 임시정부, 민족혁명당, 독립동맹 등이 모두 해방 후에 수립할 민족국가의 성격을 보통선거를 통해 성립되는 민주공화국체제에, 경제적으로는 토지와 중요 산업의 국유화를 채택한 일종의 사회민주주의체제였다. 앞에서 살펴본 바와 같이 좌우합작운동이 지향한 통일국가의 성격도 대체로 사회민주주의체제였다고 생각되는 것이다.

셋째, 민족의 분단을 막고 통일민족국가를 수립하기 위한 좌우합작운동은 곧 분단시대 민족주의운동의 일환이었다는 점을 지적할 수 있을 것이다. 우리 근대사에서 구한말과 식민지시대 그리고 해방 후 분단시대를 통해 각 시기의 민족주의적 과제를 생각해보면, 구한말의 경우 그것은 제국주의 침략 앞에서의 주권수호와 국민주권주의·민주주의의 실현이었다고 할 수 있다. 주권수호 문제가 앞세워져서 국민주권주의적 과제가 크게 부각되지 못했지만 외세의 침략 앞에서 전제군주의 주권을 수호하고 중세적 양반사회의 이권을 수호하는 것이 민족주의의 옳은 방향이 아니었음은 분명하다.

식민지시대 민족주의의 과제는 주권 회복과 국민주권주의·민주주의의 달성이었다. 이 시기의 독립운동 목적이 주권 회복에만 한정되어 공화주의 국가가 아닌 군주주권 국가를 회복하는 운동이 되었다면 그것은 단순한 항일운동, 독립운동이었을 뿐 민족주의운동은 될 수 없었을 것이다. 복벽주의운동이 식민지시대의 민족주의운동선상에서 탈락한 이유가 여기에 있는 것이다.

해방 후 분단시대 민족주의의 과제는 주체적 민족통일과 민주주의의 성취에 있다. 분단시대이기 때문에 통일문제가 가장 중요한 과제로 등장하지만, 주체적·민주주의적 통일이 아닌 경우 올바른 의미의 민족주의적 통일이 될 수 없음은 자명하다. 좌우합작운동은 미군정과의 관계, 토지문제의 처리방법 등에서 일정한 제약성을 가지고 있기는 했지만, 민주주의적 방법에 의한 통일민족국가 수립운동의 일환이었다고 할 수 있을 것이며, 따라서 그것은 분단시대의 민족주의운동의 일환이었다고 할 수 있을 것이다. (1983)

3. 4월혁명의 민족사적 맥락

머리말

1960년 4월 19일을 전후한 민중봉기가 이승만정권을 무너뜨린 일을 역사적 안목에서 보아 무엇이라 이름 할 수 있으며, 그것은 또 우리 역사, 특히 우리 근현대사에서 어떤 위치를 차지하는가 하는 문제를 다시 한 번 생각해봐야 할 때가 된 것 같다.

4·19는 한때 혁명 혹은 의거로 불리다가 5·16 이후에는 적어도 공식적으로는 의거로 고정돼갔고 대신 5·16이 혁명으로 정착돼갔으며 4·19는 5·16의 전(前) 단계로, 5·16을 4·19의 완성으로 연결하려는 논리도 있었다.

4·19를 혁명으로까지 볼 수 있느냐 아니면 의거로만 보아야 하느냐 하는 문제는 4·19 그 자체에만 한정해서 생각할 것이 아니라 오히려 앞으로 우리 역사가 어떻게 전개되어가는가 하는 문제에 달려 있으며, 4·19와 5·16의 관계는 4·19의 성격을 역사적인 안목에서 철저히 밝히면 저절로 드러나는 것이라 생각된다. 앞으로의 우리 민중운동이 4·19에

서 기도되었던 민주주의운동을 계속 발전시키는 방향으로 나아갈 뿐만 아니라 4·19 속에 포함되어 있던 또 하나의 민족사적 과제, 즉 민족통일 운동을 달성하는 데로 연결될 때 4·19는 어떤 개념으로도 바꾸어놓을 수 없는 우리 근현대사 속의 거대한 혁명운동의 시발점이 될 것이기 때문이다. 4·19가 혁명이냐 의거냐 하는 문제 이전에 그것이 민주주의운 동이었다는 데는 누구도 이견이 있을 수 없겠고, 지금까지 4·19에 대한 시각도 대체로는 그런 범위 안에서 이루어진 것이 아닌가 한다. 그러나 짧은 기간이기는 하지만 4·19에서 5·16까지 우리 역사를 좀더 깊이 들여다보면 크게 두 단계로 나누어볼 수 있다. 첫 단계는 대체로 장면 정권이 성립될 때까지로 민주주의운동이 표면에서 내세워지고 또 강력히 추진된 시기이며, 이후 5·16까지의 두번째 단계는 민중운동이 민족통일운동으로 급선회한 시기라 볼 수 있다.

해방 후 분단시대의 민족운동을 민중운동 중심으로 이해하기 위해서는 민주주의운동과 민족통일운동을 분리해서 생각할 수 없지만, 생각에 따라서는 이 두 운동을 철저히 분리하려는 경향도 있어왔다. 따라서 이와 같은 분리론의 비역사성(非歷史性)을 철저히 밝히기 위해서도 우리 근대사에서의 민주주의운동의 전개 과정과 민족통일운동의 맥락을 일단 따로따로 정리해보고, 다시 그것들이 합치되는 시점, 즉 민중운동으로 승화되는 시점을 찾아보는 것이 4·19의 역사적 위치를 이해하는 길이 아닌가 한다.

우리 근현대사를 특히 민중운동사의 측면에 한정해서 좀더 분석적으로 들여다보면, 구한말 개화시대는 민주주의운동과 반외세운동이, 그리고 식민지시대는 민주주의운동과 항일운동이, 해방 후 분단시대는 민주주의운동과 민족통일운동이 함께 이루어진 시기로 각각 나누어볼 수 있다. 그리고 시기마다 이 두 가지 운동이 결정적으로 합치되었을 때 그것은 거대한 민중운동으로 나타났다고 생각되며, 개화기의 갑오농민전쟁, 식민지시대의 3·1운동, 분단시대의 4·19운동 등이 그것들이라 볼 수 있지 않을까 한다.

이와 같은 시각에서 4·19가 있기까지의 우리나라 민주주의운동과 민족통일운동의 역사를 되돌아보고, 그것이 4·19에서 합치되게 된 과정을 살펴보면, 그것이 가진 민족사적 위치와 그 성격을 어느정도 이해할 수 있지 않을까 한다.

민주주의운동사 속의 4·19운동

4·19를 전후한 민중봉기로 이승만정권이 무너진 사실을 두고 흔히 우리 민주주의운동사상 최초의 승리라 말한다. 역사가 비록 많은 희생과 낭비까지도 요구하지만 독재정권이 민중봉기 앞에 무너지는 것은 역사 발전의 당연하고 자연스러운 귀결이라 말해버릴 수도 있다.

그러나 짧은 기간이었지만 4·19로 민주주의운동이 일단 승리하기까지에는 얼마나 많은 실패와 희생이 거듭되었는가를 다시 한번 상기하지 않을 수 없다. 다른 지역의 역사도 대체로 그러하지만 우리 민주주의의 역사도 희생과 쟁취의 역사임을 거듭 확인하지 않을 수 없는 것이다.

우리 역사상 민주주의운동의 출발점을 어디서부터 찾을 것인가 하는 문제는 쉬운 일이 아니지만, 문호개방 이전까지 시기에 수없이 일어났던 민란(民亂)은 그만두고라도 그 이후의 역사도 바로 민주주의 쟁취사 그것이었다. 구한말 개화기의 민족운동이 철저히 민주주의운동이었다고 보기는 어렵지만 일단 전제군주권제한운동이라고 이해해도 무방할 것 같다. 문호개방 이후 외국자본주의 세력과의 접촉에 대응하기 위해 전제군주권을 제한하고 이른바 군민동치(君民同治)체제를 이루려 했던 것이 갑신정변이었다고 할 수 있지만, 구체제(舊體制)와 그 배후인 청나라의 방해로 실패했다.

이 정변의 실패로 그때까지 형성되었던 진보적 정치세력은 대부분 거세되었고, 따라서 군주권제한운동도 진전이 없었다. 그러나 10년 후에는 그것보다 한층 더 국민주권성이 높았다고 생각되며 따라서 혁명이라고까지 불리는 갑오농민전쟁이 일어났다. 이 운동의 지도부가 어느정도 왕권을 부정했는가 하는 문제는 아직 깊이 해명되지 않은 상태다. 그러나 그것이 앞 단계의 갑신정변뿐만 아니라 개화기의 어느 민족운동이나 정치운동보다도 민중운동의 성격이 높았음은 더 말할 나위가 없으며, 그렇기 때문에 이 시기 민족운동의 기본 노선이었던 반봉건과 반외세 성격이 또한 가장 두드러졌다. 따라서 그것은 개화기의 민주주의운동·반침략운동의 정점이 될 수 있었던 것이다.

갑오농민전쟁은 집권층이 끌어들인 외국군에 의해 좌절되었으나 그 결과로 갑오개혁이 이루어지고, 그것은 전제군주권을 일단 제한하는 방향으로 나아갔다. 이에 불만을 품은 왕실이 외국공사관에 의탁함으로써 전제왕권을 유지하려 했고 그 댓가로 많은 이권이 외국에 넘어갔다.

이와 같은 사정 아래서 일어난 독립협회운동은 최초의 의회주의운동이었다고 말해지며 나아가서 시민혁명을 지향한 민중운동으로 발전했다고 일반적으로 생각된다. 그것이 시민혁명과 철저한 국민주권을 지향한 민중운동이었는지, 혹은 그때까지 형성된 일부 근대적인 정치세력이 왕권을 제한하면서 역시 군민동치적인 입헌군주체제를 만들려 한 운동이었는지 엄격히 구분해야 된다는 생각이지만, 일단 전제군주권을 제한하려 한 정치운동이었다고 볼 수는 있으며 이 운동 역시 보수적인 정치세력의 방해로 실패했다.

문호개방 이후 거듭된 전제군주권 제한운동이 군주권을 부정하는 국민혁명으로 발전하지 못하고 모두 실패함으로써 결국 일본의 보호국으로 전락했고, 보호국체제 아래서 이른바 애국계몽운동이 일어났다. 왕권이 외세에 굴복한 이후에 일어난 이 운동도 역시 왕권(王權) 부정의식(否定意識)이 철저하지 못했지만 앞 단계의 운동들보다는 그것이 일정하게 높아진 일면이 있었다.

이와 같이 문호개방 이후 '한일합방'까지의 외세 침략 과정에서 일어난 정치운동들이 철저한 국민주권운동의 단계에 나아가지 못하고, 갑오농민전쟁과 같은 어느정도의 예외가 있기는 하지만 대체로 군주권제한운동의 수준에 머물고 있었다. 그러나 그것이 우리 역사상 민주주의운동의 앞 단계로서 그 귀중한 밑거름이 된 것은 틀림없다.

식민지시대에 들어오면서 대체로 3·1운동까지의 민족운동은 그 민주주의운동 측면을 군주권제한운동에서 철저한 국민주권운동의 단계로 높이고 앞서의 반외세운동을 항일운동으로 첨예화하는 과정에 들어가게 되었다.

개화기의 이른바 척사위정운동이 반외세운동에는 철저했으나 군주권제한운동은 외면하여 민족운동으로서의 성격이 결여되었던 것과 같이 식민지시대에도 항일운동에는 같은 대열에 서면서도 국민주권운동·공화주의운동이 아닌 복벽주의 노선이 있었다. 그러나 항일운동이면서도 민주주의운동이 못 되었던 복벽주의운동은 곧 도태되고 항일운동과 공화주의운동이 결합된 노선만이 이 시기의 민족주의운동으로 발전해 나갔다.

3·1운동은 전체 식민지시대를 통한 최대 규모의 민중운동이며 따라서 항일운동과 민주주의운동이 결합된 민족운동이었다. 그 때문에 그 결과로 수립된 임시정부는 비록 임시정부이기는 하지만 우리 역사상

최초로 수립된 공화정부·국민주권을 지향한 정부였다.

한편 3·1운동까지의 민족운동은 민주주의운동과 항일운동이 결합된 단계였으나 3·1운동 이후의 민족주의운동은 민주주의운동과 항일운동 위에 반제국주의운동이 더해지게 되었고, 이 때문에 민주주의운동도 또다른 차원으로 높아져가는 한편 항일운동도 또 한번 첨예화했다. 8·15해방은 비록 독자적인 힘만으로 얻은 것은 아니었지만 그것을 계기로 이제 민족운동은 항일운동의 직접적인 부담을 일단 벗고 3·1운동과 그 이후의 민족운동전선에서 지향해온 민주주의운동을 토착화해야 할, 그야말로 역사적인 과제 앞에 직면하게 되었다.

그러나 점령군의 자세로 들어온 미국군의 군정 아래서 통일민족국가 수립운동이 좌절되고 분단체제가 고정화됨으로써 민주주의운동은 또다시 벽에 부딪히게 되었고, 단정론에 의한 이승만정권이 성립됨으로써 그 벽은 한층 더 높고 두꺼워져갔다.

분단체제를 정착화하면서 성립된 이승만정권은 식민지시대의 민족운동 자산으로서의 항일운동을 반일주의로, 그리고 민주주의운동을 반공주의로 물려받은 것이라 내세우면서 정권의 역사성·정통성을 드러내려 했다. 그러나 사실 이와 같은 이승만정권의 정통성은 그다지 뚜렷한 것이 못 되었다. 이승만정권의 역사성, 정통성의 문제는 바로 4·19운동의 역사적 성격 및 위치 문제와 표리관계에 있음을 상기할 필요가 있는 것이다.

식민지시대의 항일운동을 그 방법론적인 면에서 보면 독립전쟁론과 외교독립론의 두 가지로 크게 나눌 수 있다. 이승만정권은 이 가운데 후자의 자산을 물려받은 것이라 볼 수 있지만 제국주의 침략을 물리치는 방법을 또다른 제국주의 세력에서 빌리려 한 이 방법론은 독립운동시대에 이미 독립전쟁론자들로부터 사이비 독립방법론이라는 비판을 받았다.

을사조약 이후의 의병전쟁이 식민지시대에 들어와서 만주의 무장독립운동으로 연결되어 독립전쟁론으로 발전했던 반면, 이승만 중심의 초기 임시정부운동은 대체로 외교독립론을 중심으로 이루어졌다. 이 때문에 초기 임시정부운동은 이른바 위임통치론 파란을 겪지 않을 수 없었고, 임시정부운동이 만주지방의 무장독립운동과 연결되지 못함으로써 독립운동전선 전체를 지도할 수 없게 되고 따라서 쇠퇴하지 않을 수 없었다.

겨우 명맥을 이어오던 임시정부운동이 중일전쟁 이후 독립전쟁론으로 전환하면서 다시 활기를 띠고 독립운동전선의 지도적인 위치를 어느 정도 되찾아갔으나, 이때의 임시정부운동이 이승만세력과 거의 무관했음은 이미 우리가 다 아는 일이다.

식민지시대 독립운동의 방법론을 다른 측면에서 보면 절대독립론과 상대독립론으로 나누어볼 수 있으며, 이승만정권은 또 상대독립론적인 자산을 그 성립 기반의 일부로 삼았다고 봐도 대체로 무방하다. 그러나 신채호(申采浩)와 같은 절대독립론자에게는 내정독립·자치·참정권론자란 우리 생존의 적(敵)인 강도 일본과 타협하려는 자로 보였고, 문화운동자도 "강도정치하에서 기생하려는 주의를 가진 자"로 보였으며, 독립준비론까지도 '잠꼬대' '미몽(迷夢)'으로 비판되었다.

이와 같이 그다지 튼튼하지 못한 이승만정권의 항일운동적 자산도 그대로 반일주의로 연결된 것은 아니었다. 이승만정권의 반일주의는 정권 초기의 반민특위 해산으로 이미 무너졌고, 다만 그 사실을 감추는 방법의 하나로 외교관계에서만 고집되고 있었을 뿐이었다.

이승만정권 성립의 또 하나의 이념 기반인 반공주의가 적어도 6·25 이전까지는 국민적 차원에서 뚜렷한 명분을 얻기 어려운 조건에 있었고, 그런 속에서 분단체제를 유지하고 민주주의운동을 저지하기 위해서는 친일세력을 오히려 우군(友軍)으로 끌어들이지 않을 수 없었다. 이 때문에 국내정책 면에서의 반일주의는 무너지지 않을 수 없었던 것이다.

역사성이 확실하지 못한 성립 기반 위에서 오직 분단체제를 유지, 강화하는 일만이 존립 이유가 되어버린 이승만정권은 그것을 위해 반일주의도 사실상 포기하고 6·25를 계기로 명분상으로 또는 현실적으로 강화될 조건을 어느정도 갖추게 된 반공주의만을 유일한 무기로 삼아 민주주의운동을 철저히 탄압하면서 독재체제를 굳혀가게 되었다.

그러나 반공주의와 외교정책상의 반일주의만으로 유지되어오던 독재체제도 곧 한계성을 드러내지 않을 수 없었으며, 4·19는 바로 그 한계성이 하나의 정점에 이른 결과였다. 이렇게 보면 4·19는 식민지시대 이래의 민족운동, 즉 민주주의운동과 항일운동이 이승만정권의 성립으로 한때 빗나간 사실을 알아차리고 그 바른 길을 다시 찾은 민중운동이었다고 이해할 수 있으며, 다만 그 가운데 항일운동 측면이 분단시대의 민족사적 요구에 의하여 민족통일운동으로 승화된 것이다.

같은 민주주의운동이면서도 갑오농민전쟁은 반외세운동과, 3·1운동은 항일운동과, 그리고 4·19는 민족통일운동과 병행되었다는 점에서 우리나라 민족주의운동 내지 민중운동의 역사적 단계성이 잘 드러나 있다 할 것이다.

민족통일운동으로서의 4·19운동

4·19는 이승만정권의 반역사적 독재체제에 항거하는 민주주의운동으로 출발했지만 그 결과로 장면정권이 일단 성립하고 난 다음부터는

그 방향이 급격히 민족통일운동으로 옮겨갔음을 우리는 잘 알고 있다.

앞에서 말한 것과 같이 식민지시대의 민족운동·민중운동이 민주주의운동과 항일운동으로 이루어져 있었고, 분단시대의 그것이 민주주의운동과 민족통일운동의 결합으로 나타나야 한다는 관점에서 보면, 민중운동이 민족통일운동으로 나아간 것은 너무도 당연한 역사적인 길임을 알 수 있다. 그리고 이 민족통일운동 역시 분단시대에 비로소 나타난 것이 아니라 독립운동시대부터 이미 뚜렷한 하나의 노선으로 형성된 것이었음을 상기할 필요가 있으며, 그것은 1920년대 중반기에까지 소급된다.

1920년대 중반기에 이르러서 독립운동전선은 하나의 위기를 맞이하게 되었다. 3·1운동의 결과로 성립된 임시정부가 독립운동전선 전체를 지도할 만한 역량을 가지지 못하게 되고 하나의 단위 독립운동단체로 전락해갔으며, 역시 3·1운동에 자극되어 급격히 발전했던 만주지방의 무장독립운동이 일제의 철저한 탄압으로 그 주력 부대가 연해주로 옮겨가서 무장해제를 당하게 됨으로써 한때 침체 상태에 빠지게 되었다.

이밖에도 독립운동전선에서의 좌파 노선의 성장과 1925년의 조선공산당의 성립으로 좌우대립이 선명해지는 한편, 우파 진영의 일부가 절대독립 노선에서 일보 후퇴하는 방향으로 나아가게 되었고, 이와 같은 상황에 힘입은 일제의 민족분열정책이 집요하고도 적극적인 정책으로 나타나고 있었다. 특히 독립운동전선에서의 좌우대립의 심화와 민족진영 일부의 절대독립 노선에서의 이탈 현상은 독립운동전선 전체에 위기감과 반성을 불러일으켰고, 새로운 운동 방향을 모색하지 않을 수 없게 했다.

이와 같은 상황 아래서 독립운동전선의 단결과 통합을 목적으로 하는 민족유일당운동(民族唯一黨運動)이 먼저 중국의 독립운동전선에서 일어나기 시작했다. 1926년에 한국독립유일당 북경촉성회가 "동일한 목적, 동일한 성공을 위해 운동하고 투쟁하는 혁명자 등이 반드시 하나의 기치 아래 모이고 하나의 호령 아래 모여야만 비로소 상당한 효과를 거둘 수 있음은 더 말할 필요가 없다"로 시작되는 성명서를 발표함으로써 시작된 이 운동은 곧 만주지방의 독립운동전선으로 확대돼갔고, 국내에서는 신간회운동(新幹會運動)으로 나타났다.

비타협적인 우파세력과 좌파세력이 중심이 된 이 운동은 국외에서도 꾸준히 진행되었고, 국내 신간회운동의 경우 일제의 집요한 방해에도 광주학생독립운동, 노동자·농민운동 등을 지도하면서 새로운 민족운동의 폭을 넓혀갔지만, 일제의 방해와 좌파 측의 노선 변경으로 1931년을 고비로 중단됐다.

민족유일당운동의 좌절로써 민족운동전선은 또다시 활기를 잃었으나 1930년대 후반기에 이르러 중일전쟁이 본격화하자 우선 중국의 독립운동전선에서 다시 연합전선형성운동으로 나타나게 되었다. 다시 소생하여 철저한 독립전쟁론으로 바뀐 임시정부와 좌파 계열의 일부인 조선민족혁명당 세력이 연합하여 1939년에 전국연합진선협회(全國聯合陳線協會)를 발족하고, 김구와 김원봉의 연명으로 "여하한 방법에 의하여 민족적 통일기구를 구성하더라도 그 기구는 현단계의 전 민족적 이익과 공동적 요구에 의한 정강 아래 여하한 주의, 여하한 당파도 그 산하에 포용하여 조직하지 않으면 안 된다"는 성명을 발표하고 단일의 정강을 내놓았다.

1920년대의 민족유일당운동이 실패한 후 다시 민족적인 차원에서의 좌우파 합작 연합전선이 우선 중국 지방 독립운동전선에서 형성됐으나, 이 운동이 미처 굳어지기 전에 그리고 다른 지방의 독립운동전선과 연결되기 전에 해방을 맞이하게 되었고, 이 운동은 다시 해방 후의 좌우합작운동으로, 남북협상으로 연결되었다.

8·15 이후 연합군의 분할점령 아래서도 그것을 극복하고 좌우합작에 의한 통일민족국가를 수립하려는 운동은 부단히 계속되었다. 독립운동시대를 통해 주로 외교독립론적 입장에 섰던 정치세력과 절대독립론에서 한걸음 물러섰던 세력이 분할점령의 '현실적' 조건에 편승하여 분단론을 지지한 데 반하여, 대체로 1920년대의 민족유일당운동과 1930년대의 민족연합전선에 가담했던 세력은 이 분단론을 극복하고 통일민족국가 수립운동을 이끌어나갔다.

분단론자들의 책동과 냉전체제의 가속화에 따라 반민족적인 분단론이 '현실론'으로 행세함으로써 분단국가가 성립되었고, 이 때문에 통일민족국가 수립운동은 실패했다. 결국 6·25를 겪으면서 분단체제는 고정화되고 말았으며, 6·25 이후 이승만정권은 이른바 북진통일론 이외의 통일론 일체를 거부, 탄압하면서 폐쇄적인 독재체제를 고수해나갔다.

다시 말하면 이승만정권은 곧 독립운동시대 이래의 통일민족국가 수립운동을 저지하는 과정에서 성립되었음을 분명히 할 필요가 있으며, 따라서 이를 무너뜨린 4·19 민족운동·민중운동은 곧 통일민족국가 수립운동의 연장선상에서 일어났음을 철저히 인식할 필요가 있는 것이다.

이렇게 보면 이승만의 독재체제를 무너뜨린 4·19운동이 민주화운동에서 시작하여 민족통일운동으로 나아간 것은 극히 자연스러운 일이었고, 따라서 4·19 이후의 총선으로 장면정권이 성립되자 우선 특히 젊은 세대와 진보적인 정치세력을 중심으로 통일론이 활발히 전개된 것이다.

장면정권은 이승만정권의 북진통일론을 그대로 고수할 수도 없었지만, 그렇다고 하여 현실성 있는 통일론을 내놓을 준비도 되어 있지 않았다.

국내외의 활발한 통일 논의에 당황한 장면정권이 고심 끝에 내놓은 것이 '유엔 감시하 남북한 총선거를 통한 평화적 자유민주통일 방안'이었다. 그러나 이와 같은 장면정권의 통일 방안은 젊은 세대의 지지를 못 받았음은 물론, 언론으로부터도 지지를 받을 수가 없었다.

장면정권의 통일 방안에 대하여 1960년 11월 3일자 『한국일보』는 사설에서 "민주당 정부가 이번에 유엔 총회에 제시한 유엔 감시하의 남북 총선거 주장이란 영원한 수평선상을 왕래할 뿐인 미·소 냉전의 선전 무대에서 이니시어티브를 잡자는 것 이상의 아무것도 아니요, 남한이 경제적으로 자립하고 민주 역량을 갖추기까지는 그 이상 구체적인 방안이란 있을 수 없는 것이라고 한다"라고 하여 통일을 선전구호로만 삼았지 역사적 요구에 부응하는 현실적인 방안을 내놓지 못하는 장면 정권의 통일 방안을 정면으로 비판했다.

장면정권의 통일 방안이 실현성을 가지지 못한 그야말로 구호적인 것에 머문 데 반하여 "온갖 형태의 이데올로기를 초월하여 민족적 주체세력을 총집결하고 내외 사정이 허락하는 대로 적절한 시기에 서신왕래, 인사교류 및 기술협정 등 단계적 남북교류를 단행함으로써 민족애를 선양한다"고 한 고려대학교 4·18 2주년 선언문이 표방한 것과 같이 젊은 세대의 통일론은 냉전체제를 넘어선 민족적 차원에서 주체적이고도 현실적인 방향으로 나아갔으며, 또한 그 운동은 점차 조직화돼갔다.

1960년 11월 18일에는 서울대학교 민족통일연맹이 결성되어 "잠들고 있는 민족혼을 불러일으켜 민족통일에의 여론을 조성하여 가능한 방법을 이용한다"는 통일문제에 관한 기본 방침을 발표했고, 다음 해 5월에는 학술토론대회, 체육대회, 기자교류 등을 포함한 남북학도회담을 제안했으며, 전국 17개 대학 대표 50여 명이 모여 민족통일전국학생연맹 결성 준비대회를 열고 남북학생회담을 정식으로 제기하기에 이르렀다. 이 대회가 발표한 「학우에게 보내는 글」은 "기어코 북한 학생들과 만나서 민족의 노래 '도라지'와 '아리랑'을 부르며 축제를 열고 시와 축제를 마련하겠다"는 학생답고 '낭만 어린' 통일 의지를 담고 있었다.

이와 같은 학생층의 통일운동은 보수적인 기성세대에게는 무모하고 위험한 행동으로 보여 극우적인 단체의 반대 성명이 나오기도 했다. 그러나 이 시기에는 민주화문제와 통일문제를 분리시킨 장면정권의 정책에 일정한 한계성이 드러나고 있었으므로 이를 간파한 학생층이 민주화운동과 통일운동을 결합하려 한 것이라 볼 수 있을 것이다.

한편 기성 정치세력의 통일운동도 비교적 활발하게 전개돼갔다. 집권당인 민주당의 통일정책은 유엔 감시하 남북 총선거, 중립화 통일론 거부, 남북교류 시기상조론에 한정되어 있었으며, 민주당 구파가 분리하여 만든 신민당의 통일 방안도 보수파는 남북교류 반대 입장을 취했으나 진보파는 남북시찰단 교환, 서신교환 등을 찬성하는 데까지는 나아갔고, 혁신계 정치세력의 통일 방안은 이보다 더 전진했다.

사회대중당(社會大衆黨), 한국사회당(韓國社會黨) 등의 통일 방안은 '유엔 감시하 총선거에 의한 통일'의 선에서 머물고 있었으나, 혁신계 정당 및 사회단체가 연합하여 결성한 민족자주통일연맹(民族自主統一聯盟)은 "민족자주 세력의 형성은 곧 통일 조국의 국제중립화를 전제로 함으로써만 가능하며, 동시에 중립 통일의 표방 없이 양대 냉전세력의 직접적 제약을 받고 있는 우리 조국의 현실상황하에서 통일의 국제적 동의와 보장을 획득할 길이란 없는 것이다" 하고 중립화 통일을 주장했다.

4·19운동이 민족통일운동으로 전환한 이후 그 하나의 절정을 이룬 것은 역시 민족통일전국학생연맹 결성 준비대회가 제기한 판문점에서의 남북학생회담 문제였다. 장면정권의 '구호뿐인' 통일 방안에 불만을 가진 학생 등의 적극적인 통일운동에 대하여 집권당인 민주당은 "모든 자유가 보장되는 통일을 이룩하자면 국민이 반공의 정신무장을 갖추어

국력을 증강하는 길밖에 없다. 정계 일부에서의 남북 민간 사회단체로 구성되는 통일협의체 주장과 중립화 통일이라는 것은 냉전대립의 실정을 모르고 민족분열과 남북의 정치적 대립의 역사적 과정을 검토치 못한 데서 나온 환상론이다" 하고 학생회담을 강경히 반대했다.

장면의 민주당 정권은 비록 4·19민족운동의 결과로 세워진 정권이었지만 이승만정권과 같이 분단 상황을 전제로 해야만 존립할 수 있는 정권이었으며, 따라서 통일이 지향되는 역사 과정에서는 존속할 수 없는 정권임을 분명히 드러낸 논평이었다.

같은 보수정당인 민주당 구파의 신민당도 학생의 남북회담에 대해 "도의도 인간성도 없는 공산당과 순진한 학생들이 협상한다는 것은 위험하다. 학생들의 협상회담 주장은 검토해볼 만한 가치가 있는 것이지만 지금 남북 학생들이 협상회담을 한다는 것은 시기상조다"라고 하여 적어도 무조건 반대론은 아니었지만 역시 시기상조론에 머물렀다.

그러나 혁신계 정치세력은 대부분 이를 지지했다. 서상일(徐相一), 이동화(李東華) 등이 중심이었던 통일사회당은 "남북학생판문점회담을 전폭적으로 지지한다. 위정자가 하지 못하는 것을 학생들이 과감히 제의한 것은 일반 대중이 얼마나 통일에 대하여 열광적인 의욕을 가지고 있는가를 말해주는 것이다. 정부는 통일문제에 대하여 주도적인 입장에 서라"라고 하여 학생층의 통일운동을 대중운동으로 인식함을 분명히했다.

'유엔 감시하의 총선거'를 통일방안으로 내놓았던 전진한(錢鎭漢) 중심의 사회당 남북학생회담에 관해서는 "남북학생판문점회담을 전폭적으로 지지하며, 일부 보수세력의 시기상조 운운은 민족통일을 기피하려는 것이다" 하고 논평했고, 민족자주통일중앙협의회는 "남북학생회담을 조속히 실현하기 위해 오는 5월 13일 시청 앞 광장에서 '남북학생회담 환영 민족통일촉진궐기대회'를 열 작정이다. 남북학생회담을 시기상조라고 하는 보수 정객은 평화도 통일도 원하지 않으며, 사욕을 누리려는 자기 의사의 표명이다" 하고 시기상조론을 혹평했다.

찬성과 반대가 엇갈린 가운데 4·19민족통일운동은 학생들의 주도에 의하여 남북학생회담의 실천 직전에까지 갔으나 곧 5·16이 일어남으로써 실패했고, 여타의 통일운동 일체가 불법화되는 한편, 민주주의운동 역시 중단되고 말았다.

이상과 같이 독재정권에 항거하는 민주주의운동으로 시작된 4·19운동이 주체적·평화적 민족통일운동으로 발전해간 것은 분단시대의 민족운동·민중운동으로서는 피할 수 없는 그야말로 역사적인 길이었다. 그러나 장면정권은 4·19의 결과로 세워진 정권이면서도 그것을 소화할 만한 민주적·역사적 역량을 갖추지 못했고, 이승만정권과 같이 분단체제 아래서만 존속할 수 있는 성격의 정권임을 스스로 드러내는 한편, 민주주의운동·민족통일운동이 일체 동결되는 원인을 만들어놓은 정권이 되고 말았던 것이다.

맺음말

우리 근대사에서의 민족운동은 지나치게 좁은 의미로만 이해되어온 것이 아닌가 하는 생각이 든다. 다시 말하면 구한말 개화기의 민족운동은 반외세운동 중심으로 이해되어왔고, 일제식민지시대의 민족운동은 또 항일운동 측면을 중심으로 엮여왔다. 해방 후의 그것은 민주화운동에 한정하여 논의되어왔던 것이 아닌가 하며, 그럼으로써 이 시기의 민족운동을 민중주체운동으로 이해하는 데 상당한 차질이 있었던 것이 아닌가 한다.

　구한말 개화기의 민족운동을 반외세운동적 측면에 한정하면 반봉건운동, 국민혁명운동의 당위성이 약화되며, 따라서 반봉건운동·국민혁명운동적 성격이 결여된 일부 정치세력의 반외세운동이 오히려 민족운동의 핵심으로 부각되는 경우도 있었다. 이 때문에 민족운동의 민중운동 성격이 약화되는 경향도 있었음을 지적하지 않을 수 없다.

　일제식민지시대의 민족운동도 항일운동 중심으로만 이해하려 하면 이 시기 우리 역사에서의 민족주의운동의 단계적인 발전에 대한 이해가 철저해질 수 없다. 따라서 3·1운동 이전의 경우 일부 보수적인 항일운동의 복벽성도 민족운동으로 오해될 수 있으며, 3·1운동 이후에도 반제국주의운동 차원에 이르지 못한, 민중적 기반이 약한 항일운동만을 이 시기 민족운동의 주체로 좁혀갈 우려가 있는 것이다.

　한편 해방 후 분단시대의 민족운동은 이제 항일운동 측면이 일단 유보되고 대신 민주화운동이 그 주류를 이루는 것으로 이해되어왔고, 따라서 민중운동도 그런 맥락에서만 이해되어온 것이 아닌가 한다. 그러나 분단시대의 민족운동은 민족통일운동과 병행됨으로써만 민중운동 차원으로 높여질 수 있었으며, 그 실례가 4·19민족운동의 발전 과정에서 나타난 것이다.

　일제식민지시대의 올바른 민족운동이 항일운동과 민주주의운동의 병행으로 이루어졌고, 민주주의운동을 함께하지 못했던 복벽운동이 민족운동이 될 수 없었던 것과 같이, 분단시대의 민족운동은 민주주의운동과 민족통일운동이 함께 진행되어야 했으며, 두 가지 운동을 분리하고 민족통일운동을 유보하려 했던 장면정권은 결국 민주주의운동마저도 사산시키고 말았던 것이다.

　갑오농민전쟁이 반봉건운동과 반외세운동이 결합됨으로써 개화시

대 민중운동의 정점을 이루었고 3·1민족운동은 민주주의운동과 항일
운동이 결합함으로써 식민지시대 최대의 민중운동이 될 수 있었던 것
과 같이 4·19민족운동은 민주주의운동이 민족통일운동으로 발전한 분
단시대 민중운동의 거대한 출발점을 이룬 것이다. (1980)

4. 민족분단의 역사적 원인

머리말

한반도는 식민지에서 해방되면서 바로 남북으로 분단되었고, 그 직접적인 원인은 흔히 미·소 양군의 분할점령에서 찾는다. 그러나 민족분단의 주된 원인을 미·소 양군의 분할점령에서 구하는 것은 식민지화의 주된 원인을 일본의 침략에서 구하는 것과 함께 역사 실패의 1차적인 원인을 외세의 작용에서 구하는 타율적이요, 비주체적인 역사인식이 되지 않을 수 없을 것이다. 민족분단의 원인은 민족사의 안팎을 통해 정확하게 구해져야 할 것이며, 그것이야말로 그 원인들을 하나하나 효과적으로 극복하고 민족의 재통일을 이루기 위한 정확한 방법론을 찾아내는 첩경이 될 것이다.

식민지화의 원인을 추구하는 문제와 함께 분단의 원인을 철저히 구명하는 작업은 우리 근현대사 연구의 가장 중심적인 문제들이라 생각되지만, 유감스럽게도 연구환경의 불편, 문제의식의 부족 등이 원인이 되어 지금까지도 거의 부진한 상태라 해도 과언이 아니다. 앞으로 광범위한 실증적 연구가 진행되어야 할 것이지만, 우선 민족사의 안팎을 통해서 다음과 같은 몇 가지를 지적할 수 있지 않을까 한다.

우선 민족사의 내적인 문제로서 첫째, 식민지시대의 독립운동과정에서 나타난 독립운동 방법론적 사상적 대립이 1920년대 후반기의 민족협동전선, 1930년대 후반기의 민족연합전선 형성을 위한 노력이 있었음에도 식민지시대가 끝나고 민족이 해방될 때까지 제대로 아물지 않았다는 사실이며, 둘째는 그렇기 때문에 해방 후에는 미·소 양군의 분할점령에 편승한 좌우대립이 식민지시대의 그것보다 더욱 격심해졌고, 결국 외세에 기댄 분단국가 수립 책동이 주효한 점을 들 수 있을 것이다. 그러나 이와 같은 민족사 내적인 원인이 분단 원인의 전부는 물론 아니다. 객관적 외적 원인 역시 크게 두 부분으로 나누어 생각할 수 있지 않을까 한다. 그것은 첫째로 한반도의 지정학적 위치 문제이며, 둘째는 역시 제2차 세계대전 이후 시작된 미·소 냉전의 결과가 한반도에서의 통일국가 수립을 위해 개최한 미소공동위원회를 결렬시킨 점이라 할 수 있을 것이다. 이 가운데 한반도의 지정학적 위치 문제는 흔히 말하는 숙명론으로 혹은 타율적 역사인식으로 오해될 소지도 있다. 그럼에도 그것을 민족분단 원인의 하나로 지적하지 않을 수 없는 것은 그것이 한반도 분단의 원인으로 실제로 작용하고 있다는 사실을 부인할 수 없다는 생각 때문이며, 그렇다면 덮어둘 것이 아니라 그것을 이해함으로써 슬기롭게 극복할 수 있는, 역으로 이점으로 살릴 수 있는 길을 모색하여야 한다는 생각 때문이다.

독립운동 과정에서의 분열

임시정부운동의 침체

한국 근대사는 문호개방 이후 국민국가를 수립하지 못한 채 식민지화함으로써 본격적인 공화주의 정치운동은 독립운동 과정과 병행되었다. 따라서 식민지시대 최초의 전체 민족적 독립운동으로서의 3·1운동은 국민국가수립운동으로 나타나서 상해에서 대한민국임시정부를 성립시켰다. 임시정부의 수립은 전체 민족의 여망을 뒷받침으로 한 독립운동 총본부의 성립을 의미하는 것이었으며, 그것은 또한 민족의 정치생활에서의 최초의 민주주의 훈련장이기도 했다. 식민지화 이전의 대한제국시기에도 이미 공화주의운동이 일부 일어났으나[1] 그것이 조선왕조의 전제주의체제를 무너뜨리지는 못했고 3·1운동의 결과로 성립된 상해임시정부가 최초의 민주주의적 정치 훈련장이 된 것이다.

그러나 국민을 가지지 못한 상해임시정부는 민주주의 정치 훈련장으로서도, 또 독립운동의 총지휘부로서도 많은 문제점을 안고 있었다. 우선 독립운동의 총지휘부로서의 역할을 다할 수 없었던 가장 중요한 원인의 하나는 독립운동 방법론에서 초기의 임시정부가 독립전쟁론이 아닌 외교독립론적 방법론을 택한 점이었다. 3·1운동 후 만주와 연해주지방에서는 교포사회를 바탕으로 하여 작고 큰 독립전쟁 부대들이 조직되어 일본과 전투를 계속하고 있었지만, 임시정부는 국제연맹 가입, 강

---

1) 대한제국시기의 독립협회운동에서 이미 공화주의설이 있었고, 이후 헌정연구회가 성립되었으며 신민회는 공화주의를 표방했다.

대국들의 승인 획득 등의 외교노선을 목적하여 상해에 수립됨으로써 만주와 연해주의 독립전쟁 부대들을 통합, 지도하지 못했다. 임시정부의 군부만이라도 만주나 연해주로 옮겨 무장독립운동을 통괄해야 한다는 주장도 있었으나 실현되지는 못했다.

독립전쟁을 지도하지 못함으로써 임시정부는 독립운동전선의 총본부로서의 위치를 잃고 말았고, 이후 임시정부 자체가 하나의 정쟁장(政爭場)으로 변하고 말았다. 독립운동 방법론에서 외교노선을 지향하는 이승만의 국제연맹위임통치론이 절대독립론을 주장하는 신채호, 김창숙(金昌淑) 등에 의해 탄핵됨으로써 이승만의 사임을 가져왔으며, 이밖에도 지방색에 의한 대립, 좌익과 우익의 대립이 심화되어 결국 임시정부를 하나의 단위 독립운동단체로 전락시켰다. 임시정부의 지방색에 의한 파쟁은 심각했다. 특히 이동녕(李東寧), 신규식(申圭植), 이승만, 여운형 등을 중심으로 한 기호파(畿湖派)와 안창호(安昌浩), 노백린(盧伯麟), 이동휘(李東輝), 문창범(文昌範) 등의 서북파(西北派)의 대립이 심해서 기호파는 대체로 외교독립론과 온건론을, 서북파는 대체로 무장항쟁론과 적극투쟁론을 주장했으나, 서북파의 안창호는 실력양성론을 앞세우는 등 서북파도 이동휘계, 안창호계, 문창범계, 박용만계로 분열되어 있었다.[2] 이같은 임시정부 안의 지방색에 의한 파쟁은 독립운동의 방법론에서 정부의 조각(組閣)문제에까지 깊이 작용했다. 예를 들면 1926년에는 안창호가 국무령으로 천거되었으나 기호파의 반대로 조각에 실패했고, 1927년에는 국무령 김구에 의해 이동녕 등 여섯 명이 국무원에 선출되었으나 서북파의 반감 때문에 취임하지 못했다.[3] 최초의

---

2) 노경채 「1930~40년대 양대 독립운동정당의 정책방향 ― 민족혁명당과 한국독립당의 정강을 중심으로」, 고대석사논문 1981.
3) 조지훈 「한국민족운동사」, 『한국문화사대계 1: 민족·국가사』, 고대민족문화연구소

공화주의 정부로서의 임시정부가 지방색을 지양한 국민주의적 정부로 나아가지 못하고 있었던 것이며, 이와 같은 현상은 식민지지배정책에 이익을 주었다.

한편 임시정부 안에서의 좌우대립도 아주 심각했다. 상해임시정부가 유일한 임시정부로 자리를 굳히기까지는 연해주에 성립되어 있던 대한 국민의회와의 사이에 복잡한 문제가 있었다.[4] 연해주 독립운동 세력의 대표 격인 이동휘가 상해임시정부의 국무총리가 됨으로써 이 문제는 일단 해결되었으나, 이동휘는 1918년에 이미 한인사회당(韓人社會黨)을 만들어 사회주의의 길을 걷고 있었으므로 상해임시정부는 어떤 의미에 서는 그 성립 자체가 좌우세력의 합작에 의한 것이었다고 할 수 있다.[5] 이후 이동휘를 중심으로 하는 임시정부 내부의 좌익세력은 공산주의자 그룹 및 고려공산당을 조직했고 이들의 영향으로 임시정부는 소련 정 부와 1921년에 소련 공산주의 선전에 대한 임시정부의 협조 및 소련의 조선독립군 양성 원조를 내용으로 하는 협정을 체결했으며[6] 잘 알려진 바와 같이 60만 루블의 자금 원조도 받았다. 그러나 이 자금문제는 임시 정부 안에 큰 내분을 빚어 이동휘가 국무총리를 사임하는 결과를 가져 왔다. 그후부터 임시정부는 좌우익세력이 공존하는 정부가 되지 못했 고, 국민 대표자대회 이후에는 우익세력의 일부만이 지키는 하나의 독

1964, 796~97면.

4) 이 문제에 대해서는 강만길 「독립운동의 역사적 성격」, 『분단시대의 역사인식』, 창작 과비평사 1978 참조.

5) 김준엽·김창순 『한국공산주의운동사』 1권 185면에서는 "이동휘가 비록 공산주의자는 아닐지라도 그는 이미 볼셰비키와 손을 잡고 있는 한인사회당수의 몸으로 국무총리에 취임한 것이기 때문에 객관적으로는 상해임정의 성격이 민족·공산의 연합정부 형태로 되어졌기 때문이다"라고 했다.

6) 강만길 앞의 글.

립운동단체로 전락했다.

1941년 이후 좌파적 성격을 가진 김원봉의 민족혁명당과 조선의용군이 임시정부에 가담하여 연합전선을 일부 이루어가지만, 역시 기타 좌우익 독립운동 세력을 모두 포용하여 사상적 대립을 정부 차원 안에서의 정당적·정책적 대립으로 소화하는 임시정부가 되지는 못한 채 해방을 맞게 됨으로써 연합국의 승인도 받지 못했고, 해방 후의 남북한 총선거를 관할하는 임시정부가 될 수도 없었다.

성립 당초의 임시정부는 우리 역사상 최초의 공화주의 정부로서, 그리고 독립운동 총본부로서 전 국민의 기대를 얻고 있었으며, 비록 독립운동에 참가한 사람들에 한하기는 했어도 최초의 민주주의적 정치 훈련장으로서의 역할을 다할 것이 기대되었다. 그러나 일반 국민의 여망과는 달리 그 요원들은 아직 민주주의적 정치기구를 유지할 만한 단계에 이르지 못했다. 독립운동의 방법론적 대립을, 전근대적 지방색을, 그리고 국권회복이란 대전제 앞에서도 좌우익의 사상적 대립을 임시정부 테두리 안에서의 대립으로 소화할 수 없었던 것이다. 임시정부가 처음부터 독립전쟁을 지도하지 못함으로써 만주와 연해주 지방의 독립전쟁 부대들을 통어하지 못한 사실과 좌우익의 대립을 스스로 해소하지 못함으로써 1920년대 후반기 이후 좌익 독립운동 세력이 완전히 임시정부에서 이탈한 사실은 임시정부 자체의 독립운동전선에서의 위치를 격하시켰을 뿐만 아니라 해방 후 임시정부의 역할에 의한 통일된 민족국가 건설 사업을 불가능하게 한 중요한 원인의 하나가 된 것이다.

독립운동 과정의 좌우분열

임시정부와 독립운동 과정에서의 지도력 상실이 해방 후에 민족분단

을 가져온 원인의 하나가 되지만, 이후의 독립운동 과정에서도 그 협동
전선 및 연합전선 형성을 위한 노력이 꾸준히 계속된 반면 전선 분열 획
책도 또한 높았다. 독립운동전선에 대한 분열 획책은 무엇보다도 일본
측의 그것이 치열하고 집요했다. 일본은 먼저 우익세력의 일부를 독립
운동전선에서 이탈시켜 친일화해갔다. 1920년대 이후 노동자·농민운
동이 폭발하는 과정에서 종래 민족주의적 입장에 섰던 지주층 및 자산
계급의 일부가 노동운동에 위협을 느끼게 된 사실을 이용하여 이들을
민족운동의 대열에서 이탈시켜 보호함으로써 친일세력으로 전환해간
것이다.[7]

　일본의 식민지정책 자체가 민족분열정책인 동시에 농촌에서는 자영
농민층을 몰락시키고 그 인구를 지주와 소작농민만으로 양분하여 지주
를 보호하고 친일화하는 한편, 소작농민을 억압하고 몰락시켜 식민통
치를 쉽게 하는 정책이었다. 또한 산업 부문에서는 민족자본가로서의
중소기업 경영층을 몰락시키고 일본의 독점자본과 친일 조선인의 대자
본으로 하여금 노동자를 지배하게 하기 위해 노동운동을 철저히 탄압
하는 정책을 폈다. 일본이 민족분열정책의 일환으로 보호했던 지주층
과 친일 자본가층은 해방 후 민족국가 건설 과정에서 민족적 세력에 의
해 당연히 제거되어야 했지만, 미군정과 이승만정권에 의해 다시 보호
되면서 오히려 민족분열을 조장하는 세력으로 나타났고, 민족이 분단
되는 과정에서 대체로 극우세력이 되어 나름대로의 역할을 다했던 것
이다.

　일본의 민족분열정책이 어느정도 주효하여 우익세력의 일부가 탈락

---

7) 3·1운동 이후 지주·자산가·종교가·지식인의 일부가 친일화해가는 과정에 대해서는
　강동진 『일제의 한국침략정책사』, 한길사 1980, 제2장 참조.

하게 되자 이에 위협을 느낀 독립운동전선은 비타협적이었던 우익과 좌익이 비로소 민족협동전선을 형성하여, 이른바 민족유일당운동을 펴나갔고, 그것이 국내에서는 신간회운동 등으로 나타났다. 신간회운동은 노동자·농민·학생운동을 효과적으로 지도하면서 상해임시정부의 활동이 침체한 1920년대 후반기 이후의 민족운동에 새로운 길을 열고 활기를 불어넣음으로써 해방 후의 통일민족국가 수립을 위한 하나의 방법론을 제시한 운동이었다.

그러나 일본 측의 집요한 방해와 노동자·농민운동을 배경으로 한 독자적 투쟁을 전망한 좌익 측의 요구에 의해 협동전선운동은 5년 만에 무너졌다. 즉 국제공산주의운동이 극좌주의적 방향으로 나아갔고, 코민테른에 의해 조선공산당이 해체된 후 국제공산당의 영향을 크게 받아오던 좌익세력이 우익과의 협력을 거부함으로써 협동전선운동이 무너진 것이었다. 신간회운동으로 대표된 민족협동전선의 해체는 민족운동전선 전체에 큰 타격을 주었다. 우선 국내 전선에서 이후 우익세력의 독립운동은 점차 침체해갔다. 일제에 비타협적인 우익세력은 그 구심점을 잃고 분산되었으며, 타협적인 세력은 점점 반민족적 세력으로 전락해간 것이다. 또한 좌익세력은 독자적으로 공산당재건운동을 끈질기게 계속했으나 일본 측의 철저한 탄압과 자체 내의 고질적인 파쟁 때문에 해방될 때까지도 성공하지 못했다.

임시정부의 기능이 약화되고 식민지 통치 당국의 집요한 민족분열정책의 결과로 우익세력의 일부가 이탈하는 과정에서 나타난 민족협동전선운동은 독립운동 과정에서의 좌우익의 대립을 해소하고 해방 후 통일된 민족국가를 수립하기 위한 민족운동 및 정치훈련으로서 큰 의미를 가지는 것이었지만 결국 실패하고 말았다.

1920년대 후반기의 민족협동전선운동이 1930년대로 접어들면서 무너졌으나 1930년대 후반기에 일본의 침략전쟁이 중일전쟁으로 확대됨에 따라 해외의 독립운동전선은 일본의 패전을 전망하면서 다시 연합전선을 형성하기 위한 움직임을 보이기 시작했고, 일본이 태평양전쟁을 도발함에 따라 그것은 구체적으로 진전돼갔다. 1930년대 후반기 이후의 해외 독립운동전선의 판도를 구체적으로 살펴보면, 먼저 중국의 경우 김구를 중심으로 하는 임시정부 세력은 한국독립당을 중심으로 결속되었고, 한편으로 김규식·김원봉을 중심으로 하는 민족주의 좌파 세력은 민족혁명당을 결성하여 하나의 통일 세력을 형성했으며, 김두봉·최창익(崔昌益) 등의 좌익세력은 중공군의 근거지인 연안에서 조선독립동맹을 결성했다.

중국에서의 이들 세 세력 이외에 미국에는 이승만을 중심으로 하는 일부 세력이 있었고, 만주에는 중국공산당 산하의 동북인민혁명군이 동북항일연군으로 조직을 전환하면서 그에 소속된 조선인 부대들이 있었으며, 한편 국내에서는 여운형을 중심으로 하는 민족주의 좌파적인 세력이 건국동맹을 결성했고, 좌익세력은 박헌영이 중심이 된 공산당재건운동을 계속하고 있었다. 다시 말하면 일본이 패망하기 직전의 독립운동 세력은 중국에서의 김구 등의 한국독립당, 김원봉 등의 민족혁명당, 김두봉 등의 조선독립동맹 등과 미국에서의 이승만세력, 만주에서의 동북항일연군 소속의 조선인 부대 그리고 국내에서의 여운형 등의 건국동맹, 박헌영 등의 공산당재건운동 세력의 일곱 개 정도로 나누어볼 수 있다.

이와 같은 독립운동 세력의 분립은 일본 측의 그 유례가 드문 탄압과 분열정책 등에도 원인이 있었지만, 또한 각 세력이 지향한 독립운동 방법론의 차이와 사상적 대립이 중요한 원인이기도 했다. 이것은 지역을 달리하는 경우는 부득이하다 해도 같은 지역 안에서의 독립운동 세력

간에도 서로 연합하지 못했던 점으로 미루어보아 알 수 있다. 예를 들면 국내에서의 공산당재건운동과 여운형세력이 노선의 차이를 넘어선 연합을 이루지 못한 것은 그 주된 원인이 일본 측의 감시와 탄압에 있었다 하더라도 중국에서의 세 세력은 같은 지역에 있으면서도 쉽게 연합할 수 없었던 것이다.

그러나 독립운동전선의 각 세력이 완전히 연합전선을 포기한 것은 아니었다. 앞에서도 말한 바와 같이 1930년대 후반기부터 서서히 연합전선을 지향해갔고, 특히 함께 중경(重慶)으로 옮겨간 한국독립당 세력과 민족혁명당 세력은 1939년경에는 전선의 연합에 일단 성공하여 1941년 이후에는 함께 임시정부를 운영했고 함께 해방군을 형성했다.[8] 또 한걸음 더 나아가서 연안의 독립동맹과도 연합하기 위한 노력이 이루어진 것 같지만 실현되지 못하고 일본의 패망을 맞이했던 것이다. 한편 국내에서 1944년에 결성된 여운형 중심의 건국동맹도 연안의 독립동맹과 연합을 기도하여 서로 연결되었고, 중경의 임시정부와도 접촉을 기도했으나 실현되기 전에 일본이 패망했다.[9]

이와 같이 여러 갈래로 분립되어 있던 독립운동 세력들은 일본의 패전을 전망하면서 전선의 연합을 모색했으나 그것의 극히 일부만이 이루어진 단계에서 일본이 패망함으로써 해방 후의 통일된 민족국가 건설을 위한 독립운동 세력 사이의 연합전선을 완성하지는 못했다. 그러나 일부 전선연합을 이룬 그리고 연합을 모색하던 독립운동 세력들은 각기 그 정강과 정책을 통해 해방 후에 수립할 민족국가의 체제에 대해

---

8) 김구 등의 한국독립당계와 김원봉 등의 민족혁명당계가 연합전선을 이루고 임시정부와 해방군을 함께 운영하는 과정은 강만길 「독립운동 과정의 민족국가건설론」, 송건호·강만길 편 『한국민족주의론 I』, 창작과비평사 1982 참조.
9) 이만규 『여운형선생투쟁사』, 민주문화사 1947, 168~79면 참조.

서도 어느정도 합일점을 찾고 있었다. 그것은 대체로 보통선거에 의한 민주공화국 정체와 토지 및 중요 기업체의 국유화에 의한 사회주의적 경제체제의 수립을 전망한 것이었다.[10]

　독립운동전선에서부터 좌우익이 대립했고, 그것을 해소하고 통일민족국가를 수립하기 위한 연합전선운동이 미국의 이승만세력이나 만주의 동북항일연군에 속한 독립운동 세력 그리고 국내의 공산당재건운동 세력 등에까지 확대되지 못한 채 일본이 패망했으며, 그 위에 한반도를 미·소 양군이 분할점령함으로써 민족분단의 요인은 한층 더 커졌다. 요컨대 독립운동 과정에서 나타난 민족분단의 요인은 첫째로 임시정부가 독립운동 방법상의 차이와 좌우익의 사상적 대립을 그 자체 안에서 해소하고 독립운동전선 전체를 또 그 과정 전부를 이끌어나가지 못한 데 있다 할 것이다. 그 두번째 요인은 임시정부가 독립운동 총본부로서의 기능을 잃은 후 국내외의 독립운동전선에 나타난 민족유일당운동이 실패했고, 또 뒤이은 민족연합전선운동도 일본이 패전할 때까지 전체 독립운동전선으로 확대되지 못한 데 있다 하겠다. 이와 같이 독립운동전선에서의 실패가 민족분단의 중요한 요인이기는 하지만, 그밖에도 한반도의 지정학적 위치 문제와 제2차 세계대전이 끝날 무렵 한반도에서의 미국과 소련 사이의 일종의 힘의 균형과 냉전화 등이 하나의 요인으로 작용한 사실이 한반도 분단의 또다른 원인임은 더 말할 나위가 없다.

---

10) 강만길 앞의 글.

38도선의 역사

한반도의 지정학적 위치 문제

민족분단의 밖으로부터의 직접적인 원인은 두말할 것 없이 제2차 세계대전 말기의 미·소 양국에 의한 38도선의 획정과 분할점령에 있다. 그러나 한반도가 강국들의 힘의 각축장이 된 것은 제2차 세계대전이 끝날 때가 처음이 아니며, 반도로서의 지정학적인 위치 때문에 그 이전에도 여러 차례 겪은 일이었다. 다만 지정학적 위치 문제를 부각할 경우 그 역사가 숙명론적으로 이해될 우려가 있다 하여 이를 기피하는 경향이 있지만, 반도로서의 한반도의 역사는 지정학적 위치의 영향을 특히 많이 받아왔으며 민족분단의 한 요인도 이에 있음을 부인할 수는 없다. 그러므로 지정학적 위치 문제에 관한 논의를 무조건 기피할 것이 아니라 그것을 정확히 이해하고 오히려 이점으로 살려 극복해나가려는 적극적인 자세도 필요하다.

근대 이전의 한반도는 대체로 대륙의 정치적 변화에서 많은 영향을 받아왔다. 만리장성을 경계로 하여 중국 민족과 만주·몽골 등의 새외민족(塞外民族) 사이에 부단히 일어나는 전쟁에 직접·간접으로 영향을 받았던 것이다. 중국 민족과 긴밀한 관계를 유지하다가 새외민족의 침략을 받은 경우도 많았고, 중국 민족과 연합하여 새외민족을 효과적으로 견제한 경우도 있었으며, 반대로 새외민족과 연합하여 중국민족의 북상을 견제하려 한 때도 있었고, 중국 민족과 새외민족 사이의 전쟁에 중립을 지킴으로써 전쟁의 파급을 피한 경우도 있었다.

왜구와 임진왜란이 있기는 했지만, 근대 이전에는 해양세로서의 일본의 한반도에 대한 정치·군사적 관계는 대륙과의 관계에 비해 그다지 밀접하지 않았다. 그러나 근대로 접어들면서 한반도에는 종래의 대륙세 영향 이외에 일본·미국·영국 등 해양세의 영향력이 커지기 시작했으며, 특히 일본은 한반도를 대륙 진출의 발판으로 이용하려 했다.

운요오호사건을 도발하여 강화도조약을 체결한 것은 해양세 일본이 근대 이후 처음으로 한반도에 진출한 것이며, 이에 위협을 느낀 대륙세 청국이 근대 이전부터의 한반도에 대한 종주권을 유지, 강화하기 위해 임오군란을 계기로 정치·외교·경제 면의 간섭을 강화했다. 이후 일본은 한반도에 영향력을 강화하기 위해 갑신정변을 후원했으나 청국군의 개입으로 실패했다. 그러나 결국 청일전쟁에서 일본이 이김으로써 대륙세 청국은 한반도에서의 오랜 위치를 잃지 않을 수 없었다. 청일전쟁 후에 한반도는 일본의 영향력에 압도될 것 같았으나 조선왕조 조정이 또 다른 대륙세인 러시아를 적극적으로 끌어들임으로써 이후 약 10년간 한반도는 주로 대륙세 러시아와 해양세 일본의 각축장이 되었고, 아관파천의 결과 러시아세가 유리한 쪽으로 기울었다.

한반도를 통한 적극적 남하정책을 편 러시아는 일본이 건너다보이는 남해안의 마산에 군항을 건설하려 했고, 대륙세가 강할 때는 한반도가 마치 심장부를 겨누는 칼로 보인다는 일본은 이에 당황하여 한반도를 분단하여 각자의 세력권을 유지하자는 협상을 러시아와 벌였으나 실패했다.[11] 이처럼 일본이 러시아의 한반도를 통한 남하정책으로 전전긍긍하고 있을 때 이를 도와준 것은 같은 해양세라 할 수 있는 영국과 미국이었다. 먼저 영국은 영일동맹을 맺어 한반도에서의 일본의 특수

---

11) 1896년에 로바노프와 야마가따 아리또모(山縣有朋)가 의정서를 교환할 때 38도선을 경계로 하여 한반도를 러시아와 일본의 세력권으로 나눌 것을 일본 측이 제의했으나 러시아는 이를 거절하였다. 이광린 『한국사강좌 V: 근대편』, 일조각 1984, 389면 참조.

이익권을 인정하고, 그것이 다른 나라에 의해 침해될 때는 필요한 조치를 취할 것을 약속했다.[12] 미국은 이미 1900년에 당시 부통령이었던 루스벨트가 "나는 일본이 한국을 갖게 되는 것을 보고 싶다"고 했고, 그가 대통령이 된 후에는 "미국은 만주와 한국에서 러시아 세력을 저지하고 있는 일본을 지원해야 하며, 또한 일본에 의한 한국 병합을 허용해야 한다"는 입장을 표명한 바 있다.[13]

영국과 미국이 일본 편에 서게 되자 이에 불리해진 러시아는 미국, 러시아, 일본 3국이 보장하는 한반도중립화안을 제기하여 한반도가 일본에 독점되는 것을 막으려 했으나 일본의 거부로 실현되지 못했다. 결국 영국과 미국의 경제적·외교적 원조를 받은 일본이 러일전쟁을 도발했고, 미국의 중재로 일본의 한반도 지배가 인정된 포츠머스 조약이 체결됨으로써 한반도는 해양세력 일본의 식민지로 전락했던 것이다. 그러나 이후 제2차 세계대전에서 일본의 패망으로 한반도에 대한 일본의 식민지배가 끝날 무렵 대륙세 소련이 한반도로 다시 남하해왔고, 한반도 전체가 대륙세화·공산화함으로써 일본에까지 그 영향이 미칠 것을 겁낸 해양세 미국이 38도선을 제의함으로써 전쟁 후의 한반도는 대륙세력인 공산주의 세력과 해양세력인 자본주의 세력의 세력균형에 의한 분단 지역이 되고 말았다. 6·25전쟁 초반 무렵 대륙세를 배경으로 한 공산주의 세력에 의해 한반도 전체가 통일될 뻔했으나, 이에 불안해진 해양 자본주의 세력 미국이 중심이 되어 유엔군을 참전시킴으로써 사태는 역전되어 한반도가 반대로 해양세력인 자본주의의 영향 아래 통일될 가능성이 한때 보이는 듯했다. 그러나 이를 겁낸 대륙세 공산주의 세

---

12) 1902년에 맺어진 영일동맹의 가장 중요한 조목이다. 특수이익권은 영국은 청국에서의, 일본은 청·한에서의 특수이익권이다.

13) 서중석 『미국의 대극동정책』, 경희대학교 한일문화연구소 1973, 36~38면.

력 중공이 참전하여 결국 분단 상태로서 휴전이 성립된 것이다.

반도로서의 한반도지역은 역사적으로 대륙세가 강했을 때는 그 영향을 깊이 받았고, 해양세가 강해졌을 때는 그 식민지가 되었으며, 대륙세와 해양세가 일종의 세력균형을 이루었을 때는 분단의 위협이 있었거나 실제로 분단되었다. 한반도의 역사를 지정학적인 위치와 그것을 둘러싼 강대국 세력의 소장관계(消長關係)에서만 보면 그야말로 타율적인 역사관에 빠지게 된다는 점은 앞에서도 이미 지적했다. 그러나 한반도의 역사는 실제로 그 지정학적 위치의 영향을 크게 받아온 것이 사실이다. 한반도의 역사를 지정학적 위치 문제에만 맞추어 해석하는 것은 물론 부당하지만 그것을 전혀 고려하지 않는 것 또한 역사를 그르치는 원인이 되어왔다. 외세의 작용을 극복하지 못하고 그것에 휘둘리거나 영합하여 식민지화에 앞장서거나 민족분단을 자초하는 길을 걷는 정치세력이 있었던 것이다.

19세기의 대한제국시기에도 한반도의 지정학적 위치를 이점으로 살려 중립지대화함으로써 주권을 유지해야 한다는 의견이 있었는가 하면,[14] 반대로 치자계급은 한반도를 둘러싼 강한 외세와 결탁하여 조국을 식민지로 만들고 그 식민지 치하에서 일본의 귀족이 되기도 했으며, 식민지배에서 벗어날 때 일부 정치세력은 분단을 획책하는 외세와 결탁하여 분단국가를 만들고 그 지배세력이 되기도 했다. 특히 근대적 국제관계 속에서는 한반도가 대륙세에 포함되거나 그것과 연합하는 경우 해양세가 불안해했고, 반대의 경우는 대륙세가 불안해했으며, 결국 그 불안을 서로 없애기 위해 두 세력은 한반도를 분단하고 또 그 분단을 고

---

14) 19세기 한반도 중립화론의 대표적인 경우는 부들러와 유길준의 주장에서 볼 수 있다. 강만길 『분단시대의 역사인식』 참조.

정화하는 데 힘썼다. 그러므로 한반도의 지정학적 위치 문제를 덮어두기보다는 그것이 식민지화 및 민족분단의 원인이 되었음을 확실히 이해하고 그것을 극복하는 길, 즉 대륙세와 해양세의 어느 쪽에도 치우치지 않는 길을 택하여 민족의 재통일을 이루고, 더 나아가서 그 지정학적 위치를 이점으로 살려 동북아시아에서 국제정치상의 완충지대가 되어 국제분쟁의 중재자·조정자적 위치를 확보하도록 할 수 있을 것이다.

지정학적 위치 문제를 숙명론적으로 받아들이거나 덮어둘 시기는 이미 지났다. 지정학적 위치 문제가 민족분단의 원인이 되었다면 그것을 민족 재통일의 방법으로 역이용할 수 있을 것이며, 이를 위해서는 한반도 주민의 탄력성 있고 수준 높은 정치의식과 국제정치적 감각 그리고 투철한 주체적 역사의식과 진취적, 미래 지향적 민족의식이 요청되는 것이다.

38도선의 획정

한반도를 둘러싼 대륙세와 해양세가 일종의 세력균형을 이루었을 때 두 세력의 무력충돌을 피하고 그 세력권을 유지하기 위해 한반도를 분단하려는 움직임이 있어왔고, 또 실제로 한반도를 분단했다. 이와 같은 움직임은 이미 19세기 후반기부터 시작됐는데 그 분단선은 대체로 한반도의 중앙선인 38도선이 되는 경우가 많았다.

한반도를 둘러싼 대륙세와 해양세의 무력충돌을 피하기 위해 한반도를 분단해야 한다는 발상이 제일 먼저 나타난 것은 청일전쟁의 위험이 높아갈 무렵이었다. 동학농민혁명을 스스로 감당하지 못한 조선정부가 청국군을 끌어들이자 일본도 갑신정변 후에 맺은 천진조약을 핑계로 파병하여 한반도문제를 둘러싼 대륙세 청국과 해양세 일본 사이의 전운이 높아갈 때 청국은 농민혁명이 일단 진정되었음을 이유로 양국군의 동시 철병을 주장했으나 일본은 이른바 내정개혁을 요구하면서 이에 반대했다. 이와 같은 상황에서 러시아, 영국 등이 이른바 조정 역할을 맡고 나섰으며 그중 영국 측이 한반도에 대한 청·일 양국군의 공동점령안을 내놓았던 것이다. 그것은 서울을 중립지대로 하고 청국군이 한반도 북부를, 일본군이 남부를 점령한다는 내용이었다. 청국 측은 청국군이 평양에, 일본군이 부산에 주둔할 것을 주장했으나 한반도 전체를 그 세력권 안에 넣기를 원하던 일본 측은 이를 거절하고 결국 전쟁을 도발하여 청국 세력을 한반도에서 몰아냈다.[15]

이와 같은 영국의 분할 제의가 분할선을 구체적으로 제의한 것은 아니었고, 따라서 38도선이 논의된 것도 아니었으나, 청국이 물러난 후 한반도에 새로운 대륙세로 등장한 러시아의 진출이 활발해지자 비로소 일본과의 사이에 구체적 분할선으로 38도선이 논의되었다. 아관파천(1896년 2월)으로 러시아의 한반도에서의 이권이 확대되는 데에 당황한 일본은 곧 베베르-코무라(小村)각서(1896년 3월)를 통해 아관파천을 인정하고 일본군의 한반도 주둔을 인정받는 한편 러시아의 주둔도 인정했다. 그러나 이 각서만으로는 러시아와의 군사적 충돌을 피할 수 없으며 한반도에서의 이권을 보호할 수 없다고 생각한 일본은 다시 러시아와의 사이에 로바노프-야마가따(山縣)의정서를 맺었다.

이 의정서를 토의하는 과정에서 일본은 러시아에 대해 앞으로 조선에 사건이 일어나 양국이 또다시 군대를 증파하게 될 경우 양국 군대의 충돌을 피하기 위해 주둔 지역을 정하여 한쪽은 조선의 북부에, 한쪽은

---

15) 영국이 제안한 청일 양국군의 한반도 공동점령안에 대해서는 田保橋潔『近代日韓關係の 研究』하권 523~25면 참조.

남부에 주둔하고 그 사이에 중립지대를 설치하자고 요구했으며, 그 분할 경계선을 38도선으로 제시했다.[16] 일본 측의 이 제의를 아관파천으로 한반도에서의 유리한 위치를 차지하고 있던 러시아가 거절함으로써 의정서 속에 포함되지는 않았지만 청일전쟁 전에 영국이 제의한 대륙세와 해양세에 의한 한반도분할안이 이제 38도선으로 구체화한 것이라 할 수 있다. 이후 한반도를 둘러싼 러시아와 일본 사이의 세력다툼이 점점 일본 측에 유리하게 되어가자 1898년에는 오히려 러시아 측에서 러시아가 평양을 포함한 북부 지방을 차지하고 일본이 서울을 포함한 남부지방을 차지하는 선에서 양국이 분할할 것을 제의했다는 소문이 있었고,[17] 영일동맹 체결(1902년 1월)로 일본의 처지가 한층 유리해진 다음에는 러시아 측에서 앞에서 말한 바와 같이 러시아·미국·일본의 3국이 보장하는 한반도중립화안을 제의하려 했으나 일본의 방해로 실패하고[18] 또다시 한반도분할안을 제시했다.

일본의 전쟁 도발이 급박해졌음을 알게 된 러시아는 1903년 9월에 또다시 한반도 남부지방에서의 일본의 특수이익을 인정하는 한편 38도선 이북의 비무장중립지대화를 내용으로 하는 협약을 일본과 맺으려 노력했다. 그러나 이에 대해 일본은 한반도와 만주의 국경선을 따라 국경의 남북으로 5마일 폭의 비무장지대를 설치할 것을 제의하여[19] 한반도를 독점하려 했으나 러시아에 의하여 거부되고 결국 전쟁을 도발함으로써 한반도를 보호국으로 그리고 완전 식민지로 만들었다.

만 35년간 한반도는 해양세력 일본의 완전 식민지가 되었고 만주는

---

16) 이광린, 앞의 책 389면.
17) 조순승 『한국분단사』, 형성사 1982, 50면.
18) 서중석, 앞의 책 60~76면 참조.
19) 조순승, 앞의 책 50면.

그 보호국이 되었는데, 침략전쟁이 중일전쟁으로, 태평양전쟁으로 확대됐다가 태평양전쟁이 막바지에 다다랐을 무렵 또 한번 한반도를 양분하려는 조치가 있었다. 즉 "조선과 만주에서의 대미국 작전 및 대소련 작전 준비의 강화를 기획한" 일본 대본영(大本營)의 명령이 1945년 5월 30일에 있었고, 이에 따라 함경도와 평안도가 일본 관동군의 지휘 아래 들어가고 이남은 대본영의 지휘 아래 들어갔다.[20] 이와 같은 작전관할권에 의한 한반도 분할선이 바로 38도선은 아니었고, 따라서 일본군의 작전관할권 분할이 곧 미·소 양군에 의한 한반도 분할과 직결되는 것은 아니었지만, 한반도의 일부가 만주지방을 관할하는 관동군의 작전 지역에 포함된 것은 역시 그 지정학적 위치 문제와 관계가 있다고 볼 수 있다.

태평양전쟁이 막바지에 다다랐을 때 38도선을 일본군의 항복을 받는 경계선으로 할 것을 먼저 제의한 것은 미국이었다. 8월 8일 일본에 선전포고한 소련은 같은 날에 만주로, 다음 날에는 한반도로 진격하여 곧 한반도 전체를 휩쓸 기세였지만 미국군의 최전방 부대는 아직 오끼나와에 있었다. 대륙의 공산주의 세력인 소련이 아관파천 이후 다시 한번 한반도 전체를 그 영향권 안에 넣을 형세에 있었으며, 그것이 실현될 경우 이미 소련의 참전과 함께 사할린이 점령된 사실만을 보아도 일본이 대륙세력인 공산주의의 위협을 크게 받을 조건에 놓인 것이다. 이에 당황한 미국은 소련이 한반도 전체를 점령하는 사태를 막기 위해 육군성 참모진의 러스크, 본스틸 두 대령의 고안에 따라 일본군의 항복을 받을 경계선으로서 38도선을 소련 측에 제의했고, 소련 측이 이를 받아들임으로써 8월 11일자 국무성·육군성·합동조사위원회(SWNCC)의 일반 명

---

20) 森田芳夫『朝鮮終戦の記録』제1권, 巖南堂書店 1979.

령 초안에 실렸다.

　당시 미국군과 소련군의 위치로 보아 소련 측이 그 경계선을 훨씬 남쪽으로 고집할 것이 예상되었지만 소련이 이 제안을 쉽게 받아들여 오히려 미국이 놀랄 정도였다. 소련이 38도선을 쉽게 받아들인 이유는 일본의 홋까이도오(北海道)일부를 점령하기 위한 양보였다고 추측되는데, 이같은 추측은 소련이 뒷날 홋까이도오 일부에 점령군을 보내겠다고 주장했다가 미국에 의해 거절된 사실로 뒷받침되었다.[21] 한편 소련의 극동에서의 영토적 야심과 이권 획득상의 관심이 만주에서의 이권과 남사할린 그리고 꾸릴 열도에 주로 집중되어 있었으므로 한반도 북부를 그 세력권으로 하여 위협을 제거하는 것만으로도 만족했다는 설도 있다.[22] 다시 말하여 38도선은 전쟁 후 한반도 전체가 소련의 세력권 안에 들어갈 것을 염려한 미국의 제의와 일본 영토 일부의 점령을 희망한 소련의 수락으로 획정된 것이다.

　일본이 포츠담선언을 수락하고 무조건 항복할 뜻을 스위스를 통해 연합국에 전달한 것은 8월 10일이었으며, 38도선도 8월 10일에 확정되었다. 소련이 참전하고 일본이 항복 수락 의사를 전달한 시기는 정확히 한반도를 분단한 반면, 일본 영토 일부에 대한 소련의 점령을 막을 수 있었던 바로 그 시점이었다. 19세기 후반기에 한반도는 대륙세력 러시아와 해양세력 일본의 세력다툼 사이에서 분단될 뻔했으나, 영국과 미국 등 해양세력이 일본을 도와줌으로써 해양세 일본의 식민지가 되었고, 제2차 세계대전이 끝나면서 대륙의 공산주의 세력이 한반도 전체를 그 세력권 안에 넣고 나아가 일본에 상륙하는 것을 사전에 막으려 한 해양 자

---

21) 송남헌『해방삼년사 I』, 까치 1985, 93면.

22) 와다 하루키「소련의 대북한정책(1945~1946)」, 브루스 커밍스 외『분단전후의 현대
　　사』, 일월서각 1983, 244면.

본주의 세력인 미국의 제안에 의해 한반도는 결국 분단되고 말았으며, 이후 두 세력의 냉전과 세력균형에 의해 분단이 지속되어온 것이다.

해방 후의 민족분열

통일민족국가 수립운동의 실패

제2차 세계대전이 끝나면서 한반도는 대륙의 공산주의 세력 소련과 해양 쪽의 자본주의 세력 미국의 분할점령으로 분단되고, 이들 두 세력 사이의 이른바 냉전의 심화로 분단이 고착되었지만, 앞에서도 지적한 것과 같이 그것이 분단이나 분단 고착 원인의 전부는 아니었다. 미·소 양군이 분할점령한 후에도 이를 타개하고 통일민족국가를 수립하려는 민족적 노력이 계속됐으나 그것이 실패함으로써 분단국가가 성립되고, 특히 6·25전쟁과 같은 민족상잔이 일어남으로써 분단은 고착화된 것이다.

해방이 되면서 조선총독부로부터 정권이양의 교섭을 받고 성립된 건국준비위원회는 식민지시대 말기에 임시정부, 독립동맹 등과 연합전선을 지향하면서 조직된 건국동맹을 모체로 한 것이었다. 따라서 그것은 일부 극우적인 지주세력을 제외한 좌우세력의 연합체적 성격을 가지고 있었다. 건국준비위원회에 지주세력을 중심으로 하는 우익세력은 참여하지 않았고, 따라서 그것은 점점 좌익세력 중심으로 기울어져갔으며, 좌익세력이 우세해진 건국준비위원회는 미군 진주에 대비하여 조선인민공화국을 급히 선포했다. 그 국체는 비록 인민공화국이었지만 정부 구성원에는 좌우익의 지도층을 고루 넣었고, 그 정책도 친일파 처단, 토지개혁, 적산(敵産)처리 등의 문제에서 식민지시대 말기 민족연합전선의 정책을 그대로 계승한 것이었다.

그러나 건국준비위원회가 선포한 조선인민공화국은 물론 중국에서 돌아온 임시정부도 연합국으로부터 인정받지 못하고, 남한에서는 미군정이 3년간 계속되었고 북한에서는 처음에 소련 군정이 실시되다가 5도인민위원회, 북조선인민위원회가 성립되었다. 건국준비위원회가 선포한 조선인민공화국과 독립운동 시기 임시정부 어느 쪽도 남북한을 통한 총선거를 담당하여 새로운 민족국가를 수립하기 위한 임시정부 역할을 다하지 못한 것은 민족분단의 한 원인이 되었다.

남북한에 미·소의 군정이 실시되었어도 그것은 잠정적인 조처에 지나지 않았다. 왜냐하면 미국과 소련은 한반도를 분할할 의도는 없었고, 비록 기간에 대해서는 합의가 되지 않았지만 한반도를 일정기간 신탁통치한다는 데 묵계가 있었던 것이다.[23] 이 묵계가 표면화된 것이 모스끄바3상회의에서의 미·영·중·소 4개국의 5년간의 한반도 신탁통치안이었다. 그러나 한반도에서의 통일국가 수립을 위한 과도적 조치로 결정된 이 신탁통치안은 곧 좌우대립을 심화하는 큰 계기가 되었다. 해방 후 얼마 동안은 좌우대립이 그다지 격심하지 않았으나 신탁통치안이 발표된(1945년 12월 27일) 후에는 좌익은 찬탁으로, 우익은 반탁으로 뚜렷하게 나누어졌다. 이후 좌우의 대립은 찬탁·반탁 노선을 분명히 하면서 급격히 심화되어갔다. 좌익은 민주주의민족전선을 결성하여 그 정치세력을 강화해갔고, 비교적 분산되어 있던 우익은 반탁운동을 통해 그 세력을 결집하면서 대한국민대표민주의원을 성립했다.

신탁통치문제를 둘러싼 좌우의 대립이 심화된데다가 제1차 미소공

---

23) 1945년 2월 8일 얄따회담의 비공식 회의에서 루스벨트는 스딸린에게 한국에 20년에서 30년의 신탁통치 기간을 가져야 할 것이라 했고, 이에 대하여 스딸린은 그 기간이 짧으면 짧을수록 좋다고 대답했다. 브루스 커밍스 「한국의 해방과 미국정책」, 같은 책 133면.

동위원회가 결렬되고 또 이승만 계열에 의한 분단국가 수립이 획책되고 있을 즈음인 1946년 중엽에 통일민족국가를 수립하기 위한 민족운동으로서의 좌우합작운동이 일어났다. 우익의 좌파라 할 수 있는 김규식과 좌익의 우파라 할 수 있을 여운형을 중심으로 한 좌우합작운동은 비교적 광범위하게 형성되었던 중도적 정치세력의 지지를 받고, 또한 한반도가 공산화되지 않는 한 모스끄바3상회의 결정에 따라 한반도문제를 해결하려는 정책을 아직은 버리지 않고 있던 미국의 원조를 받으면서 추진되었다. 그러나 좌우합작운동의 범위가 남한에서의 좌우익세력에 한정되었고, 좌익의 극좌화 그리고 우익의 극우화가 급격히 추진된데다가 미소공동위원회가 결렬되는 한편, 단독정부 수립 획책이 강화되고 미국의 한반도정책이 단독정부 수립 방안으로 바뀜에 따라 이 운동은 실패로 돌아갔다.[24]

좌우합작운동은 단순히 좌익세력과 우익세력의 합작을 중재하는 운동이 아니라 좌익과 우익으로부터 각각 합작 조건을 제시받고 그것을 절충하여 독자적 합작 조건을 내놓았다. 다시 말하면 좌익과 우익의 독자적 민족국가수립방안을 절충하여 제3의 방안을 제시함으로써 좌우익의 대립을 해소하고 통일된 민족국가를 수립하기 위한 제3의 정치세력을 형성하려 한 것이다. 좌우합작운동이 가지는 또 하나의 역사적 의미는 이 운동이 제시한 합작 조건이 대체로 식민지시대 말기의 독립운동전선에서 형성되어가던 민족연합전선이 제시한 민족국가수립방안과 맥을 같이하고 있으며, 또한 건국준비위원회의 건국 방안과도 그 궤를 같이하고 있었다는 점이다. 민족통일국가수립운동으로서의 좌우합

---

24) 좌우합작운동의 민족통일운동적 성격에 관해서는 강만길 「좌우합작운동의 경위와 그 성격」, 송건호·강만길 편 『한국민족주의론 II』, 창작과비평사 1983 참조.

작운동의 실패는 민족분단의 또 하나의 원인이었다.

좌우합작운동이 실패하고 이승만 계열의 분단국가 수립 획책이 본 궤도에 오르게 되었을 때 민족분단을 저지하기 위한 마지막 노력으로서 남북협상이 김구, 김규식 및 북한의 집권층 사이에 기도되었다. 김구는 해방 후의 정계에서 이승만과 함께 신탁통치반대운동을 강력히 펴고 있었다. 그러나 이승만계와 한민당의 반탁운동이 결국 단독정부 수립론으로 나아가게 되자, 그는 이 대열에서 이탈하여 좌우합작운동의 주역이던 김규식과 손잡고 단독정부 수립 노선에 반대하고 남북협상의 길에 올랐다. 그러나 이미 때가 너무 늦어서 분단국가 수립 획책을 저지할 수 없었으며 마침내 남북에 분단국가가 성립됨으로써 민족분단은 기정사실화되었다.

요컨대 미·소 양군이 한반도를 분할점령한 후에도 민족분단을 막고 통일된 민족국가를 수립하려는 노력은 건국준비위원회의 활동으로, 좌우합작운동으로 그리고 남북협상으로 나타났다. 그러나 이와 같은 노력은 모두 실패하여 결국 분단국가가 성립되고 민족분단은 고정화되었다. 해방 후 민족분단의 원인은 건국준비위원회의 활동, 좌우합작위원회의 활동, 남북협상 등을 뒷받침하여 분단국가 수립 획책을 저지할 만한 강력한 정치세력이 형성되지 못한 데 있었으며, 또한 그런 정치세력의 존립을 뒷받침하지 못한 국민 일반의 낮은 정치의식에서도 그 원인을 찾을 수 있다.

미소공동위원회의 결렬

해방 후의 민족통일국가수립운동이 일부 정치세력의 분단국가 수립 획책과 그것에 휩쓸려간 국민 일반의 낮은 정치의식 때문에 실패했고,

그 실패가 민족분단의 원인이라 지적했지만, 또다른 원인의 하나로 미소공동위원회의 결렬을 들지 않을 수 없다. 미소공동위원회의 결렬은 민족 외적 문제로서 미·소 냉전의 심화에도 그 원인이 있었지만, 역시 좌우익대립의 심화, 국민 일반의 국제정치적 현실에 대한 인식 부족, 일부 정치세력의 권력욕에 의한 분단 책동 등 민족 내적 요인이 더 컸다고 보아야 옳은 것이다.

얄따회담의 비공식 회의에서 한반도를 신탁통치하기로 합의한 연합국은 모스끄바3상회의에서 한반도문제에 대해 첫째로 민주주의적 원칙 아래 독립국가를 건설하기 위한 임시 조선민주주의 정부를 수립하고, 둘째로 임시정부 수립을 원조하기 위한 미소공동위원회를 설치하며, 셋째로 미국·영국·소련·중국의 4개국 정부가 공동 관리하는 최고 5년 기한의 신탁통치를 실시할 것을 결정했다.[25] 해방이 되었을 때 패전국 일본도 그 정부가 있어서 매카서 사령부가 이를 통해 간접적으로 일본을 지배했지만, 식민지였던 한반도에는 조선총독부가 해체된 후 그것으로부터 정권이양 교섭을 받고 성립된 건국준비위원회가 선포한 조선인민공화국을 미국이 인정하지 않았고 중국에 있던 임시정부도 인정되지 않은 상태에서 정통성이 있는 정부는 없었으며, 임시조치로서 미·소군의 군정이 실시되고 있을 뿐이었다.

일본의 패전을 우리의 민족적인 입장에서 보면 민족해방전쟁에서 승리한 것이며, 따라서 독립국가를 수립하는 데에 유예기간을 가질 이유가 전혀 없었다. 그러나 냉혹한 국제정치상의 위치에서 보면 일본 패전 후의 한반도는 연합국의 인정을 받는 정통성 있는 정부를 가지지 못한,

---

25) 모스끄바3상회의 협정문은 모두 7개 조항으로 되어 있으며, 그중 여섯번째 조항이 한반도문제에 대한 결정이다. 송남헌, 앞의 책 204면 참조.

그저 패전국 일본의 식민지에 지나지 않았던 것이다. 따라서 모스끄바3
상회의는 먼저 미소공동위원회를 열어 남북한을 통한 통일된 임시정부
를 만들고 4대 연합국이 그 임시정부를 후견하면서 최고 5년간 신탁통
치를 한 후 완전한 독립국가를 수립케 하려 했던 것이다. 이와 같은 계
획에 따라 1946년 3월 20일 서울에서 제1차 미소공동위원회가 열렸다.
그러나 임시정부를 수립하기 위해 협의해야 할 정당, 사회단체를 정하
는 일부터 난관에 부딪혔다. 미소공동위원회가 모스끄바3상회의와 마
찬가지로 신탁통치를 찬성하는 정당, 사회단체만을 임시정부 수립을
위한 협의 대상으로 한다는 결정을 내렸으므로 당시 강력한 반탁운동
을 벌이고 있던 이승만과 김구를 중심으로 하는 극우세력은 미소공동
위원회의 협의대상이 될 수 없었고, 따라서 임시정부에 참여할 수 없게
되었다.

　신탁통치를 반대하는 한 미소공동위원회의 협의대상이 될 수 없고 협
의대상이 되지 않는 한 임시정부에 참여할 수 없게 된 반탁운동 대열은
결국 공동위원회에 참가해도 신탁통치는 반대할 수 있다는 명분을 찾은
후 공동위원회에 참가하기로 했다. 그러나 소련 측은 반탁세력이 공동
위원회에 참가해도 신탁통치 자체를 반대하는 이상 3상회의의 결정을
지지하는 것은 아니라 하여 반탁세력의 공동위원회에의 초청을 반대했
다. 이에 곤란해진 미국은 이승만·김구계의 극우세력을 배제하고[26] 김
규식과 여운형을 중심으로 하는 중도세력의 좌우합작운동을 원조하여
문제를 타개하려 했으나 박헌영을 중심으로 하는 좌익세력은 이 운동
을 외면했고 이승만·김구 세력은 더 강력한 반탁운동을 펴나갔다.

　이런 분위기에서 미·소 양측은 제2차 공동위원회를 개최했으나 반탁

---

26) 이호재『한국외교정책의 이상과 현실』, 법문사 1980, 219면 참조.

진영은 다시 공동위원회에 참가하기를 거부하면서 반탁운동을 폈고, 한편으로는 공동위원회에 참가를 신청한 정당 및 사회단체가 남한 425개, 북한 36개였는데 등록된 총 회원수는 7000만 명이나 되어 전체 인구의 두 배나 되는 불합리를 드러냈다.[27] 소련 측은 계속 반탁운동 계열의 정당, 사회단체와 회원 1만 명 이하의 군소 단체는 협의대상에서 제외할 것을 주장했다. 이에 대해 미국 측은 반탁운동을 '의사표시의 자유'로 간주하여 소련의 제안에 반대하는 한편 남한 내의 좌익세력에 대해 대대적인 검거령을 내렸다. 그리고 정체 상태에 빠진 공동위원회를 진전시키기 위한 방안으로 미·영·소·중 4개국 회의를 요구하고, 보통선거에 의해 남북 각각의 입법기관을 설치하여 이들 대표들로 구성되는 통일임시정부가 완전독립국가 수립 문제를 4개국과 협의하도록 할 것을 제의했다. 그러나 소련은 미소공동위원회가 임시정부 수립 문제를 4개국 회의로 가져가는 것은 부적당하며, 남북 별개의 임시 입법회의를 구성하는 일은 남북의 분열을 조장하는 일이라 하여 거부했다. 이렇게 되자 미국은 결국 소련의 반대에도, 또 3상회의 결정에 의한 한반도 문제 해결을 포기하고 한반도문제를 그 세력이 절대 우세한 유엔으로 가져감으로써 단독정부 수립의 길을 열었다.

제2차 세계대전이 끝나면서 미·소 양군이 한반도를 분할점령한 것은 비록 일본군의 항복을 받기 위한 일종의 작전상 조처였다고 해도, 그 바닥에는 두 나라가 각각 자국의 세력권 내지 이익선을 확보하려는 저의가 깔려 있었다. 그러나 당초부터 한반도를 분단하면서까지 그 이익선을 지키려 한 것은 아니었던 것 같고, 두 나라의 한반도정책은 한반도가 각기 적대세력의 이익선 안에 듦으로써 극동지역에서의 자국의 외교

---

27) 송남헌, 앞의 책 399면.

및 군사적 이익에 위협이 되는 것을 피하려 한 정도에 머무르고 있었던 것으로 보인다.

이와 같은 제2차 세계대전 종전 직후 한반도의 국제정치상의 위치를 좀더 현명하게 이해했더라면 한반도가 대륙의 공산주의 세력 소련이나 해양의 자본주의 세력인 미국 어느 쪽에도 위협이 되지 않는 방법으로 통일민족국가를 수립하는 길을 모색할 수 있었을 것이다(그런 노력이 일부 있기도 했다). 그러나 외세의 분할점령에 편승하고 그것을 이용하여 분단국가만이라도 만들어 정권을 잡으려 한 일부 정치세력의 획책과 그것에 휩쓸린 국민 일반의 둔한 국제정치적 감각 때문에 결국 돌이킬 수 없는 민족분단을 가져오고야 만 것이다.

맺음말

민족분단의 역사적 원인을 민족사 내적인 측면과 외적인 측면에서 몇 가지 지적했지만, 요컨대 민족분단의 압축된 원인은 19세기 후반의 개화기와 식민지시대, 민족해방 과정을 겪으면서 통일된 민족국가를 수립할 만한 민족적 역량이 구축되지 못한 점에 있다 할 것이다. 구한말의 개화기를 통해 외세 침략을 극복하여 근대적 국민국가를 수립하지 못한 결과 식민지로 전락했고, 식민지시대의 독립운동 과정을 통해 그 방법론적, 사상적 대립을 극복하지 못한데다가 독립운동 말기에 일부 형성되어가던 민족연합전선도 해방 후에는 스스로 분열을 야기하여, 미·소 양국의 분할점령과 일부 정치세력의 분단국가 수립 책동을 극복하고 통일된 민족국가를 수립할 만한 역량을 발휘할 수 없었던 것이다.

이와 같은 역사 실패의 원인이나 책임이 대한제국시기의 일부 친일적 집권세력이나 독립운동 과정에서의 독립운동가 및 이른바 민족지도자나 해방 후의 좌우익 정치가에게만 있는 것은 결코 아니다. 전제주의 대한제국이 국민혁명으로 무너지지 못하고 외세 침략으로 멸망한 사실, 독립운동 과정에서 일부 형성되어가던 민족연합전선 세력이 해방 후 정치적 주도권을 구축할 수 있을 만큼 민족적 역량이 뒷받침되지 못한 사실, 반면 외세에 의존해서 분단국가 수립을 획책한 일부 정치세력의 책동에 국민 일반이 그대로 따른 사실 등은 19세기 후반기부터 해방 당시에 이르기까지 민족구성원 일반의 역사의식 내지 정치의식이 통일된 민족국가를 수립할 만한 단계에 이르지 못했기 때문이라 할 수 있을 것이다.

역사 실패의 참된 원인을 이해하는 일이야말로 앞으로의 민족사를 성공적으로 운영할 수 있는 밑거름이 될 것이다. 머리말에서도 지적한 것과 같이 민족분단의 역사적 원인을 구명하는 일은 우리 근현대사 연구의 최대 논점의 하나다. 이렇게 짧은 글로 그것이 어느정도라도 해명되리라 기대하는 것은 무리라고 하겠으나, 다만 지식 대중 일반이 이 문제에 관심을 가지게 되는 계몽적인 역할만이라도 할 수 있다면 다행이겠다. (1985)

2부

민족운동사의
성격

1. 독립운동 과정의 민족국가건설론
2. 동도서기론의 재음미
3. 민족운동·삼균주의·조소앙
4. 일제시대의 반식민사학론

1. 독립운동 과정의 민족국가건설론

머리말

민족주의를 설명하는 이론이 다양한 만큼 하나의 민족사회가 경험한 민족주의의 역사를 정리하는 데도 여러가지 방법론이 적용될 수 있다. 그러나 어떤 방법론에 의한 어느 민족의 민족주의론을 막론하고 그 민족사의 전개 과정 자체와 밀착되지 않고는 민족주의의 흐름이나 성격을 도출해낼 수 없다. 민족주의가 민족사의 전개 과성 자체와 밀착되어서만 입론될 수 있다는 사실은 그 민족주의가 추구하는 목적이나 그것이 가진 성격이 민족사의 시대적 단계에 따라 당연히 다름을 말해주고 있는 것이다.

우리 근대사의 경우 외적의 침략을 받은 대한제국시기 민족주의의 과제는 주권을 수호하는 것이었고, 일제식민지시대의 그것은 주권을 회복하는 것이었으며, 해방 후 분단시대의 그것은 통일된 민족국가를 수립하는 것이라고 일단 말할 수 있다. 그러나 그것만으로 우리 근대사에서의 민족주의의 과제나 성격이 모두 설명된 것이라고는 볼 수 없다.

대한제국시기를 예로 들면 민족주의가 수호하려 한 주권이 누구의 주권이었던가를 다시 따져봄으로써 이 시기 민족주의의 성격을 한층 더 분명히 할 수 있으며, 나아가서 그 민족주의운동이 가진 한계성 내지 실패의 원인을 찾아내기가 쉬울 것 같다.

대한제국시기의 경우 자본주의 열강의 침략 앞에서 주권상실의 위험에 직면했던 역사적 사실 때문에 민족주의의 최대 과제가 '주권수호'로 집약되었다. 그러나 그 지켜야 할 주권이 임금의 것이 아니라 인민의 것이어야 하며, 그럴 때 주권을 지키려는 의욕과 책임이 더 강해진다는 사실을 이해하는 데까지 민족주의론이 나아가지 못했고, 그 때문에 이 시기의 민족주의운동이 실패한 것이라고 이해할 수도 있다. 대한제국시기의 민족주의운동이 실패하고 결국 식민지로 전락한 가장 중요한 원인을 군사적으로 우세했던 일본의 침략에만 돌리고 이 시기의 민족주의가 가지고 있었던 한계성을 말하지 않는다면, 그것이야말로 주체적인 역사인식이 되지 못할 것이다. 사실 민족주의를 외세에 대한 저항주의로만 보지 말고 그것이 가진 본래 성격의 하나인 국민주권주의로 이해한다면 군주주권과 국민주권을 미처 가리지 못한 대한제국시기의 민족주의는 신민회(新民會)운동과 같은 예외가 있기는 하지만 옳은 의미의 민족주의로 볼 수 없으며, 굳이 말한다면 아직 국가주의적 단계에 있었다고 할 수도 있을 것이다.

일제식민지시대 민족주의의 최대 과제는 두말할 것 없이 잃어버린 주권을 회복하는 데 있었다. 그러나 이 경우도 누구의 주권을 회복하느냐 하는 문제는 그냥 남아 있었다. 왜냐하면 일제시대 초기의 '독립운동'에는 군주주권을 회복하려는 복벽주의운동도 아직 남아 있었기 때문이다. 다행히 대체로 3·1운동을 분수령으로 하여 복벽주의는 도태되고 공화주의가 정착하여 이후의 주권회복을 위한 민족주의운동은 공화주의 중심으로 추진되었다. 그러나 3·1운동 이후의 주권회복운동을 또한 공화주의 노선만으로는 설명할 수 없다. 같은 공화주의 노선이면서도 그것이 공산주의·사회주의 노선으로 불린 좌익 독립운동 노선과 일반적으로 민족주의 노선으로 불린 우익 독립운동 노선으로 다시 나뉜 것이다. 좌익 노선과 우익 노선이 모두 주권 회복을 그 일차적인 목표로 삼았고 식민지시대 민족주의의 최대 과제가 주권회복에 있었으므로 어느 쪽도 이 시기의 민족주의운동에서 제외될 수 없음도 사실인 것이다.

대한제국시기의 주권수호운동이 미처 군주주권·인민주권을 가리지 못하고 주권의 수호에만 한정되었던 것과는 달리, 식민지시대의 주권회복운동이 먼저 복벽주의와 공화주의를 구분했고 다시 좌익노선과 우익노선으로 나누어진 사실을 두고 독립운동전선의 전력 분산으로 이해할 수도 있겠지만, 반대로 역사 발전, 민족주의 발전의 하나의 과정으로 이해할 수도 있다.

식민지시대의 민족주의를 단순한 항일운동으로만 보지 않고 그 성격을 분석하고 또 그 실체를 파악하려는 노력이 여러가지 측면에서 이루어져왔다. 항일독립운동을 주도해온 '이데올로기'나 그 사회계층의 변화 과정에서 민족주의 발전의 실체를 구하는 작업이 추진되기도 했고, 또 항일독립운동의 각종 방법론을 중심으로 이 시기 민족운동의 성격을 추구하기도 한 것이다. 이 글은 이와 같은 업적들에 유념하면서 식민지시대의 각 독립운동 노선이 해방 후에 구체적으로 어떤 성격의 민족국가를 건설하려 했는가 하는 데 초점을 맞추어 식민지시대 전체의 독립운동 과정을 조망함으로써 이 시기 민족주의의 실체를 한층 더 적극적으로 파악할 수 있지 않을까 하는 생각에서 쓴 것이다. 식민지시대 민족운동의 보다 실제적이며 적극적인 목적은 주권을 회복하여 새로운 민족국가를 건설하는 데 있었으며, 이 경우 어떤 성격의 국가를 건설하려 했는가 하는 점에 민족주의의 한층 더 현실적인 성격이 담긴 것이라 생각한 것이다.

한편 식민지시대 각 독립운동 노선의 민족국가건설론이 어떻게 변화하며, 식민지시대 말기에는 그것이 어디까지 왔는가를 추구하는 일은, 결국 전체 식민지시대를 통해 진행된 독립운동의 결론이 무엇이었는가를 밝히는 작업이 될 수도 있다. 또 각 독립운동 노선이 민족국가건설론과의 사이에 얼마만큼의 공통점과 차이점이 있었는가를 정리하는 일은 해방 후 민족의 분단 과정, 나아가서 그 재통일문제와도 깊은 연관성이 있음을 의식한 것이다. 이같은 생각으로 독립운동 과정을 되돌아본 작업은 이미 「한국 독립운동의 역사적 성격」(『아세아연구』통권 59호, 1978)에서 일단 시도한 바 있으나, 이 글은 그것을 '독립운동 과정의 민족국가건설론'이란 측면에서 다시 보완한 것이다. 독립운동 노선들의 민족국가건설론만으로 식민지시대 민족주의를 모두 설명할 수 있다고는 생각하지 않지만, 그러나 민족국가건설론이 이 시기 민족주의를 이해할 수 있는 지름길의 하나라 생각되기도 한다.

공화주의의 정착화 과정

대한제국시기의 공화주의론

중세적 지배질서의 모순성이 본격적으로 드러나기 시작한 조선왕조 후기, 18세기경에 이미 근대 민족주의적 자각이 일부 나타나기 시작했다고 생각되지만, 그것이 구체적으로 자리잡기 시작한 것은 19세기에 들어와 외세의 침략이 적극화하면서부터였다. 외세의 충격에 대하여 피지배계층도 민감한 반응을 보였지만, 그것에 더욱 과민한 것은 권력을 장악한 지배계층이었다. 왜냐하면 외세의 침략에 적절히 대응하지 못할 경우 무엇보다도 먼저 그들이 지배권력을 상실하기 때문이었다.

지배권력이 외세의 침략에 대응하는 최선의 방법은 이른바 부국강병(富國强兵)을 이루어 침략을 막고 지배권력을 유지하는 것이었고, 이 때문에 지배권력 중심의 '민족주의'는 우선 부국강병주의로 나타났다. 그러나 종래의 기술문명이나 산업구조만으로는 서양의 군사력·경제력에 대항할 만한 부국강병을 이룰 수 없었고, 그렇다고 하여 정치제도를 포함한 서양 근대문명을 모두 수용하는 경우 결국 근본적인 변혁, 즉 국민혁명을 가져와서 지배권력 자체를 상실하지 않을 수 없게 될 우려가 있었다. 이와 같은 모순된 조건 아래서 지배권력이 택한 논리의 하나가 이른바 동도서기론(東道西器論)[1]과 같은 방법론이었고, 그것이 민족주의적 길이라 내세워졌다. 서양의 기술문명만을 수용하여 근대적인 군사시설 및 산업시설만 갖추고 개인주의·인민주권주의·자유민주주의를 바탕으로 하는 근대사상 및 정치제도의 유입을 막아 전제주의적 지배체제를 그대로 유지하려는 방법론이었던 것이다.

군사 및 산업 부문의 근대화마저 반대한 위정척사론은 더 말할 것도 없지만, 이른바 문명개화론도 그 개화의 대상이 대부분 기술문명에 한정되었을 뿐 정치문화의 영역에 적극적으로 미치지는 못했다. 이 때문에 개화파의 정치사상도 대부분 군민동치로 표현된 입헌군주에 한정되었고, 오히려 종래의 왕권을 황제권으로 강화하여 그것에 기생하려는 생각이 국민혁명을 유도하려는 생각보다 더 강하기도 했다.

---

1) 동도(東道)의 도(道)는 대체로 정신문화 일반을 가리키며, 정치의 도, 즉 정치체제·정치제도도 당연히 여기에 포함될 뿐만 아니라 사실은 정치적 전제주의를 유지하려는 데 동도서기론 본래의 뜻이 있다고 볼 수도 있다.

외세의 침략 앞에서, 민중세계의 정치역량이 급성장하는 추세 앞에서 전제주의적 지배권력을 유지하기 위한 방법으로 부국강병을 기도하고, 그것을 위해 근대적 기술문명만을 수용하려 한 것이 한말의 이른바 동도서기론적 논리였고, 그것이 또 민족주의적 방법이라 내세워졌다. 그러나 근대적 기술문명이란 근대적 정신문화 및 근대적 정치제도의 뒷받침 없이 정착될 수 없는 것이었다. 근대적 기술문명의 수용은 자연히 근대적 정신문화 및 정치문화의 발전을 수반하게 마련이어서 동도서기론적 방법론에 의한 부국강병책은 실제로 불가능했다. 동도서기론에 의한 부국강병책이 실패한 후 개화파 정치세력을 포함한 지배세력이 택할 수 있는 길은 외세와의 타협, 나아가서 외세에의 굴복밖에 없었다. 여기에 동도서기론에 의한 부국강병주의적 민족주의는 그 실체가 드러나고 만 것이다.

그러나 이 시기에도 외세 침략의 대응책으로 지배계층이 내세운 동도서기론적 부국강병주의가 옳은 의미의 민족주의가 되기 위해서는 반드시 넘어야 할 하나의 고비를 가지고 있다고 이해한 이론들이 나타나고 있었다. 위협받는 주권을 수호하기 위해서는 부국강병주의가 불가결하지만 그것이 전제권력 아래서는 이루어지기 어렵고, 국민주권이 달성되었을 때 비로소 가능할 뿐만 아니라 외세에 대한 저항력도 오히려 강화될 수 있다고 깨달은 이론이 나타나기 시작한 것이다.

독립협회운동이 절정기에 다다랐을 때 일부 진보적인 세력에 의해 공화제설이 나왔고, 또 그것이 독립협회가 탄압받은 원인이기도 했다. 그러나 황제권을 부인한 공화제론이 비교적 구체적으로 나타난 것은 '을사조약' 이후라고 할 수 있다. 주권이 황제에게 있었기 때문에 일본이 황제를 협박하는 것만으로도 국민의 반대와는 관계없이 조약이 체결될 수 있음을 보게 됨으로써 주권재민(主權在民)의 절실함을 이해하게 되었고, 또 조약의 체결은 황실이 스스로의 안전을 위해[2] 국민을 배반한 결과가 되었으므로 국민 일반의 황실에 대한 인식이 달라져간 것이다.

저 간휼한 일본 놈이 우리 인민이 이렇게 어리석음을 아는 고로 생각하되, 한국 인민은 그 임군만 내가 명령하면 인민은 자연 내가 명령할지며 그 임군만 내게 복종케 하면 인민은 자연 복종할지니, 어떠하든지 그 임군 하나만 내가 붙잡고 내가 가두고 내가 부리면 이천만 한국 인민은 그 생명을 살육하며 재산을 탈취하며 부모처자를 노예로 부리더라도 저들은 우리 일본을 복종하리라 작정하고……[3]

이 논설은 주권이 군주에게 있기 때문에 국민의 의사와는 달리 일본의 한국 지배가 가능해져감을 분개하고 있다. 군주권이 외세와 타협하거나 그것에 굴복하는 상황에서는 자연히 군주권에 대한 인식이 달라지게 마련이지만, 그것은 먼저 황실과 국가를 구분하여 인식하려는 데서 출발해서 점차적으로 군주권을 타도하려는 방향으로 나아갔다.

세인(世人)이 국가 급 황실의 분별을 부지(不知)함으로 국가로 거(擧)하야

---

[2] 일본이 대한제국을 침략하는 과정에서 맺은 중요한 조약에는 반드시 한국 황실의 안전을 확약하는 조문이 들어 있다. 러일전쟁 개전 직후에 맺은 한일의정서(1904년 2월)에는 "대일본제국 정부는 대한제국 황실을 확실한 親宜로 안전 강녕케 할 것"이라 했고 을사조약에서는 "일본정부는 한국 황실의 안녕과 존엄을 유지하기를 보증함"이라 했으며, '합방조약(合邦條約)'에서도 "일본국 황제 폐하는 한국 황제 폐하, 태황제 폐하, 황태자 전하 및 그 后妃及後裔로 하여금 각기 그 지위에 따라 상당한 존칭, 위엄 및 명예를 향유케 하고, 또 그것을 약속함"이라 했다.
[3] 『신한민보』 제126호, 1909년 3월 31일 논설.

군주일인(君主一人)으로 시(視)하니 차(此)난 전제악풍(專制惡風)에 침염(浸染)하야 그 미상오해(迷想誤解)를 불파(不破)함이라.4)

독립협회운동 때까지도 군주와 국가를 선명히 구분하지 못하고 군주의 지위를 높이거나 그 권력을 확고히 하는 것이 국가의 국제적 위치를 높이는 일이요, 국권을 확고히 하는 일이라 생각했다. 그러나 '을사조약' 이후에는 국가와 군주를 동일시하는 것이 전제주의적 생각임을 분명히 알게 되었고, 한걸음 더 나아가서 군주전제체제를 타도하는 것이 국가를 위하는 길이라는 생각이 일부 나타나게 되었다.

> 무릇 임금은 나라를 위하여 둔 것이요, 나라는 임금을 위하여 세운 것이 아니니, 이러므로 임금이란 것은 인민이 자기의 사무를 위탁한 공평된 종이요, 인민이란 것은 임금으로 하여금 저의 식업을 전력케 하는 최초의 상전이라. 종 된 임금이 사무와 지력을 다하지 못할지면 상전된 인민의 책망을 도망키 어려우니… 우리 인민은 임금과 나라를 하나로 알아 임금으로 하여금 직책을 다하지 아니케 하며 나라를 망케 하는도다.5)

인민의 종노릇을 제대로 하지 못하는 임금은 나라를 망하게 하는 장본이며, 이 때문에 종인 임금이 상전인 인민의 '책망'을 피하기 어렵다고 한 것은 외세의 침략 앞에서 나라를 지키는 길은 임금의 권한을 강화하는 데 있는 것이 아니라 외세에 타협, 굴복한 임금을 '책망'하는 데 있는 것임을 알게 되었음을 말한다. 왕권의 강화를 통해 부국강병을 이루

---

4) 『대한자강회월보』 제3호, 1906년 9월 25일, 55면.
5) 『공립신보』 제84호, 1908년 5월 27일 논설.

는 일이 민족주의적 길이라 생각했던 대한제국시기의 민족주의론 일반에서 탈피해가고 있는 것이다.

> 저 영국이 국왕을 사살한 것은 무도 불법한 사적을 후세에 유전코자 함이 아니라 국민의 권리를 세우고자 하여 부득불 행한 일이요… 우리 한인이 저 만겁 지옥을 벗어나서 남과 같이 한번 살아보자 하는 관념이 있거든 국민을 연구하여 권리와 의무를 실행할지로다. 국민의 권리를 실행할 때에 영국 국민의 부월을 모방함도 가하고 미국 국민의 공화정부를 모방함도 가하고 일본 국민의 막부 전복을 모방함도 가할 것이라…6)

국민의 권리를 찾기 위해서는 임금을 죽일 수도 있으며 공화정부를 수립할 수도 있다 하여 국민혁명을 암시한 이 논설은, 물론 해외에서 발행된 교포신문이었기 때문에 이와 같은 표현이 가능했지만, 외세의 침략 앞에서는 국민주권·군주주권을 가리기 이전에 황실을 중심으로 국민 전체가 단결하여 주권을 지키는 것이 민족주의적 길이라 생각했던 애국계몽운동적인 민족주의와는 큰 차이가 있다. 국민주권을 실현하는 것이 애국심을 환기시키는 선결문제임을 이해하게 된 것이며, 따라서 민족운동·국권유지운동을 성공시키기 위해서는 군주주권체제를 무너뜨리고 공화주의체제로 대체해야 함을 알게 된 것이다.

애국계몽운동단체 가운데 유일한 비밀단체이며 또 정치운동과 무장 저항운동을 함께 추진했던 신민회가 공화정체의 수립을 목적으로 한 것은7) 대한제국 말기의 민족주의가 공화주의를 지향함으로써 그 옳은

---

6) 「大呼國民」, 『신한민보』 1909년 8월 4일 논설.
7) 「대한신민회의 구성」, 국사편찬위원회 편 『한국독립운동사』 제1권 1023면.

방향을 잡아가고 있던 구체적인 증거가 되는 것이다. 그러나 불행하게도 조선왕조의 전제군주체제는 국민혁명에 의해 무너지지 않고 외세침략으로 무너졌으며, 따라서 대한제국시기의 민족주의는 주권수호에 실패했다. 외세침략을 막지 못했기 때문에 식민지로 전락한 것이지만, 이시기의 민족주의가 공화주의를 지향하지 못하고 군주주권체제를 견지한 이상 외세침략을 막아낼 만한 국민적 역량은 생겨날 수 없었다. 이때문에 식민지로 전락할 수밖에 없었으며, 따라서 식민지시대의 독립운동은 공화주의운동이 주도하게 된 것이라 이해할 수 있다.

3·1운동과 공화주의 정착

'한일합방' 후 식민지시대의 독립운동 과정에서도 초기에는 대한제국의 재건, 군주권의 회복을 목적으로 하는 '독립운동', 즉 복벽주의 운동도 있었다. 태을교(太乙敎)와 같은 유사 종교단체가 새로운 황제의 출현으로 국권을 회복할 수 있다고 선전한 따위는 그만두더라도[8]

중국은 원세개(遠世凱)가 제위에 즉위함은 기정사실이며, 다만 그 발표를 언제 하느냐에 달려 있을 뿐이다. 또 독일은 황제에 의하여 지배되는 국체다. 구주전쟁(歐洲戰爭)은 결국 독일의 승리로 돌아갈 것이지만, 일본은 영국의

---

8) 훔치교의 일파인 태을교는 제주도에서의 교도 집회에서 "왜놈이 우리 조선을 병합했을 뿐만 아니라 병합 후에는 그 관리는 물론 商民까지도 우리 동포를 학대하고 酷遇한다. 실로 왜놈은 우리 조선민족의 仇敵이다. 곧 佛務皇帝가 출현하여 국권을 회복할 것이니 교도는 먼저 島內居住의 일본인 관리를 살육한 후 그 상민을 섬 밖으로 몰아내라"하고 명령했는데 이런 유의 유사종교의 종교 활동과 복벽주의적 '독립운동'이 연결된 경우는 많았다. 「太乙敎及仙道敎의 유래」, 김정명 편 『조선독립운동』 제1권 분책, 東京: 原書房 1967, 441면 참조.

선동에 타서 이유 없이 독일과 개전하는 일면, 중국에 대하여 불법적인 요구를 함으로써 중국 상하의 원한을 풀 수 없게 되었다. 이와 같은 형세로써 구주전쟁 후의 일본은 동양에서 고립하여 점점 퇴세(退勢)하여 중국·독일의 연합군과 대전(對戰)하지 않을 수 없는 곤경에 빠질 것이다. 조선의 독립 회복은 바로 이때를 타서 중국과 독일에 줄을 대어 준비할 필요가 있다. 그러나 중국과 독일의 국체는 군주정치이므로 종래와 같이 조선의 유지(有志)가 공화정치를 주장함은 불리할 뿐만 아니라, 이 때문에 마침내 목적을 달성하지 못하게 될 염려도 있다.[9]

고 한 것과 같이 비록 제1차 세계대전과 그 결과에 대해서는 잘못 예상했지만 세계정세에 바탕을 둔 독립운동 전략상의 복벽주의론도 있었고, 3·1운동 후에도

광복의 의로움은 다만 국가를 해방하려는 것만이 아니라 국수(國粹)를 해방하고 또 강상(綱常)의 대륜(大倫)을 해방하여 그 국치(國治)를 유지하려 하는 것이다. 원컨대는 종지(宗旨)를 체(體)하여 충군애국의 염(念)을 잃음으로써 단(團)의 이름을 황추(荒墜)히는 일이 없어야 할 것이다. 제(諸)군지의 면욱(勉勖)을 바란다.[10]

하고 국가극복의 준비, 군수보복(君讐報復)의 주의, 외교광복의 성명을

9) 김정명 편 『조선독립운동』 제1권 277면. 「조선보안법위반사건검거의 件」, 1915년 9월 27일 접수. 이 사건의 관계자 성낙형 등은 왕자 이강을 중심으로 독립운동을 펴기 위해 그에게 접근하려 했다.
10) 강덕상 편 『현대사자료』 27 조선3, 11면, 「光復團飛檄文」 1920년 2월 27일. 이 격문은 이범윤이 단장인 대한해방단 군자금 모집 격문이다.

대한광복의 3대 종지로 삼은 복벽주의 단체도 있었다.

이 때문에 임시정부를 지지하는 독립운동단체에서는 "임시정부 밖에 서 있는 저들 복벽주의 단체 등의 군인이 되어 죽으면 아무 가치도 없고 아무 성공도 없다. 가치 있고 성공 있게 죽으려 하면 공화정부의 군적에 등록하여 공화정부의 군인이 될 것이다"[11] 하고 공화주의와 복벽주의를 선명하게 구분하여 말함으로써 공화주의 임시정부 지지를 강조하였던 것이다.

이와 같이 식민지시대의 주권회복운동에도 일부 복벽주의운동이 있었으나, 독립운동의 대세는 공화주의운동으로 발전했다. 3·1운동 이전에도 이미 만주와 노령 지방의 교포사회에서는 민주주의적인 자치제가 실시되고 있었고,[12] 3·1운동의 선구적 역할을 한 토오꾜오의 2·8선언에서도

　　오족(吾族)은 구원(久遠)하고 고등한 문화를 유(有)하며 또 반만년간 국가 생활의 경험을 유한 자인즉, 종령(縱令) 다년(多年) 전제정치의 해독과 경우(境遇)의 불행과가 오족의 금일을 치(致)하였다 하자. 정의와 자유와를 기초로 하는 민주주의의 상(上)에 선진국의 범(範)을 취하여 신국가를 건설하면 건국 이래 문화와 정의와 평화와를 애호하는 오족은 필히 세계의 평화와 인류의 문화와에 공헌함이 있으리라.[13]

---

11) 「國民會告諭文」 제3호, 같은 책 18면. 이 고유문은 1920년 4월에 재북간도 대한국민회장 구춘선이 발표한 것이다.

12) 교포들이 많이 모여 살던 연해주지방에서는 1860년대부터 이미 자치제가 실시되고 있었고(『독립신문』 1897년 1월 16일 논설 참조) 한일합방 후 서북간도지방에 형성된 교포사회에서도 3·1운동 이전에 이미 부민단(扶民團)·한족회(韓族會)와 같이 정부조직과 다름없는 자치조직이 이루어졌다.

13) 「2·8선언」, 국사편찬위원회 편 『한국독립운동사』 제2권 661~63면.

하여 전제군주제를 청산하고 민주주의체제로 독립할 것을 분명히 했다. 따라서 3·1운동에 불을 지른 민족대표 33인도

　　민주정체로 할 생각이었다. 그 사실은 나뿐만 아니라 일반적으로 그와 같이 생각하고 있는 것이라 여겨진다. 또 나는 구주대전이 한창일 무렵 교도 등과 우이동에 갔을 때 전쟁이 끝났을 때는 상황이 일변하여 세상에 군주라는 것은 없어지게 될 것이라 이야기한 적이 있다.[14]

고 한 손병희의 말과 같이 대체로 공화주의자였다고 보아도 무방할 것이며, 3·1운동 자체도 항일운동인 동시에 공화주의민족운동이었다고 할 수 있다.

대한제국이 일본에 멸망할 때까지 공화주의운동으로서의 민족운동은 일어나지 않았고, 조선왕조의 전제주의가 결국 일본에 패망했지만, 우리 역사상 최초의 공화주의운동으로서의 민족주의운동은 식민지 지배에 대항하는 항일운동과 함께 3·1운동으로 발발했던 것이다. 이 운동의 결과 비록 독립을 되찾지 못하여 한반도 안에 공화주의 국가를 수립하지는 못했지만 상해에 세워진 임시정부는 거의 이론 없이 공화주의 정부가 될 수 있었던 것이다.

3·1운동이 독립운동이었으므로 당연히 정부수립이 계획되었다. 처음에는 서울과 블라지보스또끄 그리고 상해 세 곳에서 각각 따로 정부수립이 계획되었지만 모두 공화주의운동으로 추진되었으며, 그것이 상해정부로 통일되면서도 당연히 공화주의 정부로 되었다.

임시정부 안에는 대한제국 관료 출신도 일부 있었고, 구황실이 나라

---

14) 김정명 편 『조선독립운동』 제1권 802면, 경성지방법원 예심조서(1919년 7월 4일).

를 망하게 한 장본의 하나라는 생각이 철저하지 못해 임시헌법에 '대한 민국은 구황실을 우대함'이란 조항이 들어가기는 했으나, 그 헌법은 공화주의 헌법으로서 손색이 없었다. 대한제국시기의 그것에 비하면 인민주권주의를 철저히 구현한 헌법이었던 것이다.

대한제국시기에 독립협회를 해산하고 군주전제체제를 강화하면서 발표한 대한국제(大韓國制, 1898)에는

대한국은 세계 만국의 공인되온 바 자주독립하온 제국(帝國)이니라.

대한제국의 정치는 앞서 오백 년을 전래하시고 앞으로 만세 불변하오실 전제정치이니라.

대한국 대황제께옵서는 무한하온 군권(君權)을 향유하옵시나니 공법에 위(謂)한 바 자립 정체이니라.[15]

라고 하여 철저한 전제군주제로 규정하고 있으나, 이보다 꼭 20년 후에 제정된 상해임시정부의 헌법에는 "대한민국의 주권은 대한 인민 전체에 재함"이라 하여 주권재민의 공화국임을 분명히 하는 데 역점을 두고 종교의 자유, 재산 보유와 영업의 자유, 언론·저작·출판·집회·결사의 자유, 서신비밀·거주·이동의 자유를 규정하는 한편, 선거권·피선거권 및 입법부·행정부에의 청원권, 재판소송권 등을 제정하여 공화국 헌법의 기본적인 요건을 모두 갖추는 데 충실하려 했음을 알 수 있게 한다.[16]

성립 당시의 상해임시정부는 그 국무원 포고에서 강조한 것과 같이 "대한민국의 주권을 행사하는 최고기관인 동시에 독립운동을 계획하

---

15) 『구한국관보』 612~14면, 1899년 8월 22일.
16) 국회도서관 편 『대한민국임시정부 의정원문서』 중 「대한민국 임시헌법」(1919년 9월 11일) 참조.

고 명령하는 중앙본부"이며, "임시정부의 권위가 강화됨에 따라 독립운동의 권위가 강화되고 독립운동의 권위가 강화되는 만큼 독립 완성의 시기가 가까워지는 것"[17]이라 할 만큼 국민주권주의를 바탕으로 하여 성립한 정부였으며, 독립운동을 총지휘하는 본부로서의 위치가 기대되었다.

불행하게도 상해임시정부는 이후 국민대표자회의 결렬을 계기로 독립운동을 총지휘하는 유일한 공화주의 정부로서의 위치를 잃고 하나의 단위 독립운동단체로 떨어져갔다. 그러나 3·1운동과 그 결과로서의 상해임시정부의 성립을 통해서 민족주의 역사에서의 공화주의는 일단 정착화했고, 이후의 민족운동전선에서도 공화주의 원칙은 이제 불변의 것이 되었다.

임시정부가 독립운동전선 전체를 통괄하지 못함으로써 만주지방에서는 교포사회를 근거로 하는 몇 개의 자치기관들이 성립되었고, 이들은 모두 인민주권주의·공화주의 원칙에 의하여 운영되었다. 1920년대 중엽 이후 만주지방에 성립된 참의부(參議府), 정의부(正義府), 신민부(新民府) 등은 모두 일정한 교포사회를 바탕으로 한 자치정부였으며, 각기 관내 주민의 선거에 의해 싱립된 의회와 민주적으로 구성된 행정부·사법부를 갖추고 있었다.[18]

우리의 근대 민족주의는 대외적으로는 외세, 특히 일본의 침략 앞에서 주권을 지키거나 잃었던 주권을 회복하는 데 목적을 두었지만, 대내적으로는 군주주권의 전제주의체제를 청산하고 공화주의 정부를 수립하는 데 목적을 두었다. 그것이 3·1운동과 임시정부 수립을 통해 일단

---

17) 「국무원 포고 제1호」, 김정명 편 『조선독립운동』 제2권 99면.
18) 윤병석 「참의·정의·신민부의 성립과정」, 『백산학보』 7집 1969 참조.

실현되었고, 독립운동 과정에서 성립된 교포사회의 자치기관을 통해 국민주권주의·공화주의적 민족주의가 실천되고 있었던 것이다. 임시정부와 교포사회의 자치기관들이 정치체제 면에서는 공화주의를 실천했으나 사회·경제체제 면에서는 구체적으로 어떤 정책을 지향했는지 밝히기 어렵다.[19] 그러나 대체로 근대 시민계급적인 사회계층이 중심이 되어 추진된 이 시기의 공화주의운동은 자본주의적 경제체제에 의한 국가 건설을 목표로 했다고 볼 수 있다.

좌익노선의 민족국가건설론

'협동전선'성립기의 건국론

"한국의 민족운동은 민족적 사회주의, 사회적 민족주의의 색조가 진작부터 짙었고, 이러한 상호 영향의 요소 때문에 해방 전까지의 공산주의운동은 민족해방운동사에서 제외될 수 없는 것이다"[20]라고 한 것과 같이 식민지시대의 사회주의운동도 항일운동이요, 독립운동이요, 민족국가수립운동의 일환이었으며, 때에 따라서는 우익 민족주의운동과 노

---

19) 임시헌법에서 경제 관계 조항은 대단히 미약하다. 상해임정이 1919년 4월에 선포한 「대한민국 임시헌장」에는 경제 조항이 전혀 없고, 그해 9월에 노령정부·한성정부를 통합 발족하면서 선포한 「대한민국 임시헌법」에도 경제 조항이라고 볼 수 있는 것은 제2장 8조 안의 "재산의 보유와 영업의 자유"를 규정한 정도다. 한편 만주·노령 등 교포사회에 성립된 자치단체의 경우도 독립군 조직에 대한 규정은 비교적 상세하지만 관할 내 교포의 경제생활 문제를 규정한 예는 거의 없다.

20) 조지훈 「한국민족운동사」, 『한국문화사대계 1: 민족·국가사』, 고대민족문화연구소 1964, 737면.

선을 같이하기도 했다. 또한 해방 후에 건설할 민족국가의 성격 문제에 서도 우익 노선의 그것과 전혀 달리한 때도 있었지만 또 상당히 접근한 때도 있었다. 식민지시대의 사회주의운동이 독립을 쟁취한 후 어떤 성격의 민족국가를 건설하려 했는가 하는 문제를 추적하는 일은 이 시기의 사회주의운동이 민족문제를 어떻게 다루었으며, 나아가서 민족독립 운동전선에서 어떤 위치를 차지하고 있었는가를 이해하는 방법의 하나가 될 수 있다.

대한제국시기에 최초로 공화주의를 표방한 신민회 회원이었던 이동휘가 중심이 되어 1918년에 노령 하바롭스끄에서 조직한 한인사회당은 그 약법에서 "사회주의적 국가를 조직한다" "토지 및 일체의 생산업을 공유로 한다"고 했으며, 이밖에도 의식주 일체를 공설기관에서 분급하며, 노유약자를 공설기관에서 수용하는 등의 사회주의적 정책이 명시돼 있다.[21]

아직 코민테른이 성립되기 전이라 사회주의 노선에 의한 독립운동 방법이 구체적으로 수립된 것이 아니고 "독립운동의 숙원을 달성코자 유력한 정부의 원조를 얻기 위해"[22] 조직한 것이 한인사회당이었으며, 그 약법에 규정한 사회주의적 정책이 실제로 국내에서 적용될 수 있는 단계는 아니었다.

이후 3·1운동의 발발, '코민테른'의 결성, 상해임시정부의 수립을 겪고, 1920년에는 상해임시정부와 러시아의 노동정부 사이에 공산주의를 동양에 선전할 수 있게 임시정부가 협조하는 대신 노동정부가 임시정부의 독립군 양성을 돕는다는 조건으로 두 정부 사이에 외교관계가 성

21) 「한인사회당 약법에 관한 件」, 김정명 편 『조선독립운동』 제5권 93면.
22) 김준엽·김창순 『한국공산주의운동사』 1권 176면.

립되었다.[23] 이 조약에 의한 임시정부의 공산주의 선전 협조나 소련 측의 독립군 양성 원조가 구체적으로 실시되지는 않았으나 임시정부 국무총리 이동휘를 통한 소련 정부의 자금 원조가 있었고, 이후에도 소련과의 관계는 한인사회당 이후 다시 조직된 고려공산당을 통해 계속되었다.

한인사회당의 후신이라 할 수 있는 고려공산당은 그 강령에서 한인사회당 때의 '사회주의적 국가'의 건설에서 한걸음 더 나아가 "보편적 절대 자치의 쏘비에뜨 정치로서 무산계급 집정의 유일한 정체(政體)로 한다" 하고, 경제체제에서는 "생산력의 증식과 사회정의의 확립을 위하여 사유적 생산방식과 자유경쟁은 이를 혁폐하고 집중병영적(兵營的) 생산분배의 방식으로써 대체한다"[24] 했다.

한인사회당의 정치 및 경제체제보다 고려공산당의 그것이 더 좌경했음을 볼 수 있지만, 그 강령은 또 민족해방문제에 대해서도 "우리는 민족적 해방이 사회혁명의 전제임을 적절히 느끼는 자이다. 현하의 모든 혁명단체에 대해서는 대성(大成)에 도달하는 단계로서의 우리의 주장과 부합하는 범위에 한하여 이를 찬조한다" 하여 좌익 단체에 한해서만 협력할 것을 선언했다. 한인사회당의 '사회주의국가 건설론'이 고려공산당에 이르러서는 '쏘비에뜨 정부 수립'으로 나타났고, 민족해방운동이 '사회주의혁명의 앞 단계'로 구체화하는 한편, 다른 독립운동단체와의 제휴 문제에서도 고려공산당의 주장과 부합하는 범위 안의 단체, 즉 공산주의 단체로 한정한 것이다. 1921년에 조직된 고려공산당이 독립 후에 수립할 민족국가의 정치체제를 '프롤레타리아 독재'에 의한 '쏘비

23) 「상해임시정부와 露國勞農政府와의 秘密條約」, 강덕상 편 『현대사자료』 28 조선4, 431면.
24) 「고려공산당선언서·당강령 당규」, 김정명 편 『조선독립운동』 제5권 1003면.

에뜨 정부'로 규정한 것은 역시 국내의 정치·경제·사회 현실과는 상당한 거리가 있는 것이었다.

해외에서의 공산주의운동이 상해파 공산당과 이르꾸쯔끄파 공산당으로 나누어져서 심한 파쟁을 겪게 되자 '코민테른'은 마침내 두 파의 고려공산당을 모두 해체했다. 이후 1925년에 국내에서 조선공산당이 조직되었으나, 처음에는 일본 측의 철저한 탄압과 계속된 당내 파쟁 때문에 당을 유지하기도 어려워서 민족독립운동에는 적극성을 띠지 못했다. 그러나 창립 당초의 조선공산당도 독립 후에 수립할 민족국가의 성격에 대해서는 일정한 계획을 가지고 있었다. 즉 성립 당시의 조선공산당 강령에는

민주공화국을 건설한다. 국가의 최고 및 일체의 권력은 국민에 의하여 조직된 직접·비밀(무기명 투표)·보통 및 평등의 선거로 성립된 입법부에 있다.[25]

하고 그것을 다시 설명하면서

조선공산당은 일본제국주의의 압박으로부터 조선 민족을 절대 해방시키기 위해 조선의 제종 역량을 집합하여 민족혁명유일전선을 작성할 것. 제종 역량을 집합함에 있어서는 가장 많은 압박을 받고 가장 많은 착취를 받는 전 민족의 87%나 되는 노농계급을 기초로 하고 도시의 소자본가·지식인 내지 불만을 가진 부르주아까지의 직접 동맹을 이룰 것. 그리하여 일본제국주의의

---

25) 조선공산당의 강령은 지금까지 독립된 자료로 나타난 것은 없고, 梶村秀樹·강덕상 共編 『현대사자료』 29 조선5에 실린 구연흠 원고 「조선공산당과 고려공산청년회 大獄記」에 들어 있다(417면). 구연흠은 1926년에 2차로 조직된 조선공산당의 검사위원이었으며, 이 「大獄記」는 1930년에 쓴 것이다.

영루(營壘)를 향하여 정확한 공격을 개시하며, 민주공화국을 건설하는 데는 국민에 의하여 직접·비밀·보통 및 평등의 선거로 성립한 입법부를 일체 권리의 최고기관으로 할 것. 농민·노동자·부녀 등의 정치적·경제적 절대 해방, 절대 평등을 보장할 것.[26]

등의 기본 정책을 제시했다. 국외에서 조직된 고려공산당이 그 독립운동의 목적을 '프롤레타리아 독재'에 의한 '쏘비에뜨 정부'의 수립에 두었던 데 비해, 국내에서 조직된 조선공산당은 노동계급과 도시 소자본가 및 부르주아가 동맹하고 선거에 의해 성립된 입법부가 권력의 최고기관이 되는 '민주공화국' 건설을 독립운동의 목표로 삼고 있는 것이 주목된다.

조선공산당이 민족독립운동에 적극적으로 나서게 된 것은 1926년의 6·10만세운동과 1927년 민족유일당운동의 일환으로 일어난 신간회운동부터였다. 6·10만세운동에 대한 조선공산당의 방침은 "사회주의·민족주의·종교계·청년계·학생계의 혁명분자를 망라하여 대한독립당을 조직할 것" "대한독립당은 6월 10일을 기하여 대시위운동을 수행할 것"[27] 등으로 되어 있다. 이것은 강령에서 밝힌 "조선의 제종 역량을 집합하여 민족혁명유일전선을 작성"하는 일이었으며, 그 구체적인 방법으로서 대한독립당의 조직을 계획했던 것이다. 창당 당시의 강령과 6·10만세운동의 행동 방침에서 '부르주아지'와의 협동에 의한 독립운동 수행과 민주공화국 건설을 결정한 조선공산당은 국내의 일각에서 이미 대두된 자치주의에 반대하여 비타협적인 우익세력과의 연합으로 1927

---

26) 같은 책 421~22면.
27) 「6·10운동 대략방침」, 같은 책 425면.

년 2월에 신간회를 발족하면서 '민주공화국' 건설론이 '인민공화국' 건설론으로 바뀌었다.

1927년 5월에 '코민테른'은 "조선 운동은 민족혁명 단일선(單一線)의 필요가 있다. 이 단일선 안에는 노동자, 지식계급, 소부르주아, 일부 부르주아까지 포함하지 않으면 안 된다"고[28] 지령했는데, 이 시기 조선공산당의 독립운동 방향 및 민족국가건설론을 구체적으로 나타낸 「국제공산당에 보고하는 국내 정세」[29]와 「민족해방운동에 관한 논강」[30]에서는 '부르주아지'와의 협력을 주장하면서도 독립 후의 정부 형태는 '민주공화국'이 아닌 '인민공화국'을 표방하고 있는 것이다.

우선 「국제공산당에 보고하는 국내 정세」에서 조선공산당은 독립운동의 결과 '쏘비에뜨' 정부를 수립하려 하는 것은 불가능하며, 그렇다고 하여 '시민적 공화국'을 수립하려는 것도 불가능하다 하고 '노동 대중의 민주주의적 집권자를 갖는 인민공화국'을 건설하여야 한다고 했다. '쏘비에뜨' 정부 수립을 반대한 것은 공산당 창립 당시의 강령과 같지만, 강령에서는 '민주공화국' 수립을 목적으로 했던 데 반하여, 이 보고서는 '시민적 공화국'의 수립도 불가능하다 하고 '인민공화국'의 수립을 주장한 것이다. 보고서에서의 '시민적 공화국'이 강령에서 말한 '민주공화국'과 같은 성격의 정부가 아닌가 하지만, 비타협적 우익세력과 연합

---

28) 「국제공산당 중앙본부에서 조선공산당 급 고려공산청년회에 보내는 지령 11개조의 요지」, 김준엽·김창순 『한국공산주의운동사』 3권 359면.

29) 같은 책 373면에 실린 「국제공산당에 보고하는 국내 정세」는 1928년 2월 27일에 경기도 고양군 용강면 아현리 537번지 김병환의 집에서 열린 조선공산당전국대회에서 가결된 것이라 했다.

30) 「민족해방운동에 관한 논강」 역시 같은 책 379면에 실려 있다. 1928년 3월에 경기도 고양군 용강면 아현리 322번지 김상훈의 집에서 열린 조선공산당 제2·3회 중앙위원회에서 가결됐으며, 당시의 중앙위원 정치부장 안광천이 기안한 것이라 했다.

하여 '협동전선'을 펴면서도 공산당의 정치 주도권을 분명히 하기 위해 '인민공화국' 건설론으로 바뀐 것이라 할 수 있을 것이다.

고려공산당의 노동자 독재에 의한 '쏘비에뜨' 정부 건설론이 국내의 실정과 너무 동떨어진 노선임을 이해한 조선공산당이 부르주아 계급의 정치권력을 노동계급의 그것과 동등하게 인정하는 '민주공화국' 건설을 표방했다가 '협동전선'을 실천하면서 다당제(多黨制)는 인정하되 정치권력의 주도권을 노농계급이 장악하는 '인민공화국' 건설을 지향함으로써 '협동전선' 과정은 물론 독립 후의 정치적 주도권을 겨누었던 것이 아닌가 한다.

한편 경제체제 면에서도 '민주공화국' 지향기의 그것과 '인민공화국' 지향기의 그것 사이에는 상당한 차이가 있는 것으로 생각된다. '민주공화국' 건설을 지향한 조선공산당 창립기의 강령은 대토지 소유자·회사 및 은행이 점유한 토지를 몰수하여 국가 소유의 토지와 함께 농민에게 돌려주며, 소작료의 폐지를 궁극적인 목표로 하지만, 그것을 달성하는 과정에서는 우선 소작료를 3할 이내로 내리고 지주와 대토지 소유자에 대한 농민의 투쟁을 자유롭게 하는 것을 당면 목표로 삼았다.[31] 결국 당분간은 지주제를 인정하는 셈이다. 그러나 '인민공화국'의 건설을 주장한「국제공산당에 보고하는 국내 정세」에서는 "일본인의 식민회사와 은행의 소유지를 농민에게 반환할 것" "귀족의 소유 토지를 무배상으로 농민에게 돌릴 것" "일본인의 수중에 있는 공장·광업·철도를 국유화할 것"[32]을 규정했다.

두 경우가 모두 고려공산당의 '쏘비에뜨' 정부 건설론에서 보인 "사

---

31)「조선공산당과 고려공산청년회 大獄記」, 梶村秀樹·강덕상 共編『현대사자료』29 조선 5, 421면.

32)「국제공산당에 보고하는 국내 정세」, 김준엽·김창순, 앞의 책 372면.

유적 생산방식과 자유경쟁의 혁폐"와는 달리 토지를 농민에게 돌려주는 것으로 그쳤다. 그러나 '민주공화국'의 경우는 당분간 지주제를 허용하고 공장·철도 등의 국유화 규정이 없는 데 반하여, '인민공화국'의 경우 농민적 토지 소유를 즉시 단행할 것과 일본인 소유에 한하지만 생산기관의 국유화를 주장한 차이점이 있는 것이다.

한편 1920년대 후반기, 즉 조선공산당이 신간회운동에 참가하여 '민족협동전선' '민족혁명유일전선'을 이루고 있던 시기의 민족국가 건설 방향에 대해서는 「민족해방운동에 관한 논강」에 한층 더 분명히 나타나 있다. 이 논강은 먼저 "1927년 2월 민족적 협동전선으로서 창립된 이래 급속히 발전한 신간회는 민족해방운동의 현단계의 필요 산물"이라 할 수 있다.

"사회적·역사적 조건에 있어서 조선 혁명은 부르주아민주주의혁명이 아니면 불가하다" 하고

> 조선의 장래 권력조직은 조선사회의 정세에 근거하여 혁명적 인민공화국이 되지 않을 수 없다. 조선에 있어서 쏘비에뜨공화국을 건설하려 하는 것은 좌익 소아병적 견해이며, 부르주아공화국을 건설하려 하는 것은 우경적 견해다.[33]

라고 하여 이 시기의 조선공산당이 본 역사적 단계는 부르주아민주주의혁명 단계이며, 그것을 통해 세우려 한 민족국가는 '인민공화국'임을 한층 더 분명히했다. 그리고 이 노선에 어긋나는 견해를 '좌익 소아병적' 견해와 '청산주의적' 견해라 비판했다.[34]

---

33) 「민족해방운동에 관한 논강」, 같은 책 374면.
34) 같은 책, 「민족해방운동에 관한 논강」에서 '좌익 소아병적' 견해를 비판하면서 "이항발 등의 일파가 주장하는 兩黨論이 그 대표적인 것이다. 그들은 프롤레타리아운동의 독

이 시기의 조선공산당이 독립운동의 역사적 단계를 '프롤레타리아 독재'를 기저로 하는 '쏘비에뜨' 정부 수립에서 한걸음 '후퇴'하여 '인민공화국' 수립을 지향하는 '부르주아민주주의혁명' 단계로 잡은 것은 특히 토지소유제를 중심으로 하는 봉건적 유제(遺制)의 허다한 잔재와 일본제국주의의 그것에 대한 일정한 보호 그리고 국민적 공업의 미발달로 인한 '민족 부르주아지'의 미약성(微弱性) 등 현실적 조건에 그 근거를 둔 것이지만, 한편으로 '민주공화국' 건설 단계를 넘어서서 '인민공화국' 건설론으로 변경한 것은 '프롤레타리아트'의 발달이 유약하기는 하나 "그 전위(前衛)의 일정한 정도의 성숙에 의하여, 또는 그 사회적 특징에 의하여 혁명적 투쟁에 있어서 가장 우월한 지위에 있으며", "인구의 거의 전부가 빈농 소작인이고, 그것이 프롤레타리아트의 지도 아래 급격히 조직되고 있다"고 보았기 때문이라[35] 할 수 있다. 즉 역사적 조건은 '부르주아민주주의혁명' 단계에 있다고 보았지만, '부르주아' 계급의 미약성 때문에 혁명의 주도세력은 성장해가고 있는 '프롤레타리

___

립성을 기계적으로 고집하여 당면의 민족적 협동전선 조직에 반대하여 무산정당의 別立을 주장한다. 그들의 착오는 조선 프롤레타리아트의 민족적 임무에 대한 無理解 및 조선민족해방운동의 현단계의 구체적 성질에 대한 맹목에 입각한 것이다. 조선 프롤레타리아트는 그 계급적 임무와 민족적 임무와를 분리해서는 불가하다. 민족적 정치투쟁에 있어서 광범한 동맹자로부터 고립해서는 불가하다" 하였고, 한편 '청산주의적' 견해에 대해서는 "장일성, 권태석 일파가 주장하는 계급운동철거론이 그 대표적인 것이다. 그들은 무주체적 협동에 취하여 프롤레타리아트의 정치적 독립성의 포기를 주장하여 전 투쟁에 대한 프롤레타리아트의 헤게모니를 거부한다. 그들의 착오는 프롤레타리아트 의식의 포기, 조선민족해방운동의 현단계의 사회적 특징 및 그것에서의 프롤레타리아트의 지위에 대한 무이해에 입각한 것이다. 프롤레타리아트의 정치적 독립성을 민족협동에 해소시키는 것은 불가하다. 제 동맹자들과 동맹은 하지만 혼합되는 것은 불가하다. 부르주아지 및 부르주아 인텔리겐차의 약점인 변절에 대한 비판투쟁을 포기해서는 안 된다. 헤게모니를 그들에게 넘겨주어서는 안 된다. 그들을 과신해서는 안 된다" 하고 비판하였다.

35) 「민족해방운동에 관한 논강」, 같은 책.

아트'가 되어야 하며, 그 결과 세워지는 국가체제는 '인민공화국'이 되어야 한다고 생각했던 것이다.

1920년대 후반기에 조선공산당이 그 독립운동 노선을 '민족적 협동전선'의 방향으로 잡은 것은 어디까지나 '프롤레타리아트'의 헤게모니에 의한 독립운동의 추진을 실현하려는 데 목적이 있었지만, 그것이 식민지시대의 전체 민족독립운동전선에 준 영향은 큰 것이었다. 1920년대 후반기는 독립운동전선이 하나의 고비를 맞이한 때였다. 1920년대 전반기까지 민족적 여망을 모았던 임시정부가 이미 '독립운동의 총본부'로서의 역할을 다할 수 없게 되어 하나의 개별적인 독립운동단체로 명맥을 유지할 뿐이었고 식민통치가 장기화할 태세에 있었으므로, 우익세력의 일부가 그것에 대응하여 절대 독립 노선에서 이탈해가고 있었다. 그뿐만 아니라 국내에서 조선공산당이 성립됨으로써 민족독립운동이 새로운 단계로 접어드는 한편, 전선의 분열을 가져온 것이다.

이와 같은 때 독립운동의 새로운 활로를 열기 위해 민족유일당운동이 일어났으나 해외의 독립운동전선에서는 큰 성과를 보지 못했고 오히려 여건이 가장 어려웠던 국내에서 비타협적인 우익세력과 좌익세력이 연합하여 신간회운동을 전개하면서 광주학생운동 등을 지도했으며, 여기에는 조선공산당의 '민족적 협동전선론'이 한몫을 했다. 그러나 1930년대 전반기에 접어들면서 조선 공산주의운동이 극좌주의 노선으로 바뀌고 '협동전선'을 포기한 것이 가장 큰 원인의 하나가 되어 신간회는 해체되었다.

'협동전선' 와해기의 건국론

공산주의운동의 '민족적 협동전선론'에 근거하여 비타협적 우익세

력과의 협동으로 발전했던 신간회운동이 약 5년간의 활동을 청산하고
1931년 5월에 해체된 원인은, 일차적으로 일본 측의 집요한 방해공작에
있었지만 좌익세력의 노선 변경에도 중요한 원인이 있었다. 1930년대
에 들어오면서 좌익세력이 노선을 바꾸어 '협동전선'을 파괴한 데는 대
체로 다음과 같은 몇 가지 배경이 있었다.

첫째, 1930년대에 들어서면서 일본제국주의가 파쇼화하여 민족 독립
운동에 대한 탄압이 한층 더 강화되었고, 1920년대를 통한 조선총독부
의 끈질긴 민족분열정책이 어느정도 주효하여 1930년대 이후에는 민족
주의 세력의 일부가 반민족적 친일세력으로 전환해갔다. 이 때문에 비
타협적인 독립운동전선은 일본제국주의에 대한 투쟁을 한층 더 첨예화
하는 한편 '민족주의' 세력에 대해서도 그 구분을 엄격히 해야 할 필요
가 생겨난 것이었다.

둘째, 1929년을 정점으로 하는 세계공황을 계기로 국내에서의 노동
자·농민운동이 크게 발전하여 공산주의운동이 '민족 부르주아지'와의
협동을 끊고 노동자·농민운동 중심으로 전환해가려 한 데에 있었다.
1925년경까지도 연간 노동쟁의 발생 건수 50여 건, 참가 인원수 5000여
명에 지나지 않았으나 신간회가 해체되던 1931년에는 총 502건의 쟁의
가 일어났고 17만 명이 이에 참가했으며[36] 1929년에는 원산 총파업이
일어났다. 한편 소작쟁의의 경우도 1927년에 275건이던 것이 1928년에
는 1590건으로 급격히 증가했고, 역시 신간회가 해체되던 1931년에도
667건의 쟁의가 일어났다.[37] 이와 같이 1930년대 전반기에 노동운동
및 농민운동이 고조되어가자 조선 공산주의운동은 '민족적 협동전선'

---

36) 한국노동조합총연맹 『한국노동조합운동사』 44면, 표 3-1 참조.
37) 淺田喬二 『日本帝國主義下의 民族革命運動』 200~201면, 표 3-15 참조.

을 청산하고 노동운동·농민운동을 지도하면서 차차 '적색노동조합'과 '적색농민조합'운동으로 이끌어갔던 것이다.

1930년대에 들어서면서 좌익운동이 '협동전선'을 깨뜨린 세번째 배경은 조선공산당이 해체되고 조선 공산주의운동이 중국 공산주의운동과 연결된 데 있었다. 조선공산당은 성립 당초부터 일본 측의 철저한 탄압을 받았고, 또 그것이 원인이기도 한 당내의 끊임없는 파벌투쟁 때문에 그 역할을 제대로 다하지 못하다가 마침내 1928년에는 '코민테른'의 「12월테제」에 의해 해체와 재조직을 지령받았다. 이 때문에 국내 조직은 1929년에, 만주총국은 1930년에, 일본총국은 1931년에 각각 해산되었다. 이후 '코민테른' 규약의 일국일당(一國一黨) 원칙에 의해 만주에서의 조선 공산주의 세력은 중국 공산당의 만주성위원회에 흡수되었고, 국내에서는 당의 재건운동이 계속되었으나 일본 측의 탄압 때문에 번번이 실패했다. 당의 해체 이후 조선 공산주의운동은 주로 만주를 중심으로 하여 유지되었고 자연히 중국공산당의 영향을 받게 되었다. 이 시기의 중국 공산주의운동은 이입삼(李立三) 노선의 이른바 '극좌 맹동주의'에 의해 주도되었으며, 그것이 조선 공산주의운동에도 직접 영향을 주었다. 간도지방의 5·30폭동을 비롯한 일련의 과격운동을 펼쳐나가면서 '민족 부르주아지'와의 '협동전선'을 파괴한 것이다.

'코민테른'이 조선공산당의 해체와 재건을 지령한 「12월테제」에서는 코민테른 제6차 대회의 「식민지 테제」를 인용하면서

조선의 주의자는 자기의 전체 공작, 자기의 전체 임무 중에서 명료하게 소부르주아 당파와 분리하여 혁명적 노동운동의 완전한 독자성을 엄중히 가져야 할 것이다. 그러나 혁명투쟁의 편의상 일시적 제휴를 필요로 한다면 그것은 용납될 수 있다. 그리하여 사정에 따라서는 공산당과 민족혁명운동과의

일시적 동맹은 허가된다. 이 경우 혁명적이기는 하지만 그 공동 동작은 (공산)주의운동과 부르주아혁명운동의 합류가 되어서는 안 된다.[38]

라고 하여 공산주의운동의 주체성을 견지하는 조건 아래서의 '부르주아지'와의 협동전선을 아직은 인정했다.

그러나 1930년 6월에 발표된 이른바 '이입삼 코스'에서는 중국 공산주의운동의 당면 목표를 각 지역에서의 '쏘비에뜨 정권'의 수립에 두고, 이들 '쏘비에뜨 정권'은

전국 혁명의 승리를 전취(戰取)하기 위하여 제국주의의 은행·기업·공장을 몰수하여 민주주의적 혁명을 철저히 할 뿐만 아니라 중국 부르주아 계급의 공장·기업·은행을 몰수하고, 반혁명적 무장을 해제하며, 다시 그들의 엄혹한 경제 봉쇄에 대항하기 위하여 필연적으로 생산의 조직과 생산의 관리를 실행하지 않으면 안 될 것이다. 이와 동시에 정치상으로는 강대한 반혁명적 공격에 대항하기 위하여 필연적으로 중앙집권적 독재정권을 필요로 할 것이다. 이것이 곧 노농독재(勞農獨裁)에서 프롤레타리아 독재로 나아가는 것이다.[39]

라고 하여 제국주의 침략세력뿐만 아니라 '민족 부르주아지'와의 투쟁을 선언하고 '프롤레타리아 독재'로 나아갈 것을 요구했는데, 이 영향은 조선 공산주의운동에도 그대로 미쳤다.

1930년 '조선공산당 조직 문제에 대한 국제당 집행부 결정'은 「제3공산당의 행동강령」으로서 '조선의 절대독립'을 표방하면서

---

38)「조선혁명 농민 급 노동자의 임무에 관한 결의」(12월테제), 김준엽·김창순, 앞의 책 380면.
39)「당의 現下의 정치적 임무에 관한 결의」, 김정명 편 『조선독립운동』 제5권 759면.

노농계급의 민주주의적 독재에 의한 쏘비에뜨 조직

　　대지주·종토(宗土)·향교·사원·일본인 회사 및 일본인 지주 등의 토지 몰수와 전체 토지 몰수와 전체 토지의 국유화

　　대산업기관 — 은행·공장·철도·광산·상업 등의 몰수

등을 결정했다.[40] 1920년대 후반 '협동전선'기의 '인민공화국' 건설론이 이입삼 노선에 따라 다시 '쏘비에뜨' 정권론으로 바뀐 것이다. 또한 아직은 해체되지 않은 신간회에 대해서도

　　신간회란 대체 어떤 것인가. (…) 유일전선이라는 간판을 걸고 아무것도 모르는 공산주의자들이 공산주의 제3인터내셔널의 존재와 독립적 행동을 매장하여 민족단일당 조직을 부르짖거나 또 제 역량을 민족단일이란 표어에 던져버리는 것은 두말할 것 없이 공산주의의 초보적 진리에 대한 반역 행동이라고 하지 않을 수 없다.

하고, 조선에는 민족단일당이란 원래 존재하지 않는데도 불구하고 신간회를 조직하고 지지함으로써 노동사와 농민들의 계급의식을 오히려 흐리게 하고 '부르주아' 계급에게 사상적 또는 조직적으로 큰 무기를 공급하는 두 가지 과오를 범한 것이라 비판했다.[41]

　　또한 이 '국제당 집행부 결정'은 신간회를 해체시키기 위해

　　민족유일당 조직 동맹에서 공산당원과 당의 영향 아래 있는 모든 군중을

---

40) 梶村秀樹·강덕상 共編, 앞의 책 183면.

41) 같은 책 184면.

탈퇴시킬 것

　민족유일당 조직 동맹에서 탈퇴할 준비로서 조직 동맹 집행위원 또는 그
밖의 인원에게 민족유일당의 불필요성을 설명할 것

　적당한 시기가 되면 동맹 임시대회 또는 집행위원회를 소집한 후 민족유일
당의 불필요성을 설명하고 탈퇴할 것

등을 결정했고,[42] 이 결정에 따라 좌익세력은 다음 해, 즉 1931년에 우
익세력의 반대에도 불구하고 신간회를 해체했다. 이후 비타협적인 우
익세력은 독립운동전선에서 설 땅을 잃었고 좌익세력은 공산당재건운
동에 주력했으나 일본제국주의의 가혹한 탄압 때문에 번번이 실패하여
국내의 전체 독립운동전선이 침체하지 않을 수 없었던 것이다.

　이와 같이 민족독립운동전선의 '협동전선론'이 무너진 원인 중의 하
나는 이 시기의 좌익운동 노선이 주체적으로 유지되지 못한 데 있었지
만, 신간회 해체 계획에 따르는 조선 공산주의운동의 방향은 서울파 공
산당의 중요 인물인 이운혁(李雲赫)이 기초한 재건이론에 비교적 상세
히 나타나 있다.[43]

　'재건이론'은 그 중심적 투쟁 목표를

조선의 절대독립(일본제국주의 통치의 완전한 타도) 실현

노농민주독재(노동자·농민의 쏘비에뜨 정부) 실현

노력농민(勞力農民)에의 무상 토지(관유 및 지주의 토지 몰수)의 분여

---

42) 같은 책 194면.

43) 이운혁은 '조선공산당재건설정리위원회 사건'으로 1931년 1월 14일 일본 경찰에 체
　포됐으며, 그가 기초한 「재건이론」은 이 무렵에 작성된 것 같다. 「조선공산당재건설정
　리위원회 사건 검거의 件」, 梶村秀樹·강덕상 共編, 앞의 책 295면 참조.

일체 대규모 생산기관 급 독점기업(관공서 및 일본인 소유의 은행·광산·철도·선박 등의 몰수)의 국유화[44]

등에 두고 있어서 앞에서 든 이입삼 노선의 그것과 거의 같음을 알 수 있다. 신간회운동에 참여하면서 '쏘비에뜨 공화국' 건설론을 '좌익 소아병적' 견해라 비판했던 조선 공산주의운동은 당이 해체되고 이입삼 노선의 영향을 받으면서 다시 '노농 쏘비에뜨' 건설론으로 바뀌어간 것이다.

한편 경제문제에서 노동계급과 '부르주아' 계급의 협동 필요성을 인정한 1928년의 「국제공산당에 보고하는 국내 정세」에서는 일본인 소유 농토 및 귀족 소유 농토의 농민에의 반환과 일본인 소유 산업기관의 국민적 소유화를 주장했으나 '노농 쏘비에뜨'를 지향한 이 시기에는 종토(宗土)와 향교·사원의 소유지 등 국유화 토지의 범위가 훨씬 넓어진 것을 볼 수 있다.

종래의 '인민공화국' 건설론을 수정하고 제시한 '재건이론'에서 '노농민주독재'의 성격은

조선혁명은 그 발전의 제1단계에 있어서 제국주의의 박멸과 토지문제의 근본적 해결, 철저한 민주주의적 해결이 그 근본적·역사적 내용이 되는 것으로서, 그런 의미에 있어서 조선혁명은 부르주아 민주주의적이 된다. 그러나 조선의 부르주아민주주의혁명은 과거 선진국의 그것과 구별된다. 그 요구하는 권력이 노동자계급 독재는 되었지만 사회주의 혁명의 과도기에 준비하는 바의 '노농민주독재'로 되는 것이며, 따라서 조선의 민족운동은 노동계급의 패

---

44) 같은 책 306면.

권 아래서 반제·반봉건과 동시에 민족자본가와도 투쟁하게 되는 것이다.[45]

라고 한 것과 같이 "프롤레타리아 독재의 최고 원칙이라는 것은 프롤레타리아트가 지도적 지위와 국가권력을 보지하기 위해 프롤레타리아트와 농민 간에 동맹을 맺어야 하는" 단계로서의 '노동자·농민정부'를 말하는 것이며, 그렇다고 하여 프롤레타리아 독재기의 권력을 농민과 나누는 것이 아니라 노농동맹의 지도적 지위는 언제든지 노동자가 쥐어야 하는[46] '노농민주독재' 정부의 수립을 지향했던 것이다.

따라서 이 시기의 공산주의와 민족주의의 관계 또는 민족독립운동에서 공산주의운동의 위치에 대해 이 '재건이론'은

현단계의 민족해방투쟁이 노동계급 독재의 수립을 준비하는 전략인 이상 이것을 '민족주의운동'으로 오해해서 안 됨은 물론이며, 또 '민족주의와 공산주의 제휴'를 환상해도 옳지 않다. 따라서 노동자와 그 동맹군은 이 투쟁(민족해방투쟁)을 위하여 민족주의에 추종하고, 그 정당적 조직에 참가하는 것도 불가하지만, 또 '민족주의자와 공산주의자의 제휴'로 별개의 정당적 조직을 가지는 것도 부당하다.[47]

하고 공산당은 신간회, 천도교, 형평사(衡平社) 등에 대중적 참가가 없게 함과 동시에 당원을 그 속에 침투시켜 이들 단체를 해소하지 않으면 안 된다고 했다.[48]

---

45) 같은 책 310면.
46) 「프롤레타리아·농민 동맹」, 이석태 편 『사회과학대사전』, 文友印書館 1949, 279면.
47) 梶村秀樹·강덕상 共編, 앞의 책 312면.
48) 같은 책 310면.

결국 1930년대 초엽에 들어서면서 조선 공산주의운동에서의 민족국가건설론은 일본제국주의의 파쇼체제 강화와 그것으로 인한 일부 '민족세력'의 반민족화, 그리고 이 시기에 고조된 노동자·농민운동을 배경으로 하고 또 '코민테른'의 노선 변경과 중국 공산주의운동의 '극좌주의'에 영향 받으면서 1920년대 후반기에 적극적으로 추진된 '민족적 협동전선론'을 와해시키고 '민족 부르주아' 계급까지도 철저히 적대시하는 '노농민주독재' 정부의 건설을 지향하게 되었던 것이며, 한걸음 더 나아가서

> 공산당의 정치적 노선에 대립하는 민족운동의 경향, 즉 소자산계급 민족주의(좌익 민족주의) 및 민족개량주의에 대립하여 그들을 대중으로부터 고립화시키는 것은 물론이지만, 현 시기에 한층 더 대두하는 양반사회주의·사회민주주의·사회투기주의 및 관인(官認)사회주의의 교묘한 언동에 대중이 혹하지 않게끔 투쟁하지 않으면 안된다.[49]

고 하여 '노농독재'적인 노선에 동조하지 않는 모든 사회주의 세력과 신간회에 참가했던 그리고 절대독립의 노선을 지킨 '좌익 민족주의'와의 적대관계를 분명히 함으로써 그 독립운동 노선을 극좌화하고 또 독립운동전선 전체에서 공산주의운동을 고립화해갔던 것이다.

'연합전선' 지향기의 건국론

1930년대 전반기에 극좌주의적 방향으로 나아가면서 '민족적 협동전

---

49) 같은 곳.

선'을 반대했던 좌익 독립운동전선은 1930년대 후반기로 접어들면서 일본제국주의의 전시(戰時)파쇼 체제가 그 절정에 오르고 민족주의적 세력과 반민족주의 세력의 구분이 확실해지는 한편, 민족해방의 전망이 오히려 밝아지게 됨으로써 다시 계급과 당파와 종교적 차이까지도 넘어선 일종의 '민족연합전선'을 지향하는 또 한번의 변화를 가져왔다.

이 변화는 1936년에 '재만한인조국광복회(在滿韓人祖國光復會)'가 조직되면서 구체적으로 나타났다. 의열단원이었다가 공산주의자가 된 오성륜(吳成倫)을 중심으로 엄수명(嚴洙明)·이상준(李相俊) 세 사람에 의해 발기된 '재만한인조국광복회'는 "재만 한인의 자치와 한국 독립운동을 지도하는 총영도기관"으로서의 '재만한인조국광복위원회' 조직을 결성했다.[50] 이 조직이 광복 후에 구체적으로 어떤 국가를 만들려 했는가 하는 점에서는 분명한 제시가 없었으나 그 발기 선언에서는

전 민족의 계급·성별·지위·당파·연령·종교의 차별을 묻지 않고 백의동포는 반드시 일치단결하여 구적(仇敵)인 일본 놈들과 싸워 조국을 광복할 것[51]

이라 하여 노농계급 이외의 계급과, 심지어 종교단체와의 연합도 주장했고, 실제로 천도교단의 일부와 제휴했다.

1936년에 만주 장백현(長白縣) 일원과 국내 갑산(甲山)·삼수(三水)·풍산(豊山) 3군의 종리원(宗理院)을 감독하는 천도교 도정(道正) 박인진(朴寅鎭)과 천도교 장백현 종리원장 이전화(李銓化)를 회원으로 가입시켰고, 박인진은 같은 해에 천도교 인일(人日)기념식 참가차 서울에 와

---

50) 「재만한인조국해방회선언」, 梶村秀樹·강덕상 共編 『현대사자료』 30 조선6, 315면.
51) 같은 책 314면.

서 이미 친일파로 전락한 최린(崔麟)에게 재만한인광복회와의 제휴를 권유했다가 거절당했지만, 이후에도 함경도 지방의 천도교 간부들은 계속 재만한인광복회와 제휴했다.[52]

'재만한인조국광복회'가 성립되기 불과 2년 전인 1934년에 기초된 「조선공산당 행동강령」에서

> 조선 부르주아지의 길은 곧 조선 근로민의 민족해방투쟁을 계통적으로 팔아넘기는 길이다. 그들은 금후에 있어서도 역시 그 투쟁을 저해하기 위하여 전력을 다해갈 것이다. 천도교·동아일보 일파의 제 그룹, 조선일보 기타 모든 부르주아 정치단체는 이미 이 길을 걷고 있다. (주: 천도교는 부르주아 지식계급에 지도되는 종교단체로서 현재는 자치운동을 창도하고 있는 개량주의적 단체다.)[53]

라고 하여 국내의 민족계 신문과 천도교를 반독립운동단체로 규정한 것과는 큰 차이가 있음을 볼 수 있다.

'재만한인조국광복회'가 적어도 '노동계급독재' 노선에서는 벗어났음을 한층 더 분명히 말해주고 있는 것은, "재만 한인의 자치와 조국광복사업을 순조롭게 진척시키기 위해" 먼저 해결해야 할 경제문제로서

> 강도들(일본)의 은행·광산·공장·토지·상점 등의 일체 재산을 무조건 몰수할 것
> 매국적 민족 반도(叛徒) 및 주구들의 총재산을 몰수할 것

---

52) 같은 책 294~97면.
53) 「조선공산당 행동강령」, 김정명 편 『조선독립운동』 제5권 868면.

등을 주장하여 국내에 있는 일본 측의 재산 및 친일파 재산의 몰수를 선언하는 한편

우리 백의민족 중 유력한 재산가로부터 조국 해방을 위한 특별한 의연(義捐)을 받을 것[54]

을 함께 선언하여 자산계급의 협력을 기대하고 있는 데서 볼 수 있다.

한편 이와 같은 1930년대 후반기 이후 좌익 독립운동의 노선 변경은 이 시기에 중국 공산군의 본거지였던 연안을 중심으로 하는 화북지방에서의 공산주의운동[55]에서도 한층 더 선명히 나타나고 있다. 연안에는 1940, 1941년 당시에 '좌경적 조선 청년' 약 200~300명이 중국공산당의 당학교(黨學校)와 항일군정대학 등에서 단기 훈련을 받았고, 1941년 1월에는 중국공산당의 지원 아래 '화북조선청년연합회(華北朝鮮靑年聯合會)'를 결성했다.[56] 연합회는 그 선언문에서

우리들이 찬동하는 중국 각지의 조선혁명단체의 주장은 계급을 구분하지 않고, 당파를 구분하지 않고, 성별을 구분하지 않고, 종교와 신앙을 묻지 않고, 일치단결하여 일본제국주의에 반대하는 투쟁에 의하여 민족해방을 전취하는 것이다.

하여 앞서의 '재만한인조국광복회'와 거의 같은 내용을 제시하고, 또 더

---

54) 강덕상 편, 앞의 책 315면.
55) 1930년대 후반기 이후 연안을 중심으로 일어난 조선 공산주의운동을 坪江汕二 『朝鮮民族獨立運動秘史』, 巖南堂書店 1979, 120면에서는 "民族的共産主義運動"으로 표현했다.
56) 같은 책 120~21면.

나아가서

> 우리들은 대한민국임시정부, 동북청년의용군, 한국독립당, 조선민족혁명당, 조선민족해방투쟁동맹, 재미국(在美國) 조선 각 혁명단체 등의 영웅적 분투에 대하여 무한한 경의를 표하는 것이다. 특히 열망하고 희구하는 일은 각 단체가 서로 영도하여 조선 전체 민족의 단합과 통일을 촉진하지 않으면 안 된다는 사실이다.[57]

하여 임시정부는 물론 한국독립당과 미국에 있는 각 독립운동단체 등 우익 독립운동단체의 독립운동을 높이 평가하고 또 그것과의 '연합전선'을 지향하고 있다.

'화북조선청년연합회'는 1941년 10월에 '화북조선독립동맹(華北朝鮮獨立同盟)'으로 발전적인 개편을 하게 되었다. 조선민족혁명당의 중앙집행위원이었다가 연안으로 옮겨간 김두봉을 비롯하여 같은 당의 군사부대를 지휘하여 중국 국민정부군 산하에서 항일전을 전개하다가 역시 연안으로 간 박효삼(朴孝三), 중국공산당의 '2만 5000리 장정'에 작전과 장으로 직책을 수행하고 그후 중국공산당 팔로군(八路軍)의 포병을 창설했다는 무정(武丁), 국내의 공산주의운동에서 서울 청년회의 참모로 활동하다가 모스끄바 등지를 거쳐 중국공산당 팔로군에 종군한 바 있는 최창익(崔昌益), 모스끄바 제1국립대学 출신인 한빈(韓斌) 등이 중심이 되어 결성한[58] '조선독립동맹'은 그 강령에서

---

57) 「화북조선청년연합회 선언」, 김정명 편, 앞의 책 995~96면.
58) 김준엽·김창순 『한국공산주의운동사』 제5권 95~96면 참조.

본 동맹은 일본제국주의의 조선에 있어서의 지배를 전복하여 독립자유의 조선민주공화국을 건설할 것을 목적으로 한다.

하여 '민주공화국'의 건설을 지향하고 있음을 분명히 하고 나서

전국 국민의 보선(普選)에 의한 민주정권의 건립
일본제국주의자의 조선에 있어서의 일체의 자산 및 토지 몰수와 일본제국주의와 밀접한 관계에 있는 대기업의 국영화 및 토지 분배의 실행
국민 인권 존중의 사회제도 실현

등의 강령을 내놓았다.[59]

이 강령에서의 '민주공화국'이 1925년 결성 당시 조선공산당 강령이 지향한 '민주공화국'과 같은 성격의 국가 체제인지 구체적으로 분석해 볼 만한 자료는 없지만, 적어도 고려공산당 시기의 '쏘비에뜨 공화국'이나 '민족적 협동전선론'의 '인민공화국' 그리고 '협동전선론'이 거부된 1930년대 전반기의 '노농독재정부'와는 차이가 있다. 그것은 전국 국민의 보통선거에 의한 민주정권의 수립을 지향하고 있으며, '민족 부르주아' 계급을 적대하지 않음은 물론, '일본제국주의'와 밀접한 관계가 있는 재산이 아닌 이상 몰수 대상에 넣지 않고 있음이 확실한 것이다. 「화북조선독립동맹 강령」이 지금의 우리가 구할 수 있는 식민지 시대 독립운동에서의 좌익노선이 내놓은 민족국가건설론의 마지막 자료라 할 수 있지만, 그렇다고 하여 그것이 곧 식민지시대 전체를 통한 좌익 독립운동 민족국가건설론의 결론이라고까지 말하기는 어렵다.

---

59) 「화북조선독립동맹 강령」, 김정명 편, 앞의 책 992면.

독립운동 말기의 좌익운동 세력은 대체로 만주에서의 공산주의운동과 국내에서의 공산당재건운동 그리고 연안의 조선독립동맹[60] 세 계통을 들 수 있다. 국내 재건운동이 1930년대 후반기 이후에 지향한 민족국가건설론은 앞에서 든 이운혁의 '재건이론' 이외에는 그 구체적 내용을 찾기가 어렵지만, '재만한인조국광복회'가 적어도 '노농독재'를 지양하고 계급과 종교를 초월한 '민족연합전선'의 형성을 지향하고 있었음은 확실하며, 조선독립동맹도 역시 '민족연합전선'에 의한 '민주공화국'의 건설을 지향하고 있었음을 확인할 수 있는 것이다.

지금까지 살펴본 것과 같이 식민지시대의 독립운동 과정을 통해 조선공산당운동을 중심으로 하는 좌익 독립운동 노선이 제시한 해방 후의 민족국가건설론은 그 성격이 여러 번 변화했고 또 많은 혼선을 빚었다. 그러나 1930년대 후반기 이후, 독립운동 말기의 민족국가건설론은 적어도 '쏘비에뜨 정권'이나 '노농독재정권'을 지양하고 다시 '민족 부르주아지'와의 제휴를 전제로 한 '민족연합전선'적인 방향으로 나아가고 있었다. 또한 '재만한인조국광복회'의 경우 그 구체적인 정체(政體)가 제시되지는 않았으나 '조선독립동맹'의 경우는 '인민공화국'이 아닌 '민주공화국'의 수립을 지향했음을 확인할 수 있는 것이다.

---

60) 앞에서 든 것과 같이 쓰보에 센지(坪江汕二)는 조선독립동맹 계통을 민족적 공산주의로 표현했고, 김준엽·김창순 『한국공산주의운동사』 5권, 95면에서는 조선독립동맹을 중국에서의 "좌파 민족운동을 대표했던 정치조직"이라 했다. 조선독립동맹 세력은 해방 후 북한으로 가서 북한 정권의 중요한 일부분을 이루었다가 대부분 숙청됐다.

우익노선의 민족국가건설론

민족혁명당의 건국론

1920년대 전반기의 국민대표자대회와 1920년대 후반기의 민족유일
당운동을 겪고 난 중국과 만주지방에서의 우익계 독립운동전선은 1930
년대로 들어오면서 또다른 변화를 가져왔다. 우선 만주지방의 독립운동
전선은 일본에 의한 괴뢰만주국의 성립으로 무장독립운동전선을 유지
하기 어려워졌다. 이 때문에 민족유일당운동 이후에 성립되었던 홍진
(洪震)·신숙(申肅)·이청천(李靑天) 등이 중심이었던 한국독립당과, 현익
철(玄益哲)·고이허(高而虛)·양서봉(梁瑞鳳) 등으로 이어진 조선혁명당
의 활동이 대체로 1930년대 중반까지 유지된 후 만주에서의 우익계 무
장독립운동은 끝나고 그 세력의 일부는 중국 지방으로 옮겨갔다.[61]

한편 중국 지방에서의 우익 독립운동 세력은 1930년대 전반기에 와
서 다시 전선 통일의 움직임을 보이면서 우선 민족혁명당계와 한국국
민당계의 양대 세력으로 흡수되어갔다. 특히 민족혁명당의 성립은 이
시기의 독립운동전선에 하나의 획기적인 의미를 가진다고 할 수 있다.
민족유일당운동 이후 중국 지방의 독립운동 세력이 다시 연합하여 발
족한 민족혁명당의 전신은 1933년에 성립된 한국대일전선통일동맹(韓
國對日戰線統一同盟)이었다. 이 동맹의 발족에 주동적인 역할을 한 김
규식은 한국독립당 대표 이유필(李裕弼), 조선혁명당 대표 최동오(崔東
旿), 의열단 대표 한일래(韓一來) 등과 회합하여

---

61) 김준엽·김창순『한국공산주의운동사』4권 211면.

우리는 혁명의 방법으로써 한국의 독립을 완성코자 한다.

우리는 혁명 역량의 집중과 지도의 통일로써 대일(對日)전선의 확대 강화
를 기한다.

는 등의 강령을 발표하면서 전선통일동맹을 발족했다.[62]

이 동맹은 아직 정당적인 조직은 가지지 않았고 중국 지역 독립운동
단체의 연합전선을 추구한 단계이기 때문에 해방 후의 민족국가 건설
을 위한 구체적인 계획도 아직은 제시하지 못했다. '한국대일전선통일
동맹'은 그것에 가맹한 단체는 물론 기타의 독립운동단체를 해체하고
그 단체원을 모두 가입시켜 중국 지방 독립운동전선을 단일화할 것을
목적하고 임시정부까지도 해체할 방침을 세웠으므로 김구를 중심으로
하는 일부 임시정부 고수파는 반대하여 가맹하지 않았다. 그러나 송병
조(宋秉祚)·김두봉·김규식·최동오·윤기섭(尹琦燮)·윤세주(尹世胄) 등
이 동맹의 중앙집행위원회 상무위원이었고, 이밖에도 김원봉·이청천·
이광제(李光濟)·김학규(金學圭) 등이 간부로 참가했던[63] '한국대일전선
통일동맹'의 성립은 중국 지방 독립운동전선 단일화의 하나의 큰 계기
가 되었던 것이다.

임시정부까지도 해체할 것을 주장함으로써 임시정부 핵심 세력의 반
발이 있기는 했지만 '대일전선통일동맹'은 1935년에 제3회 대회를 계기
로 마침내 '민족혁명당'[64]을 발족했고, 이때에는 해방 후에 건설할 민족

---

62) 「한국대일전선통일동맹」, 국사편찬위원회 편 『한국독립운동사』 자료3 임정편3,
　　473~75면.
63) 「1934년의 상해를 중심으로 하는 조선인의 불온책동 상황」, 김정명 편 『조선독립운
　　동』 제2권 513~15면.
64) 결성 당시 고유의 당명은 '민족혁명당'이었으나 그 위에 '한국' '조선' '고려' 등의 명
　　칭을 편의에 따라 적당히 붙여서 사용했다. 같은 책 540면 참조.

국가의 성격을 뚜렷이하는 강령을 제시했다. 우선 '민족혁명당'이 중국 전선에서의 임시정부 고수파를 제외한 연합전선적인 성격을 가졌음은 그 구성 정당과 인물로 보아도 짐작할 수 있다. 당의 창립 대표위원은 한 국독립당 대표 박창세(朴昌世)·조소앙, 신한독립당 대표 윤기섭·홍만호 (洪萬浩), 의열단 대표 김원봉·윤세주, 재미(在美)대한독립당 위임대표 김규식·신익희(申翼熙), 재(在)하와이 국민회 위임대표 차이석(車利錫) 아홉 명이었고, 이밖에도 이청천·양기탁(梁起鐸)·이춘암(李春岩)·김홍 서(金弘.)·김두봉·문일민(文逸民)·김학규·최석순(崔錫淳) 등이 참가하 여 임시정부 고수파를 제외한 이 시기 중국 독립운동전선에서의 중요한 정당과 인물이 모두 참가한 것이다.

그뿐만 아니라 민족혁명당의 정강을 임시정부의 헌법 및 좌익 독립 운동전선의 그것과 비교해보면 좁게는 이 시기 우익 독립운동전선의 성격 변화, 넓게는 식민지시대 전체 독립운동전선의 성격 변화를 이해 할 수 있다. 민족혁명당은 그 당의(黨義)에서 광복 후에 수립할 민족국 가의 성격을 '정치·경제·교육의 평등에 기초를 둔 진정한 민주공화국' 으로 하여 삼균주의적 국가건설론을 제시하고 그 구체적인 정강을 다 음과 같이 들었다.[65]

1. 원수 일본의 침략 세력을 박멸하여 우리 민족의 자주독립을 완성한다.

2. 봉건 세력 및 일체의 반혁명 세력을 숙청하여 민주집권의 정권을 수립 한다.

3. 소수인이 다수인을 박삭(剝削)하는 경제제도를 소멸하여 국민 생활상 평등제도를 확립한다.

---

65) 같은 책 540~41면.

4. 일부를 단위로 하는 지방자치제를 실시한다.

5. 민중무장을 실시한다.

6. 국민은 일체의 선거 및 피선거권을 가진다.

7. 국민은 언론·집회·출판·결사의 자유를 가진다.

8. 여자는 남자의 권리와 일체 동등하다.

9. 토지는 국유로 하고 농민에게 분급한다.

10. 대규모의 생산기관 및 독점적 기업을 국영으로 한다.

11. 국민 일체의 경제적 활동은 국가의 계획하에 통제한다.

12. 노동운동의 자유를 보장한다.

13. 누진율의 세칙(稅則)을 실시한다.

14. 의무교육과 직업교육은 국정의 경비로써 한다.

15. 양로·육영(育嬰)·구제 등 공공기관을 설립한다.

16. 국적(國賊)의 일체의 재산과 국내에 있는 적 일본의 공유 재산을 몰수한다.

17. 자유·평등·호조(互助)의 원칙에 기초하여 전 세계 피압박 민족해방운동과 연락, 협조한다.

김규식이 주석,[66] 김원봉이 총서기였으며, 이밖에 중국의 독립운동 전선에서 활약하던 우익계의 중요 인물이 대부분 참가한[67] 민족혁명 당 정강이 극좌주의 시기 이외의 좌익 독립운동전선의 그것과 상당히

---

66) 이정식 『김규식의 생애』(신구문화사 1974, 104면)에 따르면 김규식은 창당 때부터 해방 후 1946년까지 민족혁명당의 주석으로 있었다.

67) 민족혁명당에는 김원봉과 뒷날 연안의 조선독립동맹에 참가하는 김두봉 등 좌익계 인물이 참가했고, 이 때문에 민족혁명당의 성립은 일종의 좌우연합전선의 형성이라 볼 수 있지만, 1937년에 이청천, 최동오 등이 탈당하기 전까지는 우익계 세력이 더 컸던 것이라 생각된다.

접근하고 있음을 우리는 발견할 수 있다. 1930년대 전반기에 좌익 독립운동이 극좌주의로 흐르기 이전, 특히 1925년에 조직된 조선공산당의 강령에도 쏘비에뜨나 노농독재 또는 인민공화국이 아닌 '민주공화국'을 건설하고 토지문제에서는 "대토지 소유자, 회사 및 은행이 점유한 토지를 몰수하여 국가의 토지와 함께 농민에게 교부한다"고 했다. 또한 1941년에 성립된 연안의 조선독립동맹 강령에서도 '민주공화국' 건설에 "일본제국주의자의 조선에 있어서의 자산 및 토지를 몰수하고 일본제국주의와 밀접한 관계가 있는 대기업을 국영으로 하고 토지분배를 실시한다"고 했던 것이다.

토지를 국유화하여 농민에게 분배하는 데는 민족혁명당과 창립 당시의 조선공산당 그리고 조선독립동맹이 모두 같은 정책을 제시했다. 기업문제는 공산당이 강령에서 언급하고 있지 않는 반면, 민족혁명당은 "대규모 기업과 독점적 기업"을 국영화한다 했고, 조선독립동맹은 "일본제국주의와 밀접한 관계에 있는" 기업의 국영화를 규정했다. 식민지 아래서의 대규모 기업과 독점적 기업이 대부분 일본제국주의와 밀접한 관계가 있는 것이었으므로 결과는 같은 것이었다.

이밖에 민족혁명당이 정강에서 채택한 언론·집회·결사·출판의 자유가 조선공산당 강령이나 조선독립동맹의 강령에 명시되어 있음은 오히려 당연하지만, 민족혁명당이 "의무교육과 직업교육은 국정의 경비로써 실시한다"고 한 데 비하여 공산당 강령은 "학교의 자유를 보장하고 무료 및 의무적인 보통·직업교육을 남녀 16세까지 실시하며, 빈민 학령 자녀의 의식(衣食)과 교육용품을 국가의 경비로써 공급한다"고 했으며, 조선독립동맹 강령은 "국민의 의무교육제도를 실시하며, 이에 요하는 경비는 국가가 부담한다"고 하여 모두 국비 의무교육제도를 정책으로 채택했다.

또 민족혁명당 강령이 "누진율의 세칙을 실시한다" 한 것을 공산당 강령은 "각종 간접세를 폐지하고 소득세 및 상속세의 누진"을, 그리고 조선독립동맹 강령은 "인민에 대한 부역 및 잡세를 폐하고 통일누진세 제도의 설립"을 규정했다. 또 민족혁명당 강령이 노동운동의 자유를 보장했고, 공산당 강령은 동맹파업의 자유를 보장했으며, 지방자치제의 실시도 민족혁명당과 공산당 강령이 모두 정책으로 내세웠다. 한 가지 더 특기할 것은 민족혁명당의 성립에 반발하며 김구를 중심으로 하는 임시정부파가 역시 1935년에 결성한 한국국민당도 그 당의에서 "정치·경제 및 교육의 균등을 기초로 하는 신민주공화국"의 건설을 목표로 하고 "토지와 대생산기관을 국유화로 하여 국민의 생활권을 평등하게 할 것"을 채택한 점이다.[68]

이와 같이 독립운동 노선의 좌우익을 막론하고 1930년대 후반기 이후에는 모두 민족연합전선을 지향했고, 해방 후의 민족국가 건설 방안에서 특히 그 경제·사회정책이 같은 방향으로 나아가고 있었다는 사실은 식민지시대의 독립운동사 및 민족주의문제를 이해하는 데 대단히 중요한 점을 시사해주는 것이라 할 수 있다. 해방의 시기가 다가오던 이 무렵의 각 독립운동 노선이 내놓은 민족국가건설론이야말로 독립운동의 하나의 결론이요, 식민지시대 민족주의의 결론이라 할 수 있지 않을까 보이나, 이 시기 독립운동 노선의 민족국가건설론이 왜 합일점에 도달해가고 있었는가 하는 문제를 다시 한번 생각해보면 다음과 같은 몇 가지 이유를 지적할 수 있지 않을까 한다.

첫째, 식민지지배가 장기화하면서 국내에서의 정치 및 경제적인 조건이 독립운동 초기와 달라져가고 있었다는 점을 들 수 있다. 정치적인

---

68) 「韓國國民黨黨義」, 김정명 편, 앞의 책 645면.

면에서는 민족적 세력과 반민족적 세력의 구분이 확실해져서 좌우익을 막론하고 민족세력의 이해문제가 합일되어가고 있었음을 들 수 있으며, 경제적인 면에서는 적어도 해외 독립운동전선이 이해한 바로는 토지와 대기업이 대부분 적산화하여 해방 후에는 그것을 모두 국유화함으로써 국민적 자산으로 만들 수 있으리라 전망했기 때문이 아닌가 하는 것이다. 그러나 적어도 경제, 특히 토지경제문제에서는 해외 독립운동전선의 예상과는 달리 일본제국주의가 그 통치방법의 하나로 지주를 보호함으로써 해방될 때까지 지주세력이 안존했고, 이 때문에 해방 후 귀국한 독립운동전선과 이해관계를 달리했다.

둘째, 역시 식민지 지배가 장기화함에 따라 독립운동전선에 참가한 사람 모두가 독립운동 초기와는 달리 그들의 국내외에서의 경제적 조건이 같아져버린 사실을 들 수 있을 것이다.

즉 독립운동전선에 참가한 지난날의 지주계급도 식민지시대 말기에는 국내에서 그 지주로서의 지위를 상실했다는 점을 들 수 있을 것이며, 이 때문에 좌우익을 막론하고 그 민족국가건설론이 토지 및 기업의 국유화로 합일될 수 있었던 것이 아닌가 하는 것이다.

셋째, 1920년대 이후 좌우익의 대립을 겪은 독립운동전선이 일본의 침략주의가 막바지에 다다르고 해방의 시기가 다가옴에 따라 사상적 대립을 극복하고 해방 후에 수립할 민족국가의 체제에 대하여 타협점을 모색해가고 있었으며, 그 타협점을 역사의 발전 방향에서 구한 것이라 볼 수 있을 것이다. 이와 같은 추세는 민족혁명당과 한국국민당 이후의 중국 독립운동전선의 추이를 추적해보면 더욱더 확실해지는 것이라 할 수 있다.

'연합전선'기의 건국론

1930년대 중엽에 민족혁명당과 한국국민당의 두 정당으로 크게 양분된 중국에서의 독립운동전선은 이후 계속 군소 단체들을 통합하면서 전체적인 '연합전선'을 지향해갔다. 우선 민족혁명당의 경우, 독립운동의 방법으로 "국제연맹의 원조를 목표로 하는 운동, 일본의 지배 아래서의 개량적 합법운동, 계급투쟁에 의한 세계혁명과의 횡단적 결합 운동"을 모두 반대하고 "현재의 제국주의 국가의 국제적 모순에 대응하기 위한 조선 민족의 주체적 역할의 중요성"을 강조하면서[69] 당의 군사부장인 이청천으로 하여금 화북과 만주를 중심으로 하여 반만(反滿)·반일의 무장군사활동을 감행하게 하는 한편, 특무부장 이범석(李範奭)에게는 중국 만주지방에서의 첩보활동과 적에 대한 암살 및 파괴활동을 펴게 했다.[70]

외교독립론과 타협주의 그리고 공산주의적 계급혁명 노선을 모두 반대하면서 민족주체적 역량에 의한 무장독립운동을 전개한 민족혁명당은 1937년에 이청천·최동오 등 일부 세력이 이탈하는 진통을 겪으면서 '연합전선'적인 성격이 약화하고 김원봉을 중심으로 하는 의열단 계통 중심의 정당이 되기도 했다. 그러나 이와 같은 곡절을 겪으면서도 1937년 12월에는 그 영향 아래 있던 '조선민족해방운동자동맹' '조선혁명자연맹' '조선청년전위동맹' 등과 합쳐 '조선민족전선연맹(朝鮮民族戰線聯盟)'을 성립하고, 그 창립선언에서

---

69) 「本黨의 기본적 강령과 현 단계의 중심 임무」, 당 기관지 『민족혁명』 제3호, 같은 책 575면.
70) 「1936년의 在支不逞朝鮮人의 불온책동 상황」, 같은 책 571면.

조선혁명은 민족혁명이며 전선(戰線)은 '계급전선'도 아니고 '인민전선'도 아니며 또 프랑스, 스페인 등의 소위 '국민전선'과도 엄격히 구별이 있다. (…) 우리 민족전선도 이미 이론의 시대를 지나 실행의 단계에 들어가고 있다.[71]

하여 민족전선의 노선을 분명히 했다.

한편 임시정부 고수파 중심의 한국국민당은 민족혁명당의 '연합전 선' 형성론에 반대하는 한편, 1937년에는 조소앙 중심의 한국독립당과 민족혁명당에서 이탈한 이청천 등이 만든 조선혁명당 그리고 김구의 한국국민당, 하와이국민회 등과 연합하여 '한국광복운동단체연합회'를 결성했다. 이로써 중국에서의 독립운동전선은 1938년까지 좌파 연합체 인 조선민족전선연맹과 우파 연합체인 한국광복운동단체연합회의 두 단체로 일단 통합되었다가 다음해인 1939년에는 이 두 연합체가 다시 합쳐 단일전선을 이룸으로써 우익독립운동전선의 '연합전선'을 완성했 다. 전국연합진선협회의 성립이 그것이다.

한국광복운동단체연합회의 대표 김구와 조선민족전선연맹의 대표 김원봉이 「동지 동포에게 보내는 공개 통신」을 발표함으로써 성립된 독립운동의 '연합전선'은 단순히 전선의 통일만을 이룬 것이 아니라 광 복 후에 수립할 민족국가의 성격과 중요 정책을 담은 다음과 같은 정강 을 발표함으로써 그 위치를 한층 더 공고히 했다.

1. 일본제국주의의 통치를 전복하여 조선 민족의 자주독립국가를 건설한다.
2. 봉건 세력 및 일체의 반혁명 세력을 숙청하여 민주공화제를 건설한다.
3. 국내에 있는 일본제국주의자의 공·사 재산 및 매국적 친일파의 일체재

---

71) 「조선민족전선연맹 창립선언」, 같은 책 617면.

산을 몰수한다.

4. 공업·운수·은행 및 기타 산업 부문에 있어서 국가적 위기가 있을 경우는 각 기업을 국유로 한다.

5. 토지는 농민에게 분배해주며 토지의 일체 매매를 금지한다.

6. 노동시간을 감소하고 노동에 관한 각 종업원은 보험사업을 실시한다.

7. 부녀의 정치·경제·사회상의 권리 및 지위를 남녀 같이한다.

8. 국민은 언론·출판·집회·결사·신앙의 자유를 향유한다.

9. 국민의 의무교육과 직업교육을 국가의 경비로써 실시한다.

10. 자유·평등·상호부조의 원칙에 기초하여 인류의 평화와 행복을 촉진한다.[72]

이 정강은 앞에서 든 민족혁명당의 그것과 대동소이하며, 1941년에 이루어진 조선독립동맹의 강령과도 기본적으로 큰 차이가 없다. 정체는 모두 민주공화국이고 토지의 국유화 원칙과 농민에의 분배원칙은 변함이 없으며, 특히 연합진선협회의 강령이 그 매매마저 금지하고 있는 것이 주목된다. 이 경우 일본인 내지 일본 기관 이외의 조선인 지주의 소유지도 분배 대상에 포함된다고 볼 수 있다. 나음 생산기관의 경우 연합진선협회 강령이 '국가적 위기가 있을 경우' 국유화한다 하여 민족혁명당의 강령보다 다소 완화된 느낌이 있으며, 이밖에도 국비 의무교육정책과 국민의 자유권 및 사회정책도 거의 같다.

전국연합진선협회가 성립된 후 독립운동의 '연합전선'은 임시정부와 그 산하 광복군에도 미치게 되어 1942년에는 민족혁명당의 주석 김규식이 임시정부의 부주석이 되고 김원봉은 군무부장이 되었으며 그

---

72) 같은 책 639면.

군사조직인 조선의용대(朝鮮義勇隊)가 광복군의 제1지대로 편입되었다. 한편 이보다 앞서 1941년에 임시정부가 발표한 「건국강령」도 앞서의 '연합전선'화 과정에서 발표된 강령 및 정강들과 그 기본적인 성격을 같이할 뿐만 아니라 오히려 그것들을 종합한 것이라 볼 수 있으며, 적산(敵産)의 일체 국유화는 물론 그밖의 국내 자산에 대한 국유화정책의 범위가 한층 더 넓어졌음을 볼 수가 있다.

대생산기관의 공구(工具)와 수단은 국유로 하고 토지·어업·광업·농림·수리·소택(沼澤)과 수상·육상·공중의 운수사업과 은행·전신·교통 및 대규모의 농·공·상 기업과 성시(城市) 공업구역의 중요한 공용방산(公用房産)은 국유로 함. 단 소규모 혹은 중등 기업은 사영(私營)으로 함.

대기업은 물론 대규모 운수기관과 중요 자산을 모두 국영으로 할 것을 규정하고, 이밖에도 국비 의무교육의 실시, 노동조건의 개선, 지방자치제의 실시 등을 규정했음은 물론

토지의 상속·매매·저압(抵押)·전양(典讓)·유증(遺贈)·전조차(轉租借)의 금지와 고리대금업과 사인(私人)의 고용 농업의 금지를 원칙으로 하고, 두레 농장·국영공장·생산·소비와 무역의 합작기구를 조직, 확대하여 농공 대중의 물질과 정신상 생활 정도와 문화 수준을 제고함.[73]

이라 하여 특히 농업 부문에서의 사회주의적 정책을 강화했다.

임시정부의 「건국강령」은 더 말할 것 없고 민족혁명당의 당의가 '정

___
73) 독립운동사편찬위원회 편 『독립운동사』 제4권 임시정부사, 834면.

치·경제·교육의 평등'을 정책의 기초로 한 점이나 한국국민당의 정강이 '전민적(全民的) 정치·경제·교육 균등의 3대 원칙'을 내세운 일 등은 이 시기의 우익 독립운동전선이 삼균주의(三均主義)를 기본정책으로 하여 '연합전선'을 형성해간 것이라 볼 수 있다. 따라서 삼균주의 정책은 전체 식민지시대를 통해 우익 독립운동전선이 얻은 하나의 결론이요, 또 민족국가 수립을 위한 기본 원칙이라는 점에 유의할 필요가 있다.[74]

삼균주의의 정치균등에 대한 한국독립당의 당의 해석은 다음과 같다.

　　본당은 이민족의 손으로부터 우리의 정권을 완전히 광복한 후에는 어떤 일계급으로 하여금 정권을 전람(專攬)케 하려 하지 아니하고, 해방한 정권을 국민 전체에게 돌리어 균등히 향유케 하려 한다. 현하 세계 각국의 정태(政態)를 살피어보면 영·미 자본주의 국가에는 자본을 중심으로 하여 자본가들이 전권하는 폐단이 보인다. 독일과 이탈리아 등 국가는 변상적(變相的) 군황(君皇) 히틀러·무솔리니 등의 나치 파쇼 독재를 감행하면서 침략을 일삼고 있다. 사회주의 소련에서는 노농전정(勞農專政)을 실시하고 있다. 본당이 주장하는 정치적 균등은 어떠한 일계급의 독재전정을 요구하지 아니하고, 오직 진정한 전민적(全民的) 정치균등을 요구하는 것이다.[75]

앞서 '조선민족전선연맹'이 주장한 것과 같이 '계급전선' '인민전선' 을 거부하는 한편, 자본계급 중심의 정권도 인정하지 않는다 했다. 사실

---

74) 삼균주의는 주로 조소앙에 의하여 고안된 것이며, 그는 1935년 민족혁명당 창당에도 참여했고 1940년에 한국독립당·조선혁명당·한국국민당을 통합해 새로운 한국독립당을 만든 주동 인물의 하나로, 삼균주의를 당 이념으로 채택했고, 「건국강령」도 그가 기초했다.

75) 三均學會 編『素昂先生文集』上, 횃불사 1979, 215~16면.

이 시기 국외의 독립운동전선에서 활동한 우익 독립운동 세력은 노농계급도 아니었고, 그렇다고 하여 현실적으로 지주나 자본가도 아니었다. 이와 같은 현실적인 조건이 배경이 되어 도출된 것이 삼균주의의 정치균등론이라 볼 수도 있겠지만, 독립운동전선에서의 좌우대립을 해소하는 데 역점을 두고 해방 후에 통일된 민족국가를 수립하기 위한 하나의 방법론을 제시한 것이라 할 수도 있을 것이다.

한편 경제균등정책에 대해서는 당시의 자본주의 경제체제가 가지고 있는 모순을 두 가지로 요약하면서 소수 자본가계급이 각종 대생산기관과 토지의 대부분을 장악함으로써 그들이 세계의 정치·경제·군사를 임의로 지배하게 되었고, 이 때문에 절대다수인 무산대중이 기아에 헤매며 죽어 쓰러지게 되었다 하고, 이와 같은 모순을 해결하기 위한 한국독립당의 당책은

인민 생활과 국가 존재의 초석인 경제제도를 합리화하기 위하여 생산의 국가 사회적 지도 및 계획 조정과 분배의 민족적 합리성을 구하는 경제의 균등을 주장한다. (…) 간단히 말하면 그 요점은 토지와 대생산기관을 국유로 하여 국민의 생활권을 균등화함에 있다.[76]

하여 '연합전선' 과정에서도 계속 주장해온 토지와 대생산기관의 국유화 및 계획경제 정책을 기본으로 하는 사회주의적 경제체제를 지향하고 있는 것이다.

요컨대 식민지시대 말기로 오면서 우리 독립운동전선은 전선의 연합화를 계속 추구하면서 해방 후의 민족국가 건설 방안에서도 정치 면에

---

76) 같은 책 216~17면.

서는 '재만한인조국광복회'의 경우는 불명하지만, 다른 단체는 모두 보통·자유선거에 의한 '민주공화국'의 수립, 경제 면에서는 적산을 비롯한 토지와 대생산기관의 국유화를 바탕으로 한 계획경제체제, 사회정책에서는 노동조건의 개선, 사회보장정책의 확대, 국비 의무교육의 실시 등에 합의한 일종의 민주사회주의 체제를 지향한 것으로 볼 수 있을 것이다.

맺음말

지금까지 우리는 식민지시대의 독립운동이 추구해온 민족주의의 실체를 확인하는 방법의 하나로 이 시기의 각 독립운동 노선이 해방 후에 어떤 체제의 민족국가를 수립하려 했는가 하는 문제를 추적해보았다. 머리말에서 이미 말했지만 식민지시대의 독립운동 과정에서 정립된 민족주의의 본질을 찾아내고 또 그것을 정리하는 방법은 여러가지가 있을 수 있다. 그러나 식민지시대의 민족주의가 추구하는 최고 차원의 목적은 주권을 회복하여 민족국가를 건설하는 데 있으며, 따라서 독립운동 과정에서의 민족국가건설론은 바로 이 시기 민족주의의 구체적인 표현일 수밖에 없는 것이라 생각된다. 그러나 40년에 가까운 식민지시대를 통해 전개된 민족독립운동은 그 구체적인 목적으로서의 민족국가건설론에서도 당연히 역사적인 단계에 따라, 또 각 독립운동전선의 노선에 따라 차이가 있었고, 경우에 따라서는 합일점도 있었다.

우리의 생각으로는 전체 독립운동 과정을 통해 그 민족국가건설론이 3·1운동을 계기로 한 공화주의국가건설론에서 처음으로 일치했고, 이후 좌우익의 대립으로 크게 차이점을 드러냈으나 1930년대 후반기 이후 광복의 시기가 다가옴에 따라 다시 합일점을 찾으려는 노력이 전체 독립운동전선에 확대되어간 것으로 보였다.[77] 3·1운동 후의 공화주의 정부수립론에서 독립운동의 목적, 민족주의적 목적이 일치한 것은 비록 식민지 치하에서나마 우리의 민족주의가 군주주권주의를 청산하고 국민주권주의를 확립해간, 역사 발전의 당연한 귀결이지만, 식민지시대 말기에 전체 독립운동 노선이 '민족연합전선'적인 성격으로 옮겨가기 시작한 것은 해방 후 분단시대 민족주의의 당면 과제와 연관해 되새기지 않을 수 없는 식민지시대 민족주의의 한 흐름이라 생각된다.

3·1운동 이후 독립운동전선은 좌우익으로 크게 양분되어 임시정부를 독립운동의 최고기관으로 유지하지 못했지만, 두 독립운동 노선은 식민지시대 민족운동으로서의 합일점을 구하려는 노력을 계속해왔음을 다시 한번 확인하고 또 강조할 필요가 있다. 먼저 좌익 독립운동 노선은 국외에서 조직된 고려공산당 시기에 한때 역사적 현실과 동떨어진 '쏘비에뜨' 정부 수립을 독립운동의 목표로 삼았으나 이후 국내에서 수립된 조선공산당은 "국민에 의하여 조직된 직접·비밀·보통 및 평등의 선거로 성립된 입법부를 국가의 최고 권력기관으로 하는" 그리고 "노동계급을 기초로 하고 도시의 소자본가, 지식인 내지 불만을 가진 부르주아지"가 동맹을 이루는 '민주공화국'의 건설을 표방했고, 비타협적 '부르주아지'와 함께 신간회운동을 펴나갔다.

신간회운동에 참가하면서 '부르주아' 계급을 동맹자로 하는 '민주공

---

77) 1939년에 전국연합진선협회가 성립됨으로써 중국 전선에서의 김구계와 김규식·김원봉계가 연합전선을 이루었고, 이 때문에 임시정부가 다시 강화됐지만, 이후 임시정부 측과 연안의 조선독립동맹과도 교섭이 있었던 것 같다. 1980년에 한길사에서 송건호 편(編)으로 출판된 『김구』(294면)에서는 김구가 독립동맹의 김두봉에게 보낸 편지에 "1944년 연안에서 주신 惠札을 拜讀한 이후 未久에 고국을 찾아오게 되었나이다"라고 하여 교환(交驩)이 있었음을 확실히 해주고 있다.

화국' 건설론에서 노농계급이 권력을 주도하되 '부르주아' 정당을 인정하는 '인민공화국' 건설론으로 바뀌었지만 역시 '부르주아지'와의 연합에 의한 독립운동을 지지했다. 그러나 1930년대로 접어들면서 조선공산당의 해체로 영향력이 높아진 중국 공산주의운동의 극좌주의화, 일본제국주의의 파쇼체제 강화 및 일부 '민족주의' 세력의 반민족화, 세계공황의 영향으로 인한 노동자·농민운동의 고조 등이 원인이 되어 조선공산주의운동도 극좌주의화하여 '노농독재정부'의 수립,' 민족 부르주아지'에 대한 적대화 방향으로 나아갔으나, 1930년대 후반기로 넘어가면서 다시 '연합전선'적인 방향 전환을 가져왔다.

1936년에 조직된 '재만한인조국광복회'는 계급과 당파와 종교의 차이를 넘어선 '연합전선'을 추구하면서 실제로 천도교의 일부와 연합하고 "유력한 재산가로부터 조국 광복을 위한 특별한 의연을 받을 것"을 주장했다. 구체적으로 어떤 정체(政體)를 지향했는지 분명하지 않지만, 적어도 '노농독재' 체제에서는 탈피해간 것이다. 또한 1941년에 중국공산당의 후원으로 연안에서 조직된 '조선독립동맹'은 '전국 국민의 보통선거'에 의한 '민주공화국'의 건설을 표방했고, 그 구체적인 정책도 역시 이 시기의 임시정부를 중심으로 한 우익 독립운동전신이 내놓은 그것과 거의 다를 바가 없었다.

우익 독립운동전선은 1920년대 전반기의 임시정부운동, 1920년대 후반기의 민족유일당운동이 실패한 후 1930년대 전반기를 통해 전선의 연합을 지향하면서 구체적인 민족국가건설안을 제시했는데, 그것은 민족혁명당의 성립과 그 정강을 통해 나타났다. 우익계 전선 연합의 계기가 된 민족혁명당은 '민주공화국'의 건설을 지향하면서 토지와 중요 산업기관의 국유화, 국가에 의한 경제활동의 계획통제 등 사회주의적 경제체제를 도입하여 '조선독립동맹'의 그것과 거의 일치했다. 그리고 임시정부 고수파 중심의 한국국민당 역시 토지와 중요 산업기관의 국유화를 정강으로 채택했다. 한걸음 더 나아가서 민족혁명당계와 한국국민당계가 연합하여 이 시기 우익 독립운동전선의 완전 연합을 이룬 1939년의 '전국연합진선협회'의 정강 역시 정체는 민주공화국제, 경제정책은 사회주의적 정책을 채택하여 민족혁명당의 그것과 거의 같았고, 1941년에 임시정부가 발표한 「건국강령」 역시 민족혁명당 및 전국연합진선협회가 제시한 정체 및 정강과 기본적으로 같은 방향을 채택했다.

우리의 생각으로는 민족혁명당의 성립 때부터 우익 독립운동전선의 건국론은 모두 삼균주의를 바탕으로 한 것으로 보인다. "민중을 우롱하는 자본주의 데모크라시도 아니며 무산자 독재를 표방하는 사회주의 데모크라시도 아닌, 범한민족(汎韓民族)을 지반으로 하고 범한국 국민을 단위로 한 전민적(全民的) 데모크라시"를 지향하고 "토지와 대생산기관을 국유로 하는 국민 생활권의 균등화"를 주장한 삼균주의 원칙은 식민지시대 말기의 우익 독립운동전선이 도달한 민족국가건설론의 결론이었다고 할 수 있다.

식민지시대 민족주의의 일차적인 목적은 주권의 회복에 있었지만, 어떤 주권을 회복하려 한 민족주의였는가 하는 물음에까지 나아가는 경우 대체로 다음과 같은 해답이 가능한 것이 아닌가 한다. 3·1운동 이후 임시정부가 성립된 시기까지는 군주주권체제를 청산하고 국민주권체제를 바탕으로 한 민주공화국의 건설을 지향했다. 이후 좌우익의 대립으로 혼선과 대립을 빚다가 식민지시대 말기로 접어든 1930년대 후반기 이후에는 만주에서의 공산주의운동은, 그것이 지향한 정체(政體)를 분명히 밝힐 수는 없지만 '부르주아' 계급과 종교단체와의 협력을 모색한, 적어도 '노농계급 독재'는 부정하는 방향으로 나아가고 있었음이 확실하다. 한편 중국 지방 독립운동전선에서는 '조선독립동맹'의 좌파 노선과 임시정부 중심의 우파 노선이 모두 정체는 보통·비밀선거를 통한 민주공화국의 건설을 지향하고 경제정책과 사회정책에서는 사회주의체제를 채택한 일종의 민주사회주의체제를 지향하고 있었다. 그러나 식민지시대 말기 좌우익 독립운동전선의 민족국가건설론을 통해 본 이와 같은 민족주의적 합일점에의 접근은 그것이 미처 정착되기 전에 일본의 패망이 초래되었고 연합군의 분할점령과 동서 냉전의 심화 추세 아래서 민족분단은 고정화했다. 이 때문에 분단시대 민족주의의 최대 과제는 그대로 통일민족국가의 수립 문제로 남아 있게 되었으며, 그것은 또 식민지시대 말기의 민족주의가 지향한 방향을 다시 되새기게 하는 근거가 되는 것이다. (1982)

2. 동도서기론의 재음미

동도서기론의 이해

동양의 전통적인 정치문화 및 정신문화체제를 그대로 유지하면서 주로 기술 부문에서만 서양 근대문명의 성과를 받아들이려 한 동도서기론(東道西器論)은 조선왕조의 지배계층이 외세 침략에 대응하는 방법론의 하나로 제시한 것이었다. 문호를 개방할 만한 조건을 갖추지 못했으면서도 외세의 압력을 이기지 못하고 문호를 개방하게 되자 일본을 비롯한 자본주의 제국의 정치적, 경제적 침략은 걷잡을 수 없었고, 이에 대한 지배계층의 대응책도 여러가지로 나타났다.

보수적인 유생층은 개방정책 자체를 반대하고 서양의 정치문화는 물론 기술문명까지도 철저히 거부했다. 성리학적인, 양반계급 중심적인 조선왕조의 지배체제를 그대로 유지하기 위해 그것을 저해하는 요인으로서의 서양 근대문명의 수용을 반대하고 부르주아적인 개혁 일체를 거부한 척사위정론적 논리는 근대화 과정에서 당연히 청산되었어야 할 이론이었지만, 외세 침략이란 변수에 힘입어 끈질기게 유지되었다.

이와 같은 보수 유생층과는 달리 일부의 진보적인 지배계층은 성리학적 인식체계에서 과감히 탈피하여 자본주의 문명의 도입론에 주저함이 없었고, 정치 면에서도 밖으로는 청나라와의 종속관계를 청산하는 한편 국내 정치에서도 전제군주체제를 약화하고 국민주권주의를 넓혀나가려는 방법론을 택했다. 개화파로 불리는 이들 진보세력은 정부와 사회 일반의 낡은 인습을 하루아침에 일변하기 위해 정변을 일으켰다가 실패했다.

그러나 동도서기론은 이와 같은 보수주의와 적극적인 개화주의 사이에서 일종의 중간노선 혹은 절충론으로서의 위치가 가능했으며, 그 때문에 오히려 19세기 후반기적인 '개화'정책을 뒷받침한 논리가 될 수 있었다고 생각되는 경우도 있었고, 한걸음 더 나아가서 이른바 '주체적'인 방법론에 의한 개화주의였다는 평가를 받는 경우도 있었다.

위정척사론이 외세 침략에 대한 적극적인 대응논리였다는 점에서, 또 전통적 가치체계, 동양적 세계관에 바탕했다는 점에서 '주체적'인 논리로 평가될 수 있으나 '근대주의'를 완전히 거부했다는 점에서 현실적인 논리가 될 수 없었고, 반면 적극적인 개화주의는 비록 '근대주의'를 체득한 현실적 논리였다 해도 전통적인 동양적 가치체계를 부인했다는 점에서 '주체적'인 논리가 될 수 없다는 평가가 허용되는 경우, 동양적 세계관과 전통적 가치체계의 바탕 위에 근대적 기술문명을 수용하려 했고 동양적 정신문화와 서양적 기술문명을 접합하여 새로운 동양 근대문화를 형성하려 했다고 생각될 수도 있는 이른바 온건개화론으로서의 동도서기론이야말로 보기에 따라서는 '주체적 근대화'를 위한 가장 합당한 이론이 될 수 있는 것이라 이해할 수도 있다.

그러나 동도서기론의 본질을 좀더 상세히 따져보면 전혀 주체적 혹은 민족주의적 이론으로 볼 수 없는 많은 문제점을 안고 있으며, 이 논리들에 대한 근시안적인 이해야말로 당시의 역사 진행 방향을, 그리고 그 이후의 역사 발전 방향을 이해하는 데 큰 혼란을 주고 있음을 알 수 있다.

'동도(東道)'는 일반적으로 동양적인 정신문화를 가리키지만 그것을 좀더 구체화하여 동양적인 정치체제로서의 전제주의적 지배체제로, 그리고 동양 중세적 지배원리, 즉 성리학적 지배원리로 좁혀보면 동도서기론의 반역사성은 한층 더 분명해지며, 그것이 '주체적 근대화론' 혹은 '민족주의적 근대화론'과는 얼마나 거리가 있는 것인가를 선명히 밝힐 수 있다.

동도서기론은 지배계층이 외세의 침략 앞에서 그 지배체제를 유지하기 위한 방책의 하나로 제시한 것이었고, 서양 자본주의 문명의 침략 앞에서 그 지배권력을 유지하기 위해서는 우선 부국강병을 이루어 대항해야 했지만, 종래적인 생산구조 및 기술 수준으로는 자본주의 세력에 대항할 만한 무기와 군사체제를 갖출 수 없었고, 이 때문에 서양의 기술문명만을 수용하여 부국강병을 이루려 한 것이다.

그러나 여기에는 여러가지 어려운 문제들이 따랐다. 일반론적으로 말해서 서양의 근대 기술문명은 정치문화를 포함한 정신문화 일반을 토양으로 하여 발달한 것이었으므로 동양적 정신문화의 토양 위에 서양 기술문명만을 옮겨 심어서 쉽게 뿌리내릴 수 있는 것이 아니었고, 그렇다고 하여 개인주의·자유주의·국민주권주의를 기본으로 하는 서양 근대의 정치문화, 정신문화를 수용하고 그 위에 부국강병을 위한 기술문명을 이루려 하는 경우 전제군주제 및 성리학적 지배원리를 바탕으로 하여 성립되어 있는 지배계층의 권력구조가 그대로 유지될 수 있느냐 하는 문제가 있었던 것이다.

개인주의·자유주의·국민주권주의의 발달을 봉쇄하고 전제군주 권력을 앞세운 지배계층의 권력체제를 유지하기 위한 부국강병책으로서의 동도서기론이 주체적·민족주의적 근대화론이 될 수 있었는가 하는 문제의 해답은 대한제국시기 전제군주체제 아래서의 개화정책이 결국 그 역사를 어디로 끌고 갔는가 하는 점에서 이미 명백해졌다. 우리는 대한제국시기 역사의 실패 원인을 한층 더 명백히 하기 위해 이 시기 동도서기론의 진실을 좀더 분명히 밝히고 되씹어볼 필요가 있다.

동도서기론의 출발점

조선왕조시대에 동도서기론적인 이론을 처음 내놓은 사람은 아마도 문호개방기의 인물 박규수(朴珪壽)가 아닌가 한다. 이미 알려진 것과 같이 박규수는 대원군정권 아래서 평양감사로 있으면서 쇄국주의 원칙에 따라 미국 상선 셔먼호를 불태운 사람이면서도 이후 북학사상과 개화사상을 연결시킨 가교 역할을 한 사람, 개화당의 시조적인 역할을 한 사람, 문호개방을 주장한 사람으로 변모해갔다. 박규수의 이와 같은 사상적인 전환은 그 원인을 대체로 두 가지 측면에서 지적할 수 있다. 첫째는 이 시기의 조선왕조를 둘러싼 내외 정세 일반의 변화에서 구할 수 있으며, 둘째는 그 자신의 개인적 경험 세계의 변화에서 구할 수 있는 것이다.

19세기로 접어들면서 성립된 안동 김씨 세도정권은 두 가지 큰 위협에 직면했다. 그 하나는 홍경래의 난을 비롯한 전국적 농민반란의 발발이었고, 또 하나는 천주교를 앞장세운 서양 세력의 침투였다. 안동 김씨 세도정권은 삼정문란으로 표현된 부패정치와 그것에 저항한 전국적 농민반란을 이기지 못해 무너지고 대신 대원군의 세도정권이 성립되었으나 안팎의 위협은 여전했다. 대원군정권은 민란의 위협에는 일정한 회유정책을 쓰고 천주교를 비롯한 외세의 침략에는 철저한 탄압과 쇄국주의를 강행했다. 척사위정론적인 논리가 대원군정권을 강력히 뒷받침하고 있었던 것이다.

쇄국주의를 고집하던 대원군정권이 10년 만에 무너지고 민씨정권이 성립되면서 문호가 개방되었다. 대원군정권의 쇄국주의가 문호개방을 대비하기 위한 정책이 못 되었고 따라서 민씨정권의 문호개방도 대비책 없는 강요된 것이 될 수밖에 없었다. 박규수 역시 문호개방을 찬성하면서도 그 대비책이 없음을 안타까워했다. 그러나 박규수의 문호개방 찬성론은 일본 측의 강요나 청국 측의 권유에만 근거를 둔 것은 아니었다. 1861년과 1872년에 중국을 다녀왔고 또 벼슬이 우의정에까지 오르는 동안 시야가 넓어지면서 개화주의자가 되어간 것이다. 박규수가 개화주의자가 된 배경이 또 그의 중국행에만 있는 것은 아니다. 널리 알려진 바와 같이 18세기 후반기에 이미 중국에 들어와 있던 서양 문명의 수입을 주장한 북학파의 한 사람인 박지원의 손자로서 그 학문적 영향을 받았고, 그 자신도 이미 대원군의 천주교 탄압을 양민학살이라 하여 반대했었다.

박규수의 동도서기론은 무엇보다도 서양의 기술문명보다 동양의 정신문화가 우위에 있다는 확신에서 출발한 것 같다. 그의 지도를 받고 뒷날 동도서기론적 온건개화파의 대표적 인물이 된 김윤식(金允植)의 회고에 의하면, 박규수는 "사람들은 서법(西法)이 동쪽으로 와서 동양 사람들이 오랑캐나 짐승같이 되지 않을 수 없을 것이라 말한다. 그러나 나의 생각으로는 동교(東敎)가 서쪽으로 갈 조짐이 있어서 오히려 서양의 오랑캐들을 장차 문명인으로 바꾸어놓을 것이다. 요사이 듣건대 독일이 한문학교를 세워 성명(性命)의 학문을 가르친다 하니 그것이 하나의 증거다"라고 했다.

그가 말한 동교 역시 정치문화를 포함하는 정신문화 전체를 가리키는 것이겠지만, 그는 아직 동양적 전제군주제 이외에 다른 정치형태가 있음을 이해하지는 못했던 것 같고, 따라서 여기에서의 동도는 전제주의적 정치체제보다 동양적 정신문화 내지 생활문화 일반에 더 초점이 두어진 것이라 할 수 있다. 박규수는 이와 같이 동양의 정신문화가 서양의 기술문명에 비하여 우위에 있다고 확신했지만, 그렇다고 하여 척사위정론적 주장과 같이 서양 기술문명의 효율성을 부인하지는 않았다. 오히려 그것을 취택하여 동양적 기술문명으로 만듦으로써 정신문화와 기술문명이 모두 서양을 능가할 수 있는 것이라 생각했던 것 같다.

1872년에 두번째 중국을 다녀온 후 임금과의 대화에서 그는 "일찍이 중국이 양포(洋砲)를 많이 사서 사용하였기 때문에 서양인들이 이익을 얻었지만 근래에는 중국이 양포를 모방, 제조하여 서양인들이 이익을 잃게 되었고, 전에는 중국 상인들이 화륜선(火輪船)을 빌려써서 서양인들이 이익을 얻었으나 지금은 중국이 화륜선을 모방하여 만들기 때문에 서양인들이 또 이익을 잃게 되었다"고 전했다. 서양의 기술을 배워 무기와 선박을 자립적으로 생산, 사용하는 중국의 양무운동(洋務運動)을 소개하고 있지만, 동양 정신문화의 우위성을 강조하고 그것을 견지하면서 서양의 기술문명을 수용하는 자강정책, 즉 동도서기론적 부국강병책을 중국의 예를 들어 건의하고 있는 것이다.

박규수의 이와 같은 동도서기론은 정치적인 면에서 전제군주권을 어느정도 제한하려고 한 적극적 개화사상이 나타나기 이전의, 즉 척사위정론과 대립하는 범위 안에서만의 부국강병적 방법론이었고 따라서 개화사상의 모태적인 사상이었다. 그의 사상이 실학사상의 한 갈래로서 북학사상과 연결되는 것이라 흔히 지적되지만, 북학사상도 비록 권력구조의 개혁 문제는 전혀 논급하지 못했으나 경제구조 면에서는 성리학적 인식체계에서 상당히 벗어나 있었고, 서양 기술문명의 수용에도 적극적인 의견을 제시했음을 우리는 알고 있다. 이런 점에서 북학사상의 이용후생론이 박규수의 동도서기론적 부국강병론에 연결되고 있는 것이다.

박규수에 의하여 태동된 개화사상은 문호개방을 전후하여 그것을 현실화하려는 정치세력, 즉 개화파를 형성하기에 이르렀다. 그러나 개화사상을 현실화하는 방법론에서는 급진적인 방법과 점진적인 방법으로 양분되어서 김옥균, 홍영식, 서광범, 박영효 등의 급진개화파와 김윤식, 어윤중, 김홍집 등의 온건개화파로 나누어진 것으로 설명되고 있다. 급진개화파는 그야말로 급진적인 방법으로 밖으로 청국과의 종속관계를 끊고 국내 정치를 일시에 개혁하기 위해 갑신정변을 일으켰다가 실패했고, 온건개화파는 청나라와의 종속 관계를 인정하면서 그 양무운동과 같은 방법으로 개화하려 했다.

개화세력이 온건, 급진의 두 파로 나누어진 배경에 대하여 이광린 교수의 「개화당 연구」는 박규수가 죽은 후 김옥균 등의 급진파가 유대치 등을 통해 개화사상을 계속 지도받는 한편 불교를 믿어 유교 지상주의적 국가관에서 벗어나려 했던 데 반하여, 김윤식 등의 온건파는 당시의 집권세력과 결탁되어 있었던 사실을 들었지만, 어쨌든 급진개화파와 온건개화파의 정치관의 차이는 분명했다.

급진개화파는 밖으로는 청나라와의 종속관계를 단호히 끊고 국가적 독립을 달성하려 하는 한편, 안으로는 박영효의 상소에서 말한 것과 같이 "만약 군주권을 무한히 강화하려 하면 인민을 어리석게 하여야 할 것이니, 인민이 어리석으면 그 힘이 잔약해질 것이며, 그렇게 하여야 군주의 전제권을 강화할 수 있을 것이다. 그러나 인민이 어리석고 약하면

국가도 따라서 약화할 것이며, 그러므로 천하의 모든 나라가 어리석고 약하게 된 후에라야 국가가 보전되고 군주의 자리가 안정될 수 있을 것이다. 그러나 이것은 헛된 이론이다. 진실로 한 나라의 부강을 이루어서 모든 나라들과 대치하려 하면 군주권을 다소 약화시키고 인민이 응분의 자유를 얻어서 각기 나라에 이바지하고 점차적으로 문명되게 하는 것만 같지 못하다" 하여 군주권을 제한하고 민권을 신장하는 것이 부국강병 하는 길이라는 정치관을 가졌던 데 반하여, 온건개화파는 청국과의 관계를 유지하고 전제군주권을 유지하면서 부국강병 할 수 있다는 정치관에 빠져 있었던 것이다.

급진개화파가 서양의 근대적인 정치문화까지도 수용한 체제개혁론적인 부국강병론에 접근하고 있었던 데 반하여, 온건개화파는 전제군주체제를 유지하면서 다만 서양의 근대 기술문명만을 수용하여 부국강병을 이루려 한, 즉 동도서기론적인 제한된 개화론에 머무르고 있었던 것이다. 이와 같은 온건개화파의 동도서기론적 이론을 가장 잘 체득한 사람이 김윤식이라 생각되며, 그의 생각을 좀더 구체적으로 분석함으로써 동도서기론의 본질을 한층 더 분명히 이해할 수 있을 것이다.

동도서기론의 변화

박규수의 동도서기론은 국민주권론·전제군주권제한론과 같은 새로운 정치이론이 소개되기 이전의 생각으로서, 그의 동도(東道)에는 정치체제적 개념이 희박하다고 생각되었다. 그러나 그의 후배 개화파들에 와서는 이미 국민주권주의·국민참정권과 같은 새로운 정치이론이 소개되었고, 급진개화파의 경우 그것을 도입함으로써 '개화'하려 시도했던 반면, 온건개화파의 경우는 전제군주체제를 그대로 유지하면서 '개화'하려 했다.

박규수 이후의 개화파를 이해할 때는 기술문명적인 측면의 개화정책을 얼마나 적극적으로 추진하려 했느냐 하는 점에 중요성이 있는 것이 아니라, 그들이 정치체제의 개혁 문제에 있어서 어떤 자세에 있었느냐 하는 문제가 더 중요한 것이라 말할 수 있다. 박규수의 동도서기론과 박규수 이후의 동도서기론은 그 점에서 분명한 차이가 있는 것이라 할 수 있는 것이다.

박규수의 동도서기론적 개화주의가 전제군주제를 제한하고 국민주권주의를 확대해가려는 개혁주의적 개화주의와 정치개혁을 유보 혹은 제외하고 기술문명만의 도입을 목적한 개량주의적 동도서기론으로 나누어진 것이다.

김윤식을 흔히 온건개화파 정객으로 말하지만 그가 개화 자체를 얼마나 역사적 개념으로 이해했는지는 의심스러운 점이 많다. 그는 처음에 개화를 말하면서 "듣건대, 유럽에서는 그 풍속을 점점 변혁해나가는 일을 개화라 한다. 동양은 본래 문명한 땅인데 또 무슨 개화를 할 필요가 있겠는가" 했고, 동양사회에도 개화가 필요함을 어느정도 인정하게 된 뒤에도 "개화라는 것은 개발하고 변화하는 것을 표현한 말이다. 개화라는 것은 곧 시무(時務)를 말하는 것이다" 하면서 "갑신정변 때의 개화파들〔甲申諸賊〕은 유럽 문명을 크게 존중하고 요순(堯舜)과 공맹(孔孟)을 홀대하고 내리깎으면서 이륜지도(彛倫之道)를 야만이라 하고, 그것을 변혁하는 일을 개화라 하였다"고 말하고 있다.

갑신정변 이전 민씨정권의 영선사(領選使)로서 임오군란 때 청나라 군사를 끌고 와 군란을 평정한 공으로 병조판서가 되었다가 갑신정변 삼일천하 때 예조판서로 임명되었으나 정변이 실패한 후 다시 병조판

서로서 그 사후 문제를 수습하는 데 주동 역할을 한 김윤식의 갑신정변을 보는 눈, 나아가서 개화에 대한 이해가 잘 드러나 있다.

개화를 시무로 이해한 김윤식의 개화관은 그가 가장 역점을 두었던 부국강병책으로서의 군사제도강화론에 잘 나타나 있다. 병인양요 때 프랑스군에 의해 한강이 봉쇄됨으로써 서울의 물자 보급이 차단된 것을 본 그는 양이(洋夷)를 막는 길은 군대의 수에 있지 않고 무기가 정교한 데 있다 하여 대포와 수뢰거(水雷車) 등의 제조를 건의한 바 있으며, 영선사로서 중국을 다녀와서도 그곳에서 한창 진행되고 있는 양무운동에 자극되어 군사적 자강론을 강조하면서 중국의 기기국(機器局)을 본받아 신식 무기 제조를 위한 기기창(機器廠)을 설립했다.

병조판서로서 강화유수를 겸하고 있었던 그는 강화도의 정병(精兵) 800명을 영국과 독일식으로 훈련시켜 요새를 지키게 했고, 강화도의 승군(僧軍) 역시 영국 및 독일 방식으로 훈련시켜 요새를 지키게 했으며, 서울의 관문을 지키게 했다. 그러나 이와 같은 서양식 훈련방법에도 불구하고 그의 군사제도론은 중세적 부병제(府兵制)가 가장 옳은 방법이며 다음이 둔전제(屯田制)이고 가장 나쁜 방법은 상비군제라는 데 머물러 있었다.

외세의 침략에 대비하기 위한 강병론적 군사제도는 국민군적 의무병제가 될 수 없었던 당시로서는 중세적 농병일치제를 청산하고 용병제(傭兵制)를 바탕으로 한 상비군제로의 전환이 바람직했으나, 그는 제국주의 열강의 침략 앞에서도 "양병(養兵), 즉 상비군 한 명의 비용이 농민 열 명을 먹일 수 있는 비용과 맞먹어서 국력의 소모가 크며, 상비군을 두었다가 전쟁이 없으면 경비만 허비하는 것"이라 했다. 외세의 침략에 대비하기 위해 서양의 근대식 훈련방법을 도입하여 양성하는 강병(强兵)을 중세적 농병일치제 군사제도에 의해 유지하려 한 것이 김윤식의 동도서기론적 부국강병책이었다면, 개화정책으로서의 그의 시무책이 갖는 한계성은 한계성이 아니라 오히려 모순성이라 할 수 있을 것이다.

김윤식의 시무로서의 개화정책은 그 한계성이 교육문제에서도 뚜렷이 나타난다. 오랫동안 외교정책을 담당해온 그는 외국어 교육의 필요성을 느껴 동문학(同文學)이라는 서양어 교육기관을 세우는 데 큰 역할을 했다. 그러나 그것 역시 하나의 시무책에 불과했을 뿐 교육의 근대화, 교육의 국민화, 나아가서 부르주아적 인간 교육과는 큰 거리가 있었다.

그의 교육론은 아직도 관리양성론에서 벗어나지 못하고 있었다. 그는 과거제도의 폐단을 말하고 관료의 추천제도를 주장하면서 중종 때의 현량천과(賢良薦科)를 이상적인 제도로 보았다. "인재를 기른 후에야 선비를 취할 수 있고, 선비를 취한 후에야 관인(官人)이 있을 수 있고, 관인이 있는 후에야 나라를 다스릴 수 있다"고 한 것과 같이 교육의 궁극적 목적 역시 관리를 양성하는 데 있다는 생각에 그치고 있었으며, 따라서 동문학의 설립도 그 일환이었을 뿐이었다.

근대적 군사훈련의 도입이나 외국어 교육기관의 설립 등이 모두 김윤식에게는 개화주의에 의한 것이라기보다 하나의 시무책에 지나지 않았으며, 정치의 근대화, 즉 국민참정권의 실현이나 국가적 독립권의 확보를 위한 관심을 그에게서 찾기는 어렵다. 따라서 그의 정치적 관심은 "임금은 그 덕에 밝고, 신하는 그 직무에 충실하며, 합당한 사람이 관리가 되고, 백성들은 그 직업에 안주하며, 외국과의 통상은 허가할 만하면 허가하여 조약을 잘 지키고, 서양의 기기(機器)도 배울 만하면 배워서 무익함이 없게 하는" 데 그치고 있어서 급진개화파의 그것과는 큰 차이가 있음을 볼 수 있다.

이 때문에 외교 책임자의 자리에 오래 있었던 그의 외교론도 1880년대 초까지도 "우리나라가 중국의 속국임은 천하가 다 아는 일이지만, 항상 걱정되는 바는 중국이 착실하게 종주국의 역할을 담당해주지 않는 일이다. 우리나라와 같은 외롭고 약한 처지에서 만약 큰 나라의 보장이 없다면 실로 지탱하기 어려울 것이다"라고 생각하는 데 머물렀으니, 역시 청국으로부터 독립하려 한 급진개화파와는 큰 차이가 있었다. 박규수의 경우와는 달리 이미 국민주권론이 소개된 다음에 활동한 그의 정치관은 전통적인 그것에서 전혀 더 나아가지 못하고 있었으며, 청국에 대한 사대외교 문제는 개항 후의 국제정세 변화와 관련하여 오히려 더 청국 의존책으로 나아가고 있었으니 김윤식의 동도서기론적 생각이 어떤 것이었는지 이해할 수 있을 것 같다.

동도서기론의 정책 적용

정치체제를 군주전제체제로 그냥 둔 채, 오히려 강화해가면서 서양의 근대적인 기술문명만을 도입하여 이른바 부국강병을 이루려 한 동도서기론적 정책이 실제로 정치 현실에 적용된 시기가 언제였는가 하고 생각해보면, 그것은 아마 러일전쟁 이전까지의 대한제국시기가 아닌가 한다. 조선왕조는 을미사변, 아관파천 등의 변란을 겪고 1897년에 대한제국으로 국호를 바꾸면서 왕의 칭호도 황제로 높였다. 국호를 바꾸고 왕의 지위를 황제로 높인 것은 청일전쟁 이후 청나라와의 종속관계가 실질적으로 끊어진 것을 뜻하며, 조선왕조의 국제적 지위를 청국·일본과 같은 위치에 둠으로써 독립국의 지위를 분명히 하려는 것이었다.

한편 대한제국시기는 갑오개혁, 을미개혁까지의 급진적인 개혁에 일단의 제동이 걸리고, 이른바 구본신참(舊本新參)이란 이름으로 일종의

'주체적'인 개혁이 내세워지던 시기이기도 하며, 그것을 다른 말로 표현하면 아관파천 이후 특히 정치적인 면에서 보수적인 세력의 반격이 기도되던 시기이기도 했다.

이 시기에 활발했던 독립협회운동도 그 상층 지도부는 민권의 신장을 주장하면서도 다른 한편으로 국가의 국제적 지위 향상을 내세워 황제권 또는 국권의 강화를 아울러 강조함으로써 정부에 대한 개혁 요구에 한계를 보였다. 그러나 그 하층부는 만민공동회 활동 등을 통해 개혁 요구가 과격해지면서 공화제론이 유포되기도 했다.

이에 정부는 독립협회운동을 철저히 탄압하여 공화제론을 봉쇄하고 전제군주체제를 강화하는 법령을 제정, 발표했으니, 1899년의 대한국제(大韓國制)의 제정이 그것이다. 그 내용은 "대한국은 세계 만국의 공인되온 바 자주 독립하온 제국(帝國)이니라" "대한제국의 정치는 앞서 오백 년을 전래하시고 앞으로 만세 불변하오실 전제정치이니라" "대한국 대황제께옵서는 무한하온 군권(君權)을 향유하옵시나니 공법에 위(謂)한 바 자립 정체이니라" 등으로 되어 있다. 갑오개혁과 을미개혁을 통해 왕권이 어느정도 제약된 데 반발하면서, 또 독립협회 하층부의 진보세력 사이에서 유포된 공화제론에 위협받으면서 강력한 전제군주제를 다시 한번 강조, 확인한 것이다.

정치 면에서는 이와 같이 전제주의 체제가 강화되면서도 한편으로 김윤식이 말한 시무로서의 개화정책은 계속되었고 서기(西器), 즉 근대적 기술문명의 도입은 계속되었다. 공업기술을 가르치기 위한 교육기관으로서 공업전습소가 설립되어(1902) 염직·응용화학·직조·제지·토목·건축 분야의 기술자를 배출했고, 상업과와 공업과를 갖춘 상공학교가 설립되었다(1899). 근대적 의료기관으로서 제중원(濟衆院)이 설립되고(1885), 의학교가 개설되었으며(1889), 전기회사가 설립되어 발전소가 건설되고 전차가 개통되었는가 하면(1899), 서울시내 일부에 전등이 가설되었고(1901), 전화가 개통되었다(1896). 경인선 철도 부설권이 미국에서 일본으로 넘어가면서 경인선이 개통되었고(1889), 한강철교가 가설되었으며(1900), 전신시설이 개통되었다(1885). 갑신정변으로 중단되었던 우편사무가 다시 개시되었고(1896), 만국우편연합에도 가맹했다(1900).

대한제국시기의 이와 같은 일련의 '근대적 개혁'에 대하여 이 시기에 두 번이나 한국을 다녀간 영국의 신문기자 매킨지는 다음과 같이 말했다. "1894년에서 1904년에 이르는 이 기간 동안에 이룩한 발전은 1880년대 초의 조선을 아는 사람들에겐 실로 놀라운 것이었을지도 모른다. 잘 놓은 현대식 철도가 경·인 간에 부설, 운영되었고 이밖에도 다른 철도의 부설을 계획, 측량하여 일부 공사가 진행 중이었으며, 서울엔 전등·전차·영화가 생기기까지 했다. 서울 주변에는 훌륭한 도로가 놓이게 되었으며 많은 중세적 낡은 인습이 폐기되었다."

매킨지가 말한 경제적, 기술적인 면의 '실로 놀라운' 근대적 시설이 정치적으로는 전제군주체제가 오히려 강화된 속에서 이루어진 것으로서, 그것을 기술적인 면에서만의 '근대화'를 주장한 김윤식류의 동도시기론에서 보면 근대화가 본격적으로 이루어져가는 시기로 보일 수도 있었다.

필자 자신도 1973년에 쓴「대한제국시기의 상공업문제」와 같은 글에서는 이 시기의 경제적·기술적인 면의 변화를 "자율적으로 그리고 전통체제와의 타협 아래 근대화를 이루려는 노력이 일어난 것"이라 오해했다가 그 잘못을 알고 1978년에 쓴「대한제국의 성격」에서는 "소위 광무개혁을 통하여 경제적·사회적·문화적인 면에서는 근대적이라 할 수 있는 개혁이 어느정도 이루어졌다 하여도, 예를 들면 철도가 개통되고 전기·전화·통신 시설이 가설되고 사회단체·정치단체가 활동하고 국문 연구가 활발하게 이루어져가고 있었다 하여도, 그 주권이 본질적으로 황제의 것일 뿐 국민의 것이 아닌 이상 역사적으로 근대화를 지향하고 있는 시기라고는 볼 수 없다"고 했다.

사실 대한제국시기의 동도서기론적 근대화, 정치권력의 개혁을 배제한 근대화가 역사적인 의미의 근대화였다고 이해하면, 이후 대한제국의 식민지화는 그 원인의 대부분이 러일전쟁과 그것에 승리한 일본의 침략에만 돌려질 수밖에 없다. 그것이 중요한 원인인 것은 부인할 수 없지만 민족사가 실패한 일차적인 원인을 외세의 침략에만 미루는 것이 과연 주체적인 역사인식 태도가 될 수 있겠는가 다시 생각해볼 필요가 있다. 대한제국이 식민지로 전락한 일차적인 원인은 역시 민족사 안에서 구해야 하며, 그 경우 동도서기론적 '근대화' 방법론도 다시 한번 음미되어야 할 중요한 문제 중의 하나라 할 수 있을 것이다.

동도서기론의 재음미

박규수 시기의 동도서기론, 다시 말해서 위정척사론적 사상과의 대립논리로서의 동도서기론은 정치체제론적인 의미는 그다지 중요시되지 않았다고 보았다. 그러나 이후 왕권제한론이 주장된 급진개화파 사상과의 대립논리로서의 동도서기론은 정치체제론 문제에 더 유의하지 않을 수 없다고 생각한다. 서기를 수용하여 개화하고 부국강병하는 데는 급진개화파의 생각이나 동도서기론적 온건개화파의 그것이 다를 것 없지만, 전자는 군주권을 제한하고 민권을 확대해나가면서 오히려 그것을 위해 서기를 수용하려 했고, 후자는 전제군주제를 유지하면서 오히려 그것을 강화하고 또 어쩌면 호도하는 방법으로서 서기를 수용하려 한 것이라는 이해도 가능하기 때문이다.

급진개화파의 민권신장론도 물론 시대적인 한계성이 있어서 완전한 국민주권론까지는 나아가지 못했고 입헌군주제로서의 군민동치론에 그쳤다. 그러나 그들의 개화 개념 속에는 기술적·경제적인 부문에서만의 개화가 아닌, 정치·경제면에서의 개화도 포함되어 있음을 확인할 수 있는 것이다. 반면 온건개화파의 동도서기론적 개화 개념 속에는 확실히 권력구조 면의 개화는 제외되어 있다. 김윤식보다 한층 더 진보적인 개화관을 가진 온건개화파의 한 사람인 유길준(兪吉濬)의 경우도 그것은 변함이 없다.

유길준은 "국가의 규모가 천만 년을 경과하여도 불변할 것이 있고 또 시세를 따라 변개할 것도 있으니, 그 불변할 것은 임금이 인민의 위에 서서 정부를 설치하는 제도와 그 태평을 도모하는 대권(大權)이며, 인민은 임금을 위하여 그 충성을 다하고 또 그 정부의 명령에 복종하는 일이니, 이것은 인생의 큰 벼리[紀]라"했다. 경제적인 부문, 기술적인 분야는 '근대화'나 부국강병을 위해 전통적인 체제를 변화할 수 있어도, 즉 서기를 수용할 수 있어도, 왕이 국민 위에 군림하고 국민이 그에 복종하는 원칙은 변할 수 없다는 것 역시 동도서기론적 이론이었다. 그 때문에 그에게는 "인민의 수가 많아서 그 재식(才識)과 덕망이 능히 한 나라를 통어할 만한 사람이 반드시 있기 때문에 합중국의 대통령을 선택하는 법이 있고, 서양학자 중에는 그 법을 취용함이 옳다 하는 의론을 내놓은 사람이 있으나, 이는 사세(事勢)에 미달하며 풍속에 어두운 어린아이의 희담(戱談)에도 못 미치는" 이론이라 생각되었고, 이 때문에 대통령을 선택하여 나라를 다스리게 하는 이론을 주창하는 사람은 "제왕정부(帝王政府)의 죄인이라 하여도 그 책임을 피하기 어려우며, 그러므로 제왕정부의 인민은 이와 같은 어리석고 망령된 자의 용렬한 이론을 반박하고 그 정부의 세전(世傳)하는 체제를 고수"해야 한다고 말했던 것이다.

이렇게 보면 동도서기론이란 결국 자본주의 세력의 침략 앞에서, 또 민중세력의 정치의식이 높아져가는 추세 앞에서 진보를 가장한 보수적 지배세력이 내놓은 권력 유지책의 하나라 말할 수 있다. 동도서기론이 정치현실에 적용된 대한제국시기는 지난날 척사위정론적 정치세력이 왕권을 뒷받침하여 정권을 유지하던 권력체제가 무너져가고, 대신 동도서기론적 정치세력이 왕권이 아닌 황제권과 결탁하여 전제황권을 강화하면서 새로운 권력체제를 이루어나가려 한 시기였다고 할 수 있을 것이다. 그러나 이 새로운 권력체제는 스스로 풀 수 없는 모순을 지니고 있었으며, 그 때문에 곧 파탄에 빠져버리고 말았다.

동도서기론적 논리의 모순은 무엇보다도 전제군주제 권력구조를 그대로 유지한 채 서양의 근대 기술문명만을 수용하여 '근대화'를 이루려 한 데 있었다. 앞에서 말한 것과 같이 서양의 근대 기술문명은 그것만이 따로 떨어져 발달한 것이 아니라 서양 근대의 역사적 소산물이며, 따라서 근대적 정치문화 내지 정신문화의 기반 없이는 이식될 수 없는 것이었다. 그러나 동도서기론적 근대화에 필요한 기술문명을 수용하기 위해 그 토양으로서의 근대적 정신문화, 특히 그 정치문화를 함께 수용하는 경우 자유주의·국민주권주의의 발달로 인한 국민혁명의 길이 열리고, 이 경우 동도로서의 전제군주체제는 유지될 수 없는 것이었다.

독립협회운동의 하부층이 그 상층 지도부의 황제권강화론과는 달리 민권 신장을 강조하게 되었을 때 그것은 자연히 국민주권주의, 공화주의운동으로 나아가지 않을 수 없었다. 그러나 국민주권주의 의식의 발달은 당연히 동도로서의 전제군주체제를 부인하는 결과를 가져오게 되므로 전제군주 정부는 이 운동을 탄압하지 않을 수 없었던 것이다.

동도서기론의 또 하나의 허점은 그 논리의 비역사성에 있었다. 동도서기론은 그 이론적 근거를 '서기'만의 수용에 의한 근대화 내지 부국강병이 가능하다는 데 두고 있으며, '서기'만을 수용하여 근대화하는 것은 바람직하지만 '서도'까지를 수용하는 것은 몰주체적인, 심하게는 사대주의적인 방법이라거나 동양적인 정치실정, 사회풍토에 맞지 않는 방법이라는 데 두고 있는 것이라 할 수 있다.

그러나 이 경우의 '서도'는 단순히 서양의 근대 정신문화 혹은 정치문화만을 가리키는 것이 아님은 두말할 나위가 없다. 그것은 중세사회를 청산하고 근대사회를 지향하는 역사 단계에 불가결한 보편적 사상체계 혹은 정치체제로서의 개인주의·자유주의·국민주권주의 체제이며, 따라서 어느 지역에는 적당하고 어떤 지역에는 부적당한, 어느 풍토에는 적용될 수 있고 다른 풍토에는 적용될 수 없는 개별적이고 특수적인 체제가 아님은 당연한 일이다.

이렇게 보면 동도와 서기를 구분하여 동도를 보전하고 '동기'대신 서기만을 수용하려 한 동도서기론은 동양적 전제군주체제를 유지하고 정치적 근대화, 즉 국민주권체제를 거부하는 반역사적 논리임을 분명히 알 수 있으며, 따라서 서기의 수용에 의하여 달성하려 한 부국강병도 국민을 모체로 하는 민족주의적 부국강병이 아닌, 전제군주제를 유지하기 위한 지배계급 중심의 부국강병이었음을 이해할 수 있는 것이다.

전제주의체제를 유지하기 위한 부국강병론으로서의 대한제국의 동도서기론은 동도가 무너질 것을 두려워하여 서기를 제대로 수용할 수 없었고, 이 때문에 동도서기론적 근대화 내지 부국강병은 끝내 실패했다. 전제군주체제를 유지하기 위한 동도서기론으로서는 부국강병이 불가능했고, 국민주권주의적 민족주의를 바탕으로 한 부국강병 및 애국운동이 발달하지 못함으로써 식민지화의 길이 재촉되지 않을 수 없었던 것이다. 국민주권주의를 기초로 하지 않은 근대화론, 인간해방의 새로운 단계를 목표로 하지 않은 근대화론이 옳은 의미의, 역사적 의미의 근대화론이 될 수 없음을 동도서기론이 실증한 것이라 말할 수 있을 것이다. (1982)

3. 민족운동·삼균주의·조소앙

삼균주의의 기본 이념

보기에 따라서는, 1920년대 후반기 이후 우리의 민족운동은 한마디로 말해서 좌익노선과 우익노선의 대립 및 연합의 반복이라 할 수 있다. 두 노선은 모두 밖으로 일본제국주의와 투쟁을 벌이면서도 안으로는 서로 대립, 항쟁하기도 했고, 또 때로는 적과의 투쟁을 강화하기 위해 연합전신을 구축하는 데 성공하기도 했던 것이다.

독립운동 과정에서의 이와 같은 두 노선 사이의 대립과 연합의 문제는 해방 후의 분단시대에도 그대로 지속되어 민족상잔과 대립이 있는 반면 또 통일운동도 계속되고 있다. 이와 같은 눈으로 우리의 근대 민족운동사를 바라보면 우리의 관심 대상인 삼균주의(三均主義)는 좌우익노선의 대립을 해소하고 연합전선을 지향한 시기에 대체로 우익노선에 의해 제시된 민족주의론의 하나라 할 수 있다. 이와 같은 우리의 생각을 구체적으로 논증하기에 앞서 우선 삼균주의가 무엇인가 하는 문제를 간략하게나마 살펴볼 필요가 있다.

삼균주의 제창자인 조소앙(趙素昻)은 1931년에 쓴「한국독립당의 근
상(近象)」이란 논문에서 그것을 다음과 같이 설명했다.

독립당이 표시하는 바의 주의는 과연 어떤 것인가. 그것은 개인과 개인, 민
족과 민족, 국가와 국가가 균등한 생활을 하게 하는 주의다. 개인과 개인이 균
등되게 하는 길은 무엇인가. 그것은 정치의 균등화요, 경제의 균등화요, 교육
의 균등화다. 보통선거제를 실시하여 정권에의 참여를 고르게 하고, 국유제
를 실시하여 경제 조건을 고르게 하며, 국비에 의한 의무교육제를 실시하여
교육 기회를 고르게 함으로써 국내에서의 개인과 개인 사이의 균등 생활을
실현하는 것이다. 민족과 민족이 균등되게 하는 길은 무엇인가. 그것은 '민족
자결'을 자기 민족과 또 다른 민족에게도 적용시킴으로써 소수민족과 약소민
족이 압박받고 통치받는 지위로 떨어지지 않게 하는 것이다. 국가와 국가가
균등되게 하는 길은 무엇인가. 그것은 식민 정책과 자본제국주의를 무너뜨리
고 전쟁 행위를 금지시킴으로써 모든 국가가 서로 침략하지 않고, 국제생활
에 있어서 전혀 평등한 지위를 가지고, 나아가서 사해일가(四海一家)와 세계
일원(世界一元)이 되게 하는 것이 삼균주의의 궁극적인 목적이다.(『소앙선생문
집』상 108면)

삼균주의는 한마디로 말해서 대내적으로는 국민 개인의 정권 참여
기회의 균등화, 경제적 조건의 균등화, 교육 기회의 균등화를 달성하고,
대외적으로는 민족자결을 철저히 함으로써 식민지 지배를 청산하고,
더 나아가서 국제간의 침략전쟁을 종식함으로써 세계평화를 달성하려
는 주의였다고 할 수 있다. 특히 민족 내부에서의 정치균등·경제균등·
교육균등을 달성하기 위한 구체적인 방법으로서 보통선거제도의 실시,
토지 및 생산기관의 국유화, 국비에 의한 의무교육제도의 실시 등을 들

고 있지만, 그것은 바로 삼균주의가 제시한 해방 후의 민족국가건설방법론이기도 하다. 따라서 삼균주의가 정립되고 또 민족운동전선의 지도 이론으로 채택된 과정은 민족운동 자체의 발전 과정과 밀접한 관계를 가지고 있는 것이다.

삼균주의 이론을 정립한 조소앙의 사상적 배경으로는 손문(孫文)의 삼민주의, 강유위(康有爲)를 통한 대동사상, 민족운동전선에 큰 영향을 준 무정부주의와 사회주의 그리고 대종교와 성리학의 이기설 등이 지적되고 있으며(홍선희『조소앙사상』, 태극출판 1975), 독립운동전선의 가장 뛰어난 이론가의 한 사람이던 그는 이들 사상에 관하여 폭넓은 지식을 가지고 있었던 것이 사실이다. 그러나 무엇보다도 그가 삼균주의의 이론적 근거를 모두 민족사의 흐름 속에서 구하고 있는 것이 주목된다.

우선 정치균등의 역사적 근거로서 조소앙은 우리 근대사에서의 정치적 변혁 다섯 가지를 들면서 그것을 혁명으로 표현하고 있다. 그의 논문「한국의 현상과 그 혁명 추세」의 제5장 '한국 혁명운동의 체계'에서는 다섯 차례의 혁명으로 1863년 이하응, 즉 대원군의 황족혁명, 1884년 김옥균 등 귀족 청년의 배만(排滿)독립운동, 1894년 전봉준의 평민혁명, 1896년 서재필의 민권혁명, 1919년 손병희의 배일독립운동을 들고 있다.

이와 같은 다섯 차례의 '혁명'이 중세적인 양반정치체제를 무너뜨리고 국민의 균등한 정치 참여를 실현할 수 있는 계기를 만들어왔으나, 일본제국주의의 식민통치로 전체 민족의 참정권이 완전히 박탈되었으므로 민족독립운동의 정치적 목적은 정치 참여의 기회 균등화에 있으며, 또 광복 후에 수립할 민족국가도 정치균등화가 달성된 국가여야 한다는 논리인 것이다. 다시 말하면 민족독립운동의 정치 면의 목적은 완전한 국민주권주의를 달성하는 데 있으며, 나아가서 광복 후에 수립할 민족국가도 군주주의나 독재주의가 아닌 공화주의·민주주의 국가여야 한다는 이론인 것이다.

다음 토지 및 산업기관 국유화를 경제균등정책의 핵심 문제로 제시했지만, 그 근거도 사회주의 이론에서 직접 구하지는 않고 신라시대 이래의 토지제도에서 찾고 있다. 신라의 직전제(職田制)와 고려의 전시과제(田柴科制) 그리고 조선왕조의 과전제(科田制)를 토지국유제로 파악한 그는 과전제가 무너지면서, 특히 임진왜란 이후에 토지사유제와 소작제가 완성되었고, 이 때문에 농민이 수탈당하는 경제체제가 강화되었다고 보고, 이후 일제의 식민통치를 겪으면서 일본인에 의한 토지 겸병이 심화됨으로써 조선인 지주가 몰락하는 한편 조선 농민의 '농노화'가 일반화했다고 파악하고, 이와 같은 경제적 불균등을 타결하는 길은 광복과 함께 국유화정책을 실시하는 방법밖에 없다고 이해한 것이다.

그러나 여기서 한 가지 짚고 넘어가야 할 문제가 있다. 식민지시대를 통해 민족독립운동에 참가한 과거의 지주계급은 분명히 몰락했지만 국내에 있던 지주층은 식민지지배정책의 배려 때문에 식민지시대 말기까지도 그 지위를 그대로 유지하고 있었다는 점이다. 조소앙의 지주 문제에 대한 이해는 독립운동에 참가한 지주 출신 중심이었다고 할 수 있다.

마지막으로 교육균등, 즉 국비교육론의 근거 역시 역사적 맥락 속에서 구하고 있다. 그는 고구려 경당(扃堂) 이래의 모든 교육기관은 지배계급에게만 한정된 것이어서 천인계층은 물론 농·상·공 계층이 모두 '수학권(受學權)'을 빼앗겼다고 했다. 그는 이와 같은 교육의 불균형 문제는 식민지시대에 들어와서도 같은 실정이어서 조선에서의 조선인 교육기관 및 학생 수가 일본인의 그것보다 인구 비례로 보아 극히 제한되어 있음을 구체적인 자료를 들어 비교한 후 국비 의무교육을 통한 신인·신민족·신세계의 창조를 주장함으로써 삼균주의의 목적을 한층 더 선명히 한 것이다.

이상에서 간단히 살펴본 것과 같이 삼균주의는 한마디로 말해서 정치균등·경제균등·교육균등을 통해 개인 사이의 생활 균등화와 민족 사이의 그리고 국가 사이의 균등화를 달성하려는 이론이었다고 할 수 있으며, 그것은 또 무엇보다도 민족독립운동 과정에서 성립된 이론이며, 또 그 과정에 직접 적용된 이론이었다는 점에 큰 의미가 있다. 따라서 우리는 그 제창자인 조소앙의 활동을 중심으로 한 전체 민족독립운동의 전개 과정과 그것에의 삼균주의의 적용 과정을 살펴봄으로써 삼균주의가 가진 민족운동사적 의의 및 그 위치를 한층 더 깊이 이해할 수 있을 것이다.

민족유일당운동과 삼균주의

1891년 경기도 파주군의 반가(班家)에서 태어난 조소앙이 일본에 유학했다가 중국에서의 독립운동전선에 투신한 것은 그가 27세 되던 1913년이었다. 이후 그는 대한독립의군부 등에서 활약하디가 3·1운동 후에는 상해에서 임시정부 수립에 참가하여 빠리강화회의와 국제사회당대회 등에 임시정부 대표로 참가했고, 외무총장으로도 활약했다.

그러나 임시정부는 이른바 창조파와 개혁파의 대립, 국민대표회의의 소집과 결렬 등을 계기로 대체로 1926년 이후부터는 전체 독립운동전선을 대표하는 기능을 잃고 하나의 단위 독립운동단체로 변해갔는데, 조소앙은 1926년 임시정부의 외무총장직을 사임했다.

임시정부의 기능 약화와 함께 민족독립운동은 하나의 큰 고비를 맞이하게 되었다. 중국 만주지방에서의 독립운동전선이 크게 분열되는 한편, 조선공산당이 성립됨으로써 전체 민족운동전선에서의 좌우대립이 본격화하기 시작했고, 이와 같은 추세의 영향으로 국내의 일각에서는 지금까지의 절대독립 노선에서 한걸음 물러나서 일제의 식민지 지배를 인정하는 범위 내에서의 자치론이 대두하기도 한 것이다.

이와 같은 민족운동전선의 분열과 위축을 청산하고 새로운 방법론을 모색하려는 움직임이 1920년대 후반기의 중국과 만주지방 전선에서 먼저 일어났고, 그것이 국내와 일본에서의 민족운동에도 번져나갔으니 민족유일당운동의 발달이 그것이다. 1926년에 한국독립유일당북경촉성회가 "동일한 목적, 동일한 성공을 위하여 운동하고 투쟁하는 혁명자 등이 반드시 하나의 기치 아래 모이고 하나의 호령 아래 모여야만 비로소 상당한 효과를 거둘 수 있음은 더 말할 필요가 없다"고 선언함으로써 시작된 이 운동은 국내외의 민족운동전선에 급격히 퍼져나갔다.

중국 상해·남경·광동 지방에서 잇달아 유일당 촉진회가 결성되었고, 무장독립운동의 중심지인 만주지방에서는 정의부(正義府)·신민부(新民府)·참의부(參議府) 3부 통합운동으로 발전했으며, 여기에 남만(南滿) 청년총동맹과 같은 좌익계 단체도 적극 참가했다. 한편 국내에서는 1927년에 비타협적인 우익세력과 좌익세력이 연합하여 신간회를 조직함으로써 민족운동에 활기를 불어넣었고, 일본에서도 토오꾜오를 비롯한 오오사까 등 각 중요 도시에 신간회 지회가 조직되었다.

1920년대 후반기 분열되고 침체한 민족운동전선에 하나의 새로운 돌파구를 찾기 위한 노력의 결과로 나타난 민족적 협동전선으로서의 민족유일당운동은 중국과 만주지방 전선에서는 큰 성과를 거두지 못한 반면, 오히려 국내에서는 신간회운동이 성공하여 어려운 조건 아래서도 약 5년간 지속되면서 노동운동·농민운동·학생 운동을 효과적으로 지도했다.

1926년에 임시정부의 외무총장직을 사임한 조소앙이 이 민족유일당 운동에 어느정도 참가했는가 하는 문제는 민족운동에서의 삼균주의의 위치를 이해하는 데 상당히 중요한 의미를 가진다. 왜냐하면 삼균주의는 이후의 민족운동에서 항상 연합전선론적 이론으로 제시되었다고 보이는데, 좌우익세력이 본격적으로 대립된 후 최초로 형성된 연합전선으로 볼 수 있는 민족유일당운동을 삼균주의가 어느정도 이론적으로 뒷받침했는가 하는 문제를 밝히는 것은 역시 요긴한 일이 아닐 수 없기 때문이다.

조소앙은 그의 자전(自傳)에서,

> 1926년에 한국유일독립당촉성회를 조직하고 「삼균제도」 「한국문원(韓國文苑)」을 저술.(『소앙선생문집』하 157면)

이라 했다. 1979년에 삼균학회가 편찬, 출간한 『소앙선생문집』의 연보편은 1927년, 즉 그가 41세 되던 해에,

> 국내 민족합일전선 신간회와 호응하여 한국유일독립당촉성회를 이동녕·안창호·홍진(洪震)·이시영·김구·조완구(趙琬九)·김두봉·구연흠(具然欽) 등과 창립하고, 그 상임위원에 선임됨. 11월에 홍진을 동회 대표로 만주에 파견하여 한국독립당 조직에 있어 삼균주의 원칙에 입각한 당강·당책을 채택게 함.(『소앙선생문집』상 495면)

이라 하여 민족유일당운동 때 이미 삼균주의 이론이 이루어졌고, 그것이 만주에서 조직된 한국독립당의 정강·정책으로 채택된 것이라 했다. 그러나 여기에는 약간의 의문점이 있다.

조소앙이 자전에서 1926년에 민족유일당운동에 참가하면서 「삼균제도」라는 글을 썼다 했으므로 민족유일당운동이 시작될 때 이미 삼균주의 이론이 어느정도 세워져 있었다고 볼 수 있다. 그러나 이때의 민족유일당운동에 삼균주의 이론이 구체적으로 뒷받침된 객관적인 자료는 아직 발견되지 않고 있으며, 연보가 말하는 홍진 중심의 만주에서의 한국독립당 조직에 삼균주의 원칙이 적용되었다는 내용에도 상당한 의문점이 있는 것이다.

연보에서는 한국독립당 조직을 위해서 홍진을 만주에 파견한 것이 1927년 11월로 되어 있으나 홍진을 중앙위원장으로 한 만주에서의 한국독립당이 조직된 것은 1930년 7월이다. 또 그것이 "민족유일당 조직의 시대적 요구를 원류로 하여 결성된"(「독립군전투사」, 독립운동사편찬위원회 편 『독립운동사』 제5권 598면) 것이라 해도 정의부, 신민부, 참의부 3부의 통합운동을 중심으로 하는 민족유일당 운동은 결국 혁신회의(革新會議, 재만유일당촉진회)와 국민부(國民府)로 대립되었다가 혁신회의 쪽이 김좌진(金佐鎭) 중심의 한족총연합회로 다시 조직되었다. 그가 죽은 후 그 주동 세력이 1930년에 한국독립당을 조직했고 국민부 계통이 조선혁명당으로 발전한 것이지만, 한국독립당의 강령이나 정책에 삼균주의 이론이 적용된 흔적을 찾을 만한 자료는 보이지 않는다.

한편 역시 『소앙선생문집』의 연보는 그가 43세이던 1929년 조에,

3월에 유일독립당촉성회의 분규와 모순성을 청산하고 순수한 민족주의자의 중심체를 구상, 이동녕·안창호·이시영·김구·조성환(曺成煥)·조완구·엄대위(嚴大衛)·김두봉 등과 한국독립당을 창당하고 삼균주의에 입각한 당의·당강을 작성.(『소앙선생문집』 하 497면)

이라고 했다. 상해에서 창당된 이 한국독립당은 상해한인청년당, 상해한인애국부인회, 상해한인여자청년동맹, 상해한인소년동맹 등을 통합하여 형세가 약화된 임시정부의 기초적 정당으로서 조직된 것이었지만 (김정명 편『조선독립운동』제2권 533면), 이때의 한국독립당이 삼균주의를 정강·정책으로 채택한 자료 역시 아직은 얻기 어렵다.

이와 같이 1920년대의 민족운동전선에 대두된 민족유일당운동에 삼균주의 이론이 직접적으로 정강·정책으로 채택된 객관적인 자료를 얻기는 어렵다. 그러나 다음에서 논급되겠지만, 삼균주의가 이후의 독립운동전선에서 협동전선 내지 연합전선이 형성될 때마다 그 주도적인 이론이 된 것으로 보아 비록 적극적인 자료를 얻을 수는 없다 하여도 최초의 협동전선 내지 연합전선이라고 할 수 있을 민족유일당운동에도 일정한 역할을 한 것이 아닌가 짐작되는 것이다.

민족혁명당·전국연합진선협회와 삼균주의

1920년대 후반기에 민족적 협동전선으로 추진되었던 민족유일당운동이 실패한 후 1930년대 전반기의 민족독립운동전선은 대체로 다음과 같은 몇 가지 방향으로 정리될 수 있다. 국내에서는 유일당운동에 참가했던 비타협적 민족 세력의 조직적 운동 기반이 없어지는 반면, 식민통치에의 타협적 세력이 증가해갔고, 좌익노선은 국내외를 막론하고 이른바 극좌주의 방향으로 나아갔다.

한편 중국에서의 민족운동전선은 개인적이고 분산적인 폭력 활동이 활발해지는 반면, 또다시 전선의 연합을 이루려는 노력이 나타나기 시작했으니, 1932년에 상해에서 한국대일전선통일동맹이 성립한 것이 그 시발점이 된다.

　김규식 등의 노력으로 한국독립당 대표 이유필(李裕弼)·차이석(車利錫), 한국혁명당 대표 윤기섭(尹琦燮)·성준영(成駿永), 조선혁명당 대표 최동오·유동열(柳東說), 의열단 대표 김원봉 등이 모여 성립한 이 동맹은 그것에의 가맹단체는 물론 기타의 각 혁명단체를 전부 해소하고 그 단체원을 동맹원으로 가입시켜 단일한 대규모 동맹을 조직하며 이를 위해 임시정부도 해체시킬 방침을 세웠다.

　임시정부 핵심 세력의 반발이 있기는 했지만 한국대일전선통일동맹은 이 시기 중국 지방 독립운동전선의 연합전선 형성의 모체가 되었고, 마침내 1935년에는 그 제3회 대회를 재중국 각 혁명단체대표대회로 하여 민족혁명당을 발족했다. 조소앙은 한국독립당 대표로서 같은 당의 박세창(朴世昌), 신한독립당 대표 윤기섭·홍만호(洪萬湖), 의열단 대표 김원봉·윤세주(尹世胄), 재미대한독립당 위임대표 김규식·신익희, 재하와이 국민회 위임대표 차이석 등과 함께 신당 창립 대표위원으로 참석했고, 또 김규식·김원봉과 함께 세 명의 규칙 제정위원으로 선출되었다.(『조선독립운동』제2권 540면)

　임시정부의 핵심 세력을 중심으로 하는 일부의 이탈 세력이 있었지만 민족혁명당의 성립은 인물 구성에서나 그 규모 면에서 임시정부가 약화된 이후 중국에서의 독립운동전선에 임시정부를 대신할 만한 큰 조직으로 발전했다. 특히 임시정부를 해체하고 전체 독립운동전선에 새로운 활로를 열려 했으므로 민족혁명당의 당의와 강령을 통해 해방 후 민족국가 건설 계획을 적극적으로 제시했고, 여기에 삼균주의 이론이 분명히 반영되어 있는 것이다.

　민족혁명당은 그 당의에서,

본당은 혁명적 수단으로써 구적(仇敵) 일본의 침탈 세력을 박멸하여 오천 년 동안 자주독립해온 국토와 주권을 회복하여 정치·경제·교육의 평등에 기초를 둔 진정한 민주공화국을 건설하여 국민 전체의 생활 평등을 확보하고, 나아가서 세계 인류의 평등과 행복을 촉진한다.(같은 책 540면)

라고 했는데 '정치·경제·교육의 평등'을 이루어 국민 전체의 생활 평등과 세계 인류의 평등을 촉진하는 삼균주의 이론이 그대로 반영되어 있는 것을 볼 수 있다.

앞에서 말한 것과 같이 조소앙이 민족혁명당의 창당 대표위원으로, 그리고 규칙제정위원으로 참가했으므로 '정치·경제·교육의 평등'은 분명히 그의 삼균주의론이 바탕이 된 것이라 볼 수 있으며, 이 삼균주의 정책은 또 민족혁명당의 당강에도 그대로 반영되어 있음을 볼 수 있다.

먼저 정치균등 문제는 당강에서,

봉건세력 내지 일체 반혁명세력을 숙청함으로써 민주 집권의 정권을 수립한다.

국민은 일체의 선거 내지 피선거권을 가진다.

국민은 언론·집회·출판·결사·신앙의 자유를 가진다.

여자는 남자의 권리와 일체 동등하다.

등의 정책을 제시했고, 경제균등을 이루기 위한 구체적 정책으로는,

소수인이 다수인을 박삭(剝削)하는 경제제도를 소멸하여 국민 생활상 평등의 제도를 확립한다.

토지는 국유로 하여 농민에 분급한다.

대규모의 생산기관 내지 독점적 기업을 국영으로 한다.

국민 일체의 경제적 활동은 국가의 계획하에 통제한다.

등의 조목을 제시했으며, 마지막으로 교육균등을 실현하기 위한 정책
으로는

의무교육과 직업교육은 국정(國定)의 경비로써 실시한다.

라고 했다. 앞에서 말한 바와 같이 1920년대 후반기의 민족협동전선으
로서의 민족유일당운동에서는 삼균주의론이 구체적으로 적용된 객관
적인 자료를 얻기 어려웠으나, 1930년대 후반기로 접어들면서 다시 성
립된 민족연합전선으로서의 민족혁명당 당의와 당강에서는 그것이 구
체적으로 적용된 사실을 찾아볼 수 있는 것이다.

그러나 민족혁명당에 참가하고 삼균주의 원칙에 의하여 정강·정책
을 세웠던 조소앙은 곧 "의열단 일파가 신당의 중심이 되어 매사를 전
횡하는 데 불만을 품고" 민족혁명당을 탈당하여 1935년 9월에 한국독
립당을 재건했다.(같은 책 533면) 조소앙을 중심으로 재건된 한국독립당
이 삼균주의를 당의 기본 정책으로 채택한 것은 당연한 일이었다. 재건
된 한국독립당은 그 당의에서,

본당은 혁명적 수단으로써 구적 일본의 온갖 침략 세력을 박멸하고 국토와
주권을 완전히 해방하여 정치·경제·교육의 균등을 기초로 하는 신민주국가
를 건설하고 이로써 안으로는 국민 각개의 균등 생활을 확보하여 민족과 민
족, 국가와 국가 간의 평등을 실현하고, 나아가서 세계일가의 진로로 나아간
다.(같은 책 646~47면)

라고 하여 민족혁명당의 당의보다 삼균주의를 한층 더 명백하게 설명하고 있다. 한편 이 무렵의 중국에서의 독립운동전선은 조소앙이 참가한 독립운동 정당뿐만 아니라 다른 정당에서도 삼균주의 원칙을 채택해가고 있음을 볼 수 있는데, 역시 1935년에 창당된 한국국민당의 경우가 그 한 예로 될 수 있다.

한국국민당은 민족혁명당의 임시정부해체론에 반대하여 김구를 중심으로 하는 임시정부 고수파가 조직한 정당으로서 조소앙은 이 정당에 관계하지 않았을 뿐만 아니라 그 대립 정당인 민족혁명당의 핵심 인물이었고, 그 정당에서 탈당한 후에도 한국국민당에 가입하지 않고 한국독립당을 따로 만들었다. 그런데도 불구하고 한국국민당은 1935년에 발표한 창당 선언에서

오등(吾等)은 국가주권의 온전한 해방과 전민적(全民的) 정치·경제·교육 균등의 삼대 원칙의 신앙을 확립하여 한국국민당을 조직하였다.(같은 책 546면)

하고, 그 당의에서는

토지와 대생산기관을 국유로 하여 국민의 생활권을 평등히 할 것.(같은 책 645면)

을 들고 있어서 역시 삼균주의 원칙을 받아들이고 있음을 알 수 있다.

1935년에 접어들면서 중국에서의 민족독립운동전선은 개별적, 분산적 활동을 지양하고 연합전선을 지향해갔다. 이 연합전선운동은 단번에 이루어지지는 않았고 역시 몇 개의 정당으로 일단 분립되었다. 그러나 이 시기에 성립된 민족독립운동전선의 대표적인 정당이라 할 수 있

는 민족혁명당과 한국독립당 그리고 한국국민당이 모두 삼균주의 원칙을 정강, 정책으로 채택했음을 확인할 수 있는 것이다.

이 시기의 연합전선 지향은 종래의 민족운동전선에 고질적으로 작용했던 지방색적, 파벌적 대립과 또 좌우익노선 사이의 사상적 대립을 해소, 조화하고 민족독립운동 세력의 대동단결을 이룸으로써 일본제국주의와의 투쟁을 강화하고 해방 후의 민족국가 건설을 위한 방법론의 통일을 이루려는 노력의 하나로 나타난 것이었지만, 이와 같은 연합전선론의 이론적 바탕이 된 것이 삼균주의 원칙이었다는 사실은 민족독립운동에서의 삼균주의의 위치를 다시 한번 주목하게 하는 것이라 말할 수 있다. 이와 같은 생각은 1930년대 후반기 이후의 전선연합이 성공해가는 과정에서의 삼균주의의 역할을 계속 추적해봄으로써 더욱더 확실해질 수 있다.

중국에서의 독립운동전선에서는 1935년에 전선연합을 지향하면서 민족혁명당이 성립되었으나 완전히 성공하지는 못했고, 민족혁명당·한국국민당·한국독립당과 민족혁명당을 탈당한 이청천 중심의 조선혁명당 등으로 분립되었다. 그러나 전선을 연합하려는 운동은 계속되어서 1937년에는 한국국민당·조선혁명당·한국독립당이 중심이 되고 하와이국민회 등이 연합하여 한국광복운동단체연합회를 결성했고, 1938년에는 민족혁명당이 중심이 되고 그 영향 아래 있던 조선민족해방운동자동맹·조선혁명자연맹 등이 합쳐 조선민족전선연맹을 결성하였다.

1938년까지 일단 한국광복운동단체연합회와 조선민족전선연맹으로 통합되었던 독립운동전선은 전선연합을 계속하여 1939년에는 마침내 두 단체가 연합하여 전국연합진선협회를 결성하고 김구·김원봉 두 사람의 이름으로 「동지·동포 제군에 보내는 공개 통신」을 발표하고 정치강령을 내놓았다. 「공개 통신」에서 삼균주의가 직접 표현되지는 않았지만 해방 후의 민족국가 건설 계획이라 할 수 있는 정강에서는 민족혁명당의 그것과 같은 삼균주의 정책이 그대로 채택되었다.

이제 그것을 다시 들어보면 우선 정치균등정책으로는

봉건세력 내지 일체의 반혁명세력을 숙청하여 민주공화제를 건설한다.
부녀의 정치·경제·사회상의 권리 및 지위를 남녀 동양(同樣)으로 한다.
국민은 언론·출판·집회·결사·신앙의 자유를 향유한다.

등이 채택되었고, 경제균등정책으로는

공업·운수·은행 및 기타 산업 부문에 있어서 국가적 위기가 있을 경우는 각 기업을 국유로 한다.
토지는 농민에게 분배하기로 하며 토지의 일체 매매를 금지한다.

등의 조항이 들어 있으며, 다음 교육균등정책으로서는

국민의 의무교육과 직업교육을 국가의 경비로써 실시한다.

라고 했다. 조소앙이 전국연합진선협회의 정강·정책에 직접 참가했는지는 분명하지 않지만, 그는 이때 한국독립당의 대표로서 우선 한국광복운동단체연합회에 참가했고 또 자연히 전국연합진선협회에 참여하게 되었다. 그리고 전국연합진선협회가 앞서 그가 규칙제정위원으로 참가했던 민족혁명당의 정강과 정책을 거의 그대로 채택함으로써 중국독립운동전선의 두번째 연합전선으로서의 전국연합진선협회의 정강·정책이 삼균주의 원칙을 바탕으로 하게 된 것이다.

한국독립당, 건국강령과 삼균주의

1940년에는 한국광복운동단체연합회를 이룬 핵심 정당인 조소앙 중심의 한국독립당과 김구 중심의 한국국민당 그리고 이청천 중심의 조선혁명당의 세 당이 통합되어 한국독립당으로 발전함으로써 중국에서의 민족운동전선은 한국독립당과 민족혁명당의 양대 정당으로 형성되었고, 또 이 두 정당이 연합하여 임시정부의 활동을 다시 강화해나갔다.

민족혁명당이 그 정책으로 삼균주의 원칙을 채택했음은 앞에서 말한 바와 같지만, 3당 통합으로 이루어진 한국독립당의 정강과 임시정부가 1941년에 발표한 건국강령도 모두 삼균주의를 바탕으로 했다.

조소앙이 중앙집행위원회 부위원장으로 참가한 통합된 한국독립당은 그 당의에서 1935년에 민족혁명당에서 탈당한 그가 중심이 되어 조직했던 한국독립당의 당의를 거의 그대로 채택하여 정치·경제·교육의 균등에 의한 신민주국가를 건설하고, 안으로는 국민 각개의 평등한 생활을 보유하고 밖으로는 국제적 평등을 실현하며 나아가서 세계일가의 노선으로 나아갈 것을 선언한 것이다. 그리고 그것을 실천하기 위한 구체적 정책으로는 먼저 정치균등을 위해,

보선(普選)을 실시하여 국민 정권의 평등화를 이루고 남녀별·교파·계급의 차별을 묻지 않고 헌법상에 있어서의 국민의 기본 권리의 평등화를 확정한다.

라고 했고, 경제균등을 위해

토지 및 대생산기관을 국유로 하여 국민 생활의 평등화를 이룬다.

했으며, 교육균등을 위해서는

국민 생활상의 기본 조직 내지 필요 기술을 보급하여 공비적(公費的) 무교
육을 실시, 국민 수학권의 평등화를 이룬다.

하여(같은 책 667~68면) 삼균주의 정당임을 한층 더 분명히 밝히고 있다.
한편 조소앙은 3당 통합으로 창당된 한국독립당의 당의 해석을 집필
했는데, 그것을 통해 삼균주의론을 한층 더 발전시켰음을 볼 수 있다.
즉 당의 해석을 통한 정치균등론은

본당은 이족의 손으로부터 우리의 정권을 완전히 해방한 후에는 어떤 한
계급으로 하여금 정권을 전담케 하려 하지 아니하고, 다시 말하면 이조시대
의 양반과 같은 새 특권계급을 만들어내지 아니하고 해방한 정권을 국민 전
체에게 돌리어 균등히 향유케 하려 한다. 현재 세계 각국의 정태(政態)를 살
펴보면 영·미 자본주의 국가에는 자본을 중심으로 하여 자본가들이 전권(專
權)하는 폐단이 보인다. 독일과 이태리 등 국가는 변상적(變相的) 국황 히틀
러, 무솔리니 등이 나치스, 파쇼독재를 감행하면서 침략을 일삼고 있다. 사회
주의 소련에서는 노농전정(專政)을 실시하고 있다. 본당이 주장하는 정치적
균등은 어떠한 한 계급의 독재전정을 요구하지 아니하고 오직 진정한 전민적
정치균등을 요구하는 것이다.(『소앙선생문집』 상 215~16면)

라고 하여 '자본가 전정'과 '파쇼독재' 그리고 '노농전정'을 거부하고
'전 민족 정치균등'을 정치균등정책의 요체로 제시했고, 경제균등론에
서는,

현재 자본주의 국가 내에는 두 개의 대모순이 있다. 이는 곧 생산의 집체적 무정부상태와 분배의 불합리, 불균등성이다. 즉 소수 자본가, 지주의 욕망을 달(達)하기 위하여 국가 자본 일체를 상품화하여놓고 사회적 필수 여부를 불문하고 개인 이익 중심에서 계획 없는 생산을 경행(競行)하고 있으며 (…) 이러한 모순으로 인하여 대지주·대자본가가 세계의 정치·경제·군사를 임의로 좌우, 지배케 되었고 절대 다수인 무산대중이 기아에서 헤매며 죽어 쓰러지게 되었다. (…) 본당은 이에 감(鑑)하여 인민 생활과 국가 존재의 기석(基石)인 경제제도를 합리화하기 위하여 생산의 국가사회적 지도 및 계획 조정과 분배의 민족적 합리성을 구하는 경제의 균등을 주장한다.(같은 책 216~17면)

하고, 그 요점은 토지와 대생산기관을 국유로 하여 국민의 생활권을 균등화함에 있다고 했다. 또한 교육균등론에 관해서는

우리 한국 국민은 자고로 교육을 균등히 받을 기회를 얻지 못하였다. 과거 이조시대에는 양반과 상인의 계급차별로 인하여 상인의 자제는 교육받음을 허락지 않았고, 현재 왜적의 철제(鐵蹄)하에 있는 한인의 문화교육은 더 말할 것 없이 최잔(摧殘)과 말살당하고 말았다. 그리하여 한인의 문맹률은 세인이 놀랄 만큼 고도에 달하게 된 것이다. 이에 본당은 이족에게 말살당한 문화를 다시 건설하여 국민의 생활 기능을 배양하며 세계 문화에 대하여 상당한 공헌을 하며 기립입인(己立立人)의 이상에 달하기 위하여 광복 후 국민교육에 주력하려 하는 것이다.(같은 책 217면)

하고 국가 비용에 의한 의무교육제도의 실시를 제시했다. 이는 삼균주의가 '한일합방' 이전의 역사적 배경과 일제 식민지 치하에서의 민족적 현실 그리고 1940년대의 세계사적 조건을 소화한 민족국가 건설론이었

음을 말해주고 있는 것이다.

한편 일본의 패망이 다가옴을 알게 된 중국 지방에서의 독립운동전선은 해방 후의 민족국가 수립 계획을 구체화해갔으며, 그것을 종합한 것이 1941년에 임시정부가 발표한 건국강령이라 할 수 있다. 그 기초자가 바로 임시정부의 외무부장 겸 선전위원회 주임위원이던 조소앙이었으며, 물론 이 건국강령도 삼균주의 원칙을 바탕으로 하고 있다.

건국강령은 우선 그 총강(總綱)에서 "우리나라의 건국 정신은 삼균제도에 역사적 근거를 두었다" 하고 임시정부는 "혁명적 삼균제도로써 복국과 건국을 통하여 일관한 최고 공리인 정치·경제·교육의 균등과 독립·민주·균치의 삼종방식(三種方式)을 동시에 실시할 것"이라 했다. 그리고 삼균제도의 강령과 정책을 국내에 시행하기 시작하는 과정을 건국의 제1기로 하고, 삼균제도를 골자로 하는 헌법을 실시하여 정치와 경제·교육의 민주적 시설로 실제상 균형을 도모하며 전국의 토지와 대생산기관의 국유화가 완성되고 전국 학령아동의 전체 수가 고급 교육을 무상으로 받게 되며 보통선거제도가 실시되어 자치조직과 행정조직과 민중단체와 민중조직이 완비되어 삼균제도와 배합, 실시되고 경향 각층의 극빈계급의 물질과 정신상 생활 정도와 문화 수준이 제고, 보장되는 과정을 건국의 제2기라 했다.

건국강령에서의 건국 과정은 3단계로 되어 있어서 건국에 관한 일체의 기초적 시설, 즉 군사·교육·행정·생산·위생·경찰·농·공·상·외교 등 방면의 건설기구와 성적이 예정 계획의 과반 정도 성취될 때를 건국의 완성기로 잡았지만, 어쨌든 임시정부의 해방 후 민족국가 건설 계획은 완전히 삼균주의에 의해 세워졌음을 알 수 있는 것이다.

1935년에 민족혁명당이 조직될 때 그 기초 이론으로 적용되기 시작한 삼균주의는 조소앙 중심의 한국독립당과 3당 통합의 한국독립당은 물론 전국연합진선협회의 이론적 근거가 되었고, 마침내 임시정부가 제시한 종합적 민족국가건설론으로서의 건국강령의 중심 이론으로 채택되었다.

삼균주의가 건국강령의 이론적·정책적 기초가 되었다는 사실은 어떤 의미에서는 그것이 전체 식민지시대를 통한 우익노선 민족독립운동의 하나의 결론이었다고 말할 수 있다. 왜냐하면 식민지시대 민족독립운동의 궁극적인 목적은 해방과 민족국가의 건설에 있었으며, 임시정부의 건국강령은 임시정부를 중심으로 하는 우익노선 민족운동의 연합전선이 제시한 해방 후의 민족국가건설론이요, 그 이론적 근거가 바로 삼균주의였기 때문이다.

단정 반대·단정 참여와 삼균주의

해방 당시 임시정부 외무부장이던 조소앙은 그해 12월 1일 다른 임정요원들과 함께 개인 자격으로 32년 만에 귀국했다. 미군정이 임시정부를 인정하지 않아서 외무부장직은 사실상 무효가 되었으나 한국독립당의 부위원장으로서, 그가 조직한 삼균주의청년동맹·삼균주의학생동맹의 위원장으로서, 그리고 한국독립당과 결별하고 조직한 사회당 주석 및 제2대 국회의원으로서의 활동은 계속되었다. 해방 후 그의 정치활동은 대체로 반탁운동과 단정반대운동, 남북협상운동 그리고 단정(單政) 참여를 전제로 한 사회당 활동 및 국회의원 활동으로 연결되었는데, 이것이 모두 삼균주의를 바탕으로 계속되었다.

우선 반탁운동에는 한국독립당의 당책에 의해 참가했지만, 그는 그것을 독립운동의 연장으로 생각했다. 그가 임시정부의 공식 대변인 자격으로(임시정부가 중국을 출발할 때 그는 공식 대변인으로 선출되었다. 『소앙선생문집』하 56면 주) 발표한 「미소공동위원회 등 당면 문제에 관한 견해」(같은 책 62~63면)에서

공산당에서 신탁통치를 찬성하였다는 말이 들리는데 직접 이야기를 듣지 못하여 명언(明言)하기는 어려우나 신탁통치를 찬성하는 것이 독립운동이냐, 신탁통치를 반대하는 것이 독립운동이냐를 우선 생각하여주기 바란다. (…) 우리는 지금 독립운동을 하고 있지 않는가.

라고 했고, 「막부(幕府)삼상회담 등 당면 문제에 관하여」(같은 책 65면)에서도 한국 민족운동의 현단계에서의 공동 목표는 첫째 독립국가, 둘째 민주정권, 셋째 정치·경제·문화·교육 등 문제를 균등한 기초 위에 두려는 데 있다 하였다. "특히 한국 민족은 탁치가 민주주의 발전을 지연시키는 결과를 가져오며, 민주적 임시정권이 공산주의를 대표할 것이 아니라는 것을 알아야겠다. 이 반면 공산주의자들을 제외하는 것도 결함이 있는 것이다"라고 하여 신탁통치가 삼균주의 원칙에 의한 국가 건설에 방해된다 하면서도 삼균주의가 가진 연합전선적 성격에 따라 민족국가 건설에서의 공산주의자의 참여도 배제하지는 않았다.

이 시기의 반탁론은 곧 단정론과 단정반대론으로 나누어지게 되는데, 조소앙은 임시정부 세력이 대부분 그러했던 것같이 단정반대론으로 나아갔다. 그의 단정반대론은 우선 입법의원의 추천 및 당선을 거부한 데서부터 나타났다. 그는 「입법의원 당선을 거부하는 성명서」에서 (같은 책 83면)

본인은 남북이 통일된 국가로서의 총선거로써 통일국가의 입법기관이 성

립될 때에는 용감히 나서겠다.

본인은 임정의 일원으로 귀국 1년 후 반탁치운동에 큰 성과를 보지 못한 죄책을 생각하기 때문에 현재의 형식과 내용을 가진 남조선 과도입법의원에는 참가하지 못하겠다.

본인은 남북통일·좌우합작의 완성을 위하여서는 원외에서 자유로운 입장으로 활동하는 것이 교우(較優)한 것으로 믿는다.

하고, 1946년 12월 26일에 남조선 과도입법의원의 전(全)서울시 대의원 자격을 포기했고, 1947년 10월에도

소위 좌(左)친탁, 우(右)반탁의 대립적 정성(情性)으로 하여금 좌 철병(撤兵), 우 주병론(駐兵論)의 미론(迷論)을 재현하지 말 것.
북한의 인민 '소비에트'제 연장설과 남한의 단선·단정 집행론을 포기할 것.(같은 책 94면)

등을 내용으로 하는 담화를 발표하여 단정반대론을 계속 펴나가다가 단독정부 수립을 위한 총선거가 확정된 1948년 3월에는 김구·김규식·김창숙 등과 함께 총선거에 불참하는 공동성명을 발표하고, 4월에는 역시 김구·김규식 등과 함께

경제독점은 정권독점보다 못지않은 해독을 받게 되는 것이며, 결과로 과학을 봉쇄하여 대중을 우마화하는 악결과를 가져오게 하는 것이다. 우리의 기도하는 신정부의 형식은 과학은 과학상 지력을 경제상 부력과 함께 각 층급에 골고루 배급 주기 위하여 선결문제로 정치상 권력을 어느 한 계급에 독점되지 않고 공민 각개의 기본적 균향(均享)을 완성할 것.(같은 책 105~106면)

을 골자로 하는 7개항의 남북협상안을 발표하고 평양에서의 남북협상에 참가했다. 이 협상안에도 삼균주의 이론이 반영되었다고 볼 수 있을 것이다.

남북협상 참석은 조소앙의 정치생활에 하나의 전환점을 가져오는 계기가 되었다. 즉 남북협상에 참가하고 온 그는 이해 10월에 한국독립당과 결별하고 단정으로서의 대한민국을 인정하면서 사회당을 조직하고 국회의원에 출마, 당선된 것이다. 이와 같은 노선 변경의 동기에 대하여 그는 뒷날 1950년 4월에 발표한 「차기 총선거와 나의 정국관」에서 다음과 같이 말했다.

남북협상의 목적한 바는 부득불 국제 결정을 합리하게 전변시키기 위하여 또는 남북 동포의 최대 결심을 고동키 위하여 비전체적인 선거가 우리 앞에 와주지 말고 오직 전체적인 선거가 오도록 국민에 향하여 동의할 권리를 발동할 따름이다. 그러나 북방은 소련 '코민포름' 지령하에 강대한 권력과 무력을 배경으로 한 데 대하여 우리들은 진정한 민중을 기반으로 한 정당·사회단체의 대표로서 대하게 되어 도저히 상대가 되지 않았으므로 결국 실패에 돌아간 것이다. 우리는 남한으로 돌아오면서 민족진영의 재편성 내지는 대동단결의 필요성과 가능한 지역에서의 선거로 우리의 정부를 수립하여 민족진영의 기반을 공고히 하여야 하겠다고 가슴 깊이 느꼈던 것이다.(같은 책 132면)

남북협상에서 돌아올 때 '가능한 지역에서의 선거로 우리의 정부를 수립'할 것을 가슴 깊이 느꼈던 조소앙은 대한민국정부가 수립된 후인 1948년 10월에 한국독립당과 결별하고 대한민국을 지지하는 성명서를 발표했다. 한국독립당과의 결별 이유를 삼균주의를 실천하자면 입법기관에 발언권을 사용하는 단계를 통하여서만 가능한 것이다. 그러나 당은 전의 결의안을 번복하고 선거 불참가를 결의하였던 것이다. 선거가 이미 완료된 오늘날에는 선거 반대가 완전히 무의미하여진 것이다. 목전에 걸린 긴급한 문제와 장래에 닥쳐올 종종(種種) 곤란을 타개하며 방지하기 위하여서는 대중 기반 위에서 원칙과 방법을 병행하여야 할 것이다. 통일의 원칙만 사수하고 통일의 방법을 무시하여서는 안 될 것이다.

통일의 구호만을 부르고 통일로 가는 첩경을 차단하여도 안 될 것이다. 통일의 방법으로는 전 민중의 공론을 채용할 것과 권력 형태의 조직을 통할 것과 국제기구의 협조를 고려할 것 등이다.(같은 책 113면)

라고 한 데에서 드러나고 있다. 삼균주의를 실천하는 방법으로서 의회 진출을 택하고 통일문제를 해결하는 방법으로서는 '권력 형태의 조직'을 통하는 길을 택하기로 했으니, 이 경우는 당연히 단정으로서의 대한민국에 참여하는 것을 전제로 한 것이다. 따라서 그는

자신이 참가하지 않았다는 이유로, 자당의 정책이 집행되지 못했다는 이유로, 주권과 영토가 완성되지 못했다는 이유로 대한민국을 거부할 이유가 발견되지 않는 것이다.(같은 책 110면)

라고 하여 한국독립당과 결별하면서 사회당을 창당하고 제2대 국회에 진출함으로써 남북협상에 동참했던 김구·김규식 등과는 다른 길을 걷게 되었다.

한국독립당과 결별한 조소앙은 같은 해 12월에 사회당을 결당했다. 사회당의 기본 노선은 결당대회 선언서에서 밝힌 바와 같이 "대한민국의 자주독립과 남북통일을 완성하고 정치·경제·교육상 완전 평등한 균

등사회 건설에 일로매진"하는, 즉 대한민국체제 안에서 삼균주의 이념을 실천하려는 데 있었으며, 그것은 또 다음과 같은 선언서의 내용에서 더욱 잘 드러난다.

특히 우리나라에 있어서는 미·소 양군의 분단점령으로 인한 국토의 양단이 동족상잔을 한층 격화시키고 말았다. 이와 같은 외래적 원인으로 인하여 우리 사회는 소위 진보적 민주주의라는 계급독재파들이 무산계급 독재를 실시코자 함으로써 일부 민중은 이에 유혹과 선동을 받고 있는 현상이며, 또 일부 자본주의 특권계급은 반세기에 가까운 일본제국주의의 옹호하에 성장, 발전되어 8·15 일제의 패망 이후 자(自)계급의 특권을 연장, 발전시키고자 봉건 잔재와 결합하여 엄연히 일개 세력을 형성하고 있다. 이와 같은 2종의 세력은 그 세력 확충을 위하여 민중의 정당한 판단을 현혹케 하며 민족상잔의 화근을 일으키며 민심의 혼란과 시정(施政)의 지장을 주는 것이 금일 한국사회의 가릴 수 없는 실정이다. 우리 민중은 무산계급 독재도, 자본주의 특권계급의 사이비적 민주주의 정치도 원하는 바가 아니요, 오직 대한민국의 헌법에 제정된 균등사회의 완전 실현만을 갈구할 뿐이다.(같은 책 115면)

단정체제를 인정하는 범위 안에서 삼균주의를 실천하는 방법의 하나로 창당된 사회당의 삼균주의 정책이 해방 전 독립운동전선에서의 삼균주의 정책과 차이가 있음은 당연하다. 무엇보다도 정치균등을 실현하는 방법이 지난날의 연합전선적인 방법에서 단정체제 안에서의 의회주의적 방법으로 바뀐 것이 큰 차이점이지만 경제정책에서도 상당한 차이가 있다.

삼균주의 정책이 마지막으로 반영된 건국강령에서의 경제정책은,

대생산기관의 공구(工具)와 수단을 국유로 하고, 토지·광산·어업·농림·수리·소택과 수상·육상·공중의 운수사업과 은행·전신·교통 등과 대규모의 농·공·상 기업과 성시(城市)공업구역의 공동적 주요 생산은 국유로 하고, 소규모 또는 중등 기업은 사영으로 함.(『소앙선생문집』 상 152면)

이라 했던 데 비하여, 사회당이 창당될 무렵에 발표한 「나의 주장」(『소앙선생문집』 하 117~18면)에서는

중요 산업은 국·공영으로 하고 중소기업은 정부에서 지도, 육성하자.

로 되었다. 국·공영화하기로 한 '중요 산업'의 범위가 문제겠지만, 건국강령에서는 광범위하게 구체적으로 명시했던 데 비하여 「나의 주장」에서의 그것은 국유화의 범위가 상당히 한정된 것이 아닌가 하는 생각을 가지게 한다.

또한 적산, 즉 한국 안에서의 일본인 재산의 처리 문제에 대해서도 건국강령은

적이 침점 혹은 시설한 관·공·사유 토지와 어업·광산·농림·은행·회사·공장·철도·학교·교회·사찰·병원·공원 등의 방산(房産)과 기지(基地)와 기타 경제·정치·군사·문화·교육·종교·위생에 관한 일체 사유 자본과 부적자(附敵者)의 일체 소유 자본과 부동산을 몰수하여 국유로 함.

이라 한 데 비하여 「나의 주장」에서는

귀속 재산을 시급히 처리하여 국영 사업체는 운영자금을 적극 방출하고 방

매 재산의 대가(代價)는 산업 부흥에 충당하자.

라고 하여 건국강령의 '일체 몰수 국유' 정책에서 국영 사업체와 방매 재산으로 나누었고, '부적자'의 재산에 대한 몰수 국유 문제는 완전히 제외되었음을 볼 수 있다.

한편 토지정책에서도 상당한 차이점을 보이는데, 건국강령에서는

토지의 상속·매매·저압(抵押)·전양(典讓)·유증(遺贈)·전조차(轉租借)의 금지와 고리대금업과 사인(私人)의 고용 농업의 금지를 원칙으로 하고 두레 농장, 국영 공장, 생산·소비와 무역에 합작기구를 조직, 확대하여 농·공 대중 의 물질과 정신상 생활 정도와 문화 수준을 제고함.

토지는 자력자경인(自力自耕人)에게 분급함을 원칙으로 하되, 원래의 고용 농·자작농·소지주농·중지주농 등 농인(農人) 지위를 보아 저급으로부터 우 선권을 줌.

이라 하여, 토지의 국유성과 농민적 토지소유제의 확립을 강조하고 있 는 데 비하여 「나의 주장」에서는

토지개혁의 단행과 개간·조림·축산 등 다각적 영농으로써 농산물을 증산 하고 농민의 복리를 증진하자.

하여, 토지개혁과 농업 생산력의 향상을 강조하고 있으며 토지의 국유 화 문제는 제외되고 있다.

건국강령과 「나의 주장」 사이의 이와 같은 삼균주의 정책의 차이점 은 전자가 국내 실정과 직면하지 않은 해외 독립운동전선에서 수립된

이상주의적, 원칙주의적 정책인 데 반하여 후자는 국내 실정을 바탕으로 한 현실적인 정책이라는 데에서 비롯된 것이기도 하겠지만 전자가 독립운동전선에서 연합전선 방법으로 실천하기 위해 세워진 정책인 데 반하여, 후자는 단정체제 아래서의 의회주의를 통해 실천하기 위해 세워진 정책이라는 점에 근본적인 차이가 있는 것이라 할 수 있을 것이다.

이와 같은 다소 변질된 삼균주의도 조소앙이 6·25 때 납북됨으로써 민족운동 현장에서의 역할이 끝나고 하나의 역사적인 이론 내지 사상이 되고 말았다. 그러나 지금까지 살펴본 바와 같이 근대 민족운동사에서 삼균주의의 위치는 뚜렷했다. 그것을 다시 한번 간추려보면, 적어도 우리의 생각으로는, 삼균주의는 민족독립운동전선에서 연합전선을 추구하는 이론으로 등장하여 그것을 어느정도 달성하는 데 기여한 것이라 생각된다.

1920년대 후반기의 민족독립운동전선에 대두된 민족유일당운동의 경우는 삼균주의가 직접적으로 작용되었다는 객관적인 자료를 얻을 수는 없었지만, 1930년대 후반기 민족혁명당의 발족을 시발점으로 하여 전국연합진선협회가 성립됨으로써 중국 지역에서의 우익 노선의 연합전선이 완성되었고, 이 과정을 통해 삼균주의가 그 기초 이론으로 채택되었음을 확인할 수 있었던 것이다.

삼균주의가 가지는 또 하나의 의미는 그것이 식민지시대의 전체민족운동 과정을 통해 우익노선이 수립한 민족국가건설론의 핵심 이론이 되었다는 점이다. 임시정부의 건국강령은 우익 연합전선이 마지막으로 제시한 민족국가 건설 계획이며, 그것은 바로 삼균주의 원칙을 채택한 것이었다.

마지막으로 삼균주의는 식민지시대의 민족독립운동전선에 나타난 좌우익노선의 대립을 지양하고 민족운동의 새로운 방향을 수립하게 한 이론이었다. 즉 노농 독재정권과 자본가 전횡 정권을 모두 반대하고 전체 민족 구성원의 정치·경제·교육상의 균등을 실현하려 한 이론이었던 것이다.

그러나 해방과 함께 미·소 양군의 분할점령으로 좌우익노선이 완전 분열될 위기에 놓이게 되었을 때 통일정부를 수립하고 삼균주의를 실천하려는 운동이 계속되었으나 결국 실패했다. 조소앙의 경우 연합전선운동의 연장으로서 김구·김규식 노선에서 이탈한 후 단독정부에 참가하여 제한된 조건 속에서나마 삼균주의를 실현하려 했으나 역시 실패했으며, 분단체제가 고정화하는 과정에서는 변질된 삼균주의마저도 설 땅을 잃어버리고 만 것이다. (1982)

4. 일제시대의 반식민사학론

머리말

우리 역사에서 20세기 전반기는 학문사 일반에서도 19세기 말기에 발달하기 시작한 근대 학문이 자리잡아가야 할 시기였으나 그 대부분을 식민지시대로 보냄으로써 근대 학문의 정착, 발전에 큰 타격을 받았다. 역사학의 경우도 19세기 말엽과 20세기 초엽의 대한제국시기를 통해서 중세적인 연구 및 서술방법을 탈피하기 위한 노력이 일어났고, 어느정도 성과도 거두어가고 있었다. 역사학이 실학자들의 역사인식을 계승하여 사대주의를 비판하면서 민족주의를 강력히 내세우고 있었으며, 외국 역사학의 영향을 받으면서 그 서술방법에서도 종래의 편년체나 기전체의 방법에서 탈피해가고 있었던 것이다.

그러나 이 시기의 이른바 애국계몽주의 역사학은 그 민족주의가 아직 충군애국주의에 한정되어 있었으며,[1] 그 연구 및 서술방법에서도

---

1) 김태영 「개화사상가 및 애국계몽사상가들의 사관」, 『한국의 역사인식』 하, 창작과비평

실증주의와 비판주의에 입각한, 사회발전을 인과관계를 바탕으로 하여 분석, 종합하는 근대사학적 방법론으로 나아가기에는 아직 미흡한 점이 많았다. 우리 역사학에서 충군애국주의를 극복하고 국민주권주의를 바탕으로 하는 근대 민족주의 노선을 명백히 하는 한편, 그 연구와 서술방법에서도 실증주의와 비판주의를 적극적으로 도입하고 역사적 사실을 인과관계 위에서 동적으로 이해, 분석, 종합하는 방법론이 일반화된 것은 식민지시기에 들어와서부터라고 할 수 있다. 또한 일제 식민지시기의 우리 역사학은 그 연구 및 서술방법에서 근대사학적 방법을 발전시켰을 뿐만 아니라, 이른바 식민사학의 침략주의사론에 적극적으로 반대했다는 점에 그것이 가지는 가장 높은 의미가 있다 할 것이다. 반식민사학론의 확립이야말로 식민지시기의 우리 역사학이 당면한 가장 중요한 과제였던 것이며, 그것을 확립해나가는 과정이 곧 우리 근대사학의 발달 과정이었던 것이다.

이와 같은 관점에서 식민지시기 우리 역사학의 발달 과정을 정리하면, 그것은 첫째로 애국계몽운동기에 태동한 근대사학을 계승하여 사대주의적 역사관, 충군애국주의적 역사관을 극복하는 한편 식민사학론이 만들어놓은 이른바 일선동조론(日鮮同祖論)이나 만신사관(滿鮮史觀) 및 고대사회에서의 한반도식민지론 등에 반대하는 사론을 적극적으로 세워나간 민족주의 사학과, 둘째로 식민사학이 강조한 정체후진성론(停滯後進性論), 조선특수사관(朝鮮特殊史觀) 등을 극복하고 민족사의 세계사적 발전론을 제시한 사회경제사학, 셋째로 식민지시기 말기에 식민지배의 종언과 민족사의 새로운 전개를 전망하면서 민족주의 사학과 사회경제사학의 발전적, 상승적 합치를 기도하면서 태동된 사론이

<hr>

사 1979.

라 생각되는 신민족주의 사학 등으로 나눌 수 있을 것이다.

역사학 연구가 단순한 사실(史實)의 구명에만 한정되지 않고 민족사적, 현실적 요구에 부응하면서 그것을 위한 일정한 문제의식 내지 사관을 수립하고, 이를 논증하기 위한 연구 작업을 진행할 때 비로소 그 학문사적 위치를 점할 수 있을 것이며, 이런 시각에서 보면 일제식민지시기의 우리 역사학은 위의 세 가지 학풍으로 그 사학사적 맥이 이어지는 것이라 할 수 있을 것이다. 그러나 이 글에서는 제목이 말하듯이 식민지시기의 반(反)식민사학, 그것도 적극적인 반식민사학에 초점을 맞추어 민족주의 사학과 사회경제사학을 다루는 데 한정했다.

민족주의 사학

학문적 목적

식민지시기로 들어가서 박은식(朴殷植), 신채호(申采浩) 등에 의해 성립된 민족주의 사학은 애국계몽운동기까지도 일부 남아 있던 사대주의적 역사관 및 충군애국주의적 역사관을 적극적으로 청산한 점에서 그 특징을 찾을 수 있다. 식민지시기의 민족주의 역사학이 근대 역사학으로서의 성격을 확실히 하기 위해서는 우선 이 두 가지의 청산이 요구되었던 것이다.

박은식은 『한국통사(韓國痛史)』의 서술에서 이미 종래의 편년체적 혹은 강목체적(綱目體的) 방법을 탈피했다. 그 범례에서 밝힌 바와 같이 '신사(新史)'의 체제에 따라 사실(史實)을 중심으로 장(章)을 설정하고, 그 서술에서도 어느 사실의 배경이나 결과가 되는 것도 기술했으며, 나아가서 사실들에 대한 논평도 덧붙여서[2] 근대역사학의 서술체제에 손색이 없었으며, 종래의 사대주의적 역사인식 태도에 대해서도 정면으로 비판했다. 그의 「독고구려영락대왕묘비등본(讀高句麗永樂大王墓碑謄本)」을 하나의 예로 들면

> 아한(我韓)은 (…) 내유누습(乃由陋習)이 자국의 역사를 발휘치 않고 타국의 역사를 전송(傳誦)하며 자국의 영웅을 숭배치 않고 타국의 영웅을 칭도(稱道)하야, 소미통감(少微通鑑)은 아동이 개송(皆誦)하되 동국통감(東國通鑑)은 노유(老儒)도 불강(不講)하며 항우, 한신의 사적(事蹟)은 초목(樵牧)이 능언(能言)하되 을지문덕, 양만춘의 공업(功業)은 학사(學士)도 한언(罕言) 하는 중에 일종 맹학자(盲學者)의 도(徒)가 존화(尊華) 2자를 칭탁(稱托)하고 노예학문을 전상수수(轉相授受)하야 호소국인(號召國人)함으로써 국성(國性)이 소삭(消索)하고 국수(國粹)가 마멸함에 지(至)하였으니 영불가소(寧不可笑)며 영불가개(寧不可慨)리오.[3]

라 하여, 사대주의적 역사인식 및 그 교육을 비판하고 있다.

또한 근대사학자로서의 신채호 사학의 특징이 깊은 애정과 신뢰를 바탕으로 한 민족사와 민족문화에 대한 철저한 비판에 있다고 생각되지만, 그의 민족사 및 민족문화에 대한 비판도 곧 그 사대주의적 사론 및 문화현상에 집중되어 있다. 그에 의하면

> 조선의 역사가 원래 낭가(郎家)의 독립사상과 유가(儒家)의 사대주의로 분

---

2) 此書體裁倣近世新史逐事成章來敍來論或先事而提論或後事而附論至其未盡者又爲按說以申之.

3) 『朴殷植全書』下, 단국대출판부 1972.

립하여오더니 돌연히 묘청이 불교도로서 낭가의 이상을 실현하려다가 그 거동이 광망하여 패망하고 드디어 사대주의파의 천하가 되어 (…) 정치가 이렇게 되매, 종교나 학술이나 기타가 모두 사대주의의 노예가 되어 불교를 신(信)하면 의양(依樣)의 봉갈(棒喝)을 전수하는 태고(太古)나 보우(普愚)가 날지언정 평지에서 돌기하는 원효가 날 수 없으며, 유교를 종(從)한다 하면 정주(程朱)의 규구(規矩)를 각도(恪遵)하는 퇴계나 율곡이 될지언정 문로(門路)를 자립하는 정죽도(鄭竹島)는 존립할 곳이 없으며, 비록 세종의 정음(正音)이 창조된 뒤일지라도 원랑도(原郞徒)의 송가(頌歌)가 나지 않고 당인(唐人)의 월로(月路)를 음(吟)하는 한시가(漢詩歌)가 충척(充斥)[4]

할 뿐이었던 것이다.

사대주의적 역사인식 및 문화현상을 비판하는 데 철저했던 민족주의 사가들은 당연히 역사를 왕이나 치자(治者)들의 치적 중심으로 이해하거나 충군애국주의를 역사교육의 목적으로 삼던 종래의 역사관 및 역사교육관에서 탈피해갔다. 이들에게 역사란 식민지배에서 탈피하기 위한 독립운동의 정신적 기조로서의 민족혼, 바로 그것이었으며 역사교육은 그 민족혼을 유지하는 중요한 방법이었던 것이다.

박은식의 경우 그가 역사를 연구하고 서술하는 목적은 치자층의 치적을 발굴, 정리하는 데 있지 않음은 물론, 단순히 지난날의 사실을 찾아내어 그 진상을 밝히자는 데 있는 것도 아니었다. 절박한 식민지 치하에서 민족독립운동의 일환으로서의 연구와 서술이었으며, 바로 민족혼을 찾아내어 보존하는 일, 그 자체였던 것이다. 따라서 그가

---

4) 신채호 「조선사연구초」 결론, 『丹齋申采浩全集』 下, 을유문화사 1972, 121면.

나라는 멸망시킬 수 있어도 역사는 소멸시킬 수 없다. 나라는 형체요, 역사는 정신이니, 지금 한국의 형체는 무너졌지만 정신은 그대로 남을 수 있으며, 이것이 통사(痛史)를 쓰는 목적이다.[5]

라고 한 것은 식민지시기 민족주의 사학자로서 그의 학문적 목적이 어디에 있었는가를 잘 나타낸 말이라 할 것이다. 또한 그의 학문적 업적이 한반도의 식민지화 과정을 서술한『한국통사』와 식민지배에서 해방되기 위한 민족운동 과정을 서술한『한국독립운동지혈사(韓國獨立運動之血史)』로 대표되는 것도 그의 학문적 성격을 잘 드러내는 것이라 할 수 있다.

신채호의 경우 역사를 보는 눈은 식민지 아래서의 민족사적 요구에 한층 더 부응하고 있다. 애국계몽운동기에서부터 이미 진화론적 자강론을 강조한 그는 1920년대 이후의 독립운동전선에서 일부 나타나기 시작한 외교독립론, 독립준비론, 실력양성론, 자치론 등에 강력히 반대하면서 일본의 약육강식적 무단통치에 대항하여 민족의 독립을 달성하는 길은 독립전쟁과 절대독립론에서만 찾을 수 있다고 보았으며, 따라서 그의 사관은 이른바 투쟁사관으로 나타났다. 역사를 인류사회의 '아(我)와 비아(非我)'의 투쟁의 기록으로 이해한 그가 우리 역사를 보는 눈은『독사신론(讀史新論)』에서 이미 확립한, 민족의 '주족(主族)'으로서 단군·부여·고구려를 이어온 한민족이 우승열패의 역사적 현실 속에서 민족적 독립을 쟁취하고 민족국가를 유지하기 위해 투쟁해왔고 또 투쟁해가는 과정이자 그 기록이었던 것이다.

또한 사대주의적 사관을 비판하고 충군주의적 역사인식을 극복한 그

---

5) 박은식『한국통사』緒言,『박은식전서』상 24면.

는 "조선사를 서술하랴 하매 조선민족을 아의 단위"로 잡음으로써 민
족주의 역사관을 확립했고, 그 민족사의 추진 주체도

> 고대에는 일국의 원동력이 항상 1, 2호걸에 재(在)하고 국민은 그 지휘를
> 수(隨)하여 좌우할 뿐이러니, 금일에 지(至)하여는 일국의 흥망은 국민 전체
> 실력에 재하고 한두 호걸에 부재할 뿐더러…[6]

한 것과 같이 군주주의는 물론 영웅주의도 극복하면서 국민주체사관으
로 발전해갔으며, 이와 같은 사관의 자기계발은 마침내 민중주체사관
으로까지 나아가게 되었다.

「조선혁명선언(朝鮮革命宣言)」에 나타난 그의 '민중'이 어떤 존재인
지는 그다지 분명하지 않다. 다만 식민지배 아래서 "기(飢), 한(寒), 곤
(困), 고(苦), 처호(妻呼), 아제(兒啼), 세납(稅納)의 독봉(督俸), 사채(私
債)의 최촉, 행동의 부자유, 모든 압박에 졸리어 살려니 살 수 없고 죽으
려 하여도 죽을 바를 모르는" 사람들이며, 그러면서도 "인인(人人)이 그
아사(餓死) 이외에 오히려 혁명이란 일로(一路)가 남아 있음"을 깨닫고
"독립을 못 하면 살지 않으리라" "일본을 구축하지 못하면 물러서지 않
으리라"는 구호를 가지고 계속 전진하면 목적을 관철할 수 있는 능력을
가진 사람들로 이해되고 있음을 알 수 있다.[7] 식민지배의 피해를 받는
대중으로서 철저한 반일 노선, 반식민 노선, 절대독립 노선에 서서 그것
을 추진하는 주체로서 투철한 자각을 가진 민족 구성원을 그는 민중의
범주에 넣고 있었던 것이다.

---

6) 신채호 「所懷一幅으로 普告同胞」, 『개정판 단재 신채호 전집』 하, 단재신채호선생기념
   사업회 1977, 93면.
7) 신채호 「조선혁명선언」, 『단재 신채호 전집』 하 372~73면.

박은식, 신채호 등이 국외에서 민족독립운동에 직접 참가하면서 민족주의 역사학을 수립해가는 한편, 국내에서는 일본 어용사학자들에 의한 우리 역사연구가 그 정책적 뒷받침을 받으면서 활발하게 진행되었고, 다른 한편으로는 주로 일본 측에서 학문적 훈련을 받은 조선인 실증사학자들에 의한 우리 역사연구가 대두하고 있었다. 그러나 이들의 연구는 대부분 식민사학론에 정면으로 맞서지 못하고 있었을 뿐 아니라, 그 연구작업이 사실의 실증에만 한정되어 반식민사론 및 민족주의 사론을 수립해나갈 방법론을 개발하지는 못했다. 이와 같은 조건 아래서도 해외의 독립운동전선에서 성립된 민족주의 역사학이 국내로 전달되어 국내에서 민족주의 역사학의 발달을 보게 되었다. 해외에서 발간된 박은식의 저술들이 국내에 전해지고, 신채호의 원고들이 국내의 신문지상에 발표됨으로써 그 영향을 받아 발달하기 시작한 국내의 민족주의 역사학 역시 다소 소극적이기는 했지만 이 시기의 민족주의 역사학이 지향했던 반식민사론적 성격과 민족혼의 유지를 목적한 역사학으로서의 성격을 그대로 지니고 있었다.

　한학자이면서 민족주의 역사학자였던 정인보(鄭寅普)는 그가 우리 역사연구에 몰두하게 된 동기에 대해 다음과 같이 말하고 있다.

　일본 학자의 조선사에 대한 고증이 저의 총독정책과 얼마나 긴밀한 관계가 있는 것을 더욱 깊이 알아 "언제든지 깡그리 부시어바리리라" 하였다. 그 뒤 신단재의 「조선사연구초(朝鮮史研究草)」가 들어와 안식(眼識)을 탄복하는 일면에 역내(域內)에 풋득풋득 돌아다니는 종종(種種)의 출판을 퍽 한심하게 여기었으나 모두 한때의 생각이었을 따름이요, 제법 국사 연구에 손을 대어 본 바 아니었다. 갈수록 세고(世故) 점점 다단한지라 민족적 정신이 여러가지로 흐리어지는데다가 전(前)으로는 오래 내려오던 선민(先民)의 방향(芳香)

이 끊인 지 오래요, 후로는 자기를 너무 모르는 분들이 적의 춤에 마주 장구를 쳐 마음속의 영토나마 나날이 말리어 들어가는 때라 비리비리한 한인(恨人)의 고분(孤憤)을 무엇으로 헤칠 길이 없었다.[8]

일본의 식민사학론을 "언제든지 깡그리 부시어바리리라"고 생각한 데다가 신채호의 민족주의 역사학에 영향을 받고, "자기를 너무 모르고" "적의 춤에 마주 장구를 쳐 마음속의 영토나마 나날이 말리어 들어가는" 국내의 실증사학에 반발한 것이 학문의 동기였던 정인보는 이른바 '얼 사관'을 세우고 식민사론에 맞섰다. 그에 의하면 얼이 곧 역사의 대척주이며, 그러므로 "얼을 제쳐놓고서 사적의 구명에 전(專)하였다 할진대 구명도 구명답지 못할 것은 물론이어니와, 설사 구명으로서 상당함이 있다 할지라도 이 이른바 무위(無爲)의 구명이라" 하고 "학문이 얼이 아니면 헛것이 되고, 예교(禮敎)도 얼이 아니면 빈탈이 되고, 문장(文章)이 얼이 아니면 달할 것이 없고, 역사가 얼이 아니면 박힐 데가 없다"고 했다.[9] 즉 역사의 원동력은 얼, 곧 민족혼이며, 역사연구의 목적은 바로 이 민족혼을 찾는 데 있으므로, 얼을 찾는 일과 무관한 사실의 실증은 무위한 것이었다. 정인보의 얼 사관은 두말할 것 없이 박은식의 국혼(國魂), 신채호의 낭가사상(郎家思想) 등에서 영향 받은 것이지만, 국외의 독립운동전선에서 계속 활동한 신채호의 사관이 투쟁사관, 민중주체사관 등으로 발전해간 데 비해 국내의 식민지 치하에서 산 정인보의 민족주의 역사학은 관념적인 얼 사관에 한정되고 말았다.

요컨대 우리 근대역사학으로서의 민족주의 사학은 본래 시민계급 중

---

8) 정인보 「附言」, 『조선사연구』 하, 서울신문사 출판국 1947, 361~62면.
9) 정인보 「오천 년간 조선의 얼」, 『조선사연구』 상, 서울신문사 출판국 1946.

심 역사학으로서 국민국가의 성립, 발달에 이바지하는 성격의 역사학으로 발전할 것이었으나, 국민국가의 수립이 실패하고 식민지로 전락함으로써 이제 그것은 민족독립운동의 정신적 기반인 민족혼을 유지하기 위한 방법의 하나로서의 역사학, 다시 말하면 민족독립운동에 이바지하는 역사학이 되었던 것이다.

식민사학의 횡포

19세기 후반기에 태동했던 근대적 역사학이 식민지시기로 들어와서 박은식, 신채호, 정인보, 문일평(文一平) 등에 의해 반식민사학, 민족주의 사학으로 확립된 것은 바로 시대적 요청에 의한 것이었다. 애국계몽운동기에 발달하기 시작한 근대적 역사학은 그 당초부터 '일선동조론' 등 일본의 침략사론, 식민사론에 의해 침해를 받았다. 한반도의 보호국화 및 식민지화 과정을 통해, 특히 무단통치기에는 국내에서의 민족사에 대한 연구, 서술, 교육활동 일체가 금지되었다. 따라서 식민사학의 침해를 받지 않는 민족사의 연구 및 서술활동은 당초 국외로 망명하여 독립운동전선에 참가한 사학자들에 의해 이루어질 수밖에 없었던 것이다.

일본은 전체 식민지배 기간을 통해 약 500종의 우리 서적을 발매 금지했는데 '합방'을 전후한 1905년부터 1915년 사이에는 애국계몽운동기에 나온 서적 대부분을 발매 금지했다. 특히 『동국사략』『대한역사』『동국역사』『대동역사략』 등 한국사 관계 서적과 『월남망국사』『미국독립사』『파란말년전사(波蘭末年戰史)』 등 외국의 역사서적 일체를 발매 금지했다.[10] 일본이 우리의 역사서적 일체를 압수, 발매 금지해놓고 따

---

10) 「日政下發禁圖書目錄」, 『日政下의 금서 33권』, 『신동아』 1977년 1월호 부록 참조.

로 식민사학론을 만들어 한반도의 식민지화를 합리화하고 한민족에 대한 동화정책을 강행해갔으므로, 이 시기 우리의 근대사학은 강력한 민족주의 사학으로 발전하여 이 식민사학에 대항해가지 않을 수 없었다.

한반도에 대한 정치적·경제적 침략이 본격화되기 이전, 즉 강화도조약 이전의 일본에도 이황(李滉) 등의 학문을 연구하는 성리학자들에 의해, 또 『일본서기』 등 고전을 연구하는 그 국학자들에 의해, 그리고 서구 측의 외압이 강화돼갔을 때 국방문제에 관심을 가지기 시작한 해방론자(海防論者)들에 의해 한반도에 대한 연구가 있었고, 그 가운데서도 국학론자의 이론에는 이미 침략주의적 색채가 일부 나타났다. 그러나 일본 측의 한반도론이 그 침략주의적 성격을 본격적으로 나타내기 시작한 것은 역시 메이지 유신(明治維新) 이후부터였다. 한때 침략주의 정객들에 의해서 이른바 정한론(征韓論)이 일어나기도 했지만, 침략주의적 어용사학자들에 의해서는 '일선동조론', '만선사관'이 만들어진 것이다.[11]

토오꾜오 제국대학의 교수들에 의해 저술되고, 이후 일본사 교육의 중요한 저본이 된 『국사안(國史眼)』(1901)이 '일선동조론'으로 고대의 한일관계를 서술했고, '합방'이 강행되었을 때는 그것을 합리화하는 사론으로서 '동조론'이 강조되었다. 합방 직후에 일본의 학술지 『역사지리』는 당시 일본의 역사학자 대부분을 동원하여 임시 증간 조선호를 냈는데, 그들이 쓴 글은 모두 일본의 '조선'합방을 동조론을 근거로 예찬했다. 그 집필자의 하나인 기따 사다끼찌(喜田貞吉)의 경우를 보면, 그의 저서 『한국의 병합과 국사』(1910)는 일본·중국·한국의 고문헌을 이용하여 '일한동종(日韓同種)'을 주장하고, 태고시대에는 일본이 한반도

---

11) 旗田巍 『일본인의 한국관』, 이기동 역, 일조각 1983, 제2부 제2, 3장 참조.

를 지배했으며, 일본은 부강한 본가(本家), 한국은 빈약한 분가(分家)이므로 일본의 한국 병합은 분가의 본가로의 복귀이며, 두 나라의 관계가 태고 본래의 상태로 돌아간 것이라 했다. 그는 3·1운동 후에도 또 한번 「일한양민족동원론(日韓兩民族同源論)」(1921)을 써서 한민족의 민족의식을 잠재우고 식민지지배정책의 동화주의를 돕는 데 앞장섰다.

일본 어용사학자들의 한국사 왜곡은 일선동조론에 그치지 않고 이른바 '만선사관'으로도 나타났다. 주로 일본의 동양사학자들에 의해 만들어진 만선사관은 한마디로 말해서 반도와 한민족의 역사적, 문화적 독립성을 인정하지 않고 만주와 한반도를 합쳐서 하나의 역사 단위, 문화 단위로 간주하는 사론이다. 이 경우 한반도의 역사 및 문화가 중심이 되어 그것이 만주로까지 확대되었다고 보는 만선사관이 아니다. 한반도에 형성된 권력은 대체로 만주지방에서 정치적으로 실패한 세력, 패주한 세력에 의해 형성되었다는 논지의 만선사관이 이나바 이와끼찌(稻葉岩吉) 등의 일본 식민사학자들에 의해 만들어져 한민족의 민족적 자존심을 짓밟음으로써 민족주의 역사학이 대응해야 할 또 하나의 학적 대상으로 나타나고 있었다.

식민지시기에 일본의 어용사학자들이 우리 역사를 왜곡하기 위해 만들어놓은 이른바 식민사학론은 일선동조론이나 만선사관에 한정되지 않고 정체후진성론, 중세부재론 등이 있었지만, 식민사학론에 대한 민족주의 사학 측의 대응은 대체로 일선동조론 및 만선사관, 한사군한반도내재론 등에 치중된 것이라 할 수 있다.

반식민사학론

조선총독부가 이른바 조선사편수회(朝鮮史編修會)를 만들어 『조선

사』를 편찬하려 하면서 「조선반도사 편찬 요지」에서

조선인은 다른 식민지의 야만반개(野蠻半開)의 민족과 달라서 독서속문(讀
書屬文)에서 문명인에 떨어지지 않는다. 고래 사서(史書)도 많고 또 새로운 저
작도 적지 않다. 그리하여 전자는 독립시대의 저술로서 현대와의 관계가 결
(缺)해 있고 헛되이 독립국의 구몽(舊夢)을 추상하게 하는 폐단이 있다. 후자
는 근대 조선에 있어서의 일·청, 일·러의 세력경쟁을 서술하고 조선의 향배
를 설명하였고『한국통사』라 칭하는 재외 조선인의 저서와 같은 것은 사실의
진상을 구명하지 않고 함부로 망설을 드러내고 있다. 이들 사적(史籍)이 인심
을 고혹하는 해독은 참으로 말로 다할 수 없다.[12]

고 한 것은 박은식의『한국통사』가 가진 반식민사론으로서의 영향력이
얼마나 컸던가를 단적으로 말해주고 있다.

『한국통사』는 일본의 한반도 침략 과정을 극명하게 서술함으로써 한
반도 침략에 대한 일본 어용사학자들의 어떤 합리화 내지 엄폐도 무용
하게 만든 사서였다. 전체 114장으로 된 이 책은 그중 70장 이상이 일본
의 직접·간접적인 한반도 침략 사실로 채워져 있다. '합방'과 동시에 애
국계몽운동기의 모든 사서가 발매 금지된 상황에서 1915년 처음 간행
된『한국통사』는 '합방'에 따르는 일본의 기만행위를 다음과 같은 여섯
가지로 요약했다. 즉 한국 황실의 존엄을 유지한다 약속하고 폐위한 일,
화폐를 개량한다 하고 재권(財權)을 박탈한 일, 병제를 쇄신한다 하고
군대를 해산한 일, 교육을 지도한다 하며 학교를 철폐하고 서적을 불태
운 일, 한국의 부강을 기도한다 하며 그 부원(富源)을 모두 빼앗고 촌철

---

12) 조선총독부조선사편수회『조선사편수회사업개요』, 1938, 6면.

(寸鐵)을 남기지 않은 일, 인민의 행복을 증진한다 하며 산업을 유린하고 그 혈육을 문드러지게 한 점 등을 들어[13] 일본의 한반도 병합이 곧 기만과 그 이익 추구에 의해 이루어졌음을 폭로한 것이다.

『한국통사』가 일본의 한반도 침략 과정을 폭로함으로써 그것을 합리화, 정당화하려 한 일본의 식민사론에 정면으로 대항한 사서라면, 『한국독립운동지혈사』는 식민지화 과정 및 식민지시기의 항일 민족운동사를 정리함으로써 역시 식민사론의 기만성에 대항한 업적이다. 식민지시기에 살면서 나라의 해방을 확신하고 민족운동의 역사를 정리, 서술하는 일은 비록 식민사론이 왜곡한 사실 하나하나를 바로잡는 연구작업은 아니었다 해도 반식민주의, 민족주의 역사학으로서의 위치가 확고한 것이었다.

신채호 사학 역시 반식민사학으로서의 성격이 너무도 뚜렷하며, 그의 연구작업은 식민사론의 역사왜곡을 구체적으로 극복해나갔다. 우선 그의 국사 연구가 고대사 부분에 집중되었다는 사실 자체가 식민사학이 만든 일선동조론, 한사군의 한반도내재설, 임나일본부 문제 등을 반박하고 민족사의 주체적 발전상을 밝히려는 것이었다. 신채호는 한일합방 무렵에 일본의 어용사학자들이 특히 강조한 일선동조론을 분쇄하고 한반도의 역사시대를 한사군 시기로부터 잡으려는 책동에 대항하여 단군을 중국의 요(堯), 순(舜) 및 은(殷), 하(夏)에 해당하는 시기에 고조선의 '신수두'시대를 개창한 왕이라 논증했다. 이 단군왕조는 중국의 전국시대에 해당하는 때에 와서 '신·불·말'의 3조선으로 분열되지만, 이 3조선의 영토는 지금의 흑룡강과 연해주, 요동지방과 한반도의 평양지방에까지 걸치는 웅장한 왕조였다고 논증함으로써 고대사를 재편성했

---

13) 「日人倂韓之最終」, 朴殷植 『韓國痛史』, 李章熙 역, 박영사 1974, 제58장.

다. 한편 한사군문제 역시 조선시대의 한백겸(韓百謙)의『동국지리지(東國地理誌)』, 안정복(安鼎福)의『동사강목(東史綱目)』등에서 이미 한반도내재설이 일단 세워졌고, 일본 어용사학자들이 이른바 낙랑(樂浪) 유물 발굴로 그것이 확정됨으로써 고대사회에서 한반도 북부의 한(漢)나라 식민지설이 정착화했지만, 신채호는 그것을 반대했다. 낙랑을 요동의 해성(海城) 등지에 있었다고 보는 한군현(漢郡縣)의 하나인 북낙랑과 평양을 중심으로 하는 조선인 최씨 정권의 남낙랑으로 나누어본 그는 대동강 유역의 낙랑고분에서 나온 한나라 연호가 있는 기명(器皿)을 남낙랑과 한나라의 교역에서 수입된 것이거나 고구려가 한나라와의 싸움에서 이겼을 때 부획(俘獲)한 것이라 주장했다.[14] 그의 이와 같은 주장은 물론 쟁점이 많이 남아 있는 문제지만, 무엇보다도 식민사학이 강조한 한나라의 한반도 북부 지배설에 반대하고 단군왕조에서 부여, 고구려 중심으로 고대사를 체계화하려 한 것이다.

또한 신채호는 일본 어용사학자들의 임나일본부설에 대해 백제의 해외경략설(海外經略說)로 맞섰다. 그는 백제 해외경략설에서 먼저 중국쪽으로는『양서(梁書)』『송서(宋書)』『자치통감(資治通鑑)』등에 의거해서 요서와 북경지방 그리고 산동지방과 강소·절강지방까지 경략하였다 했고,『구당서(舊唐書)』「백제전」에 의거하여 "당시 일본 전국이 백제의 속국이 되었던 것이 무의(無疑)하니라"[15] 했다. 우리가 알다시피 백제의 요서지방 경략 문제는 후일의 사가들에 의해서도 논증되었고, 백제의 일본 경략 문제 역시 일본에서의 백제계 정치권력의 형성 및 일본에서의 삼한분국(三韓分國) 등의 문제로 계속 논구 대상이 되어 있다.

---

14) 이만열 주석「단재 신채호의 고대사 인식 試考」,『조선상고사』하, 단재신채호선생기념사업회 1983, 568~69면.
15) 같은 책 571면.

국내에서 박은식, 신채호 등의 민족주의 역사학을 이어받은 정인보, 문일평 등도 단군문제, 한사군문제 등에서 해외 민족주의 역사학의 설을 이어받았다. 정인보의 경우

조선의 시조는 단군이시니 단군은 신이 아니오, 인(人)이시라. 백두(白頭)의 고산(高山)과 송화(松花)의 장강(長江)을 시기(始基)로 하여 가지고 조선을 만드시매 조선의 족류(族類) 단군으로부터 생기고 조선의 정교(政敎) 단군으로조차 열리었나니 무릇 우리 선민(先民)으로서 어떠한 일이던지 자족상(自族上) 흔영(痕影)을 끼친 것이 있다면 다 단군의 수출(首出)하심을 받들어가지고 된 것이다.[16]

하여 단군설화를 신화 부분과 사실 부분으로 나누어 일본인들의 신화설에 맞서고 있음을 볼 수 있다. 또한 그는 신채호에 이어서 한사군의 한반도내재설을 상세한 논증을 통해 부인하면서

차우일낙랑(此又一樂浪)으로 낙랑의 일명으로서 딴 지치(地置)를 가진 것이니 그 본(本)으로 말하면 '벌내'의 칭(稱)이 송화 연안에서 생긴 뒤 국도(國都)의 전이(轉移)를 쫓아서 지금 요동반도를 중심하여 벌내가 있었으니, 이것이 왕준고지(王準故地), 위만소도(衛滿所都)로 한군(漢郡)으로 낙랑이라 하던 데서 왕기(王畿)의 통칭이 되었던지라.[17]

했다. 한사군의 위치를 요동반도에다 설정하려는 그의 정력적인 고증

---

16) 정인보『조선사연구』상 33면.
17) 같은 책 194면.

은 바로 식민사학론에의 대항이었다.

한편 문일평도 일본인들의 남한경영설, 만선사관 등에 대항하면서 고대에서의 한반도 문화의 일본 및 만주지방 지배를 주장했다. 그는

> 문화 전수의 경로를 살피면 삼국 중에 있어 구려(句麗)는 그 국토가 만주를 포괄한 관계상 구려 문화는 만주 문화의 연원을 지었고, 백제는 그 국교가 일본에 밀이(密邇)하였던 관계상 백제 문화는 일본 문화의 연원을 지었고, 그리고 신라는 반도 최초의 통일국가로서 온갖 의미에 있어 조선의 선구가 되니만치 신라 문화는 조선 문화의 연원을 지었다.[18]

라고 했다. 한반도의 문화가 한쪽으로는 일본을, 또 한편으로는 만주를 포용하여 극동지방에서 하나의 문화권을 형성했다고 설명함으로써 고대에서 일본의 한반도지배설을, 그리고 만선사관을 뒤집으려 했던 것이다.

중세적, 사대주의적 역사관을 극복하고 성립된 근대역사학으로서의 민족주의 역사학은 시민계급적 역사학으로서 국민주의 및 국민국가의 발전에 이바지하는 역사학으로 발전한 것이었다. 그러나 근대사학의 성립 초기에 식민지화함으로써 시민계급적 민족주의 역사학은 식민사학론에 대항하는 반식민주의 역사학으로, 민족해방운동에 이바지하는 역사학으로 발전하게 되었으며, 그럼으로써 높은 의의를 가질 수 있었던 것이다.

---

18) 문일평 「史眼으로 본 조선」, 『湖岩全集』 제2권, 일성당 1948, 2면.

시대적 제약성

　식민지시기의 저항주의 사학, 반식민주의 사학으로 발전한 민족주의 역사학은 한편으로 여러가지 그 시대적·학문적 제약성을 가지고 있었다. 식민지 지배 아래서 민족정신, 민족혼이 깃드는 바탕으로서의 역사학으로 발전한 민족주의 역사학은 그 때문에 먼저 심한 정신주의적 역사학으로 나타난다.

　먼저 박은식에 의하면, 한 국가가 유지되기 위해서는 혼(魂)으로서의 국교(國敎), 국학(國學), 국어(國語), 국문(國文), 국사(國史) 등과 백(魄)으로서의 전곡(錢穀), 졸승(卒乘), 성지(城池), 선함(船艦), 기계 등이 필요하지만, 혼이 깃들어 있지 않은 이상 물질적인 요건으로서의 백은 그 효능을 발휘할 수 없는 것으로 인식했다. 다시 말하면 민족이나 국가의 존망은 어디까지나 혼, 즉 국혼의 존재 여부에 달려 있으며, 그 국혼은 특히 국사 속에 담긴 것으로 인식하고, 국사야말로 국가와 민족의 멸망을 방지하는 가장 중요한 요인이라 생각했던 것이다. 식민지시기에 살면서 독립운동에 투신함으로써 일체의 학문활동 목적을 조국의 해방과 민족의 독립에 둔 박은식에게는 역사학의 과학적 발전 방향을 이론적으로 천착하는 일, 민족사와 세계사의 관계를 해명하는 일, 식민지배에서 해방되기 위한 민족독립운동의 역사적 단계에 대한 해명 및 그 주체세력의 성격 구명 등에 대한 학문적 접근은 아직 기도되지 않았다.

　신채호 사학 역시 일본 어용사학의 역사 왜곡에 정면으로 맞선 반식민사학으로서의 성격이 두드러지지만, 또 그로 인한 제약성도 많았다. 우선 신채호 사학 역시 관념적·정신주의적 성격이 짙었다. 우선 그의 고대사 인식은 이른바 낭가사상을 지주로 하는 정신주의적 역사관에 치우쳐 있었으며, 민족사의 유원성(悠遠性), 민족의 단일성과 신성성 등을 강조하면서 식민사학에 대항하기 위해 단군시대를 하나의 왕조시대로 정착시키고 3조선의 발전으로 연결했지만, 역시 그 실증성에는 문제가 있었다. 또한 신채호의 역사학은 애국계몽운동기의 사상계를 지배하다시피 한 사회진화론의 영향 때문에 "민족주의적 영웅사관에 깊이 경도"되었고, 그의 투쟁사관도 "끊임없는 민족흥망의 투쟁 속에서 영원히 승리자가 되려는 투쟁의 반복이 있었을 뿐, 진보도 발전도 고려되지 않는 점에서 그의 역사인식의 근원에는 역사 니힐리즘이 도사리고 있게 되는 것"으로 평해지기도 하며, 그의 민중사관의 모색도 "개인 중심의 자강론적 영웅사관의 자기 수정이기도 하다. 그러나 개인이 아닌 한 사회집단으로서의 자강론적 사회심리 혹은 민족심리란 무엇인가? 그것이 자국의 부국강병책과 자강주의적 팽창정책을 의미하게 되는 것은 어쩔 수 없는 일이다. 여기서 단재사상의 전체주의적 성격이 배태된다"[19]고 이해되기도 한다.

「조선혁명선언」에서 처음 나타나는 그의 민중사관을 영웅사관의 변형으로, 그리고 전체주의적 역사인식의 하나의 전 단계로 이해해야 할 것인가 하는 데는 의문의 여지가 있다. 그러나 20세기 초엽에 사대주의적, 충군주의적 역사인식을 극복하고 부르주아적 국민주의 국가의 민주주의 발전을 뒷받침해야 할 시대적 요청에 직면해 있던 신채호의 역사학은 사회진화론적 적자생존론을 바탕으로 하는 제국주의 침략에 의해 그의 조국이 식민지화함으로써 그것에 저항하기 위한, 역시 사회진화론적 자강론으로 무장한 투쟁주의 역사관과 또 그것을 뒷받침하기 위한 정신주의 역사관에 빠져들었던 것이다. 신채호의 경우 국내의 식

---

19) 신일철 『신채호의 역사사상연구』, 고대출판부 1981, 161~66면.

민지 치하가 아닌 해외에서 활동하면서 새로운 사회과학적 이론을 어느정도 광범위하게 섭취함으로써 그의 정신주의적 역사인식은 상당히 수정돼갔고, 또 그것을 자유롭게 표현할 수 있었으므로「조선혁명선언」에서 보이는 것처럼 부르주아지적 역사인식의 한계를 어느정도 넘어선, 이른바 민중사관으로 한걸음 나아갈 수 있었지만, 국내에 계승된 민족주의 역사관은 식민지 치하에서의 한계성을 벗어날 수가 없었다.

정인보의 경우 앞에서도 지적한 것과 같이 박은식의 국혼, 신채호의 낭가사상을 계승하여 '얼'사관을 제시했지만, 우리가 알다시피 그것은 심한 정신주의적 역사인식에 빠져 있다. 본래 한학자였던 그는 1920년 대 이후 국내에도 일부 전달된 사회과학적 이론 내지 역사인식을 거의 섭취하지 못했던 것 같다. 따라서 역사의 법칙적 발전을 이론적으로 천 착하지 못했을 뿐만 아니라, 역사인식 범위를 안으로 3·1운동 이후 급격히 성장해간 농민운동 및 노동운동의 역사성으로까지 확대하는 문제, 밖으로 식민지 치하에서의 민족사의 위치를 세계사와 연결하는 문제 등으로 넓혀가지는 못했다. 다만 식민지 지배 아래서 식민사론에 매몰되지 않기 위한 민족혼의 유지를 사론의 최대 목적으로 부각했을 뿐이다.

다음으로 문일평의 경우 다른 민족주의 역사학자에 비해 역사적 관심이 훨씬 넓었다. 그는 역사에서 혁명의 중요성을 강조하고, 이른바 반역아의 역사적 역할을 긍정하는 한편, 민중세계의 역사적 역할에까지 어느정도 생각이 미쳤다. 그러나 식민사론의 이른바 정체 후진성론을 극복하려는 학문적 자세에까지는 나아가지 못했고, 민족의 문화사적 우월성을 강조하면서도 '계급의 교대'가 없었던 조선사는 "문화를 떠나 정치로만 볼 때 조선사는 일종 정기(情氣)의 연속이다"[20]라고 하여 정치사 면의 '수졸(守拙)'을 지적했다.

요컨대 식민지시기에 살면서 민족사를 연구 및 서술하는 최대의 목적을 식민사론의 피해를 극복하고 민족정신을 유지하는 데 두었던 민족주의 역사학은 그 때문에 심한 정신주의적 역사인식에, 그리고 일종의 투쟁주의적 역사인식에 치우칠 수밖에 없었다. 또한 지난날 민족사의 영광스러웠던 부분을 부각하고 강조하는 일종의 복고주의적 방법론에 빠질 수밖에 없었으며, 그 과정에서 실증성의 취약성도 면할 수 없었다. 이와 같은 민족주의 역사학이 가진 취약성은 곧 식민지시기 역사학이 가진 특성에서 온 것이었다. 특히 사회진화론적 자강론을 바탕으로 한 영웅주의, 부국강병주의, 투쟁주의적 역사의식 및 복고주의적, 정신주의적 연구방법론은 바로 식민지 지배에 저항하는 민족주의 역사학이 가진 특성인 동시에 한계성이기도 했다.

이같은 취약성 및 한계성은 식민지시기의 망명지와 식민치하에서 연구될 수밖에 없었던 민족주의 역사학으로서는 불가항력적인 것이기도 했다. 그러나 식민지시기를 벗어난 이후의 역사학이 이를 그대로 수용하여 현실적 사론으로 적용할 경우 정치적으로 주체성론 및 자강론적 명분 아래 독재주의를 뒷받침하거나 문화적으로 정신주의와 복고주의를 강화하여 비민주주의적 정치체제를 뒷받침하는 사론으로 이용될 우려도 배제할 수 없는 것이다.

---

20) 문일평, 앞의 글 6면.

사회경제사학

역사를 보는 눈

일제식민지시대 사회경제사학의 문을 열어놓은 백남운(白南雲)은 일본의 토오꾜오 상과대학에서 우리 역사의 '중세부재론'을 제일 먼저 주장한 후꾸다 토꾸조오(福田德三)에게 배운 후 연희전문학교 교수로 있으면서 『조선사회경제사』(1933), 『조선봉건사회경제사』(1937)를 저술하여 식민사학의 중세부재론을 부정하고 유물사관에 의한 우리 역사의 체계화를 최초로 시도했다. 그는 종래 우리 역사의 내용이

> 왕조를 중심으로 한 정치적 권력의 외부적 규정 및 흥망소장(興亡消長)을 중심으로 쓴 왕조 변혁사 혹은 군주의 거지(擧止), 군신의 진퇴 등에 관한, 말하자면 군신의 언행록 또는 정령(政令)의 개폐, 군주의 득실, 군신의 포폄(襃貶) 등에 관한 전제정부의 일기장, 전쟁사 등으로써 만재(滿載)된 것[21]

이라 하고, 그 편찬체제 면에서 보면 중국의 강목식(綱目式)을 답습한 연대기적 분류사라 했다. 이는 대체로 조선왕조시대는 물론 애국계몽기까지의 사서들 그리고 식민지시대에 나온 이른바 정치사 중심의 일부 사서들까지도 포함하여 비판한 것이었다. 그는 자신이 지향하는 우리 역사의 연구방법론에 대해 다음과 같이 말했다.

---

21) 백남운 「조선경제사방법론」, 『조선사회경제사』, 東京: 改造社 1933, 5면.

조선사의 연구는 진정 과거에 있어서의 역사적, 사회적 발전의 변동 과정을 구체적으로, 현실적으로 구명함과 동시에 그 실천적 동향을 이론 지우는 것으로써 임무로 삼을 것이다. 그것을 위해서는 인류사회의 일반적 운동법칙으로서의 사적 변증법에 의하여 그 민족생활의 계급적 제관계 및 사회체제의 역사적 변동을 구체적으로 분석하고 다시 그 법칙성을 일반적으로 추상화함으로써만 가능하다.[22]

다시 말해서 그는 역사를 정치·외교사적 측면에서만 보면 왕조적 교체관계 및 권력의 소장관계만으로 역사가 엮일 뿐이며, 하나의 민족사와 세계사와의 연관관계 및 역사 발전의 법칙성 추출이 불가능하다고 인식한 것이다. 우리 역사를 세계사 발전의 과정 속에서 이해할 때 비로소 식민사학이 뒤집어씌운 이른바 정체후진성론을 배제할 수 있다고 생각했고, 세계사적 역사인식론에서 우리 역사를 이해하고 연구할 것을 주장한 것이다. 따라서 그는 식민사학이 내세운 정체후진성론의 바탕의 하나인 이른바 '조선특수사정론'을 깨뜨리고 우리 역사를 전체 인류사의 발전과정과 같은 궤도 위에 선 세계사의 분명한 일환으로 편입하는 데 학문적 정열을 쏟았다.

그는 특수사정론이 우리 역사에 적용되는 경우로 일본의 식민사학과 신채호 등의 민족주의 사학의 두 가지를 지적했다. 식민사학의 경우는 '관제(官製)의 특수성'으로서 독점적, 정치적이며 민족주의 사학의 경우는 "조선 문화의 독자적인 소우주로 특수화"하려는 기도로서 신비적·감상적인 특수사정론이지만

---

22) 같은 곳.

본질적으로 인류사회 발전의 역사적 법칙의 공통성을 거부하는 점에 있어서는 전혀 동궤적(同軌的)이며 따라서 반동적이다. 이들 양형의—실제는 상사형의—특수성은 조선 사학의 영역의 개척을 위해서는 정력적으로 배격하여야 할 현실적 대상이다.23)

라고 주장했다.

특히 민족주의 사학 측의 특수사정론을 겨냥한 듯한 글에서 그는

만약 피정복군(被征服群) 스스로가 자기의 특수성을 고조한다면 그것은 이른바 갱생의 길이 아니고 무의식적으로 노예화에의 사도에 빠지는 것이다. 왜냐하면 일반적 역사법칙의 필연적 발전성을 거부하는 일이 되기 때문이다. 예를 들면 인도의 인사가 단순히 그 특수 문화를 고조한다면 그것은 감상적인 전통 자만(自慢)에 그칠 뿐이며 영국의 제국주의적 구속에서 해탈하는 갱생의 길은 될 수 없는 것이다. 영국 정부가 인도의 특수 사정을 고조하는 경우는 그 전진(前進)한 통로의 차단을 의미하는 것에 지나지 않는 것이다.24)

라고 하여 특수사정론을 깨뜨리고 이른바 '일반적 역사법칙의 필연적 발전성'에 입각하여 우리 역사를 보아야만 식민지 상태에서 벗어나는 길이 열린다고 말하고 있다. 이와 같은 역사인식에 의한 우리 역사의 특수성과 보편성에 대해 그는 다음과 같이 말했다.

우리 조선의 역사 발전의 전체 과정은 예를 들어 지리적인 조건, 인류학적

---

23) 같은 책 7면.
24) 같은 책 444면.

골상(骨相), 문화 형태의 외형적 특징 등 다소의 차이는 인정된다 하여도 외관적인 이른바 특수성은 다른 문화 민족의 역사적 발전법칙과 구별되어야 할 독자적인 것은 아니며, 세계사적인 일원론적인 역사법칙에 의하여 다른 제 민족과 거의 동궤적인 발전과정을 거쳐온 것이다. 그 발전 과정의 완만한 템포, 문화 제상(諸相)의 특수적인 농담(濃淡)은 결코 본질적인 특수성이 아니다.[25]

식민사학의 '특수사관'에 맞서서 우리 역사를 세계사적 발전법칙에 따라 이해할 것을 강조하고 있는 것이다.

한편 그의 유물사관을 바탕으로 한 세계사적·일원론적 역사인식 태도는 단군 해석에서 잘 나타나고 있다. 신채호, 최남선 등이 단군을 조선 인식의 출발점으로 삼고 그것을 독자적으로 신성화함으로써 동방문화에의 군림을 기도하지만, 그 결과는 하나의 특수문화사관에 끝나는 것[26]이며, 일본인들은 단군의 존재를 무조건 부인하거나 고구려의 국조(國祖)로 가작(假作)하거나 묘향산의 산신이라 단정하기도 하지만, 현실적 생활의 발전과 함께 계급적 분열이 이루어지고 그것을 합리화하기 위한 관념 형태로서 신화가 형성되는 것이라 했다. 단군신화에 나오는 범은 군장(軍長)의 반영물이며, 그것과 동혈(同穴)한 곰은 모계 추장의 표현이라 보았고, 환웅이 360여사(餘事)로 인간계를 이화(理化)했다는 관념 표상도 이미 일정한 지배관계와 결부된 신화임을 말하며, 단군이 인세(人世)의 통어를 계승했다 한 것은 남계 추장제 그리고 1500년간이나 나라를 다스렸다 한 것은 추장세습제의 성립을 나타내고 있음이 틀림없다고 주장했다.[27]

---

25) 같은 책 9면.
26) 같은 책 14면.
27) 같은 책 17~18면.

식민지시대의 사회경제사학이 이른바 특수사정론을 비판한 것은 그 것이 식민사론이 내세운 정체후진성론의 근거의 하나가 되고 있었기 때문이기도 했지만, 한편으로 단군을 민족의 시조로, 단군시대를 왕조 시대로 인정함으로써 역사의 유구성을 주장하고 민족적 단일성 및 그 결속을 강조하려 한 민족주의 사학의 정신주의적, 신비주의적 역사인 식을 청산하고 과학적, 사회발전단계론적, 유물사관적 관점에서 우리 역사를 체계화하려는 것이라 할 수 있으며, 그 한 예를 단군론에서 볼 수 있는 것이다.

백남운이 주로 민족주의 사학 측의 신채호 등을 비판했다면, 또다른 사회경제사학자 이청원(李淸源)은 주로 정인보의 얼 사관을 비판했다.

『조선사회사독본』(1936), 『조선독본』(1936) 등을 쓴 이청원은 과거의 조선은 많은 특수성과 정체성을 가지고 있었지만 그럼에도 불구하고 과거와 함께 현재를 통해 역시 세계사의 일환으로서의 발전에 지나지 않았다 하고

유교 훈화적인, 정책적인 반(半)봉건적 '조선학'은 조선의 역사적 과정을 세 계사와는 전연 별개 독립적인 고유의 신성불가침적인 '오천 년간의 얼'을 탐 구하는 데 열심이며, 그 공식의 천재는 '단군'으로 분석되고, 그 전체적 영웅은 '이순신'의 옷을 빌려 입고, 그 재간있는 사람들은 '정다산'의 가면을 쓰고 역사 를 왜곡하고 있다. 이에 '얼'로써 된 신비적인 역사가 이루어진 것이다.[28]

라고 하여 민족주의 사학 측의 얼 사관을 유교 훈화적, 신비주의적 사관 이라 비판했다.

---

28) 이청원 『조선사회사독본』, 東京: 白揚社 1936, 서문.

식민지시대를 통해 식민사론에 반대하여 우리 역사를 주체적으로 인식하고 체계화하려는 노력이 민족주의 사학과 사회경제사학의 두 측면에서 일어났지만, 우리 역사를 보는 양자의 시각에는 크게 차이가 있었다. 두말할 것 없이 민족주의 사학이 국권회복운동의 일환으로서 역사학을 통해 강한 민족관을 확립함으로써 식민지배와 식민사론에 대항하려 했던 데 비해서, 사회경제사학은 유물사관을 바탕으로 하여 우리 역사가 세계사적 발전 과정과 같이 발전해왔음을 구명함으로써 식민사론의 피해를 떨치는 한편, 계급투쟁사론으로 식민지배에 대항하는 한편, 민족 내부의 역사적 모순 내지 학문적 한계성도 함께 극복하려 했던 것이다. 그러나 여기에도 세계사적, 일원론적 역사인식 방법론 자체가 유물사관적, 공식주의적 역사인식을 벗어나지 못한 한계성이 있었다.

식민사학의 횡포

일본의 어용사학자들은 자국의 한반도 침략을 뒷받침하는 사론으로서 19세기 후반기 이래로 일선동조론과 만선사관 등을 만들어왔지만, 한편으로 그 경제사학자들은 또 하나의 식민사론으로서 이른바 한반도 역사의 정체후진성론을 만들어냈다. 한반도의 사회·경제적 발전 단계가 유럽은 물론 일본, 중국보다 뒤떨어져서 19세기 후반기까지도 아직 고대사회의 말기적인 단계에 머물러 있었다는 내용으로 요약될 수 있는 정체후진성론은 이와 같이 역사적으로 뒤떨어진 한반도가 그 내재적 발전만으로는 근대사회로 갈 수 없고 일본의 문호개방, 나아가서 한반도 지배를 통해서만 비로소 근대화의 길로 접어들 수 있다는 논리를 뒷받침하기 위한 것으로서, 여기에도 여러 명의 일본 경제사학자가 동원되었다.

한반도의 역사적 단계가 19세기 말까지 고대사회의 말기적 단계에 있었다는 말은 곧 한반도지역에는 중세사회가 없었다는 말이 되는데, 이같은 중세부재론을 제일 먼저 내놓은 것은 후꾸다 토꾸조오였다. 독일에 유학했던 경제학자로 러일전쟁 전에 한국을 여행한 일이 있는 후꾸다는 여행 때 얻은 자료와 견문을 바탕으로 「한국의 경제조직과 경제단위」라는 글을 썼다. 여기에서 그는 국가라는 개념으로써 한국의 정치조직을 율(律)하려 하는 것은 그 자체가 이미 부당하다는 감이 없지 않다고 극언한 후

> 한국의 현 왕조는 본래 일개 무문(武門)에서 나와서 중앙의 군권(君權)을 장악하기에 이르렀지만, 태조 이성계의 시대를 제외하고는 그 왕실을 이기는 무문이 일어나서 그 지위를 빼앗은 자 없었다고 말할 수밖에 없으며, 그 위망(威望) 무문전제(武門專制)의 봉건국가에 이르기는 멀다.[29]

하고, 대한제국은 그 왕권이 극히 미약하여 전제군주국가도 아닐 뿐 아니라 또한 일본의 막부시대와 같은 무권이 왕권을 이긴 봉건국가도 아니라 하여, 이른바 "국가 개념으로 율할 수 없는" 나라라 했다. 또한 그는 봉건제도의 근저는 사람과 토지인데 한국에는 토지 소유의 관념이 없고, 한국에는 토지 소유자가 없다[30]고 했다. 그는 한국에는 진정한 의미에서의 국민경제인 종합경제는 도저히 볼 수 없다[31] 하여 19세기 후반경의 한국은 정치적으로 그 국가 형태를 어떤 개념에도 넣을 수 없는 "진정한 의미에 있어서 아직 국(國)을 이루지 못한" 나라이며 경제적으

---

29) 福田德三「韓國の 經濟組織と 經濟單位」,『經濟學硏究』前編, 同文館 1914, 107면.
30) 같은 책 132면.
31) 같은 책 122면.

로도 봉건체제를 결하고 국민경제가 성립되지 못한 나라라 단정했다. 이어서

　　한인에게 더욱 결핍한 용감한 무사적 정신의 대표자인 우리 일본 민족은 가령 경계를 접하지 않았고 정치적으로 이를 필요로 하는 사정이 아니지만, 봉건적 교육과 이를 바탕으로 하는 경제단위의 발전을 결한 한국과 한국인에 대해서는 그 부패 쇠망의 극에 달한 '민족적 특성'을 근저에서부터 소멸시킴 으로써 이를 동화시켜야 할 자연적 운명과 의무를 가지는 '유력 우세한 문화' 의 사명의 무거움을 자임해야 하지 않을까.[32]

라고 하여 결국 일본의 한반도 침략을 합리화했다. 후꾸다 토꾸조오의 이와 같은 한반도 역사의 정체후진론, 중세부재론에 이어서 또 한 사람 의 일본 경제사학자 코꾸쇼오 이와오(黑正嚴)는 1923년에 낸 그의 저서 『경제사논고』에서 "봉건제도 혹은 이와 유사한 제도가 중국, 서양 및 일 본에는 일찍이 존재했다"라고 하면서 후꾸다의 말을 인용하여 조선에는 억상주의(抑商主義), 빈국약병주의(貧國弱兵主義), 노예제도의 존속, 화 폐제도의 불비, 완전한 국가조직이 존립하지 않은 사실, 외국에 대한 지 리적 관계상 항상 외구(外寇)의 위난에 조우한 사실, 봉건제도의 흠결 등 이 서로 원인과 결과가 되어 조선의 경제조직의 진화에 영향을 주었으 며, 그 가장 근본적이고 또 중대한 영향을 미친 것은 곧 경제단위 발전의 요람인 봉건제도가 일찍이 존재하지 못한 사실[33]이라고 하여 봉건사회 및 중세사회부재론을 강조한 후 "조선에는 마침내 봉건제의 발생을 보

---

32) 같은 책 147면.
33) 黑正嚴 「朝鮮の 經濟組織の 特質」, 『經濟史論考』, 岩波書店 1923, 84면.

지 못하고 갑오의 대변혁을 지나 금일에 이르는 것이다"라고[34] 했다.

후꾸다와 코꾸쇼오 등은 모두 19세기 후반기 한국사회의 발전 단계를 넓게는 일본의 이른바 헤이안기(平安期, 781~1185), 좁게는 후지와라 시대(藤原時代, 969~1068)와 같다고 보고, 일본 역사가 그 이후 겪은 카마꾸라(鎌倉) 막부의 봉건시대와 토꾸가와(德川) 막부의 경찰 국가시대를 한국사가 겪지 못함으로써 이른바 정체, 후진할 수밖에 없었다고 제멋대로 사론을 폈고, 이후 이들의 식민사론은 같은 경제사학자 카와이 히로따미(河合弘民), 시까따 히로시(四方博) 등에 의하여 계승되었다.

시까따는 해방 후 쓴 글에서까지도

　　이조 오백 년간, 어느 시기를 들어보아도 같은 생활양식이 있을 뿐이고, 같은 사고 형식이 지배하였다. 생산방법의 약진도 없고 소비생활의 변화도 없어서 항상 동일한 주장, 같은 비난이 반복되었을 뿐만 아니라, 반성도 개혁도 없었다. 항상 양반은 지배하고 상민은 굴복하고, 항상 주자학은 금과옥조이고, 항상 원시적 농경이 행해지고, 항상 국민은 최저한의 생활에 만족하도록 강요되었다. 이와 같은 취생몽사적 시간의 경과를 포괄적, 상징적으로 이름 붙인 것이 곧 한국사의 정체성론이다.[35]

라고 주장하고 있다. 그뿐만 아니라 그는 식민지시대의 사회경제사학이 주장한 '봉건사회존재론'을 의식하면서 다음과 같이 말하고 있다.

　　고려 말기에도, 이조 후기에도 왕조의 쇠퇴기로 들어가면 여러가지 방면으

---

34) 黑正巖「封建制度欠缺の 理由」, 같은 책 93면.
35) 四方博「舊朝鮮社會の歷史的性格について(二)」, 『朝鮮學報』 제2집, 1951. 10, 167면.

로 이같은 질서(중세적 질서 - 필자)가 문란해져 신분관계의 교차도 있고 지배관계의 현도(懸倒)도 일어났지만, 특히 토지소유 관계에 있어서 소수자에의 토지 집중, 호족의 장토(庄土), 궁장토(宮庄土, 궁가의 장토)와 같은 대토지 지배의 경향이 일어난 것은 사실이었다. 권력 남용의 필연적 추이였다. 이같은 정치적 권력자의 토지 지배, 토지를 통한 인민의 지배라는 의미에서 조선에서의 일종의 봉건제도 존재론이 일어났지만, 이것은 일종의 군현제도였다 해도 좋고, 또 그것이 더 타당할 것이다. 대개 조선에서의 봉건제도결여론이 주장하는 것은 봉건제도의 다른 부면에, 즉 번(藩)이나 소령(所領)이 번주 혹은 영주 아래 일체의 정치경제 단위가 되어 영주와 영민이 그 경제적 번영에 있어서 이해 공통의 일면을 가질 것, 따라서 영주가 그 정치적 지배력을 기울여 영내의 경제적 개발에 적극적으로 노력하고 그 결과가 의식적이건, 무의식적이건 영내 및 영민의 경제적 발전을 가져온다는 부면, 이와 같은 사상(事象)의 결여에 의하여 조선사회의 경제 발달이 저애(阻碍)되었음을 지적하려는 것이기 때문이다. 그리하여 이것은 두말할 것 없이 정치상의 봉건제도를 경험하지 못한 사실을 그 기저에 두고 있음이 틀림없는 것이다.[36]

인용이 너무 길었지만, 요컨대 후꾸다와 코꾸쇼오는 정치적으로나 경제적으로 우리 역사에서는 봉건사회가 결여되었고 그것이 우리 역사가 정체, 후진한 중요한 증거라고 주장한 데 비해, 시까따에 와서는 경제적으로는 봉건사회적 성격을 어느정도 인정한다 해도 정치적으로는 봉건사회를 인정할 수 없으며, 여전히 그것이 우리 역사의 정체후진성의 증거라고 했다. 일본의 역사학자들이 자기 나라의 한반도 침략을 사론적으로 뒷받침하기 위해 일선동조론, 만선사관 등을 만들어냈다면,

---

[36] 四方博「舊朝鮮社會の歷史的性格について(三)」, 『朝鮮學報』 제3집, 1952. 5, 123~24면.

일본의 경제사학자들은 자기 나라의 한반도 지배를 합리화하기 위한 사론으로서 정체후진성론, 중세부재론을 내어놓았고, 이와 같은 일본 경제사학의 식민사관에 대항하고 나선 것이 일제식민지시대의 사회경제사학이었다.

반식민사학론

백남운은 『조선사회경제사』 서문에서 "근세 조선사상에서의 유형원, 이익, 이수광, 정약용, 서유구, 박지원 등 이른바 '현실학파'라고 칭할 수 있을 우수한 학자가 배출되어 우리의 경제학적 영역에 대한 유산으로서 남겨준 업적은 결코 적은 것이 아니다"라고 하여 오늘날 실학자로 불리는 학자들의 학문적 업적에 관심을 표명한 후, "후꾸다 박사는 조선에 있어서의 봉건제도의 존재를 전혀 부정한 점에 있어서 그것에 승복할 수 없었던 것이다"라고 하여 그 학문적 동기가 실학자들의 업적에 주목하고 식민사학의 중세부재론을 극복하는 데 있었음을 나타내고 있다.[37] 식민사학의 중세부재론을 극복하고 우리 역사를 어디까지나 세계사 발전 과정의 일환으로 이해하려 한 그는 우리 역사 전체의 발전 단계를 첫째로 원시씨족공산체의 형태, 둘째로 삼국정립시대의 노예경제, 셋째로 삼국시대 말기경부터 최근세에 이르기까지의 아시아적 봉건사회의 특질, 넷째로 아시아적 봉건국가의 붕괴 과정과 자본주의의 맹아 형태, 다섯째로 외래 자본주의 발전의 일정과 국제적 관계 등으로 나누어보고 있다.[38] 대체로 삼국시대 이전을 원시공동체사회로, 삼국

---

37) 백남운, 앞의 책, 서문.
38) 같은 곳.

시대를 고대 노예제사회로, 통일신라시대부터 조선왕조 후기까지를 중세봉건사회로 보면서 그 이후를 봉건국가의 붕괴 과정과 자본주의 맹아 형태의 발달 시기로 인식한 후 외래 자본주의의 침략 과정까지로 나눈 것이다.

이와 같은 우리 역사의 발전과정론은 물론 유물사관적 역사발전 단계론을 바탕으로 한 것이지만, 한편으로 식민사론이 우리 역사에서 중세봉건사회의 존재를 인정하지 않고 외래 자본주의 세력이 침입하여 식민지로 전락하기까지의 역사적 단계를 고대사회적 단계로 규정한 것과는 달리, 통일신라시대부터 대체로 조선왕조 후기까지를 '아시아적' 봉건사회로 설정함으로써 우리 역사에서 중세봉건 사회의 위치를 확실히 하여 식민사론의 중세부재론에 대항한 것이라 할 수 있다.

중세부재론에 대항하는 백남운의 연구작업은 고려시대의 사회경제사를 다룬 『조선봉건사회경제사』(1937) 상권에 압축되어 있다. 그가 고려사회를 중세봉건사회로 보는 이유는 대체로 집권적 토지국유제 및 과전제(科田制, 田柴科)에 입각한 중앙집권적 관료봉건국가라는 점, 그 경제체제가 봉건적 대토지 소유와 소농 경영과의 대척적 구성에 의한 농노경제라는 점, 왕조 자체가 '최고 지주'여서 조세와 지대(地代)가 일치하고 있으며 지대 형태가 분화하여 포학화했고 농업과 농촌적 수공업이 결합하여 공세(貢稅) 형태가 다양하다는 점, 부불(不拂) 잉여노동의 확보 조건으로서의 권농정책의 집권화와 '경작'의 '소유'에의 예속 관계, 농민들의 신분 및 생활양식에 관한 각종 제한 규정 등에 의한 '외적 강제'의 아시아적 잔학성이 그 기초적 특징으로 되어 있다는 점, 그 병농일치주의 군사조직은 공권력의 집중 형태인 동시에 봉건적 생산양식의 연장이라는 점, 의창·상평창 제도에 의해 곡물시장이 통제되어 있었다는 점, 도시가 비독립적 성격이며 공권력이 집중되어 있고 잉여농

산물의 분배시장인 특수 조건 아래서 국가·관료지주·상인 등의 삼위일체적 상업, 고리대가 상호의존적 발전을 하고 있는 점, 농촌공동체의 봉건적 제역(諸役)에 관한 연대적, 예속적 존재 및 가부장적, 집권적 가족제도의 봉건적 체제가 존재했다는 점 등을 들고 있다.[39]

이와 같은 고려사회의 중세봉건제사회론은 물론 지금에 와서 보면 이론적, 실증적 약점이 없는 것은 아니지만, 당시로서는 중세부재론을 극복하기 위한 비교적 폭넓은 이론 정립이었다. 특히 백남운은 우리 역사에 중세봉건사회가 존재했음을 한층 더 확실히 하기 위해 자신이 고대노예제사회로 규정한 삼국시대에서 중세봉건사회로 규정한 고려시대로 넘어가는 과정과 두 시대의 정치·사회·경제적 차이점을 추출하는 데 열중하고 있었음을 볼 수 있다. 이 점은『조선봉건사회경제사』보다 1년 전에 나온 이청원의『조선사회사독본』이 고려시대까지를 고대노예제사회로 본 사실을 의식한 것이지만[40] 한편 식민지로 전락하기 이전까지를 고대적 사회로 본 식민사론을 반박하고 고대사회에 이은 중세사회의 존재를 한층 더 확실히 하는 이론적 뒷받침이기도 하다.

그는 고려왕조의 성립을 "신라 귀족에 대한 신흥 봉건적 세력의 승리" "종래의 노예 소유자적, 미전개(未展開)의 명목적, 국가적 토지 소유제에 대한 일련의 봉건적 토지 소유자의 정치적 승리" "노예 소유자적, 미전개의 명목적인 토지국유제로부터 관료적, 집권적 토지국유제에의 전화"라 하고, 삼국시대의 토지국유제가 "원시씨족공동체의 붕

---

39) 백남운『조선봉건사회경제사』상, 東京: 改造社 1938, 4~5면.

40) 같은 책 3면에서 그는 "더욱 심한 것은『조선사회사독본』의 저자인 이청원군의 소아병적 규정일 것이다. 즉 그는 그 노예 소유자적 사회구성을 정당하게 시인하면서 다시 그 捨象的 페먼틱한 杜撰癖에 몰린 채로 史籍을 읽지 않고 자의적 수법을 편 결과는 조선에 있어서의 전형적인 봉건사회인 고려도 일시 노예사회가 되었다" 하고 이청원의 고려시대 노예사회설을 반박했다.

괴 과정에서 발생한 가부장적인 종족적 촌락 공동 재산의 국가 재산에의 정치적 전화 형태"인 데 대해, 고려시대의 그것은 "봉건적인 신흥 지방 세력의 구귀족군에 대한 정치적 승리로서 상호 보험적인 집권적 공전제(公田制)를 확립"한 것이라 하여[41] 같은 토지국유제 아래서도 고대적 국유제와 중세적 국유제를 구분하려 했다. 이 점은 식민사학 측의 후꾸다 토꾸조오가 중세부재론을 펴면서 "한국에는 토지 소유의 관념이 없다. 혹시 억지로 소유자를 찾는다면 왕실일까.""토지에 대해서는 다만 막연한 공유 관념이 있을 뿐이다." 하며[42] 토지공유제가 중세부재론 근거의 하나라 내세웠고, 그 뒤를 이은 코꾸쇼 이와오도 "조선은 유사 이래 소위 봉건제도의 두 요소인 토지적 관계와 인적 관계가 아직 발생하지 않은 나라다. 이조도 조선 고래의 전제인 공전주의를 지지했다"고 하여[43] 토지공유제의 지속이 봉건사회 부재의 원인이라 한 데 대해, 백남운은 이른바 토지국유제를 인정하면서 그 고대적 성격과 중세적 성격을 구분함으로써 봉건사회존재론을 주장한 것이다.

이청원도 유물사관을 바탕으로 우리 역사를 체계화하면서 그 성립 시기에서는 백남운 설과 차이가 있지만 식민사학의 봉건사회부재론에 맞서서 조선왕조사회가 바로 봉건사회라 주장했다. 그도 역시 다음과 같이 식민사론의 중세부재론에 반대한다.

봉건사회를(일본의 경우와 같은 — 필자) 대명정치(大名政治), 무인정치(武人政治)라 생각하는 일부의 사가는 양반은 영지를 가지지 않았고 국민경제를 가지지 않았다는 이유로 조선에는 봉건정치가 존재하지 않았다고 말하고 있

---

41) 같은 책 47~48면.
42) 福田德三, 앞의 책 132면.
43) 黑正巖, 앞의 책 90면.

다. 그리하여 다른 사가도 역시 조선에는 봉건제도가 전혀 존재하지 않았고 이조 말기까지 노예제가 계속되었다고 말하고 있다. 이에는 이론적인 결함이 있다.[44]

그는 이어서

봉건적 토지소유, 따라서 봉건적 흡취(吸取)관계인 농노생산이 상당히 광범하게 혹은 발발적(勃發的)으로 성립했다 하여도 그것은 봉건적 사회, 봉건적 국가가 성립되었음을 뜻하는 것이 아니다. 봉건적 생산양식은 고대사회의 말기에 이미 성립되어 공동체적 토지소유에는 그 맹아가 포함되어 있다. 그러나 단순한 농노제 내지 예농제는 아직 봉건제는 아니다. 봉건국가, 사회구성으로서의 살아 있는 봉건제 사회는 봉건적 토지 소유자가 정치권력의 조직자로서 결정적으로 등장한 때를 가지고 그 성립의 획기(劃期)로 한다.[45]

라고 하여 조선왕조의 성립부터를 중세사회로 보는 이론적 바탕을 제시했다.

이청원은 조선왕조사회를 중세봉건사회로 보는 근거를 제시하면서 먼저 상공업 면에서는

고려 후기에 있어서 봉건 지주의 손에서 도망하여 자유롭게 된 농노들이 끊임없이 도시에 유입한다. (⋯) 도시에 유입한 농노는 약간의 수도구(手道具), 기타의 자본과 노동력이 유일한 재산이다. 계속해서 유입하는, 자유로웠

---

44) 이청원, 앞의 책 125면.
45) 같은 곳.

던 농노에 대하여 여기에 일정한 수공업자(동시에 상인을 겸한다)의 동업조합이 이루어진다. (…) 이들이 봉건적 도제 제도(길드)의 상업 및 수공업에 종사하는 것이다.[46]

라고 했고, 다음으로 토지문제에서는 여말(麗末)의 사전(私田)개혁이

토지, 그것에 대한 개혁이 아니라 농민의 주거와 이동을 영구히 일정한 토지에 긴박한 것이다. 즉 이것은 거주지의 이동의 자유를 주지 않는 농노제도의 하나의 특징인 것이다.[47]

라고 하여 과전법을 중세사회 성립의 중요한 계기로 보았다.

그는 또 조선왕조사회가 농업노동과 수공업노동의 결합에 기초한 자연경제체제였으며, 그것이 봉건사회 존재의 제일의 조건이었다 하고, 최대의 토지소유자인 국가의 봉건적 토지소유와 그것의 농민에의 분배는 봉건국가가 봉건적으로 소유하고 있는 토지에 결부되어 있는 농노·전부(佃夫)의 개인적 경제에서 잉여경제를 빨아들이고, 또 그것을 스스로 점유하기 위한 물질적 기초를 그들에게 준 것이라고 하였다.[48] 그도 역시 토지국유제 아래서의 봉건사회성을 설명하기 위해

봉건적 대토지 소유자는 국가 그 자체일 뿐이며 개개의 봉건영주라고 하는 것은 존재하지 않았다. 아니, 그것은 존재의 경제적 기초가 없었기 때문에 존재할 수 없었다. 요컨대 당시의 토지소유 관계는 스테이트(state) 대 직접생산

---

46) 같은 책 125~26면.
47) 같은 곳.
48) 같은 책 216면.

자이며, 스테이트 자신이 직접생산자인 농민의 직접적 수취자였다.[49]

라고 하여 예의 토지와 농노적 농민의 국가에 의한 총체적 파악체제로서의 봉건사회론을 제시함으로써 봉건사회존재론을 강조했다.

식민지시대의 사회경제사학은 두말할 것 없이 우리 역사를 유물사관적 관점에서 체계화하는 데 그 주된 목적이 있었다. 그러나 그것은 한편으로 일본의 식민사학, 특히 경제사적 측면의 식민사학이 이른바 조선특수사정론, 정체후진성론을 뒷받침하기 위해 만들어놓은 대표적 사론의 하나인 우리 역사에서의 중세부재론, 봉건사회부재론을 극복하고우리 역사의 발전단계를 세계사적 발전과정 위에 올려놓는 연구작업이었다는 점에 또다른 특징이 있다.

시대적 제약성

식민지시대의 사회경제사학은 처음으로 사회발전단계론적 시각에서 우리 역사를 엮고 또 시대구분한 학문적 공로를 가진다. 그러나 지금도 대체로 그러하지만, 특히 당시로서는 우리 역사 전체를 원시공동체사회, 고대노예제사회, 중세봉건제사회, 근대자본제사회로 선명하게 시기 구분하여 엮을 만한 실증적, 이론적 연구가 뒷받침되어 있지 않았기때문에 흔히 지적되는 것과 같이 유물사관적 공식에 우리 역사를 맞추려 한 이른바 공식주의에 빠졌다.

백남운이 삼국시대를 고전적 노예제사회로 본 점에 대해서는 우리가이미 아는 바와 같이 많은 비판이 있었으며, 그 비판의 초점은 우선 삼

---

49) 같은 책 218면.

국시대의 노비를 생산의 직접 담당자로서의 생산노예로 잘못 보았다는 점에 맞추어졌다. 그는 삼국 사이의 빈번한 정복전쟁 과정을 통해서 양산된 전쟁포로들을 그리고 형벌, 채무, 인신매매, 귀화 등으로 노비 신분이 된 사람을 모두 고전적 노예로 간주하고 삼국시대를 노예국가시대로 보았다. 그러나 노비는 대체로 가내노예에 한정되었고, 일부 생산에 투입되었다 해도 그들이 기본 생산 담당자층은 아니었으며, 따라서 농업 및 수공업에서 노예적 경영이 지배적이지는 않았다는 점에서 이른바 삼국시대 노예제사회설은 부정되었던 것이다.

백남운은 삼국시대 사회를 노예제사회라 주장하는 이유를 다음과 같이 내세우고 있다.

생산노동에 노예를 사용하는 일반적인 경영 형태는 토지경작이었던 것이다. 이미 논한 것과 같은 토지소유 관계에 의하여 공유노예는 대다수 '관원(官園)'에 있어서의 경작노동에 종사하였고 귀족군의 사유노예는 그 식읍(食邑) 내의 직영지·사전(賜田) 등에서, 호족의 사유노예는 그 점유지에서 그 소유주의 감독하에 그 경작에 종사한 것이다.[50]

이렇게 그는 삼국시대의 모든 토지경영이 노예노동에 의해 이루어진 것이라 하고, 노예제사회설을 강조했다. 그러나 이를 뒷받침할 만한 실증적인 사료를 구하지 못해 그 자신도

이 경작노예에 관해서는 하등의 문헌을 가지지 못하지만 생산 영역의 소유 관계가 확인된 이상 그 토지 소유자 계급은 소유노예로 하여금 반드시 경작

---

50) 백남운 『조선사회경제사』 217~18면.

노예로 삼았음이 틀림없다. 이것은 당시의 사회적 생산관계의 필연적 요구인 것이다.[51]

라고 하여 토지소유 관계를 바탕으로 한 발전단계론적 필연성만을 제시하고 있을 뿐이다. 우리가 알다시피 삼국시대의 토지경영에 대해서는 아직도 그 진실이 제대로 밝혀지지 못하고 있으며, 더 올라가서 삼한 및 부여사회부터 있던 직접 생산 담당자층의 일부라 생각되는 하호(下戶)도 고전적 노예가 아니라 농노적 농민 혹은 소작농민이라 보는 견해가 있는 것이다.[52]

한편 백남운은 광산 경영과 각종 광공업 생산에서도 노예노동이 존재한 것이라 주장하면서

그것은 단순한 추측이 아니라 삼국시대 노동편제의 일반적 특징, 금속류 및 석재 수요의 긴절(緊切)함, 광산노동의 잔학적 성질 등에 의하여 추고한 결과 고구려의 광산노동은 필연적으로 노예의 부담이 아니면 안 되었던 것이다.[53]

무기 제조, 피혁·금속기구류의 제작, 와전(瓦塼)·기타 토기류의 번조(燔造), 견직물의 제직, 성벽 및 건축의 토목공사, 불교 수입 후의 사원 및 불상·분묘의 축조 등등의 공작의 대부분은 노예군의 노동에 의하여 이루어진 것이라 생각되는 것이다.[54]

라고 하여 결국 광공업에서의 노예노동설 역시 자료적인 실증보다는

---

51) 같은 책 218면.
52) 武田幸男 「魏志東夷傳에 보이는 下戶問題」, 『朝鮮史硏究會論文集』 제3집.
53) 백남운 『조선사회경제사』 219면.
54) 같은 책 220~21면.

대체로 유추와 개연성을 바탕으로 입론하고 있는 것이다. 삼국시대의 광공업 노동력은 농업 노동력에 비해 노비층이 많았을 가능성이 있지만, 설령 그 노동력의 대부분이 노비 신분이었다 해도 그 성격이 서양의 고대 노예와 다르다는 사실은 이미 많이 논증되었다.

한편 이청원은 백남운을 공식주의에 빠졌다고 비판하면서 삼국시대부터 고려시대까지를 고대노예제사회로 규정했다. 그에 의하면, 고대사회가 "강고히 잔존하는 원시적 생산양식"에 의해 많이 제약되기는 하지만 역시 그 지배적 생산양식은 노예제 생산양식이며, 이 고대사회의 생산에 직접으로 참가하는 것은 "노동노예와 반공산주의적 농민"이라 하여[55] 순수 노예노동설은 부인하고 그 안에서의 원시 씨족제도, 씨족공동체의 존재를 내세우면서 이렇게 주장하고 있다.

국가의 성립으로 씨족원은 그 정치권력을 제공하고 의무만이 남음과 동시에 종족 재산은 부지불식간에 국가의 소유로 변하여갔지만, 그러나 옛 씨족원은 그 공동체적 축대를 보지하고 있는 한에 있어서 근대의 소유권과 다른 무언의 권리를 가지고 있는 것이다. 이것은 곧 공동체적 토지소유로서 종족 재산과 구분되고 또 개인 소유와도 다른 것이다.[56]

그는 또 우리 역사에서의 토지의 국가적 소유가 곧 이 형태의 전형적인 표현이라 하고 역사상의 구분전(口分田), 반전(班田) 등은 이 공동체적 토지소유를 정기적인 경지 분할 배정 실시에 의해 개인적 경지 분담을 실현하는 방법, 즉 사유화에의 해체 과정 현상이라고 주장했다.

---

55) 이청원, 앞의 책 116면.
56) 같은 책 49면.

이들 공동체 내의 자유민은 정치적으로 미약한 권리밖에 주어지지 않았기 때문에 노예와의 외견적 차이가 거의 없고, 혹은 유럽의 전형적 농노와도 외견적인 차이가 없을 것같이 보이지만 그 본질에 있어서는 확연한 차이가 있다. 국가적 토지소유(공동체적 토지소유)는 중앙 집권적, 봉건적 토지 소유와는 본질적으로 다르고 또 토지 국유와도 다른 것이다. 우리는 특히 이것을 강조하지 않으면 안 된다.[57]

즉 그는 우리 역사상의 고대사회를 노예제사회로 규정하면서 그 특징은 토지의 공동체적 소유, 국가적 소유에서 찾았다. 이 공동체적 소유를 공전제로 파악하고 그것에 의한 반전제도(班田制度)가 실시되었다고 본 삼국시대와 통일신라시대 그리고 전시과제도가 무너지기 이전의 고려시대까지를 같은 고대사회로 보았으며, 따라서 "조선에 있어서의 군사적 고대사회 고려의 강력한 지주(支柱)인 반전제도의 파괴는 조선 고대사회의 붕괴, 즉 봉건사회의 형성으로 촉박(促迫)한 것이다"라고[58] 했던 것이다.

우리가 알다시피 삼국시대에 농민들에게 토지를 지급한 사실은 지금까지도 실증되어 있지 않으며, 통일신라시대에는 국가와 농민 사이에 토지의 수수관계(授受關係)가 성립되었으리라고 일부 추측되고 있을 뿐 역시 구체적으로 실증되고 있지 못하다.

또한 고대노예제사회의 기본적 생산 담당층으로 파악한 '노동노예와 반공산주의적 농민' 중 먼저 노동노예는 주로 수공업 부문의 노동력으로 파악한 것 같은데, 그 형성 과정을 다음과 같이 말하고 있다.

---

57) 같은 책 50면.
58) 같은 책 92면.

부역으로서 공동체로부터 의무적, 강제적으로 징발된 반공산제적 농민이
이들 부(部, 수공업장 – 필자)에서 노동하는 것은 사회적인 수공업과 농업의
분리의 수행을 의미한다. 이들 부방(部房)에 처음에는 부역으로 소집된 농민
들도 구분전제도 시행에 의한 공동체 해체의 진행에 따라 점차 전업화한다.
그들은 조세 불납의 대상(代償)으로서 노예로 되고 기술의 숙련도를 높여감
으로써 부방은 그 자체의 기능을 가지게 된다.[59]

백남운이 수공업 노동력을 전쟁포로·인신매매 등을 통한 노예로 파
악한 데 비해, 이청원은 '반공산주의적 농민'의 의무적·강제적 징발과
'조세 불납 대상(代償)'으로서의 기술 노예화로 설명하고 있지만 역시
그다지 설득력은 없다. 그는 또 공동체적 토지소유제 아래서의 농업 노
동력의 주체를 이룬 '반공산주의적 농민'을 서양의 노예적 존재나 농노
적 존재와 겉으로는 비슷하게 보이나 본질적으로 크게 다르다 했을 뿐
그 이론을 더 발전시키지 못했으면서도 그들이 생산의 직접 담당자층
으로 존재했던 사회를 고대노예제사회로 규정하고 있는 것이다.

1920년대의 식민지 아래서 사회주의 사상이 들어왔고 그와 함께 유
물사관적 역사인식 방법이 도입되어 그것을 바탕으로 우리 역사를 체
계화하려는 노력이 나타났으며, 이를 우리 근대사학사는 사회경제사학
이라 이름 하고 있다. 그 명칭의 적합성에 대해서는 어느정도의 논란도
있지만 이와 같은 역사연구 방법론이 식민사학의 중세부재론을 극복하
고 사회발전단계론적 방법에 의한 우리 역사의 시대구분 문제에 일정
한 진전을 가져온 반면, 특히 실증성에 있어서 많은 한계성을 가지고 있
으며, 이 때문에 삼국·고려·조선사회의 성격 규정에도 논자에 따라 상

---

59) 같은 책 117면.

당한 차이가 있었고, 그 결과 시대구분 문제에서 서로 접근되기 어려운 차이점을 노출하게 된 것이다.

또한 백남운의 경우 식민지시대 이전의 자본주의 맹아 문제에 일정한 관심을 보였으나 그것이 문호개방 이전의 시대에서 찾아내려 한 것인지 문호개방 이후 식민지화하기까지의 오늘날 말하는 개화기에서 찾으려 한 것인지 분명하지 않으며, 이청원의 경우는 외래 자본주의 침입 이전의 사회경제 상태를 발전적인 시점에서는 전혀 보지 못했다. 한편 사회경제사학이 일관하여 추구한 세계사적, 일원론적 역사발전론이란 결국 서유럽적인 역사발전 과정을 바탕으로 한 것이며, 이 때문에 백남운의 경우 우리 역사 속에 고전적 노예제도를 억지로 설정할 수밖에 없었고, 이청원의 경우 동양 고대사회의 특수성을 어느정도 이해했으나 그가 말하는 '반공산주의적 농민'을 노예적인 성격으로 규정하여 고려시대까지를 고대노예제사회로 잡은 것이다.

맺음말

이른바 식민사학이 그 지배 목적을 뒷받침하기 위해 우리 역사를 왜곡하던 식민지시대에 우리 민족의 역사학이 나아가야 할 길은 그 식민사론에 적극적으로 대항하는 길이었다는 문제의식으로 민족주의 사학과 사회경제사학의 학문적 목적이 무엇이었고, 실제로 무엇을 연구했으며, 또 그것들이 가지고 있었던 시대적 한계성 내지 제약성은 무엇이었는가 하는 문제들을 엉성하게나마 정리해보았다.

민족주의 사학의 경우 그 연구자들이 직접 독립운동전선에 투신하며 민족독립운동의 일환으로 우리 역사를 연구했거나 또 직접 독립운동에 투신하지는 않았다 해도 식민지배 아래서의 민족정신을 높이고 유지하는 것을 목적으로 역사연구에 종사했기 때문에 그 학풍이 강한 정신주의, 관념주의에 치우쳤고 심지어 국수주의적이라 평가되기도 했다. 한편 사회경제사학의 경우도 그 사론이 지나치게 유물사관적 공식주의에 빠졌다고 평가되기도 했으며, 그것이 성립된 20세기 전반기는 우리 근대역사학이 발달하기 시작한 초엽이어서 아직 구체적인 사실들에 대한 실증작업이 부족했기 때문에 그들 사론에 대한 실증적 뒷받침이 약한 것도 사실이었다. 또한 민족주의 사학과 사회경제사학의 이론적인 바탕이 다르고, 따라서 우리 역사 전체에 대한 인식 역시 큰 차이가 있지만, 식민지 피지배 민족의 역사학으로서 식민사학론에 적극적으로 대항하고 이를 극복하려 했다는 점에서는 같은 범주에 드는 것이라 할 수 있다.

우리는 흔히 해방 후의 우리 역사학의 당면한 과제는 식민사론을 극복하는 일이라 말한다. 그러나 이 글에서 밝힌 바와 같이 이들 두 계통의 역사학은 식민지시대에 이미 식민사론의 우리 역사 왜곡에 정면으로 맞서고 있었음을 확인할 수 있는 것이다. 이들 두 계통의 역사학이 우리 근대사학사 위에 차지하는 위치는 여러가지 측면에서 평가될 수 있겠지만, 식민지시대 피지배 민족의 역사학이 기본적으로 무엇을 했어야 하는가, 어떤 사론을 수립했어야 하는가 하는 관점에서의 평가가 역시 중요한 것이 아닌가 한다. 한편 민족주의 사학과 사회경제사학을 개발하고 이어간 학자들이 해방 후의 역사학계에 직접 위치하지 못했다는 사실도 간과할 수 없을 것이다. 민족주의 사학의 경우 독립운동전선에서는 후계 연구자들이 양성되지 못했고 국내에서도 그 연구자들 자신은 해방 후의 학계에 자리하지 않았으며 극소수의 후계 연구자가 있었다 해도 학계에서 응분의 자리를 차지하지 못했다. 또한 사회경제사학의 경우도 그 개척자들은 해방 후 학계를 떠났고 후계 연구자들도 민족분단으로 역시 학계에 자리하지 못했다.

이와 같은 조건 아래서도 이들 반식민사학의 학풍은 해방 후에도 이어져 식민사론의 극복을 위한 연구작업 및 사론 수립이 어느정도 이루어져갔다. 그러나 식민지시대의 민족주의 사학과 사회경제사학이 자기 시대의 식민사론과 직접 맞섰던 학문적, 연구자적 자세와 해방 후의 역사학이 앞 시대의 식민지론을 현실적인 위험부담 없이 극복하려 노력하는 문제와는 큰 차이가 있다. 그리고 오늘날의 역사학이 자기 시대를 위해 무엇을 할 것인가 하는 문제는 그냥 남아 있는 것이 아닌가 한다. (1984)

3부

민족운동의 전제

1. 조선은 어떻게 500년이나 지속되었는가
2. 실학의 상공업발전론
3. 대한제국 앞의 네 가지 길
4. 일제 통치의 민족사적 피해

1. 조선은 어떻게 500년이나 지속되었는가

머리말

금세기가 낳은 서구의 저명한 역사학자 한 사람이 한국 방문을 권유받고 "하나의 왕조가 500년이나 지속된 나라에 역사학자가 가서 배울 것이 있겠는가" 하고 응하지 않았다는 말을 들었다. 사실 그런 일이 있었는지 어떤지는 그만두고라도 우리 역사는 신라 1000년, 고려 및 조선 500년이 역사시대의 대부분을 차지했다. '1000년 사직' '500년 사직' 하면서 하나의 왕조가 오래 계속된 것을 자랑스레 말하는 경우도 있으나 그것은 왕조 측에 서서 역사를 바라볼 때의 자랑이고 우리 역사 전체의 발전을 생각하는 눈에서 보면 자랑이 아니라 부끄러움이 될 수 있다.

사회가 발전하고 그것에 따라 인간의 역사적 욕망이 커져가는데도 불구하고 하나의 지배체제가 수백년 동안 본질적인 변화 없이 그대로 지속되었다는 사실은 아무래도 자랑스러운 일이 못 될 것 같다. 왜 하나의 왕조가 500년이나 지속되었는가 하고 생각해보면 우선 그 왕조의 지배체제가 그만큼 탄력성있게 시대적 변화에 적응해갔기 때문이라 볼 수도 있으며, 반대로 체제 자체의 변화는 없으면서도 필요할 때마다 그만큼의 통치술을 발휘했기 때문이라고도 볼 수 있다.

지배체제가 사회적 변화, 시대적 변화에 맞추어 스스로를 개혁해나가는 경우는 역사발전이 순조로울 수 있겠지만, 반대로 하나의 지배체제가 사회발전에 발맞추어 나가지 못하면서도 그것을 유지하려 할 때는 강압적인 통치수단을 적용하거나 기만적인 방법을 동원할 수밖에 없을 것이다. 사회발전·시대발전에 뒤떨어진 반역사적 지배체제가 스스로를 유지하기 위해 동원하는 방법은 다양하게 마련이겠지만, 반면 피지배층에서는 왜 그것을 용납하게 되는가 하는 점도 아울러 생각하지 않을 수 없다.

신라 1000년, 고려 500년은 그만두고라도 조선 500년은 바야흐로 세계사가 급변하던 시기인데도 불구하고 홀로 유례가 드문 긴 왕조가 유지되었다. '조선적인 안정성'이란 말도 있지만 그것이 어디에서 온 것인가 하는 문제는 어쩌면 조선사 연구의 하나의 결론일지도 모른다. 여기에는 조선왕조의 통치체제 자체의 성격 문제도 있겠고 통치술의 변화 문제도 있겠으며, 한편으로는 피지배층 사회의 문제도 고려되어야 할 것이다. 우선 어떻게 해서 500년을 지속했는가 하는 문제에 관심을 두고 조선 500년을 조감해보는 것도 나름대로 의미가 있는 것이 아닌가 한다.

그리고 한 가지 더 부언할 것은, 우리는 우리 역사의 주체적 발전성을 철저히 부정했던 이른바 식민사학의 독소를 알고 있으며, 그것을 바로잡기 위해 해방 후의 우리 역사학계가 바친 노력과 정력이 높이 평가되어야 함도 알고 있는 한편, 역사가 부당히 왜곡되어서는 안 되는 것과 같이 근거 없이 미화되어서도 안 된다는 사실 또한 잘 알고 있다.

조선의 건국과 지배정책

조선왕조가 성립된 14세기 말엽은 우리 역사상 하나의 큰 변혁기였다. 그리고 이 변혁은 좀더 거슬러 올라가서 12세기 후반기에 일어난 무신정변(武臣政變)에서 이미 시작되었다. 무신정변으로 고려 귀족의 지배체제가 무너지고 무신들 사이에서 정권쟁탈전이 계속되자 이를 계기로 천민과 서민 대중의 정치의식·사회의식이 급격히 높아져서 천인계층에서 "왕후와 장상의 씨가 따로 있느냐" 하는 말이 나오게 된 것이다.

무신정변 이후 피지배층의 동요는 결국 최씨무신정권이 성립되면서 억압되었으나 이후 몽골군의 침입 과정을 통해 피지배층의 역사적 역할은 한 번 더 높아졌다. 무신정권이 강화도로 피란하여 점점 안일한 생활 속에 빠진 반면, 전 국토를 휩쓴 몽골군의 횡포에 맞서서 싸운 것은 피지배층 일반이었던 것이다. 몽골과의 화의가 이루어지면서 고려 왕실은 그것에 완전히 예속되어버렸고 귀족계층도 몽골 권력과 결탁하여 넓은 농장을 차지하고 농민들을 압박했다. 이와 같은 과정 속에서 고려의 왕권을 강화하고 몽골의 지배를 벗어나려는 몇 번의 정치적 시도가 있었지만 모두 실패하고, 결국 고려왕조가 멸망하고 조선왕조가 성립된 것이다.

따라서 조선왕조가 성립된 14세기 말엽은 대륙에서 원(元)·명(明) 교체가 이뤄지던 시기이고 국내적으로는 여(麗)·선(鮮)의 교체가 준비되던 시기인 동시에 무신정변, 몽골과의 항쟁, 지배층의 몽골에 대한 항복 과정 등을 통해 백성사회, 즉 피지배층 사회의 정치의식·사회의식이 전에 없이 높아진 때이기도 했다. 이와 같은 때 새로 세워진 조선왕조의 당면한 통치방향은 첫째, 고려 후기 이후 흔들리기 시작한 중세적 지배체제를 다시 한번 재편성, 강화하는 일이었고, 둘째는 전에 없이 의식수준이 높아진 백성들을 효과적으로 다스리는 일이었다.

중세체제를 재편성하는 정책은 조선왕조가 내세운 이른바 3대 정책 속에 그대로 나타나 있다. 첫째, 농본주의 정책은 농업 중심의 경제체제를 다시 강화하는 정책을 나타낸 것이었다. 과전법체제로 토지제도를 재편성한 후 농업생산력을 높이기 위한 정책을 적극적으로 추진했고 농업 발전에 필요한 과학기술도 상당히 발전시켰다. 둘째, 억상주의 정책은 상업 발전을 억제하여 농업 중심 사회를 유지하는 한편 백성의 농토에서의 이탈을 막을 수 있었고, 셋째로 쇄국주의 정책은 백성들의 외국 출입을 철저히 봉쇄하여 폐쇄된 사회를 유지하는 한편 외국 무역이 발달하여 농업 중심 경제체제가 무너지는 것을 막을 수 있었다.

한편 고려왕조 후기를 통해 전에 없이 의식 수준이 높아진 백성들을 효과적으로 다스리는 방법도 여러가지 측면에서 실시되었다. 농민들에게도 농토를 일일이 분배하려던 과전법 본래의 계획은 사대부 생활보장정책에 밀려 실현될 수 없었지만, 대신 농민들의 경작권을 보호해주었고 지대율의 공정화를 법규화했다. 이와 같은 정책은 농민들을 농토에 묶어둠으로써 중세적 안정성을 유지하는 정책이 되기는 했지만, 다른 한편으로는 지주층의 수탈로부터 농민들을 일정하게 보호하는 정책도 되었다.

한편 한글을 만들어 백성들이 쓰게 한 것도 그들을 효과적으로 다스리기 위해 만든 정책의 하나라고 볼 수 있다. 고려시대까지만 해도 지배층만 한자를 사용하고 백성들을 위한 글을 만들지 않고도 그들을 다스릴 수 있었다. 백성들을 문자권(文字圈) 밖에 두고도 다스릴 수 있었던 것이다. 그러나 조선시대에 들어와서는 글을 가르치지 않고는 다스릴 수 없을 만큼 백성들의 의식수준이 높아진 것이라 생각할 수 있다. 훈민

정음을 만들어서 제일 먼저 조선 왕실 찬양가라고 할 수 있는『용비어천가』를 지어 백성들에게 보급하려 했다. 의식이 높아진 백성들의 마음을 왕실로 향하게 함으로써 그들을 효과적으로 다스리려 했던 것이라볼 수 있다.

이와 같은 건국기 조선왕조의 통치술은 크게 효과가 있었고 그 때문에 건국 초기, 즉 대체로 15세기 동안의 지배질서는 비교적 안정되었다. 15세기의 안정은 고려 말기의 정치적·경제적·사회적 동요를 일단 진정시키고 농업생산력을 향상시킨 안정이었으나, 다른 한편으로 생각해보면 중세체제의 무너짐을 한때 중단시킨 안정이었음도 간과할 수 없다. 건국 초기의 통치술이 주효하여 15세기 동안은 중세적 안정성과 중세체제 내부에서의 일정한 정치적·경제적·문화적 발전을 가져올 수 있었지만, 그것도 1세기를 견디지 못하고 다시 동요가 나타나기 시작했다.

다음으로 우리가 알다시피 16세기의 조선사는 사화가 반복되고 당쟁이 시작되는 시기다. 과전법체제가 전면적으로 무너지고 대토지소유제가 다시 발달하기 시작한 시기이며, 건국 초기에 마련한 군사제도가 사실상 무너지기 시작한 시기다. 흔히 훈구파로 불리는 집권 사대부층과 또 사림파로 불리는 재야 사대부층 사이에 정권다툼이 심하게 벌어지고, 이와 같은 와중에서 임꺽정 등의 난이 일어나면서 피지배층 사회가 다시 들뜨기 시작했다. 16세기를 통해 훈구파를 대신하여 사림파들이 집권함으로써 사대부계급 내부의 정권 담당 세력이 교체되었으나 15세기의 건국 초와 같은 신선감이나 탄력성은 약해졌고 곧 당쟁의 와중으로 빠지고 말았다.

다시 말하면 고려 말기의 혼란을 극복하고 중세적 안정성을 다시 가져온 사대부계급의 조선왕조는 적어도 15세기 동안은 백성들이 어느정도 납득할 만한 통치술을 발휘함으로써 역사적으로도 일단은 긍정성을 가질 수 있었다. 그러나 사대부 정권의 역사적 긍정성은 겨우 15세기 한 세기에 한정되었을 뿐이었고, 이후부터 조선왕조는 역사성을 잃은 채 억지로 지속된 것이라 볼 수 있다.

임진왜란 이후 조선의 지배정책

16세기에 들어오면서 조선왕조 건국 초기의 지배질서가 하나씩 무너지기 시작했고 사대부정권의 역사적 긍정성이 이미 퇴색해간 것이라 말했지만, 그것에 결정적인 타격을 준 것은 역시 임진왜란과 병자호란이었다. 임진왜란 이전 16세기 후반기부터 백성세계의 조선왕조로부터의 이반(離反)현상은 이미 나타났으나 왜란의 발발로 조선왕조 지배체제의 무능이 하루아침에 폭로되게 되자 그것은 한층 더 강하게 드러났다. 일본군이 서울로 들어오기 전에 경복궁이 난민들에 의해 불탔는가 하면, 북으로 피란 가는 왕의 일행이 백성들의 돌팔매를 맞기도 했다. 왜란이 일어나자 관군은 모두 흩어졌고 유생들이 앞장선 의병이 일어났지만 한편으로는 이몽학(李夢鶴), 송유진(宋儒眞), 김희(金希), 강대수(姜大水), 고파(高波) 등을 중심으로 하는 크고 작은 반란이 각처에서 일어났다.

동양 3국을 크게 뒤흔들었던 이 전쟁은 일본에서는 정권이 바뀌게 했고, 중국에서는 왕조가 바뀌는 가장 중요한 원인이 되었지만, 주전장이었던 조선에서는 조선왕조가 그대로 지속될 수 있었다. 왕조 측으로 보면 불행 중 다행한 일이었지만 우리 역사 전체의 발전을 조망하는 눈으로 보면 반드시 다행한 일이었다고만 볼 수 없다. 사실 이 미증유의 전란으로 조선왕조는 기사(幾死)상태에 빠졌고, 따라서 새로운 정치세력이 나타나 새로운 왕조가 성립될 수도 있는 일이었다. 전쟁 중에 반란을 일으킨 세력들에게서 거기까지는 기대할 수 없었다 해도, 가령 예를 들면 의병장들 가운데서도 새로운 정치세력의 출현이 전혀 불가능했던 것은 아니라 생각할 수 있는 것이다.

이순신(李舜臣)은 의병장은 아니었지만 어떤 면에서는 의주(義州)로 피난해 있는 왕보다도 오히려 군졸이나 백성들의 마음을 강하게 휘어잡을 수 있는 사람이었고, 그렇기 때문에 그의 막하에는 어느 지휘관보다도 더 많은 군졸과 백성들이 모여들었다. 의병장들 가운데도 전쟁 중에는 실질적이고 직접적인 백성들의 보호자이며 또한 흠모의 대상이었던 사람들이 있었다. 그러나 전쟁 중에도 정부의 박해를 받았던 이순신은 마지막 전쟁에서 전사했고 호남의 의병장 김덕령(金德齡)은 이몽학의 반란에 내통했다는 이유로 잡혀 옥사했다. 함경도에서 의병을 일으켰던 정문부(鄭文孚)는 전쟁 후에 역적으로 몰려 죽었고, 홍의장군 곽재우(郭再祐)도 여러 번의 모함에도 불구하고 죽음은 면했으나 전쟁 후에는 정국을 비판하면서 은둔생활을 하다가 죽었다. 조선왕조 정부가 임진왜란 때의 전쟁영웅들을 여러가지 이유로 제거할 수 있었기 때문에 그대로 존속할 수 있었으며, 그것이 또 하나의 통치수단이었다고 볼 수도 있는 것이다.

병자호란은 청나라에 대한 외교정책의 실패가 가져온 전쟁이었고 완전한 패전이었다. 임진왜란처럼 전화(戰火)가 전 국토에 미친 전쟁은 아니었지만 왕조의 권위가 철저히 떨어진 전쟁이었다. 호란 후의 조선정권은 땅에 떨어진 권위를 회복하는 방법으로 산림(山林)으로 불리는 재야학자 몇 사람을 등용하여 이른바 북벌론을 내세웠다.

북벌정책의 실현성 문제보다 그것을 내세워 청나라에 대한 적개심을 불러일으키고 두 번의 전쟁 피해로 어느 때보다 높아진 백성들의 불만을 밖으로 돌리는 데 당면한 목적이 있었던 것으로 볼 수 있는 것이다. 북벌론으로 대청외교의 실패와 패전의 책임을 어느정도 얼버무릴 수 있었고, 따라서 조선왕조의 지배체제는 그대로 유지될 수 있었지만 북벌론 이후의 조선사는 어쩔 수 없는 국면으로 접어들었다.

무엇보다도 우선 지배층 사회가 당쟁의 와중으로 깊숙이 빠져들어갔다. 이미 역사적 역할이 다한 뒤에 그대로 지속된 사대부 지배체제는 깊은 자기모순 속에 빠져들어갔던 것이다. 백성 세계가 전쟁 피해를 복구하기에 안간힘을 다하는 시기에 경제정책이나 사회정책 문제가 아닌 이른바 예론(禮論) 문제 등을 꼬투리로 하여 비생산적인 정권쟁탈전을 끊임없이 이어갔던 것이다. 하나의 가정이 허용된다면 임진왜란 이후 새로운 왕조가 성립되었을 경우 적어도 당쟁과정은 겪지 않아도 좋았을 것이다.

북벌론이 이후의 조선사에 남긴 또 하나의 주목해야 할 문제는 선진문명의 유일한 수입로가 거의 봉쇄된 일이었다. 역사시대 이래로 우리의 선진문명 수입로는 물론 중국 쪽이었다. 병자호란 이후 조선왕조 정권은 정치적으로 청나라에 완전 굴복했으면서도 그것에 대한 적개심을 계속 강조하면서 그 문화도 오랑캐 문화라 하여 선진성을 인정하지 않았으며, 따라서 청나라 문화와 그곳에 들어와 있는 서양문화의 수입을 봉쇄했다. 북벌론에서부터 18세기 후반기의 일부 실학자들에 의하여 북학론이 일어날 때까지 청나라 문화의 선진성은 인정되지 않았고, 이 때문에 새로운 문화의 수입은 통제되었던 것이다. 망해버린 명나라를 계속 흠모하면서 중국의 새로운 왕조 청나라와의 문화적 접촉을 기피한 것은 이미 낡았으면서도 그대로 지속된 조선왕조의 지배체제가 어쩔 수 없이 취한 자기 보존책이었다고 할 수 있을 것이다.

그러나 바깥세계와의 접촉을 끊고 종래적인 지배체제를 그대로 유지하려는 정책이 완전히 유지될 수는 없었다. 통제된 속에서도 청나라를 통해 새로운 문화는 간간이 흘러들어왔고, 역사의식에 투철한 일부 지식인들이 그것을 섭취하는가 하면, 18세기 후반기에 이르러서는 그들 가운데 일부가 대담하게 청나라 문화의 선진성을 인정하고 배워야 한다는 북학론을 주장하기에 이르렀다. 청나라에 들어와 있는 서양인 선교사를 초빙하여 서양문물을 배워야 한다는 주장이 나오는가 하면, 천주교가 일부 지식인들에 의해 수입, 전파되었던 것이다.

청나라를 통한 서양문화 유입과 천주교의 전파는 조선왕조 지배체제에는 커다란 위험이 되지 않을 수 없었다. 새로운 문화와 새로운 종교로 무장한 지식인들이 새로운 정치세력을 형성할 가능성이 있었기 때문이었다. 심한 위기의식을 느낀 체제 쪽에서 발작적인 반발을 일으켜 진보적인 지식인을 모두 천주교인이란 이름으로 숙청하고 낡은 체제를 다시 한번 강화하게 되었다. 19세기가 시작되면서 나타나는 이른바 세도정치가 그것이었고, 이를 계기로 역사가 다시 한번 크게 뒷걸음질했던 것이다. 역사의 뒷걸음질은 백성세계도 곧 알아차리게 되어 불만의 폭발은 홍경래의 난에 이어 전국적인 민란으로 번져갔다.

안·김 세도정치는 결국 민란에 밀려서 무너지고 대원군시대가 시작되었다. 그는 민란을 진정시키기 위해 어느정도 백성들의 환심을 살 수 있는 정책을 펴지 않을 수 없었다. 많은 서원(書院)을 철폐한 일, 호포법(戶布法)을 실시하여 양반에게도 처음으로 호구세(戶口稅)를 물게 한 일, 탐관오리를 단속한 일 등이 그것이다. 이와 같은 정책을 실시하여 백성들의 반항에 대처하는 한편 천주교를 철저히 탄압하고 쇄국주의를 강력히 지킴으로써 조선왕조의 지배체제를 다시 강화할 수 있었다.

18세기 후반기, 즉 안·김 세도정치가 실시되기 전에 이미 북벌론적인 생각에서 탈피하여 북학론으로 중국과 서양 문화를 받아들여야 한다는 생각을 가진 지식인들이 나타났고, 서양문화와의 접촉에도 어느정도의 면역성이 생겨날 가능성이 있었다. 따라서 자율적이고 미리 준비된 문호개방도 이루어질 수 있는 조건이 조금씩 성숙돼갔으나 이에 위협을 느낀 체제 측이 이를 철저히 탄압, 봉쇄했고, 그것은 대원군시대에 절정에 이르렀다. 그리고 결국 대원군정권이 무너지면서 준비 안 된 문호개방을 강요당했던 것이다. 문호개방 때 이미 개화파가 형성되기 시작했고 그들의 영향력이 문호개방에 어느정도 미쳤음을 부인할 수 없다 해도, 그들의 힘만으로 문호개방이 이루어질 수 없었음도 또한 사실이다.

이와 같은 안목으로 조선사를 들여다보면 임진왜란 이후부터 문호개방 때까지 조선왕조의 지배체제는 이미 그 역사성을 잃어버린 낡은 체제였지만 위기를 당할 때마다 이를 극복하는 통치술을 적용하여 억지로 유지되었고, 결국에는 대비책 없이 자본주의 세력 앞에 문호를 개방하기에 이르렀던 것이다.

문호개방 이후의 지배정책

대원군의 쇄국주의 정권을 무너뜨리고 문호개방정책을 채택했다 하여 이후의 조선정권이 보다 진보적인 정권으로 변했다고 볼 수 없음은 말할 나위가 없다. 대비 없고 자율적이지 못했던 문호개방의 결과 국내의 원자재는 거의 무제한으로 유출되었고, 역시 제한 없이 밀려들어온 자본주의 제품은 농촌사회를 뒤흔들었지만 정부는 속수무책이었다. 일본과 청국을 통해 약간의 근대적 문물을 배워오고 정부기구의 일부를 새로 마련했으나 임오군란을 계기로 조선정부는 청국의 철저한 간섭을 받게 되었다. 김옥균(金玉均) 등의 개혁정치 정도도 정착될 수 없었고 한층 더 친청정책으로 넘어가 그 보수성을 더해가기만 했다.

봉건체제의 개혁을 요구하는 동학농민혁명의 폭발로 다시 위기에 몰리게 된 조선정부는 농민군과 기만적인 화약을 맺고 청군의 원조를 청했다가 결국 청일전쟁의 구실을 만들어주었다. 왜군을 불러들여 농민군을 진압하고 정권을 유지하려 한 결과 국토를 왜군의 전쟁터가 되게 했고, 농민군의 개혁 요구를 막으려 하다가 결국 일본 측의 '개혁' 요구에 굴하여 사실상 식민지화의 길을 열어놓고 말았던 것이다.

일본의 강요로 친일정권의 개혁이 급진화하고 어느정도 왕권을 제약하는 방향으로 나아가게 되자 이에 불만을 품은 왕권은 일본보다 더 강하다고 생각된 러시아에 기대려 했고, 이에 위험을 느낀 일본이 친러정책의 장본인이라 생각된 왕비를 죽이게 되자 왕은 목숨을 보전하기 위해 아예 러시아 공사관에 몸을 의탁해버렸다. 왕이 러시아 공사관에 있는 동안에 자연히 많은 이권이 러시아로 넘어갔고, 그것을 계기로 한반도에서 구미 열강의 이권쟁탈전은 본격화했다.

러시아에 의탁하여 정권을 유지하려던 노력도 러일전쟁의 결과가 일본에 유리하게 나타남으로써 결국 수포로 돌아갔다. 청일전쟁의 결과로 친청정책이 실패하고 러일전쟁의 결과로 친러정책이 실패하게 되자 조선왕권은 마지막으로 미국의 힘을 빌리려 하여 허버트와 같은 선교사를 미국에 보냈다. 그러나 미국은 이미 '카쓰라-태프트' 밀약에서 필리핀에서의 이익 보장을 조건으로 일본에 한반도의 지배권을 인정해준 다음이었다.

두 번의 전쟁으로 친청·친러정책이 모두 무너지게 되자 왕실은 그야말로 속수무책이었고 정계는 자연히 친일세력의 독무대가 되었다. 일본의 앞잡이가 된 내각이 보호국체제를 완전식민체제로 바꾸어가는 과정에서 의병전쟁이 거세게 일어났고, 대한제국 정부군은 일본군을 도와 그것을 탄압하는 데 동원되었다가 결국 그 자체가 해산되고 말았다. 이런 과정에서 대한제국의 황실이 할 수 있었던 유일한 일은 만국평화회의나 미국 등지에 밀사를 보내어 '보호조약'의 강제성을 알리고 국제여론의 도움을 받는 것이었으나 일본과 그 동맹국인 영국 등의 방해로 모두 실패했고 결국 '합방조약'에 도장을 찍지 않을 수 없었다. 뒷날 고종이 죽었을 때 양양군(襄陽郡)에 사는 어느 양반이 "이태왕은 조선 오백 년의 국토를 일본에게 탈취당하고 또 이천만의 신민을 모두 일본의 노예가 되게 한 불초한 임금으로서 우리에게 있어서는 만고불역(萬古不易)의 구적(仇敵)이다. 복상(服喪)의 필요가 없다"고 한 말이나, 신교육을 받은 어느 청년이 "인민의 부(父)인 군주가 전쟁의 결과 패하여 그 나라를 넘겨주는 것은 어쩔 수 없는 일이라 하겠지만 전쟁 한번 해보지 않고 타국에 병합하는 것은 우리의 군주가 아니다. 상복을 입을 필요가 없다"고 말한 데서 이 시기 국민감정의 일단을 엿볼 수 있다.

요컨대 문호개방 이후 조선정부의 통치술은 주체적인 방향이 세워져 있었다고 보기 어렵다. 중세적 폐쇄 시대에 적용되던 조선적 통치술이 문호개방 이후 국제사회 앞에 개방된 다음에는 그대로 적용될 수 없었던 것이다. 새로운 시대 변화, 역사 변화에 부응할 만한 정 방향이 정립되지 못한 채 다만 한반도를 둘러싼 국제세력 가운데 그때마다 가장 강하다고 생각되는 세력에 기대어 왕조 자체를 유지하기에만 급급하다가 결국 일본의 식민지로 전락하고 만 것이라 볼 수 있을 것이다.

역시 고종이 죽은 후의 여론 가운데 "이태왕 전하는 한국 황제 당시는 양반 유생 가운데서 문무관을 임용하여 상민은 하등 은전을 입지 못하였으므로 우리들 상민 된 자들은 하등의 애도의 뜻을 표할 필요가 없다"고 한 내용이 있는 것을 보면, 조선적인 통치체제가 이제 어쩔 수 없는 한계점에 다다르고 있었음을 짐작하게 되는 것이다.

맺음말

이와 같은 안목으로 조선시대를 되돌아보면 조선적인 지배질서가 어느 정도 백성들의 지지를 받고 있었던 것은, 따라서 그것이 역사성을 가진 것은 15세기에 한정되었던 것이 아닌가 하는 생각을 가질 수 있으며, 그런데도 불구하고 그 이후의 통치술이 그때마다 왜 효과를 발휘했고, 왕조가 500년 동안이나 유지되다가 내재적인 힘으로 역사 변화를 이루지 못한 채 식민지로 전락했는가 하는 문제를 생각하지 않을 수 없다. 조선 500년 동안 많은 반란과 민란이 일어났으나 반란은 반란으로, 민란은 민란으로 끝나고 말았다. 지금에 와서 혁명이라고 부르는 농민전쟁이 한 번 일어났지만 외국군에 의해 진압되고 말았다. 외국군에 의해 진압된 동학농민혁명의 경우는 그만두고라도 조선적인 통치술에 대해 백성세계는 그때마다 반란, 민란 등을 통해 대항했으나 그것을 조직화하고 이념을 불어넣어 이끌어나갈 만한 지식인층이 형성되지 못했고, 이 때문에 조선적인 통치술이 그때마다 효과를 발휘해서 왕조가 오래 지속되게 된 것이라 생각해본다.

조선 전기까지도 지배체제 밖에 있는 지식인층은 형성되지 않았다. 조선시대의 지식인은 유생과 불승(佛僧)밖에 없었으며 유생은 모두 관료 지망자였고, 불승은 그 사회적 지위가 천인으로 떨어져서 사실상 지식인의 역할을 다할 수가 없었다. 지배체제 밖에 위치한 지식인층이 없는 조건에서는 반란이 일어난다 해도 반왕조성이 투철할 수 없었으며, 민란이 일어난다 해도 그 힘을 조직화하고 투철한 이념을 내세워 왕조를 무너뜨리는 방향으로 이끌어갈 수 없었다. 조선 후기에 와서는 처음으로 체제 밖의 지식인층이 형성되기 시작했고, 그 대표적인 사람들이 실학자들이 아닌가 한다. 실학자의 범주가 상당히 애매해지고 있으나 적어도 역사적인 관점에서 보면 조선의 지배체제 밖에 위치하면서 그 것을 객관화하고 비판한 사상가로 압축되어야 할 것이 아닌가 한다. 압축된 범위 안의 실학자들은 그들의 평생을 백성세계 속에 살면서 이 시기에 이미 누적되고 있던 중세사회의 역사적 모순을 어느정도 정확하게 파악하고 그 개혁 방안을 제시한 사상가들이었다. 그들이 제시한 개혁론은 광범위했다. 가장 중요한 토지문제를 비롯해서 행정기구, 군사제도, 상업, 무역 문제 등 국정의 중요한 부분에 모두 미치고 있었다. 그러나 그들의 개혁론도 권력구조 문제를 직접 다루거나 더 나아가서 조선왕조 자체를 부정하는 데까지는 전혀 도달하지 못했다. 다시 말하면 이론의 혁명성을 찾기가 대단히 어려운 것이다.

문호개방 이후의 개화파 정치인들도 그들의 국정개혁론을 실천하기 위해 정변을 일으켰으나 역시 이른바 군민동치(君民同治)로 표현되는 군주권 제한의 단계에 머물렀지, 그것을 부정하는 데까지는 미치지 못했다. 동학농민혁명군의 지도부가 조선왕조 자체를 부정했는가 하는 문제는 앞으로 더 연구되어야겠지만, 그 이후 독립협회운동을 주도한 세력도 그 목적을 완전한 국민주권의 달성에 두었는지 혹은 역시 군주권 제한에 머물렀는지, 오히려 중세적 전제왕권을 절대황권과 같은 것으로 바꾸려 한 것인지 아직 그 성격이 분명히 밝혀지지 않고 있다.

'을사조약' 이후의 애국계몽운동은 그때까지 형성된 근대적 지식인층이 총동원되다시피한 비교적 폭넓은 운동이었다. '보호조약'으로 황권이 이미 굴복, 타협한 이후의 주권수호운동이었으나 그들이 지키려고 했던 주권은 아직 군주주권인 채로 있었지 국민주권이 되지 못했다. 이 운동의 마지막 단계에서 일부 황권부정론이 나오기는 하지만 전체적으로 보아 역시 황권 수호의 범위에서 크게 벗어나지 못하고 있었다.

이와 같은 지식인들의 정치의식은 식민지시대의 독립운동 과정에도 그대로 연결되었다. 식민지 지배체제를 철저히 부정하는 절대독립론이 있는 한편, 그것을 인정하는 범위 안에서의 독립준비론·자치론이 있었고, 독립전쟁론이 있는 반면, 일본제국주의 지배에서 독립하기 위해 다른 제국주의 열강의 힘을 빌리려 한 이른바 외교독립론도 있었다.

요컨대 역사적 역할이 이미 끝난 지배체제가 그것을 억지로 끌고 나가기 위해 그때마다 적용하는 여러가지 비역사적인 통치술이 그대로 효력을 발휘하게 된 것은, 그럼으로써 하나의 왕조, 하나의 통치체제가 장기화한 것은 왕조 측이나 통치체제 측으로 보아서는 다행한 일이었겠으나 우리 역사 전체의 발전을 내다보는 쪽에서 보면 불행한 일이었다. 그리고 이와 같은 통치술이 그때마다 효력을 발휘할 수 있었던 이유는 여러가지 측면에서 찾을 수 있겠으나 우선 체제 밖에 있는 지식인의 존재가 미약했고, 또 그들의 역사의식이 철저하지 못했던 데서 그 중요한 원인의 하나를 찾을 수 있지 않을까 한다. (1980)

2. 실학의 상공업발전론

상공업관이 태동하기까지

일반적으로 실학은 근대 지향적이고 민족주의적인 사상이라 말한다. 그러나 그것을 조금 다른 측면에서 표현해보면 조선왕조적 통치 질서의 한계성과 임진왜란, 병자호란과 같은 미증유의 전쟁 피해 때문에 거의 파탄에 빠진 국가의 운영체제를 다시 바로잡되, 조선왕조 건국 초기와 같이 양반 사대부의 이익 중심으로가 아니라 지배받는 대중에게도 일정한 이익이 돌아가게 하는 방향으로 재편하려 한 이론이요, 사상이었다고 말할 수 있다.

그러나 이 경우 피지배 대중의 이익을 보장하는 방향이 근대적 혹은 민족주의적 방향임을 실학사상가들이 이해하고 있는 것이라고는 말할 수 없다. 왜냐하면 그들은 아직 역사적 시대로서의 근대를 알지 못했고 또 피지배 대중이 민족의 실체라는 생각에도 확실히 도달했다고 보기는 어렵기 때문이다. 다만 그들은 그것이 중세적 지배체제라고는 이해하지 못했다 해도 조선왕조의 지배체제가 가진 한계성이나 역사적 모순을 알아내고 그것을 시정하는 데 학문적 정열을 쏟았으며, 또 그들의 현실생활이 지배계급보다 피지배 대중에게 더 가까워져서 그들에게서 친근감과 애착을 더 느꼈기 때문에 개혁의 방향을 자신을 포함한 피지배계층의 이익이 보장되는 방향으로 잡은 것이었다.

조선왕조는 건국 당초에 농본주의, 억상주의를 표방하고 중세적인 농업 중심 경제체제를 다시 한번 강화하면서 성립되었다. 이 때문에 건국 초기에는 일정하게 농업 생산력이 향상되고 경제적인 안정도 이룰 수 있었다. 그러나 16세기에 접어들면서 정치적 혼란과 더불어 왕조 초기에 수립된 과전법 중심의 경제체제가 흔들리기 시작했고, 이후 임진왜란·병자호란을 겪으면서 농업 중심 경제체제는 전면적으로 파탄에 빠져갔다.

조선왕조의 재정 수입은 토지세와 인두세 중심으로 이루어졌다. 특히 16세기에 군포제(軍布制)가 실시된 후에는 인두세 수입이 재정의 중요한 몫을 차지했다. 그러나 전쟁으로 인한 토지의 황폐화, 정치적 기강의 해이로 인한 면세전(免稅田)·탈세전(脫稅田)의 증가, 전쟁 피해와 기근 등으로 인한 농민의 토지 이탈 등이 원인이 되어 토지세와 인두세 수입에 큰 차질을 가져왔고, 이 때문에 조선왕조 정부는 양전(量田), 노비추쇄(奴婢推刷) 등을 실시하여 중세적인 농업 중심 경제체제를 다시 강화하고 농민들을 토지에 긴박시키려고 했으나 모두 실패했다.

이와 같은 조건 아래서도 집권세력은 그 정치적·경제적 위치를 그대로 유지하기 위해 농본정책·억상정책을 유지하려 했으나 실학 사상가들은 반대로 상공업을 발전시켜 국가의 재정 수입을 토지세·인두세 중심 체제에서 탈피하여 상공업세 수입을 높이는 방향으로 유도하려 했다. 따라서 실학자들의 이론은 자연히 상공업을 발전시키려는 방향으로 전개되었지만, 그것은 또 단순한 상공업발전론에 한정되는 것이 아니라 긴 안목으로 보면 조선왕조의 지배체제 자체를 위협하는 이론이었다. 상공업발전론은 중세적 농업경제체제를 뒤흔들고 지주적 경제 기반 위에 서 있는 조선왕조 지배계급의 경제 기반을 위협하는 일이었으며, 나아가서 새로운 상공계급을 성장시켜 정치적 변혁을 초래할 수 있는 이론이었던 것이다. 따라서 실학자들의 상공업발전론에 대한 집권세력의 반대 또한 철저했다.

실학자들의 상공업발전론이 집권세력의 반대 때문에 그대로 모두 실행되지는 못했지만, 그들의 이론은 전쟁 후의 복구과정에서 나타난 민중세계의 사회경제적 발전 기반을 바탕으로 한 것이었으며, 역사의 발전 과정에 발맞춘 이론이었다. 이제 그들의 상공업발전론을 요약해보면 천업관(賤業觀)타파론·자본형성론·상설시장형성론·기술개혁론·해외통상론 등으로 나눌 수 있다.

천업관을 타파하는 문제

조선왕조가 성립된 사실은 고려 말기를 통해 한때 흔들렸던 우리 역사상의 중세적 지배체제를 다시 한번 강화한 것이라 볼 수 있다. 따라서 조선왕조는 농업경제체제를 중심으로 농민들을 농토에 얽어매어놓기 위해 농본주의를 강조했고 상공업억제정책을 강화하는 한편 민간 상인의 외국통상을 엄금하는 쇄국주의를 철저히 했다.

상공업 발전을 효과적으로 억제하는 방법으로서 조선왕조 정부는 유교적 명분주의, 중세적 계급주의를 적용하여 상공업을 농업보다 천업시했고 상공업자의 사회적·신분적 위치도 농민보다 밑에 두었다. 중세체제 아래서의 피지배 대중은 지주인 지배계급의 작인(作人)으로서 농토에 긴박되어 있을 것이 요청되었고, 이동적이거나 지주의 기반에서 벗어날 수 있는 상공업자가 증가하는 것은 정책적으로 강력히 통제할 필요가 있었던 것이다.

조선왕조는 상공업의 천업관을 확립하기 위해 구체적으로 상공업 종사자에 대해 그 당자는 물론 자손까지도 과거에 응시할 수 있는 자격을 박탈함으로써 일단 상공업에 종사한 본인과 그 자손이 관리로 진출하는 길을 봉쇄했고, 이 때문에 개성상인과 같은 특수한 경우를 제외하고는 교육받은 상공업자가 나올 수 없었으며, 따라서 그들의 직업의식이 발달할 수 없었고, 나아가서 상공업 전체의 합리적인 발전을 이룰 수 없었다.

한편 조선왕조 후기에는 인구의 자연 증가, 전쟁으로 인한 사회 신분제도의 해이 등으로 전체 인구에서 차지하는 양반 인구의 비율이 왕조의 초기보다 훨씬 높아졌고, 이들이 관직에 오를 수 있는 기회는 한정되어 무위도식하는 양반의 수가 급격히 증가했지만, 한번 상공업에 종사하면 자손까지도 다시는 벼슬길에 나아갈 수 없게 되는 금고법(禁錮法) 및 천업관 때문에 직업을 가지지 못하는 양반이 많았다.

실학자들의 상공업발전론은 이 때문에 상공업에 대한 천업관을 타파하려는 데서 시작되었고, 그것은 또 우선 금고법을 폐지해야 한다는 주장으로 나타났다. 유수원(柳壽垣)은 그의 저서 『우서(迂書)』에서 "양반이 천업에 종사하면 국가가 그들의 관계 진출을 금하고 있으니, 그것은 곧 양반이 직업 가지기를 금하는 것과 다를 바 없다. 지금 사족(士族)들이 농업이나 수공업, 상업에 종사하더라도 과연 교제와 결혼 및 관계 진출에 지장이 없겠는가. 모두 그를 상놈이 되었다 하여 절교할 것이니 이보다 더한 금고가 어디 있겠는가"했고, 다시 "국가가 명분상으로는 양반을 우대한다. 하지만 사실은 손발을 묶어놓고 공연히 굶어죽게 할 뿐이다. 아낀다는 것이 곧 병 주는 일이요, 우대한다는 것이 곧궁에 빠뜨리는 일이니 이것을 어찌 순리라 할 수 있으며, 자연스러운 일이라 할 수 있겠는가" 하여 금고법을 비판했다.

유수원의 천업관타파론은 또한 금고법의 폐지 문제에만 한정되지 않고 양반계급의 상공업에 대한 이해를 올바르게 하려는 데까지 나아가고 있음을 볼 수 있다. 그는 "상공업을 말업(末業)이라 하지만 그것이 본래 부정하거나 비루한 일이 아니다. 스스로 무재무덕(無才無德)함을 안 사람이 관직에 나아가지 않고 스스로의 노력으로 물품의 교역에 종사하며 남에게 의뢰하지 않고 자기 힘으로 먹고 사는데 그것이 어찌 천하거나 더러운 일이겠는가" 하였다.

아직 '무재무덕'한 사람이 상공업에 종사한다는 종래적인 생각에서 완전히 벗어나지 못한 것같이 보이기도 하지만, 한편으로 그의 천업관 타파론은 직업과 사회신분의 분리, 더 나아가서 신분제의 타파 문제까지도 그 바닥에 깔고 있음을 알 수 있다. 유수원을 포함한 실학사상가들이 추구한 궁극적인 목적이 서민 대중의 생활을 향상시키고 그것을 바탕으로 하여 나라의 부강을 이루려는 데 있었지만, 그것을 위해서는 무엇보다도 사(士)·농(農)·공(工)·상(商) 사민(四民)의 직업적 분업이 철저히 이루어져야 한다고 생각했고, 그렇게 되면 신분제도 자체가 해소된다고 생각했던 것이다.

유수원은 '국허민빈(國虛民貧)'한 원인이 사민의 직업이 나누어지지 못한 데 있다 했다. 곧 국가정책이 관료우위적인 것과 동시에 모든 국민이 관료지향적이어서 상공업자들이 직업의식을 가지지 못하고 몰락 양반도 상공업에 종사하지 않으며, 이 때문에 국민생산력이 떨어짐을 지적하고 있는 것이다. 따라서 그는 사민의 직업이 철저히 전문화하여 천업관이 타파되면 "사민의 자손이 모두 한가지로 행세하여 높고 낮은 사람이 없는" 사회가 실현될 것이라 생각했던 것이다.

천업관이 타파되어 상공업자가 전문직업인으로서 위치를 확보하게
되면 그들의 사회적 위치가 양반 신분과 대등하게 될 것이며, 이 때문에
지식을 쌓은 양반계급도 주저 없이 상공업에 종사하게 되어 상공업의
합리적인 발전을 가져오고, 그 결과 나라와 백성이 모두 부강하게 될 것
이라 전망한 실학자들의 생각은 확실히 근대적인 사상에 한걸음 다가
선 것이었다고 할 수 있을 것이다.

자본 형성의 방법론

중세적 농업경제체제 및 그 생산력의 한계성을 이미 간파한 실학사
상가들이 상공업을 발전시킴으로써 국민경제 및 국가경제의 새로운 활
로를 열어야 한다고 생각했을 때 부딪힌 문제 중의 하나가 상공업의 새
로운 단계로의 발전을 뒷받침할 수 있는 자본을 어떻게 마련할 것인가
하는 문제였다. 유수원의 경우를 예로 들면 이 문제를 두 가지 방향에서
생각했다.

첫째는 중세적인 소상인 자본을 합자하여 대자본을 형성하는 이른바
합과상업(合夥商業)이 그것이다. 그는 "우리나라의 상업을 두고 말할 것
같으면 혼자 장사할 줄은 알아도 여러 사람의 자본을 모으고 힘을 모아
서 장사하는 것이 가장 많은 이익을 얻을 수 있는 방법임을 알지 못하고
있다" 하고, 서울과 같은 도시에서는 당시 크게 성장하고 있던 소상인
들, 즉 난전(亂廛)상인들의 자본을 모아 대규모의 상점을 만들게 할 것
을 주장했고, 지방의 장시(場市)를 전전하고 있는 행상인들의 합과상업
을 유도할 것을 생각했다. 당시 정부는 시전(市廛)상인들의 이익을 보

장해주기 위해 난전을 금하는 정책만을 강행했는데, 그는 그것을 금할 것만이 아니라 그 자본을 모아 새로운 시전을 만들게 해야 한다고 생각했던 것이다.

유수원의 합자상업론은 소자본끼리의 합자뿐만 아니라 자본 규모를 크게 하여 상업 발전을 촉진하기 위해 대자본이 소자본을 흡수, 경영하는 방법도 제시하고 있다. 예를 들면 서울의 포목상과 함흥·경성·북청 등지 포목상이 합과하여 생산지와 소비자를 연결하는 상업활동을 함으로써 이윤을 높이고 물화 유통을 더욱 활발하게 할 수 있는 것이라 생각했던 것이다. 또한 그는 대자본, 특히 양반층의 자본이 상업에 투자되어 영세 상인들을 고용함으로써 생산공장을 경영하는 과정도 설명하고 있다. 양반층이 체면 때문에 상업에 종사하지 않을 것이라는 의견에 반대하면서 처음에는 가난하여 체면을 아낄 사정이 못 되는 양반층이 상업에 종사하겠지만, 차차 시일이 지나면 돈은 많으면서도 벼슬길에 나아갈 가망이 없어진 양반이 점주(店主)가 될 것이라 하고, 이들은 큰 자본을 투자하여 제조장과 판매장을 갖추고 제조기술을 가진 영세 상인을 일꾼으로 채용하여 상품을 제조, 판매할 것이며 회계(會計)와 기장(記帳)을 직접 담당할 것이요, 월말에는 일꾼들에게 월급을 나누어줄 것이라 했다. 대자본과 지식을 갖춘 양반 출신 상인에 의해 경영되는 또다른 차원의 상공업을 전망한 것이다.

유수원이 생각한 자본 형성의 또 하나의 방법은 대자본 상인의 특권 상인화였다. 조선왕조 초기부터 서울과 같은 대도시에는 시전이 설치되었고, 그 상인들은 어용 상인적인 성격을 가지고 있었다. 그러나 상업활동이 아직 활발하지 못하고 상인의 종류가 이들 시전상인과 지방의 행상들에 한정되었을 때는 상인 사이의 경쟁이 치열하지 않았고, 따라서 시전상인들의 특권성도 그다지 두드러지지 않았다. 그러나 임진왜란 등의 전쟁을 겪으면서 농촌 인구의 도시집중으로 도시의 상공업 인구가 증가했고, 이 때문에 종래의 시전상인 이외에 난전상인 등이 생겨났고, 이에 위협을 느낀 시전상인들은 정부와 결탁하여 금난전권(禁亂廛權)을 강화하면서 특권성을 높여갔다. 금난전권의 강화는 특권상업을 조장하고 영세 상공업자의 성장을 저지하는 결과를 가져왔지만, 유수원은 대자본의 육성과 상공업 세수입의 증가를 이유로 대상인 자본에의 특권 부여를 강조한 것이다.

그는 모든 상인의 허가제를 주장하면서 도시상업의 경우 정부로부터 허가된 상점들이 상품의 전매특권을 가지고 난전을 철저히 금할 수 있게 해야 한다 했고, 지방 행상의 경우도 정부가 발행한 허가장을 가지지 않은 상인의 행상활동을 엄금할 것을 주장했다. 도시나 농촌의 영세 상인은 그들의 소자본을 합자하여 대규모의 상점을 만들 수 있을 것이라 하여 영세상인에 대한 대책을 제시하기는 했지만, 또 그의 특권상업론이 대규모 상업자본을 형성해 상업을 발전시키고 그에 따른 정부의 상공업 세수입을 높이려는 데 목적이 있었지만, 대자본 상인의 횡포를 유발할 수 있는 것이었다. 이와 같은 이론은 그가 활동한 18세기 전반기에는 어느정도 타당성을 가진 이론이었다 해도 18세기 후반기에 와서는 상업계가 온통 특권상업체제로 들어가게 하여 마침내 1891년에 채제공(蔡濟恭) 등의 주장에 의해 특권 상업을 대폭 해소하는 통공정책(通共政策)이 실시되게 했다.

토지세와 인두세 수입에 크게 차질이 생긴 조선왕조 후기에 와서 실학자들은 상공업을 발전시켜 상공업 세수입을 높여야 함을 이해했고, 상공업을 발전시키기 위한 대자본 형성의 방법을 추구하면서 합자상업과 특권상업의 강화 문제의 두 가지 방안을 생각했지만, 실제로는 특권상업체제가 강화되는 방향으로 진전되었다가 큰 폐단을 가져와서 그것을 해소하는 통공정책이 일부 실시된 것이다.

상설상점 설치 문제

조선왕조의 상업억제정책은 특히 농촌사회에서 상설시장의 발전을 정책적으로 억제했다. 조선왕조시대의 상설시장은 원칙적으로 시전이 설립된 서울·평양·개성 등 몇 개 주요 도시에만 있었고 나머지 지역은 모두 5일 만에 하루씩 장이 서는 정기시장, 즉 장시(場市)만이 있었다. 상업, 특히 농촌 상업이 발달하여 장시가 많아지고 상설시장이 형성되어 농민이 상업 인구로 이동하는 것은 조선왕조의 중세적 지배체제를 유지해나가는 데는 불리한 현상이었으므로 조선왕조 정부는 정기장시가 많아지는 것도 금했고, 더구나 상설시장이 발달하는 것은 적극 억제했다. 기록에 의하면, 16세기에 이미 전라도 지방에서 흉년을 만난 농민들이 생활수단으로 장터에 상설상점을 개설하는 일이 있었으나 정부가 이를 금지했다.

정부의 금지정책에도 불구하고 17세기 이후에도 정기장시의 수가 전국적으로 증가해갔고 실학자들은 한걸음 더 나아가서 정기장시가 아닌 상설시장이나 상설상점을 지방의 도회지에 정책적으로 설치하여 농촌 상업이 발전하게 해야 한다는 주장을 펴나갔다. 17세기 후반기의 실학자 유형원(柳馨遠)은 서울은 물론 지방의 읍(邑)·영(營)·진(鎭)·역(驛)·참(站)·점(店) 등이 있는 곳과 규모가 큰 농촌마을에 상설상점인 포자(鋪子)를 설치할 것을 주장했다. 그의 주장에 의하면, 이 포자는 관부(官府)가 경영하는 것과 민간인이 경영하는 것이 있을 수 있으며, 지방 관부가 포자에서 물건을 구입할 때도 반드시 정당한 값을 지불하고 양반이나 아전들의 포자에 대한 토색을 금하도록 강조하고 있다.

유형원의 포자설치론과 같은 각 지방의 상설상점 설치 문제에 대해서는 유수원도 적극적이었다. 유수원은 우리나라의 지방문화가 발달하지 못하는 이유 중의 하나가 지방도시에 문화시설과 함께 그가 액점(額店)이라 말한 상설상점이 없는 데 있다면서, 고을마다 모두 액점을 설치할 것을 주장했다. 그의 생각에 의하면, 각 고을에 액점을 설치하면 자연히 상품을 생산하는 수공업자가 있게 되고 따라서 각종 물화(物貨)와 의약(醫藥), 문적(文籍)과 교육기관이 갖추어져서 사람 살기 편리한 곳이 될 것이라 하고, "마판자(馬販子)들이 말에 싣고 다니는 상품이 얼마나 되겠는가. 또 행상꾼들은 그들을 맞아 물품을 구입하는 좌상(坐商)이 없기 때문에 장시 사이를 분주히 돌아다니고 심산유곡으로 다니면서 간신히 행상을 하지만 그 이익이 얼마나 되며 사람과 말의 노비(路費)는 또 얼마나 허비되겠는가"하고 상설상점의 설치가 지방상업 발전의 지름길이라 했다.

상업 발전을 촉진하기 위한 방법의 하나로서 각 지방의 중심 지역에 상설상점을 설치해야 한다는 데 의견이 일치한 유형원과 유수원은 그때까지 지방상업의 중심지였던 정기장시의 처리 문제에도 방법을 같이하고 있음을 볼 수 있다. 상설상점이 설치되고 그것을 중심으로 상설시장이 발달하면 정기장시의 개설 지역은 자연히 축소되겠지만, 이들은 정기장시제가 상설시장에 비해 상업 발전을 저해한다는 사실도 이해하고 있었다. 교역이 활발해지면 정기장시가 자연히 상설시장화하게 마련이나 이들이 상설상점 설치를 정책적으로 유도해야 한다고 주장한 것은 그만큼 지방상업의 발전을 앞당기려 한 데 목적이 있었던 것 같다.

유형원은 주(州)·현(縣)·읍(邑)의 중심지에 포자가 설치되면 장시는 그곳에서 30리쯤 떨어진 곳에서나 필요하리라 했고, 유수원은 어떤 지역이든 상설상점인 액점을 설치하고 장시는 전혀 두지 않아야 한다고 생각했다. 유수원의 시대는 유형원의 시대보다 상업 발전이 더 활발하여 전국적으로 상설상점을 두면 장시는 없어질 수 있다고 전망한 것이라 볼 수 있다.

고대사회에서부터 농촌사회 물화 유통의 중심지적 역할을 다해온 정기장시를 모두 없이하고 상설시장의 모체가 되는 상설상점으로 대체해야 한다고 생각한 실학자들의 시장관(市場觀)은 확실히 차원을 달리하는 것이었으며, 그것은 조선왕조 후기의 상공업 발전상을 바탕으로 이루어진 것이었으므로 이런 점에서도 조선왕조 후기가 우리 역사상 어떤 위치를 차지하는 시대였는가 짐작할 수 있는 것이다.

기술개혁 방안의 제시

실학자들의 상공업발전론은 당연히 기술개혁론이 뒷받침되지 않을 수 없었다. 침체한 중세적 생산력을 새로운 차원으로 향상, 발전시키기 위해서는 제도적 개혁에 못지않게, 오히려 그보다 앞서서 생산기구 및 운송수단의 개혁이 불가피했으며, 그것을 위해서는 기술개혁이 앞서지 않을 수 없었던 것이다. 실학자들이 기술개혁 문제에 관심을 가지게 되었을 때 그들의 눈에 먼저 보인 것은 낙후할 대로 낙후한 국내의 기술수준이었다.

유수원은 "우리나라의 농경이나 방직은 그 방법이 매우 거칠고 조잡하여 불가불 중국 기술을 백성들에게 가르쳐서 그 수준을 높일 수밖에 없다"고 했고, 박제가(朴齊家)는 "우리나라에도 밭 갈고 누에치지 않는 사람이 없다. 중국 곡식은 벌써 쌀이 되었는데 우리는 벼를 베지도 못했고, 저쪽은 실을 짜서 비단이 되었는데 우리는 실도 잣지 못하며, 저쪽은 벌써 솜을 탔는데 우리는 한 달 뒤에나 타게 될 형편이다. 이것은 모두 기구와 기술이 낙후된 때문이다"하여 생산기술의 낙후성을 개탄했다. "베 짜는 기술이 정교하면 드는 원료가 적어도 실이 많이 나고 힘을 적게 들여도 올이 가늘고 결이 고울 것이다""일상생활에 필요한 기구 열 가지를 새로 배워서 쓰면 한 사람이 이용해도 이로움이 열 배인데 온 나라에서 이용한다면 그 이로움이 수만 배일 것이며, 10년만 이용한다면 그 이익은 이루 계산할 수 없을 것이다"라고 한 것과 같이 기술개발이 생산성을 높이고 백성과 나라를 부강하게 하는 기본조건이라 이해하고 있었던 그들로서는 기술의 낙후성과 그것을 타개하기 위한 정책이 없는 현실을 개탄하지 않을 수 없었던 것이다.

그러나 그들은 현실을 개탄만 한 것이 아니라 기술개혁을 위한 구체적인 방안을 제시했다. 박제가는 "옛날에는 오랑캐들도 그 자제를 중국에 보내어 입학시킨 자가 많았으며, 근세에도 유구국(琉球國) 사람은 중국의 태학에 들어가서 10년 동안 문물과 기능을 배웠고, 일본은 강소와 절강을 왕래하면서 온갖 섬세하고 교묘한 기술을 배워가기에 힘썼다. 이 때문에 유구와 일본은 바다를 격한 먼 곳에 있으면서도 그 기능이 중국과 대등하게 되어 백성은 부유하고 군사는 강성하여 이웃나라가 감히 침범하지 못하게 되었으니 그 효과가 이와 같다" 하고, 우리도 서양인을 직접 초빙하여 기술을 배울 것을 제의했다. "듣건대 중국의 흠천감(欽天監)에서 책력(冊曆)을 작성하는 서양인들이 모두 기하학에 밝고 이용후생하는 방법에 정통하다 한다. 국가에서 관상감에서 쓰는 비용만큼으로 그들을 초빙하여 우리 젊은이들에게 천문학과 도량형기·농업·의약 등에 관한 올바른 지식과 벽돌을 구워 성곽이나 교량 축조하는 법 그리고 광물 채취법, 유리 제조법, 병기 제조법, 관개 수리법, 수레와 선박 이용법, 중물(重物)운반법 등을 가르치게 하면 몇 해 안 가서 유용한 인재들이 될 것이다." 이것이 18세기 후반기, 강화도조약보다 꼭 90년 전에 제의한 의견이라면 그의 탁견은 놀랄 만하다 할 것이다.

한편 정약용(丁若鏞)도 중국 기술의 도입을 주장하면서 "우리나라의 백기공예(百技工藝)는 모두 옛날에 중국에서 배워온 것인데 근래에 와서 수백 년 동안이나 배워오지 않았다. 그동안 중국은 새로운 기술들이 날로 발전하여 수백 년 전의 중국이 아닌데, 우리는 옳게 알지도 못하고 막연하게 옛것이 옳다고 여기고 있으니 얼마나 게으른 짓인가"라고 했다. 병자호란 때의 적개심 때문에 청국을 오랑캐 나라로만 보고 그 문물을 수입해오지 않음으로써 선진문물의 유일한 수입로가 오랫동안 막혀버리고 이 때문에 국내의 기술 수준이 낙후했음을 정확하게 지적하고 있는 것이다.

낙후된 국내기술을 향상, 발전시키기 위해서는 중국 기술을 배워오지 않을 수 없었으며, 이 때문에 실학자들은 병자호란 이후의 북벌론적 사고방식에서 탈피하여 북학론을 주장했지만, 북학론은 또 자연히 해외통상론, 나아가서 문호개방론으로 발전하지 않을 수 없었다.

문호개방까지 내다본 해외통상론

실학자들이 국내의 상공업을 발전시키기 위해 여러가지 구체적인 방법을 제시했지만 그들의 국내 상공업발전론과 기술개혁론은 결국 해외통상론과 연결되었다. 국내의 생산력이 상당한 궤도에 오르고 그것의 유통과정이 어느정도 확대되어 국내시장이 형성되기 위해서는 국내 생산계 및 유통과정의 해외시장과의 연결이 불가피한 것이며, 따라서 국내 상공업 발전을 위한 합리적인 방법론과 기술개혁론을 추구해온 실학사상이 해외통상론으로 발전한 것은 극히 자연스러운 일이었다.

조선왕조가 설립되면서 그 철저한 쇄국주의 정책 때문에 국내시장과 해외시장의 연결은 거의 단절되었고, 겨우 사신 행차 정도를 통해 일부의 물품이 교역될 뿐이었다. 왕조 후기에 이르러서 대동법 실시 등이 중요한 원인이 되어 국내 생산계가 다소 활기를 띠기 시작하자 외국, 특히 중국과의 교역이 차차 이루어졌으나 민간 상인의 외국 교역을 금지한 쇄국주의 원칙 때문에 밀무역으로 이루어질 수밖에 없었다.

외국과의 교역이 열리지 못함으로써 국내 생산이 활기를 띠지 못하고 그 때문에 백성의 경제생활이 향상되지 못하며, 또 이 때문에 나라가 부강해지지 못하는 현실을 익히 알고 있던 박제가는 "지금 나라의 병폐가 가난이라 하는데 가난을 무엇으로 구제할 것인가 하면 중국과 통상하는 길뿐이다"라고 하여 중국과의 민간교역을 열 것을 적극 주장했다. 그는 특히 중국과의 무역에서 육로보다 해로를 이용함의 유리함을 들어 "수레 열 채에 싣는 양이 배 한 척에 싣는 것에 미치지 못하고, 육로로 천 리를 가는 것이 뱃길로 만 리를 가는 것보다 편리하지 못하다" 하고 "우리나라는 삼면이 바다로 둘러 싸였는데 서쪽으로는 중국의 등주(登州), 내주(萊州)와 직선으로 600여 리이고 남해의 남쪽은 곧 오(吳)지방의 입구와 초(楚)지방의 끝을 마주하고 있다. 고려시대 송나라와 교역할 때는 명주(明州)에서 7일 만이면 예성강에 닿았다 하니 가까운 거리라 하겠다. 그러나 조선 400년 동안에 딴 나라 배가 한 척도 오지 못했다" 하여 조선왕조의 쇄국주의를 비판했다.

청나라와의 교역을 반대하는 사람들이 내세우는 "우리나라는 그 자체의 위의(威儀)와 교화가 따로 있으며 비록 할 수 없이 저들의 정삭(正朔)을 따르기는 하지만 그것은 우리의 본뜻이 아니며, 우리나라의 문물제도에는 저들에게 기피해야 할 것이 많은데 민간인의 통상을 허락한 후 그들이 가서 기밀을 누설하거나 저들이 와서 엿보게 하는 것도 잘하는 일이 아니다"라는 통념에 대해서도 그는 "큰일을 하는 데 있어서는 사소한 혐의는 불가피하다. 여우처럼 의심하며 두리번거리기만 하면서 무슨 일을 이룰 수 있겠는가" 하고 반박했다.

그는 해외통상을 적극적으로 열기 위한 구체적인 실행방법 세 가지를 제시했다. 그것은 첫째 일본·유구·안남 및 서양 상인들이 와서 교역하고 있는 중국의 절강(浙江)·광주(廣州)·교주(交州) 등지에 우리나라 상인을 보내어 교역할 수 있게 할 것, 둘째 우리나라에 밀무역을 위해 빈번히 오는 청나라의 이른바 황당선(荒唐船)을 금하지 말고 교역장을 설치하고 안내하며 우리 상인들과 정식으로 교역하게 할 것, 셋째 물길에 익숙한 우리나라 사람들을 관리들이 인솔해가서 중국 상인들을 유치해올 것이었다. 이렇게 하여 청국과의 민간 교역이 열리면 영남지방의 무명, 호남지방의 모시, 서북지방의 배가 중국의 비단, 모직물과 교환될 수 있을 것이며 죽전(竹箭)·낭미(狼尾)·곤포(昆布)·복어(鰒魚) 등이 중국의 금·은·서각(犀角)·병갑(兵甲)·약재(藥材) 등과 교역될 것이라 내다본 것이다.

이와 같은 박제가의 해외통상론은 단순한 물품의 교환만을 말하는 것이 아니라 나아가서 문호개방정책으로 연결되는 이론이었다. 그는 폐쇄주의에 빠져 있던 당시의 통념을 깨고 서양 문화와의 접촉, 나아가서 서양 제국과의 국교개선 문제에 대해서도 일정한 면역성을 이룰 수 있는 문호개방론의 선구자였던 것이다.

그의 영향을 받은 19세기 전반기의 실학자 이규경(李圭景)은 1832년에 영국 상선의 통상 요청을 거부한 세도정권의 처사를 비판하면서 "다른 나라와 더불어 개시교역(開市交易)하고 서로 물품을 교환하는 일이 왜 해가 되겠는가. 중국은 여러 나라들과 서로 통상함으로써 많은 이익을 얻고 또 국가가 유족해졌는데 유독 우리나라만 환난이 생길 것을 두려워한 나머지 감히 외국과 통상의 길을 열 생각을 못하고 있으며, 이 때문에 약하고 가난한 나라가 되어버렸다. 고려시대는 송나라의 상인들이 자주 드나들었지만 환난이 있었다는 말은 못 들었다"하여 박제가 등 북학파의 문호개방론을 계승했다. 또한 같은 무렵의 최한기(崔漢綺) 역시 문호개방론을 주장하면서 "바다로 선박이 두루 왕래하고 서적은 서로 번역되어 견문이 전달되어야 한다. 우리보다 더 좋은 제도와 편리한 기구, 우수한 생산품은 이를 취하여 이용되어야 한다"고 했지만 세도정권의 권력 유지를 위한 쇄국주의가 계속돼서 자율적인 문호개방은 이뤄지지 않았다.

중세 말기적인 생산력의 저하와 그것으로 인한 경제적 침체에서 벗어나서 민부(民富)를 이루고 그것을 바탕으로 국부(國富)를 달성함으로써 국민경제체제를 성립하는 데까지 연결할 수 있었던 실학자들의 상공업발전론은 당연히 해외통상론, 문호개방론으로까지 발전했다. 그러나 경제체제, 외교체제가 바뀜으로써 지배체제 전체가 무너질 것에 위협을 느낀 보수적 세도정권의 탄압으로 그들의 선구적이고 역사적인 이론은 빛을 보지 못했고, 세도정권의 쇄국주의는 결국 외세의 강요에 의한 문호개방으로 귀결된 것이다. (1984)

3. 대한제국 앞의 네 가지 길

주체적 역사인식을 위해

이제 일본제국주의의 식민지 지배에서 벗어난 지 40년이 가까우며, 그동안 우리 근대사에 관한 연구성과도 상당히 풍부해졌다. 그러나 독립운동에 관한 연구가 비교적 활발했던 데 반해 식민지화의 원인을 밝히는 연구는 그다지 활발하지 못했으며, 학계 측의 이와 같은 동향 때문에 지식인 일반의 식민지화 원인에 대한 관심은 전혀 찾을 수 없다 해도 과언이 아니다. 그러나 두말할 것 없이 70년 전의 식민지화 문제는 바로 오늘의 민족문제와 직결되고 있으며, 따라서 이와 같은 역사 건망증은 우려하지 않을 수 없다.

지금까지의 추세로는 대한제국이 일본의 식민지로 전락한 원인을 군사력을 앞세운 일본의 침략행위에서 주로 구했다고 할 수 있다. 그러나 역사 실패의 일차적인 원인을 외세 침략에 돌리는 것은 이른바 주체적 역사인식 태도가 못 된다.

그것은 역시 민족 내부에서 주로 구해야 할 것이다. 일본이 무력을 앞세워 침략했기 때문에 식민지가 된 것에 앞서서 일본의 침략을 물리칠 만한 국력을 갖추지 못했기 때문에 식민지화한 것이다. 그리고 그만한 국력을 갖추지 못한 것은 당시의 집권층이 무능하고 외세 의존적이었기 때문이며, 이같이 무능한 집권층이 계속 집권할 수 있었던 것은 국민의 주권의식, 혁명의식이 그만큼 미약했기 때문이었던 것이다.

식민지화의 원인, 역사 실패의 원인을 밖에서보다 안에서 주로 구하는 자세가 주체적 역사인식 태도임은 식민지화 과정에만 한정되는 것이 아니다. 해방 후의 민족분단과 그 이후의 민족상잔 과정, 분단체제 확립 과정에도 그대로 적용되지만, 한편 역사의 주체적 인식 문제는 또 반드시 객관적 조건으로서 한반도의 지정학적 위치 문제와 연결지어 이해되어야 하는 점이 중요하다.

극동지역에서의 대륙과 해양을 연결하는 지점에 위치한 한반도의 역사는 대륙세(大陸勢)와 해양세(海洋勢)의 소장(消長) 관계를 떠나서 설명되기 어려우며, 19세기 말과 20세기 초에 걸친 대한제국시기에는 그것이 더욱 절실한 문제로 등장했다.

지금에 와서 냉철히 되돌아보면 정치·군사·경제 면에서 주변국가보다 앞서지 못했던 대한제국이 한반도를 둘러싼 국제관계 속에서 취할 수 있었던 길은, 첫째로 근대 이전의 경우와 같이 대륙세와 긴밀한 관계를 가지면서 제약된 주권을 유지하거나, 둘째로 대륙침략의 야욕을 가진 일본과 그것을 뒷바라지한 영국, 미국 등 해양세의 영향력 아래 들어가거나, 셋째로 대륙세와 해양세의 협상에 의하여 남북으로 분할되거나, 넷째로 한반도를 둘러싼 열강의 이해관계를 역이용하여 완충지대화, 중립지대화함으로써 독립된 주권을 유지할 수 있는 네 가지 길이었다고 생각된다.

대한제국은 그 가운데서 가장 나쁜 길의 하나인 해양세에 의한 식민지화의 길을 걸었고, 그 식민지에서 해방되면서 한반도는 또 하나의 나쁜 길인 대륙세와 해양세의 영향 아래서의 분단을 가져왔다. 대한제국의 앞에 주어졌던 네 가지 길은 결코 대한제국시기만의 길이 아니었던 것이다.

대륙세에 포함되는 길

근대 이전의 한반도는 왜구의 침입과 임진왜란 등 해양세로서의 일본의 침략을 받기도 했고 또 일본에 계속 선진문화를 전달해주었지만, 그것에 비하여 대륙과의 관계는 훨씬 빈번하고 또 긴밀했다. 대륙에서 몽골·만주 민족과 중국 민족 사이에 전쟁이나 세력다툼이 일어날 때마다 그 영향을 직접·간접으로 받아왔으며, 또 그곳을 통해 끊임없이 선진문화를 받아들이기도 했던 것이다.

근대 이전에 한반도와 대륙의 마지막 관계는 병자호란으로 인한 청국에의 종속관계였다. 이른바 내정독립이 인정된 형식적·의례적 종속관계였지만, 그러나 조선 측의 군비 확충과 같은 문제에 대해서는 청국의 간섭이 엄중했다.

한반도의 이와 같은 대륙 중심적 국제관계에 중대한 변화를 가져다준 것이 해양세의 일본이 '운요오호 사건'을 도발하여 강요한 조선의 문호개방이었다. 유럽 열강에 시달리던 청국은 새로운 분쟁을 피하기 위해 조선에 일본과의 조약체결을 권유했지만, 문호개방으로 한반도가 일본의 세력권 안에 들어가는 경우 장차 만주와 중국 본토까지도 위협받게 될 것을 우려해서 종래와 같은 형식적이며 의례적이 아닌 실질적인 예속관계를 요구할 수 있는 기회를 엿보고 있던 중 임오군란이 발발했다(1882).

임오군란을 계기로 청국은 조선의 국왕을 폐위하고 한반도를 하나의 성(省)으로 편입할 책략을 꾸미기도 했으나 결국 대원군을 납치하고 정권이 다시 민씨 일파에게 돌아가게 했다. 청나라의 이와 같은 조선정책은 대원군정권보다 민씨정권이 한층 더 청국에 의존정책을 펴리라는 예상을 전제로 한 것이었으며, 과연 민씨정권은 괴뢰정권화되다시피 했다.

청국은 군대를 주둔하고 내정과 외교 고문을 파견하여 국정 전반을 철저히 간섭하는 한편, 경제 면에서도 크게 침투하면서 전근대적 종속관계를 근대적 식민지 지배 관계로 바꾸어갔지만, 민씨정권은 이와 같은 청국의 강력한 내정간섭을 당연한 것으로 받아들이고 그 보호 아래서 정권을 유지하는 데만 급급했다.

이와 같은 민씨정권의 정권 유지를 목적한 대청(對淸) 의존정책에 반발하면서 김옥균 등의 개화파가 청국으로부터의 독립과 국정의 근대화를 표방하고 정변을 일으켰으나 그들 역시 일본의 도움을 기대하지 않을 수 없었으며, 일본의 소극적인 태도와 청국의 적극적인 군사 개입으로 정변은 실패했다. 이후 10년간 한반도에 대한 청국의 영향력은 계속되었으나 청일전쟁에서 청국이 패배함으로써 대륙세로서의 청국 세력은 한반도에서 물러나고 해양세 일본의 그것에 대한 영향력이 갑자기 커질 형세에 있었다.

그러나 민씨정권은 일본세의 한반도 지배를 저지하는 방법으로 '3국간섭' 이후 극동에서의 새로운 강국으로 등장한 또 하나의 대륙세로서의 러시아 세력을 끌어들이려 했다. 이에 당황한 일본 측이 친러시아 정책의 장본인 민비를 시해하면서까지 조선의 친러시아화를 막으려 했으나 그것이 오히려 이른바 아관파천(俄館播遷)을 유발하는 계기가 되었고, 이 때문에 친일 정권은 무너지고 친러시아적인 정권이 성립되었으며, 이후 러시아 세력의 한반도 진출은 급진전했다.

대한제국 정부는 러시아 군대에 의한 국왕의 호위, 군사 교관의 파견, 궁내부·탁지부 및 광산·철도 등의 고문관 파견, 일본의 부채를 갚기 위한 300만 원 차관 제공 등을 러시아에 요청했고, 그 대신 함경북도 경원·경성 일대의 광산채굴권, 두만강·압록강 유역 및 울릉도의 산림채벌권, 동해의 포경권 등을 러시아에 넘겨주었다. 그뿐만 아니라 부동항을 확보하기에 급급하던 러시아는 부산 절영도의 조차를 요구했고 부산·진해·마산 일대에 군항을 건설하기 위한 기지 제공을 대한제국에 강력히 요구했다.

러시아의 이와 같은 적극적인 침투에 대한제국 정부도 어느정도 견제하려 했고, 독립협회와 같은 민간 측의 애국운동단체가 강력한 저지운동을 펴나갔지만, 대한제국 자체의 힘만으로 러시아의 남하정책을 막기는 어려웠다. 러일전쟁과 같은 또다른 변수가 작용하지 않는 한 한반도에 위치한 대한제국은 대륙세로서의 러시아의 강력한 영향권 속에 들어가지 않을 수 없는 상태에 놓여 있었던 것이다.

해양세에 예속되는 길

해양세로서의 일본은 조선왕조에 문호개방을 강요하면서 한반도 진출을 기도했지만 적어도 정치적으로는 번번이 실패했다. 임오군란 때는 공사관을 스스로 불 지르고 도망해야 했고, 갑신정변 때는 공사관이 조선 군중에 의하여 불타고 공사관원과 거류민이 피살되었다. 정변 때 원세개(袁世凱)가 지휘하는 청국군과 일본 공사관의 경비병이 실제로 충돌함으로써 전쟁 도발의 구실은 충분했지만, 아직 청국과 전쟁을 할 만한 국력을 가지지는 못하여 후퇴했다.

일본의 한반도에 대한 군사적·외교적 침략이 부진함으로써 그 경제적 침략도 부진했다. 1885년 청국 19 대 일본 81이었던 조선의 수입액이 1892년에는 청국 45 대 일본 55로 곧 역전될 형세에 놓여 있었다. 청일전쟁은 일본의 조선에 대한 경제침략상의 열세화를 만회하기 위해 도발한 전쟁이기도 했던 것이다.

일본은 청일전쟁에서 이겼으면서도 러시아가 주동한 3국간섭 때문에 요동반도를 청국에 돌려주어야 했고 한반도에 대한 세력 확장도 순조롭지 못하게 되었지만, 그러나 당장 러시아를 상대로 전쟁을 도발할 만한 국력을 가지지는 못했다. 이 때문에 전쟁을 피하면서 한반도 전체가 다시 대륙세에 포함되는 것을 막기 위해 러시아와 여러 번 협상을 벌이면서 베베르-코무라 각서, 로바노프-야마가따 의정서 등을 체결하는 한편, 전쟁 준비에도 열중했다.

러시아의 한반도 독점을 협상을 통해 저지하려던 일본의 한반도 정책이 전쟁을 통해 오히려 그것을 독점하려는 방향으로 바뀌는 데는 영일동맹이 하나의 큰 계기가 되었다. 세계 도처에서 러시아의 남하정책을 저지하는 데 혈안이 된 영국은 한반도에서의 그것을 막기 위해 이해관계를 같이하는 일본과 동맹을 맺은 것이다. 제1차 영일동맹(1902)에는 '청·한 양국에 있어서의 영·일 양국의 이익 보호를 위해 제3국의 침해나 민족운동의 격화에 대하여 필요한 조치'를 취하는 문제가 들어 있었으며, 제2차 영일동맹(1905)에서는 '일본의 조선에 대한 지도·감리(監理) 및 보호'가 인정되었다.

영국뿐만 아니라 미국도 러시아의 한반도 남하정책을 막기 위해 일본의 한반도 지배를 인정했다. 러일전쟁 전에도 미국은 이미 극동정책에서 친일정책을 취했지만 러·일 간의 강화조약을 주선하기에 앞서서 미국의 필리핀 지배를 일본이 인정하는 대신 일본의 한반도 지배를 미국이 인정하는 이른바 카쓰라-태프트 밀약을 체결했으며(1905), 미국이 주선한 포츠머스 강화조약도 "일본은 조선에 있어서 정치·군사·경제상의 우월권을 가지며, 또 필요에 의하여 지도·보호·감리를 행할 권리를 가진다"고 했다.

러일전쟁을 통해 일본을 앞장세운 영국과 미국 등의 해양세력이 대륙세력으로서의 러시아의 한반도 진출을 막기 위해 동맹체를 형성했고, 러시아를 물리친 후의 일본의 한반도 지배를 공공연하게 인정했던 것이다. 또한 해양세는 한반도를 통한 대륙세의 남하를 저지하기 위해 외교적으로만 일체가 된 것이 아니라 경제적으로도 긴밀히 결탁했다. 일본의 러일전쟁 비용은 약 17억 원이었으나 전쟁 전해인 1903년 일본의 일반회계 세입은 2억 6000만 원에 불과했다. 일본정부는 15억 원 정도를 국채 발행으로 조달하지 않을 수 없었는데, 그 가운데 8억 원이 미국과 영국에서 조달되었던 것이다.

한반도에 대륙세로서의 러시아 세력이 강력히 침투하게 되자 가장 불안을 느낀 것은 일본이었고, 이와 같은 일본의 역할로 영국과 미국이 해양세로 결속하여 러시아의 남하정책을 저지하는 일본의 한반도 지배를 강력히 지지했다. 러일전쟁 후 일본의 한반도 지배는 또다른 대륙세의 저지가 없는 한 이미 그때부터 기정사실화되었다 해도 지나친 말이 아니었다.

남북으로 분단되는 길

제국주의가 활개 치는 19세기 후반기와 20세기 초엽에 걸쳐서 군사적으로, 경제적으로 주변국을 앞서지 못했으면서 국제세력이 상충하는 반도에 위치한 대한제국에는 대륙세에 부속되거나 해양세에 예속되는 길 이외에 또 하나의 길, 즉 한반도 자체가 이들 대륙세와 해양세에 의해 남북으로 분단될 가능성이 있었다. 이 경우는 대개 한반도를 둘러싼 대륙세와 해양세가 어느정도 힘의 균형을 이루고 있을 때였으며, 대한제국시기의 경우 청일전쟁 이후부터 러일전쟁 이전까지의 기간이 바로 그와 같은 시기였던 것이다.

대륙세가 강해졌을 때 한반도가 그 심장부를 찌르는 칼로 보이고, 반대로 대륙세가 약화되었을 때 한반도가 대륙 진출을 위한 다리로 보인다는 일본으로서는 아관파천 후 한반도에서 급격히 높아지는 러시아의 정치·외교적 영향력과 그 남단까지 진출하려는 러시아의 군사력에 큰 불안을 느끼지 않을 수 없었다. 그럼에도 불구하고 당시 세계 최강의 육군국 러시아에 대해 전쟁을 도발할 만한 국력을 가지지 못했던 일본은 러시아와 빈번히 협상을 벌이면서 먼저 한반도 분할론을 내놓았다.

러시아 황제 니꼴라이 2세의 대관식에 일본 측 대표로 참석한 야마가따 아리또모(山縣有朋)는 러시아의 외무대신 로바노프와 비밀회담 하는 자리에서 "일본·러시아 양국은 양국군의 충돌을 피하기 위하여 각기 그 군대의 파견지를 분할하되, 한쪽은 그 군대를 조선의 남부 지역에 파견하고 한쪽은 그 북부 지역에 파견하는 동시에, 충돌을 예방하기 위하여 양국 군대 사이에 상당한 거리를 설정할 것"을 제의했다(1896). 그 분할하는 경계선은 대체로 북위 38도선을 제시한 것으로 알려졌다.

러시아는 일본의 이와 같은 한반도 분할 제의를 거부했다. 아관파천 후 조선 국왕을 그 공사관에서 보호함으로써 한반도문제에서 어느 나라보다도 유리한 위치에 있을 뿐만 아니라 장차 한반도 전체를 강력한 영향권 아래 둘 수 있을 것으로 전망했던 러시아가 한반도의 남반부를 일본의 세력권으로 넘겨주어야 하는 분할 제의에 찬성할 이유가 없었던 것이다. 그러나 이와 같은 러시아의 태도에 대해 일본은 독자적인 힘만으로는 어떤 조치도 취할 수 없었다.

의화단사건(1900)으로 러시아가 만주 전역을 점령하고, 이에 반발한 영국이 일본과 영일동맹을 맺고, 그것에 대응하여 러시아가 한반도 남단의 마산을 조차하여 군항을 건설하려 하는 한편 조선과 만주 국경지대의 요지인 용암포를 강제 점령함으로써 한반도를 둘러싼 국제정세는 급변하기 시작했다.

영일동맹을 배경으로 한 일본이 러시아의 용암포 점령에 강력히 반발하면서 '대한제국의 개혁과 선정을 위한 조언과 조력이 일본의 전권에 속함을 러시아가 승인할 것'을 요구했고, 한걸음 더 나아가서 한반도 내의 철도를 만주까지 연장해도 러시아가 저지하지 말 것을 요구했다.

일본의 이와 같은 공세로 수세에 몰리게 된 러시아는 일본에 대해 한반도를 북위 39도선에서 분할하여 그 이남을 일본의 세력권으로 인정하고 그 이북은 중립지대로 하는 한편 만주는 일본의 이익권 밖임을 인정할 것을 제의했다. 영일동맹과 미국의 협조로 대륙세 러시아에 대항하는 강력한 해양세를 형성한 일본이 이와 같은 러시아의 제의에 찬성할 리 없었고, 마침내 전쟁을 도발하여 러시아를 이김으로써 한반도를 보호국으로, 나아가서 완전식민지로 만들었던 것이다.

한반도를 둘러싼 대륙세 러시아와 해양세 일본이 어느정도의 세력균형을 이루었을 때 그 분단론이 제기되었다. 힘의 균형 속에서도 처음에는 형세가 불리했던 일본이 분단론을 제시했으나 러시아가 반대했고, 영일동맹으로 형세가 역전된 후 이번에는 러시아가 분단론을 제의했으나 영국과 미국의 후원으로 형세가 유리해진 일본이 이를 거부하고 전쟁을 도발한 것이다. 제2차 세계대전이 끝나면서 한반도는 대륙세 소련과 해양세 미국에 의해 처음으로 분단되었지만, 이보다 40여 년 전에도 해양세와 대륙세의 세력균형을 위해 분단안이 제기되었음을 다시 상기하지 않을 수 없다.

중립지대화하는 길

19세기 말, 20세기 초엽의 반도국가 대한제국에는 지금까지 든 대륙세에 부속되는 길, 해양세에 예속되는 길, 남북으로 분단되는 길 이외에, 지금에 와서 되돌아보면 그 주권 독립을 지킬 수 있는 한 길이었다고 생각될 수도 있는 중립지대화의 길이 또 하나 있었다. 제국주의가 난무하는 시기에 반도라는 지정학적 위치에 있으면서 주변 국가보다 국력이 강대하지 못했던 대한제국이 주권을 유지할 수 있는 길은 그 지정학적 위치를 오히려 이점으로 살려 국제 세력 간의 충돌을 해소하는 완충지대화, 중립지대화하는 길이었다고 생각할 수 있는 것이다.

근대 이전에도 대륙에서 청나라가 일어나 명나라와 대치하고 있었던 17세기 전반기에 조선의 국왕이던 광해군은 두 나라 사이에서 중립정책을 취함으로써 청의 침략을 받지 않았을 뿐만 아니라 오히려 외교적 우위를 차지하기도 했다. 인조반정 후에 이 중립정책이 무모한 친명정책으로 돌아감으로써 병자호란을 자초하여 무조건 항복을 한 바 있지만, 문호개방 이후에도 일찍부터 한반도의 중립지대화론이 나왔다.

갑신정변으로 한반도를 둘러싼 청국과 일본의 이해가 날카롭게 대립된 위에 러시아의 한반도를 통한 남하정책이 차차 본격화해가고, 이에 대항하여 영국이 느닷없이 거문도를 점령했던 1885년에 당시 조선 주재 독일 부영사 부들러(Buddler, 卜德樂)가 한반도의 중립화론을 조선 정부의 외교 책임자이던 김윤식에게 제의한 것이다.

그에 의하면 "조선은 청국의 후정(後庭)이자 또한 러시아·일본 양국과 더불어 변계(邊界)를 연접하고 있어서 반드시 서로 다투는 곳으로 되어 있다. 비록 천만 명을 조선에 주둔시킨다 하여도 무슨 이익이 있겠는가. 이에 나의 의견을 말하면 서양에서 실시하고 있는 법에 따라 청국·러시아·일본 3국이 서로 조약을 맺어 영원히 조선을 보호하는 것"이 바람직하다 했다. 한반도는 극동지역에서의 그 지정학적 위치 때문에 청국·일본·러시아 3국 사이의 분쟁지역이 될 가능성이 크지만, 당시의 조선왕조가 이들의 침략을 독자적으로 저지할 만한 능력을 가지고 있지 못했기 때문에 '보호'라는 말로 표현된, 이들 3국 사이의 국제협약에 의한 한반도의 영세중립화가 바람직하다는 구상이었던 것이다. 부들러는 이 중립화안을 갑신정변 후에 한성조약 체결을 위해 조선에 온 일본 외무대신 이노우에 카오루(井上馨)와도 의논한 후 제의했다. 그러나 임오군란과 갑신정변을 겪으면서 청국이 군대를 주둔하고 내정과 외교를 적극적으로 간섭하고 있던 당시의 사정으로는 중립화론이 용납되기 어려웠다.

부들러의 중립화론이 나온 같은 해에 미국 유학에서 돌아오면서 유럽 쪽을 돌아서 온 유길준도 귀국 즉시 「중립론」이란 논문을 썼다. 그는 "중립화만이 우리나라를 지키는 방책인데, 그것은 우리 스스로가 제창할 수 없은즉, 중국에 청하여 처리하게 하여야 할 것이다. (…) 중국이 맹주가 되어 영국·프랑스·일본·러시아 등 아시아에 관계있는 여러 나라들과 회합하고 우리나라를 참석시켜 함께 중립조약을 체결하도록 할 것이다. 이것은 우리나라만을 위하는 것이 아니라 중국의 이익도 될 것이고 여러 나라가 서로 보전하는 계책도 될 것이다. 무엇이 괴로워서 하지 않겠는가" 하고 중국의 제의에 의한 한반도의 중립화를 주장하는 논문을 썼다.

유길준의 중립론이 청국의 역할을 중요하게 내세운 이유는 임오군란 이후 청국이 조선에 군대를 주둔하면서 실질적인 종속관계, 근대적인 식민지 지배관계를 행사하고 있는 현실적인 조건을 감안한 것이라 볼 수 있다. 따라서 유럽 열강의 침략에 시달리고 있는 청국은 한반도가 일본이나 러시아와 같은 강대국의 영향권 속에 완전히 들어가지 않는 중립지대화하는 보장만 있으면 군대를 주둔하면서까지 종속관계를 강요하지 않을 것이라 내다보았던 것이다.

청국이 주동하는 한반도의 중립화론은 유길준 이외에도 갑신정변에 실패하고 일본에 망명해 있던 김옥균에 의하여 청국의 이홍장(李鴻章)에게 제의된 바 있었다. 그러나 유길준의 경우는 갑신정변 실패 후의 민씨정권 아래서 그 논문 자체가 발표되지 못했던 것 같고, 김옥균의 제의도 반응을 얻지 못한 채 민씨정권은 이후 청일전쟁으로 청나라가 한반도에서 패퇴할 때까지 그 식민지적 지배를 감수하고 그것에 의존하여 집권할 뿐이었다.

유길준이 "아시아의 인후(咽喉)에 처해 있는 것이 유럽의 벨기에와 같다"고 지적한 한반도의 중립지대화 문제는 이후 러시아와 일본이 한반도를 각기 그 세력권 내에 넣기 위해 날카롭게 대립했을 때 다시 대두되었다. 영일동맹으로 형세가 불리해진 러시아 측이 앞에서 말한 39도선 분할론을 제기하기 이전에 러시아·일본·미국 3국이 공동 보장하는 한반도의 중립화안을 거론했던 것이다(1902).

당시의 주한 러시아 공사 파블로프(Pavlow)가 제기한 한반도의 중립화안을 전해들은 일본 측은 즉각 미국 주재 일본 대사로 하여금 러시아가 중립화안을 제의해오더라도 이에 응하지 말 것을 종용했다. 이때의 미국 대통령 루스벨트는 이미 러시아의 남하를 저지하기 위한 일본의 역할과 그것을 위한 일본의 한반도 지배를 인정하고 있었으므로 러시아가 제기하려 한 한반도 중립화를 위한 공동 보장국으로 참여할 것 같지 않았으며, 이와 같은 사정을 알아차린 때문인지 러시아는 3국 보장에 의한 한반도 중립화안을 더이상 거론하지 않고 결국 39도선 분할론을 내놓았던 것이다.

이후 러일전쟁의 전운이 급박해졌을 때 대한제국은 일종의 전시중립(戰時中立)을 선언했으나, 국제적으로 전혀 보장되지 않는 이 중립을 영국과 미국의 후원을 받으며 전쟁을 도발한 일본이 인정할 리 없었다. 전쟁 발발과 함께 일본은 '한일의정서'를 체결하여 대한제국의 전쟁 협력을 강요했고, 전쟁이 끝난 후에는 한반도를 보호국으로, 또 식민지로 만들었던 것이다.

대륙세와 해양세가 맞부딪치는 지점으로서의 한반도에 대륙세의 영향력이 커지는 경우 해양세가 이를 불안해했고 반대의 경우는 대륙세가 불안해하였으니, 청일전쟁과 러일전쟁은 이와 같은 조건 아래서 발발한 전쟁이라 해도 지나친 말은 아니다. 대한제국이 주권을 유지하는 길은 한반도의 이와 같은 지정학적인 위치를 이점으로 살려 완충지대화, 영세국외 중립지대화하는 길이었다고 생각되며, 그것이 가능하기 위해서는 한반도의 주민들이 높은 정치의식을 가지고 한반도를 둘러싼 국제간의 이해관계를 충분히 이용할 수 있는 지혜가 필요하였지만, 조선왕조의 오랜 전제주의와 사대주의적 지배체제는 그것을 불가능하게 하였던 것이다.

외세 의존과 정치의식 부족

열강의 침략 앞에서 대한제국이 현실적으로 걸을 수 있었던 네 가지 길을 되돌아보았지만, 대한제국은 결국 그 가운데서 가장 나쁜 길의 하나인 해양세에 의한 완전식민지화의 길을 걸었다. 대한제국이 해양세의 식민지로 전락한 가장 중요한 원인을 민족사회의 밖에서 구하면 일본을 앞세운 영국, 미국 등의 결속된 해양세가 청국과 러시아의 대륙세를 차례로 물리치고 군사적으로 한반도를 강점했기 때문이라고 할 수 있다.

그러나 그것을 민족사회 안에서 구하면, 첫째는 이 시기 지배계층의 무능과 외세의존정책에 있으며, 둘째는 그와 같이 무능한 지배체제를 용납한 국민의 낮은 정치의식과 한반도의 지정학적 위치를 이점으로 살릴 수 없었던 지배계층 및 국민 일반의 국제정치 감각의 미숙성과 주체성의 결여에 있었다고 말할 수 있지 않을까 한다.

18세기 후반기에 이미 북학파 사상가들에 의해 서양문명을 적극적으로 도입하고 쇄국주의를 폐기해야 한다는 주장이 나왔었다. 그러나 이에 불안함을 느낀 보수적 집권층은 세도정권을 성립하면서 천주교 탄압을 내세워 이들 진보적 사상가들을 모두 숙청했다. 안(安)·김(金) 세도정권이 대원군의 세도정권으로 대체되면서 쇄국주의는 더욱 심화되었고, 그것이 무너지면서 외세의 강요에 의한 문호개방이 이루어졌던 것이다.

문호개방 이후의 지배층은 외세 침략 앞에서 스스로를 지탱할 힘을 잃고 주변의 가장 강한 외세에 의탁하여 지배권력을 유지하기에만 급급했다 해도 과언이 아니다. 왕실의 경우 근대 이전에 이미 병자호란으로 청국에 굴복했지만, 문호개방 이후에도 임오군란·갑신정변을 겪으면서 철저한 친청파가 됨으로써 권력을 유지할 수 있었다. 그리고 청일전쟁으로 청국이 패퇴한 후에는 다시 친러파가 되었고, 심지어 국왕이 직접 러시아 공사관에 몸을 의탁하기까지 했다. 그러나 러일전쟁에서 러시아가 패전하자 이제는 일본에 굴복하여 그 보호국의 왕이 되었다가 병합 후에는 일본의 귀족이 되었다.

당시의 대표적 개화 관료의 한 사람이던 이완용(李完用)의 경우를 예로 들면, 그는 당초 미국 주재 한국 공사관의 참사관 출신으로 친미파적 처지에서 독립협회에도 참여했다가, 아관파천으로 성립된 친러파적 내각의 외무대신이 되었고, 러일전쟁으로 일본의 침략이 본격화하게 되자 다시 친일파로 변신하여 결국 병합의 원흉이 되었다. 그가 걸은 길은 이 시기의 지배층, 관료층이 걸은 일반적인 길의 하나였던 것이다.

이와 같은 지배층 일반의 외세 의존에 의한 권력유지정책에 대하여 국민의 저항 또한 그 한계가 뚜렷한 것이었다. 갑오농민전쟁이 이 시기의 가장 혁명성이 높은 민중운동이었지만, 그것이 왕권을 얼마나 부인했는가 하는 문제에는 상당한 의문이 있으며, 독립협회운동도 철저한 국민주권주의를 지향하지 못한 것이었다. '을사조약'으로 왕권이 완전히 외세에 타협, 굴복한 후 신민회와 같은 본격적인 공화주의 단체가 나타났으나 국민혁명을 일으키지 못한 채 일본의 식민지가 되었다.

한편 식민지나 분단이 되는 길 이외의 또 하나의 길, 즉 중립지대화의 길은 한반도의 지정학적 위치 문제를 오히려 긍정적으로 살려서 주권을 유지하고, 그 역사를 주체적으로 이끌어나갈 수 있는 길의 하나이기도 했다. 그러나 이와 같은 완충지대화, 중립지대화안이 김옥균, 유길준을 제외하고는 모두 스스로의 이해문제를 전제로 한 외국인에 의해 거론되었다는 사실 자체가 대한제국이 식민지화 및 분단화의 길을 피하기 위한 중립화에 의한 주권 유지의 길을 주체적으로 개척할 만한 처지에 있지 못했음을 말해준다 할 것이다.

사실 지배계층은 철저한 외세의존책에 빠져 있었고, 국민 일반은 오랫동안의 전제주의와 쇄국주의적 지배체제에 시달려서 안으로 외세의존적인 지배계층으로부터 주권을 빼앗아 국민주권주의를 달성하고 밖으로 중립화의 길을 스스로 열어 주권을 유지할 만한 정치의식과 국제정치적 감각을 갖출 수 없었던 것이다. (1983)

4. 일제 통치의 민족사적 피해

머리말

20세기로 접어들면서 약 40년간 계속된 일본제국주의의 식민지배를 통해 우리 민족이 어떤 손실을 입었는가 하는 문제에 대해서는 크게는 국권을 강탈당한 문제에서부터 작게는 놋그릇 빼앗긴 일에 이르기까지 비교적 상세히 지적돼왔다.

그리고 이와 같은 식민지시대의 피해를 지적해낸 이유는 일본제국주의의 잔악상을 공개하는 한편, 그것을 겪으면서도 민족적 독자성을 지키고 독립운동을 계속해온 역사적 사실을 강조하는 데 있었다고 할 수 있다.

한편 일본 식민통치의 잔악상을 밝힌 또다른 중요한 목적은 식민지시대의 피해를 하나의 역사로 정리하기 위한 기초 자료를 마련하는 데도 있었다. 그러나 잔악상의 폭로만으로 식민지시대의 역사가 정리되는 것은 아니며, 또 일본제국주의가 우리를 어떻게 침략했는가, 우리에게서 무엇을 얼마만큼 빼앗아갔는가 하는 문제를 밝히는 작업은 헌병

경찰제도나 전시 파쇼체제를 폭로하고 토지와 쌀 그리고 인력이나 쇠붙이를 얼마나 약탈했는가를 통계하는 수준에서 이제 넘어설 때도 되었다.

역사상의 한 시기를 따로 떼어놓고 보면 모두 그 나름의 중요성을 가지게 마련이지만, 특히 20세기 전반기는 우리 역사가 실제로 근대사회로의 본궤도에 올라서는 중요한 시기였다고 할 수 있으며, 이와 같은 시기에 반세기 가까이 식민지배를 받게 되었다는 사실은 국권을 잃었다, 일본제국주의의 상품시장·원료 공급지가 되었다, 그 대륙침략의 병참기지가 되었다, 몇십만 명이 독립운동전선에서 전사했고 몇백만 명이 일제의 인력동원으로 희생되었다는 표현만으로는 처리할 수 없는, 더 높은 차원의 역사적 손실을 입지 않을 수 없었던 것이다.

이 문제를 정확히 밝혀내기 위해서는 식민지시대로 접어들기 이전 우리의 정치·경제·사회·문화적 발전 수준 및 그 방향이 어디까지 와 있었으며, 그것이 식민통치를 받음으로써 어떻게 굴절, 변모되었다가 해방되었을 때는 어떤 반작용 내지 부정성을 함께 가지고 나타나게 되었는가 하는 문제를 실증적으로 비교, 분석하는 작업이 필요하다.

이 글은 이와 같은 실증적 연구를 유도하는 목적에서 극히 개괄적으로, 그것도 정치와 경제 분야에 한해서 일본제국주의의 식민지배가 우리 근대사 발전에 어떤 역사적 피해를 가져다주었는가 하는 문제를 생각해보려 한 것이다.

20세기 전반기의 정치사적 위치

우리 역사 전체를 통해 20세기 전반기가 정치사적으로 어떤 위치에 있었는가 하는 문제를 한마디로 답하기는 어렵지만, 대체로 국민주권 체제·민주주의 정치체제를 지향하던 시기라 해도 크게 틀리지 않는다.

1897년에 대한제국이 성립되었다는 사실은 우리의 근대정치사에서 대체로 두 가지 의미를 가진다. 그 하나는 청나라와 종속관계를 철저히 끊고 국제적 독립을 분명히 하는 것이며, 둘째는 종래의 왕권을 황제권으로 높여 강화하는 계기를 마련하려는 것이었다. 이 가운데 청나라와의 종속관계로부터의 독립은 청일전쟁에서 청나라가 패배한 뒤여서 그다지 문제될 것이 없었지만 왕권의 황제권으로의 강화 문제는 이 시기에 나타나기 시작한 민권운동과 대치되어 혼선을 빚었으며 그것이 집약적으로 표현된 것이 독립협회운동이었다.

독립협회운동은 황제권강화운동과 민권운동의 상반된 두 가지 성격을 함께 가지고 출발했다가 차차 민권운동 중심으로 발전했고, 따라서 그들이 지향한 정치체제도 입헌군주제에서 공화제로 나아갔다. 그러나 독립협회의 일부, 특히 서민 출신 회원을 중심으로 대두된 공화주의론은 황제권으로부터 심한 반발을 샀고 마침내 황제권에 의하여 해체되었다.

독립협회운동을 해체한 황제권은 절대군주제적인 권한을 강화하는 '대한국제'를 발표했다. 러일전쟁의 결과로 대한제국이 일본의 보호국으로 전락한 후 국민의 황제권에 대한 반감이 한층 더 높아지고 황제권과 국권을 구분하려는 의식이 또한 높아졌지만, 일본의 식민지화 책동이 본격화함에 따라 공화주의운동보다 항일운동이 당면한 민족주의운동의 과제로 나서게 되었다. 민주주의운동과 공화주의운동으로서의 국민혁명운동이 아닌, 항일운동이 민족주의운동의 주류를 이루게 된 것이다.

구한말의 민족주의운동이 가지는 정치사적 성격이 항일주의, 주권수호주의 중심으로 전개되고, 독립협회운동의 일부 세력이 지향한 공화주의가 주류를 이루지는 못했으나 보호국체제 아래서의 애국운동도 철저한 항일주의를 견지한 운동은 극히 일부에서나마 군주주권주의를 지양하고 공화주의를 지향했다. 무장항일운동을 목적으로 비밀히 조직된 신민회가 공화주의를 표방한 것은 그 좋은 예다.

식민지시대로 접어들면서 독립운동의 정치사적 성격은 왕정복고운동도, 입헌군주제 지향 운동도 아닌 공화주의운동, 민주주의운동으로 나타났다. 상해임시정부는 공화주의 정부였으며, 만주지방에 성립된 많은 독립운동단체들도 군정기관과 민정기관을 함께 가졌는데, 그 민정기관은 3권이 분립된 민주주의제도를 바탕으로 하여 성립되었고 또 운영되었다.

이렇게 보면 일본제국주의의 식민지로 전락할 무렵의 우리 역사는 정치사적인 면에서 군주주권체제를 청산하고 민주주의체제를 지향하는 움직임이 나타나는 단계에 있었다고 볼 수 있다. 이 경우 민족주의운동은 공화주의운동 중심으로 발전할 것이었지만, 일본의 한반도 식민지화 책동이 본격화함으로써 군주주권·국민주권을 가리기 이전에 국권 자체를 수호하려는 운동으로 변모했던 것이다.

그럼에도 불구하고 식민지시대의 민족주의운동이 왕정복고운동이 아닌 공화주의운동, 민주주의운동 중심으로 발전한 것은 그 역사적 방향을 옳게 잡은 것이었다. 그러나 일본의 식민지배는 이 민주주의운동으로서의 독립운동을 가혹하게 탄압함으로써 20세기 전반기 식민지시대의 우리 역사는 물론 20세기 후반기 해방 후 시대의 역사에서까지 그 민주주의적 발전을 크게 저해한 것이다.

일본 식민통치가 준 정치사적 피해

일제식민지시대의 우리 역사를 가령 식민지배라는 요인을 빼고 민족사의 내적 측면에서만 되돌아보면 앞에서 말한 것과 같이 국민주권주의를 바탕으로 하는 근대국가를 수립해나갈 단계였다고 말할 수 있다.

3·1운동이 밖으로는 항일운동이면서도 안으로는 국민주권의 공화주의 정부로서의 임시정부를 수립한 운동이었던 것이다. 대한제국의 군주주권체제가 민주주의적 국민혁명에 의해 무너지지 못하고 불행하게 일본의 침략에 의해 무너졌지만, 3·1운동은 민족사의 내적 발전 과정에서 보면 공화주의 정부를 수립하기 위한 시민혁명적 운동이었다고 할 수 있을 것이다.

그러나 3·1운동 이후의 우리 역사는 일본의 식민통치 때문에 민주주의적 정치훈련을 받을 기회를 송두리째 박탈당했다. 상해임시정부가 공화주의 정부로 성립되었고 만주에서의 독립운동단체들이 그 민정기관을 통해 어느정도의 민주주의적 정치훈련을 익힐 수 있었다고 지적했지만, 국민의 대부분이 살고 있는 국내에서는 '합방'이란 미명에도 불구하고 일본의 헌법도 적용되지 않았을 뿐만 아니라 어떤 형태의 정치활동도 일체 허용되지 않았으며, 언론·출판·집회·결사의 자유도 극히 제한되어 있었다.

3·1운동의 폭발로 당황한 일본의 일부 지식인들은 조선에 대하여 식민지지배 테두리 안에서의 자치를 허용하자는 의견을 제시했고 국내의 일부 정치적 세력이 그것을 요구할 기미도 보였지만, 자치제를 받아들이는 것이 민족사적으로 바람직한가, 아닌가 하는 문제는 차치하고라도, 그것마저도 일본은 허용하지 않았다. 조선총독의 자문기관으로서

중추원이 있었고, 이른바 지방자치라는 것이 일부 실시되었지만, 그것은 친일파 양성책·민족분열정책에 지나지 않았던 것이다.

군주주권체제를 청산하고 국민주권체제를 바탕으로 한 민주주의 정치제도를 수립해야 할 역사적 단계에서 상해임시정부는 민주주의적 정치제도를 적용할 국민을 가지지 못했고, 만주의 교포사회 역시 일본의 만주침략 이후에는 독립운동단체를 통한 민주주의적 정치훈련을 받을 수 없게 되었으며, 국내에서는 정당활동이 일체 허용되지 않음으로써 국민 일반은 전혀 민주주의적 정치훈련을 받을 수 없었고, 따라서 민주주의적 정치능력과 경력을 쌓을 만한 정치가가 나올 수 있는 조건에도 있지 못했다.

일본이 그 식민지지배 기간을 통해 한민족의 민주주의적 정치훈련 기회를 철저히 박탈한 결과는 해방이 되었을 때의 그 정치사적 위치를 대한제국시기의 그것에서 크게 벗어나지 못하게 했으며, 따라서 해방 후 한국의 정치적 상황이 비록 제도상으로는 국민주권제의 공화주의체제를 채택했다 하여도 실제로는 군주주권체제·전제주의체제의 변형에 지나지 않는 독재정치체제로 나아가게 한 것이다. 식민지시대는 그야말로 정치적 공백기였던 것이다.

한편 식민지시대를 통해 일본제국주의가 끼친 또 하나의 정치적 해독은 민족분열의 조장이었다. 식민지지배정책으로서의 민족분열정책은 민족운동 진영의 일부를 반민족세력으로 만드는 데 성공한 정책이었으며, 그뿐만 아니라 민족독립운동전선에서의 좌우익의 분열을 심화했고, 나아가서 해방 후 민족분단의 하나의 요인을 미리 만든 것이었다.

독립운동전선에서 좌우익의 대립이 불가피한 경우였다 하여도 임시정부와 같은 독립운동의 총지휘부 산하에서의 정책적 대립 내지 독립운동의 방법론적 대립에 한정되는 것이 바람직했지만, 식민지지배로 인한 근대적 정치훈련의 미숙과 일본 측의 집요한 분열정책의 결과로 좌우익 연합세력에 의한 임시정부의 유지가 불가능했고, 독립운동 과정이 오히려 민족분단의 요인을 만드는 과정이 되었던 것이다.

해방을 맞이했을 때의 정치적 상황을 병합 무렵의 그것과 비교해보면, 앞에서 지적했듯이 민주주의적 정치역량은 높아지지 않은 반면, 식민지지배정책의 여독으로서의 민족분열 요인만 덧붙여졌던 것이다.

일본제국주의에 의한 식민지지배의 해독은 인적·물적·정신적인 면에서 통계적인 방법으로 집계할 수 없을 만큼 큰 것이었다. 그러나 역사적인 시각에서 그것을 다시 한번 정리해보면, 근대사회로 접어드는 길목에서 민주주의적 정치훈련을 받을 기회를 철저히 봉쇄하고 반대로 민족분열의 요인을 만들어놓았다는 두 가지 점이 특히 지적될 수 있으며, 그것이야말로 인적·물적·정신적 피해를 넘어선 역사적 피해였다고 말할 수 있을 것이다.

20세기 전반기의 경제사적 위치

합방 직전의 한국 경제가 어느 수준에 있었으며, 그것이 식민지시대로 들어가면서 어떻게 변해갔는가 하는 의문을 해명해줄 만한 연구 업적은 그다지 많지 않다. 그러나 한 가지 공통된 의견이 있다면 대한제국 시기의 경제발전이 대단히 미미하고 또 여러가지 제약 조건을 안고 있기는 했지만 자본주의적 경제체제를 지향하는 방향으로 나아가고 있었다는 점일 것이다.

문호개방 이전 조선사회의 경제사적 수준은 상업자본이 일부 확대, 축적돼가고 도시지역에서는 극히 제한된 범위 안에서 공장제 수공업이 일부 발달하고 있었으나 농촌지역에서 공장제 수공업은 아직 거의 나타나지 않은 상태였다. 이런 수준에서 문호가 개방되었고 보호무역주의가 전혀 적용되지 않은 채 외국자본주의 제품이 무제한으로 흘러들어왔던 것이다.

문호개방 후 국민 일반의 생활품은 자본주의 제품화하는 데 반해, 그것의 국내 생산이 전혀 불가능함으로써 조선사회의 경제체제는 파탄에 직면해갔고, 그것을 타개하려는 노력으로서 대한제국시기의 이른바 식산흥업정책이 나오게 되었으며, 그것은 곧 자본주의화 정책이었다. 자본과 기술이 절대적으로 부족한 조건 아래서나마 관료자본·상업자본이 일부 집중되고, 제한된 조건 아래서도 기술도입이 이루어지면서 근대적 생산공장이 일부 세워져갔다.

그러나 대한제국시기의 식산흥업정책은 많은 제약성을 가지고 있었다. 우선 자본과 기술이 절대적으로 부족했던 조건 외에도 전제주의적 정치체제가 자본주의 담당세력으로서의 시민계급의 성장을 저해하는 한편, 군주권의 외세에 대한 타협과 의존으로 자원과 각종 이권이 외국 투자가들에게 넘어감으로써 민족자본 성장의 길을 봉쇄했던 것이다.

이와 같은 제약조건이 있음에도 불구하고 또 대단히 점진적이기는 했지만 도시지역에서는 동력기를 사용하고, 몇십 명의 종업원을 고용한 생산공장들이 세워졌고, 민족자본으로 철도를 부설하려는 비교적 규모가 큰 회사들이 설립되기도 했으며, 광업·면직업·제사업 등에도 합자회사·주식회사 등이 설립되어갔고, 민간자본에 의한 몇 개의 은행도 설립되어 지점망을 확대해나갔다. 대단히 느린 속도이긴 하지만 일종의 산업자본가들이 성장하고 있었던 것이다.

한편 이 시기의 농촌에서도 많은 저해 조건을 이기면서 농촌 부르주아지라고 할 수 있을 사회계층이 성장할 수 있는 조건이 이루어져가고 있었다. 문호개방 이후 외국자본주의 상품의 침투와 원자재의 유출로 농민생활은 큰 타격을 받았지만, 다른 한편으로는 쌀을 비롯한 농산물 수출의 급증과 상업적 농업의 발달로 농민층의 분화가 더욱 심화되면서 일부의 자소작 및 자작 상농층이 성장하고 있었다.

문호개방 이후 농촌에서 쌀농사를 비롯하여 콩·면화·면포·담배·채소류 등의 상품생산이 활발히 이루어졌고, 비록 토지의 소유량은 1정보 미만이라 해도 그 경영량이 1정보에서 5정보에 이르는 자작농 및 자소작농 혹은 소작농의 비율이 상당히 높아져가고 있었으며, 이들이 곧 농촌 부르주아지로 성장할 수 있는 여건이 조성돼가고 있었던 것이다.

대한제국시기의 이와 같은 도시지역에서의 산업 부르주아지의 성장과 농촌지역에서의 농촌 부르주아지적 농민층의 성장 조짐은 이 시기의 한반도를 둘러싼 국제세력, 특히 일본과 러시아 사이의 일종의 세력균형 상태를 배경으로 한 것이었으며, 따라서 세력균형의 파괴로 인한 본격적인 외세 침략이 없는 이상 지속적으로 유지될 수 있는 성장의 조짐이었다.

그러나 이와 같은 대한제국시기의 어느정도의 민족부르주아지의 성장 가능성을 송두리째 뒤흔들어놓은 것이 바로 러일전쟁이었으며, 영국과 미국의 도움을 받아 이 전쟁을 도발한 일본이 또 그들의 주선으로 전쟁을 유리하게 종결할 수 있게 됨으로써 한반도는 일본의 보호국으로, 또 완전식민지로 전락해갔던 것이다.

요컨대 일본의 강요에 의해 보호국체제로 들어가기 이전의 대한제국은 문호개방 이후의 외세 침략에도 불구하고, 또 전제주의적 정치권력의 횡포와 집권층의 외세의존책에도 불구하고 대단히 제약된 조건 속에서나마 민족자본 축적의 길이 열리어가고 민족부르주아지의 성장 조짐이 나타나고 있던 역사적 단계였다.

일본 식민통치가 준 경제사적 피해

제약된 조건에도 불구하고 민족자본 축적의 길이 일부 열리어가고 민족 부르주아지의 성장 조짐이 보이면서 자본주의화의 길로 나아가고 있던 한반도를 식민지화한 일본은 무엇보다도 민족 부르주아의 성장을 막고 민족자본의 축적을 저지하는 방향에서 그 지배정책을 세웠다. 민족 부르주아지가 성장할 경우 그 정치적·경제적 이해관계는 당연히 식민지 지배세력과 상치될 것이며, 따라서 민족 부르주아지는 독립운동의 핵심 세력이 되고 민족자본은 독립운동자금으로 연결될 것이었다.

일본의 민족 부르주아지 성장 저해 정책은 가혹하고도 철저한 것이었다. 먼저 산업 부르주아지의 경우 보호국체제 아래서의 '화폐정리정책'을 통해 문호개방 이후 성장해온 산업자본가적 요소를 무찌른 후 '회사령' 등을 통해 계속 조선인 자본의 산업자본화를 저지했다.

'회사령'이 폐지되면서 민족자본의 성격을 어느정도 가진 중소기업체가 각 지방의 도시에서 일부 일어났으나, 특히 1930년대 이후로 들어가면서 식민정책의 탄압으로 몰락했고, 일부 남은 기업은 민족자본적 성격을 잃고 예속자본화해갔다. 전체 식민지시대를 통해 산업자본이 독립운동자금으로 연결된 경우는 거의 없으며, 독립운동자금은 대부분 만주지방·노령지방·미주지방으로 망명한 교포들의 성금으로 충당되었던 것이다.

한편 문호개방 이후 성장해오고 있던 자소작농의 상층부 역시 조선의 토지를 약탈하고 농민적 토지소유를 저지하며 조선 농촌을 일본의 식량공급지로 확보하려는 식민지통치정책과는 그 이해관계가 철저히 대립되는 경제세력이었다. 따라서 식민지 조선에 대한 일본 농업정책의 요체는 이들 자작농 상층부를 제거하는 데 있었으며, 그것이 가장 잘 드러난 것이 '토지조사사업'에서였다.

'토지조사사업'은 토지 약탈, 토지세 수입의 증대 등 여러가지 목적으로 실시되었지만, 그것은 또 농민적 토지 소유를 저지하여 농민의 대부분을 소작인화하고 지주권을 강화한 정책의 표본이었다. 이 '사업'으로 농촌 부르주아지 성장의 길은 완전히 막혔고, 이후 조선의 농촌에는 친일적인 지주와 영세한 소작농민만이 남게 되었다.

뒷날 임시정부가 민족해방을 전망하면서 발표한 '건국강령'에서 토지국유화정책을 세운 것은 일본인 소유의 토지 및 친일화한 조선인 지주의 토지를 몰수하여 농민에게 돌려줌으로써 농민적 토지 소유를 실현하려는 정책이었지만, 결국 식민지시대 약 40년은 완전히 농민적 토지소유제에 역행한 시기였다. 20세기 전반기의 식민지시대는 농업사적으로 지주적 토지 소유가 무너지고 농민적 토지 소유가 성립되면서 자본주의적 영농이 발달해야 할 시기였지만, 일본의 식민통치로 그것이 저지되고 오히려 지주제가 강화되면서 농민이 모두 몰락하여 소작인으로 전락하는 시기가 되었던 것이다.

이 시기는 식민지시대가 사회경제적으로 민족 부르주아지의 성장을 철저히 저지한 시기였기 때문에 당연히 민족자본의 축적이 봉쇄된 시기이기도 했다. 몇 가지 구체적인 경우를 예로 들어보자. 우선 철도 부설의 경우 민족자본에 의한 대한철도회사가 1896년에 이미 설립되어 경의선 부설에 착공했으나 일본 측이 방해하여 공사를 중단시켰다가 러일전쟁을 도발한 후에는 한일의정서를 강제로 체결하고 군용철도란 명목으로 그 부설권을 강탈했다. 철도부설권을 강탈한 일본은 조선인의 희생을 바탕으로 하여 세계에서 유례가 없을 만큼 싼 값으로 철도를 부설할 수 있었으며, 대신 철도 운영에서는 막대한 이익을 얻을 수 있었다. 경인선·경부선·경의선·마산선·평남선이 개통된 1910년에는 이미 384만여 원에 가까운 순이익을 얻었으며 1930년에는 그것이 무려 1668만여 원으로 증가했다. 철도가 민족자본에 의해 부설되지 못함으로써 민족자본의 집적이 불가능해진 반면, 그 막대한 이익이 일본 자본주의 발전을 뒷받침한 것이다.

철도 이외의 각 산업 부문이 모두 같은 사정이었지만 광업의 경우를 하나 더 들어보자. 이른바 노다지 금광으로 알려졌던 운산금광은 '홍경래의 난' 때 이미 800여 명의 광부가 채광 작업에 종사했으며 개항 후 그 채굴권이 미국으로 넘어갔다. 1902년경 이 광산의 연간 순이익금이 90만 원이나 되었으나 그 가운데에 불과 3500원이 조선 정부에 납부되었고, 1897년부터 1915년까지 이 금광의 금 생산고는 약 4950만 원이었는 데 비해 한일합방 당시 대한제국의 외채액 전체가 4500만 원이었다. 특정 광산 하나의 18년간 생산액이 국가의 전체 외채액보다 많았음에도 그것이 자본주의화 초기의 민족자본으로 전환되지 못했던 것이다.

앞에서도 논급한 것과 같이 식민지시대를 통해 우리 민족이 경제적으로 입은 피해는 지하자원의 약탈에서부터 공출문제에 이르기까지 일일이 지적할 수 없을 만큼 많다. 그러나 그것을 역사적으로 정리하는 경우 민족자본 축적의 기회를 박탈당한 사실과 그 결과로 민족 부르주아지의 성장이 저지된 사실로 크게 요약될 수 있을 것이며, 그 결과 식민지시대에는 민족자본을 바탕으로 한, 민족 부르주아지의 주도에 의한 독립운동이 실제로 부진하게 되었고, 또한 해방 후의 한국 자본주의가 식민지적 독소만을 안은 채 사실상 자본이 전무한 상태에서 시작하지 않을 수 없게 했던 것이다.

맺음말

식민지시대의 정치사적·경제사적 피해를 이렇게 지적해놓고 보면, 식민지시대는 물론 해방 후 시대에서까지도 그 정치적·경제적 발전의 저해 요인이 모두 일본제국주의의 식민지통치정책에 집중되는 것으로 이해될 수도 있으며, 식민지지배의 독소를 지적하는 역사학적 작업이 역사 실패의 원인을 모두 외세 침략에 떠넘기는 작업이 될 수도 있다. 그러나 어떤 경우도 민족사 실패의 일차적 책임이 외세 침략에 떠넘겨질 수는 없다. 그와 같은 역사 이해가 허용된다면 그것이야말로 가장 비주체적인 역사 이해 태도가 될 것이다.

식민지시대의 역사적 피해를 추적하는 작업이 가지는 가장 중요한 목적은 역시 식민지지배의 죄악성을 폭로하는 데 있는 것이 아니라, 해방 후 시대의 역사적 위치를 정확하게 파악하고, 그것을 통해 앞으로의 민족사가 지향해야 할 가장 역사적인 방향을 찾는 데 있다.

식민지시대의 정치사적 측면의 피해가 국민주권주의와 민주주의 정치체제를 수립할 기회를 잃은 데 있다면, 해방 후 시대의 정치사적 당면 과제는 국민주권주의와 민주주의 정치체제를 철저히 수립하는 데 있으며, 민족분열정책의 피해를 극복하는 길은 일본의 분열정책 자체를 폭로하는 데만 있는 것이 아니라 민족주의적 입장에서의 통일을 지향해나가는 데 있음은 더 말할 나위가 없다. 또한 식민지시대를 통한 경제사적 피해가 민족자본 형성을 실패하게 한 원인이라 지적했지만, 그것을 극복하는 길 역시 예속성을 철저히 배제한 참된 의미의 민족자본을 형성해나가는 데 있으며, 일본제국주의의 식민정책이 방해한 농민적 토지소유제를 강력히 실시해나가는 데 있음은 너무도 명백하다.

국민주권주의 및 민주주의적 훈련의 미숙성, 민족분단의 원인적 요인, 민족자본 축적의 미약성, 농민적 토지소유의 불철저성 등은 확실히 식민지 피지배의 유산이며 그 잔재다. 그러나 그것을 정확하게 파악하고 과감히 청산하는 작업은 곧 민족사의 진행을 활성화하는 요소로 작용할 수 있다. 민족사 실패의 일차적 책임을 외세 침략에 떠넘길 때 식민지지배의 피해는 항상 유산이나 잔재로만 남지만, 그 일차적인 책임을 민족 스스로가 질 때 그 잔재는 새로운 각성제로 변할 것이다. (1983)

4부

민족운동사론의
주변

1. 독립운동사 연구론
2. 신간회운동 연구론
3. 지식인과 역사변혁
4. 역사학이 찾은 시대와 소설이 담은 시대
5. 소설 『토지』와 한국 근대사

1. 독립운동사 연구론

연구활동의 제약성

해방 후 국사학은 식민지 통치에서 해방된 민족의 국사학으로 당연히 민족해방운동사의 연구와 서술을 그 가장 중요한 과제로 삼을 만했지만 실제 사정은 그렇지 못했다. 해방 후 상당한 기간까지 민족해방운동사의 연구자료가 정리되지 못했는데다 그외의 여러가지 조건이 겹쳐서 그 연구와 서술이 부진했던 것이다. 식민지 통치 아래에서 독립운동에 직접 참가했던 학자들에 의해 이루어진 『한국독립운동지혈사』와 같은 약간의 업적이 해방 후 출판되었고,[1] 역시 독립운동에 참가했던 인사들에 의해 체험기적 성격의 서술이 일부 이루어진 정도였다.

해방 후 상당한 기간 민족해방운동사의 연구와 서술이 부진한 이유를 분석해보면 다음과 같은 몇 가지를 지적할 수 있을 것이다.

첫째로, 역시 자료의 수집 정리가 부진한 점이다. 일본제국주의의 혹

---

1) 박은식 『한국독립운동지혈사』, 서울신문사 1946.

심한 탄압으로 국외의 무장저항운동이 스스로의 자료를 남겨놓기 어려웠을 뿐만 아니라 국내의 학생운동이나 노동운동도 철저한 언론탄압 등으로 그 자료가 제대로 남아 있기 어려웠다. 다만 비교적 상세하고 정확한 자료로서 식민지 통치 당국의 민족해방운동에 대한 조사 및 탄압 자료가 있지만, 대부분 극비문서였으므로 그러한 자료가 공개되고 정리, 출판되기에는 상당한 기간이 필요했고, 그것이 또 적(敵) 측의 자료라는 점 때문에 가지는 문제점을 극복하는 과정도 필요했던 것이다. 그러나 자료는 그 선택하는 눈에 따라 양과 질이 달라지므로 자료 문제가 해방운동사 연구 부진의 가장 근본적인 원인은 아니라 할 수 있다.

민족해방운동사의 연구가 부진했던 두번째 원인은 일제시대 민족사학과 사회경제사학의 학문적 계승이 부진했던 데에도 있다고 생각된다. 일제시대의 민족사학과 사회경제사학은 그 방법론의 차이에도 불구하고 식민지 통치 아래서의 민족사회의 현재적 상황과 요구를 학문 연구에 반영하는 데 비교적 적극적이었고, 그 때문에 식민지 통치자들의 탄압을 받아 연구 인구의 후속이 어려웠다. 이와 같은 사정 때문에 민족사학의 경우는 해방 후 상당한 기간 학문적 계승이 끊어지다시피 되었고, 사회경제사학의 경우는 분단체제의 고정화와 함께 역시 직접적인 계승이 어려웠다. 따라서 해방 후의 국사학계는 상당한 기간 민족해방운동사를 연구하려는 문제의식을 가진 연구 인구와 또 떳떳하게 그것을 연구할 수 있는 자격을 가진 연구 인구를 제대로 확보하지 못했던 것이다.

민족해방운동사의 연구가 부진했던 세번째 원인은 학문 환경 문제에도 있었다. 해방과 미군정 그리고 정부 수립의 과정을 통해 행정제도 면에서나 사회제도 내지 경제제도 면에서 식민지체제가 완전히 청산되지 못했을 뿐만 아니라, 많은 부문에서 그것이 거의 연장되다시피 했던 사정 때문에 해방운동사 연구가 활발하게 진행되지 못했던 것이다. 식민지 통치에서 해방된 민족이 해방운동사를 독립된 교과목으로 채택할 수 없었던 학문 환경 아래서 해방운동사 연구가 본격적으로 진행될 수는 없었던 것이며, 식민지시대를 객관적으로 인식할 수 없는 연구 인구에게서 옳은 해방운동사 연구를 기대할 수 없었던 것이다.

민족해방운동사 연구 부진의 네번째 원인은 역시 분단체제의 고정화 문제를 들지 않을 수 없다. 분단체제가 굳어짐으로써 해외독립운동, 특히 중국 만주지방에서의 독립운동 자료 수집에 애로가 생기기도 했지만, 그보다도 해방 후 분단체제가 독립운동 시기에 있어서의 사상적 분열의 연장이기도 했으므로 독립운동사 연구에서 학문 외적인 장해가 크게 작용한 점이 더 두드러진 원인이 되었다. 독립운동사 연구에서만은 적어도 분단체제적 제약을 넘어설 수 있는 조건이 바람직했지만, 분단체제의 현실은 그것을 용납할 수 있을 만큼의 여유를 주지 않았던 것이다. 따라서 사회주의 진영의 독립운동에 대한 연구는 그 성과가 대단히 미약할 뿐만 아니라 일부 성과가 있었다 해도 객관성 있는 연구가 되기 어려웠음을 지적하지 않을 수 없는 것이다.

이상에서 든 해방운동사 연구 부진의 원인들이 해방 후 30년이 지난 지금에는 일부 해소돼가고 있다. 우선 자료 문제에서도 일본 측의 비밀 문서들이 차차 공개되어 일부가 정리, 출판되고 있으며, 식민지시대를 개관할 수 있는 연구 인구도 이제 불어나고 있다. 다만 학문 환경 문제와 분단체제가 주는 제약성 문제는 아직 개선되지 못하고 있지만, 이 문제는 올바른 자세에 의한 학문적 연구를 쌓아가는 일 자체가 하나의 개선책이 될 수도 있을 것이다.

연구 성과의 회고

해방운동사에 관한 종합적인 연구와 서술은 아직 본격화했다고 보기가 어렵다. 박은식의 『한국독립운동지혈사』, 김승학(金承學)의 『한국독립사』, 김병조(金秉祚)의 『한국독립운동사략』, 이강훈(李康勳)의 『무장독립운동사』 등과 같이 직접 독립운동에 참가했던 사람들의 다분히 체험기적인 저술이 있는 외에, 국사편찬위원회 편 『한국독립운동사』와 고대 민족문화연구소 편 『한국문화사대계』(민족·국가사) 속의 조지훈(趙芝薰)의 「한국민족운동사」 등이 있다. 앞의 체험기적인 저술은 대부분 저자 자신이 활동한 시기와 분야를 중심으로 하여 서술된 경우가 많고, 국사편찬위원회의 편서(編書)는 서술 부분보다 자료편에 치중한 것이라 할 수 있다. 조지훈의 저술은 『고등경찰요사(高等警察要史)』라는 특수 자료를 중심으로 한 것이기는 하지만 사회주의운동을 포함하여 비교적 광범위하게 또 체계적으로 서술한 것이다. 민족해방운동사의 전체 발전 과정을 총괄한 수준 높은 개설서나 연구 입문서의 출판이 시급히 요망된다.

민족해방운동사의 부분별 연구는 단연코 3·1운동 연구가 적어도 양적으로는 앞서 있다. 자료적 가치를 가진 서책을 제외하고도 76편의 논문이 실린 동아일보사 편 『3·1운동 50주년 기념 논집』을 비롯하여 안병직(安秉直)의 『3·1운동』, 윤병석(尹炳奭)의 『3·1운동사』와 주로 3·1운동을 다룬 매킨지의 『한국의 독립운동』(이광린 역) 등의 단행본이 있고 이밖에도 많은 논문이 나왔다.

전체 식민지시대를 통해 민족해방운동의 하나의 연원을 이룬 3·1운동에 관한 연구가 민족운동 연구사에서 가장 높은 비중을 차지한 것은 어떤 의미에서는 당연한 것이었다. 그러나 지금까지의 3·1운동사 연구에는 기본적으로 다른 두 가지 입장이 맞서왔다고 볼 수 있다.

첫째는 이 운동의 주체를 어디에서 구하는가 하는 문제다. 3·1운동의 주체를 이 운동을 유발한 민족 대표에서 구하는 생각과 이 운동을 실질적으로 발전시켜나간 학생, 도시민, 농민 등 일반적으로 민중이라 정의할 수 있는 세력에서 그 주체를 구하는 생각이 대립되어온 것이다.

둘째 문제는 3·1운동을 실제적인 의미에서의 근대민족운동의 하나의 출발점으로 보는 관점과, 한편으로는 이 운동을 문호개방 이후부터 추진되어온 민족운동의 하나의 하한점으로 이해하고 이후의 민족운동을 다른 성격으로 이해하는 입장이 있다. 3·1운동 이전의 민족운동, 즉 동학농민운동, 개화자강운동, 의병운동 등은 각각 그 성격과 방법을 달리하여 하나의 통일된 민족운동을 형성하지 못한 채 식민지로 전락했지만, 3·1운동을 통해 세 가지 계통의 민족운동이 비로소 하나로 합쳐져서 옳은 의미에서 근대민족운동을 이루게 되었다는 견해가 있는가 하면, 한편으로는 문호개방 이후부터 추진되어온 부르주아적 성격의 민족운동은 일단 3·1운동으로 단락을 짓고 이후부터는 사회주의 세력이 주도하는 민족운동의 시대로 들어간다는 견해가 있는 것이다.

이와 같이 보는 눈에 차이가 있음에도 불구하고 3·1운동이 민족해방운동 전체 과정을 통해 하나의 큰 분수령을 이룬다는 견해에는 대체로 합치되어 있다. 그러나 3·1운동을 항일운동의 측면에서만 보면 그 이전이나 그 이후의 다른 항일운동과의 차이점이 뚜렷하게 부각되기 어려우며 분수령으로서의 위치가 분명해지지 않는다. 3·1운동은 항일운동인 동시에 민족운동이며, 오히려 민족운동적 측면에서 볼 때 그 성격이 더 뚜렷해질 수 있다. 민족운동의 측면에서 보면 3·1운동은 군주주권을 부인하고 국민주권국가를 만들려는 운동의 일환이며, 이 국민국가수립운동은 3·1운동 이후의 임시정부 수립으로 일단 결실을 보았다고 할 수 있다. 항일운동 측면에서만 보면 많은 희생만을 내고 그다지 성과가 없는 운동으로 보일 수도 있겠으나, 민족운동 측면에서 보면 우리 역사상 최초로 국민주권 정부를 수립하는 직접적인 계기가 된 운동이라 할 수 있다.

3·1운동 연구에서 당시의 사실(史實)을 더 찾아내고 정리하는 작업도 계속되어야 하지만, 한편으로는 그것이 우리의 민족운동 위에서 차지하는 위치와 성격 문제를 추구하는 작업이 더 진행되어야 할 것이며, 특히 민족주의 연구의 일환으로서의 3·1운동 연구가 좀더 활발하게 진행되는 것이 바람직하다. 3·1운동 이후의 국내 독립운동 연구는 대체로 네 가지 방향에서 진행돼왔다고 할 수 있다. 첫째는 신간회운동·6·10만세운동과 같은 좌우익세력의 합작에 의해 추진된 운동과, 둘째는 광주학생운동을 정점으로 하는 학생항일운동의 진행 과정, 셋째는 사회주의 세력에 의한 독립운동, 넷째는 문화운동·국고운동(國故運動)이 그것이다.

신간회운동은 당시 국내 일부에서 나타나고 있던 자치운동에 반대하면서 일어난 좌우합작적 운동으로만 이해되었을 뿐, 상당한 기간 본격적인 연구가 이루어지지 않았다가 근년에 와서 비교적 심도있는 분석을 시도한 몇 편의 논문이 나왔지만,[2] 아직 그 전모를 밝힐 만한 저술은 이루어지지 않았다. 신간회운동은 상해임시정부의 약화, 독립운동전선에서의 좌우대립의 본격화, 국내 일각에서의 자치론의 대두 등으로 집약될 수 있는 1920년대 중반기 민족해방운동전선의 어려운 조건을 타개하기 위해 주로 중국 지방 독립운동전선에서 일어난 민족유일당운동

---

2) 송건호 「신간회운동」, 『한국근대사론 II』, 지식산업사 1977. 水野直樹 「新幹會運動に關する若干の問題」, 『朝鮮史硏究會論文集』 14, 1977.

의 일환으로 국내에서 일어난 운동이었다. 국내뿐만 아니라 일본에서의 독립운동에까지 확대되었으나 1930년대에 접어들면서 좌익운동 노선의 변화와 일제의 탄압으로 실패했다.

6·10만세운동에 대한 이해는 한때 그 운동이 우익세력이 주동한 것인가 혹은 좌익세력이 주동한 것인가로 대립된 경우도 있었고, 좌익 측의 운동과 우익 측의 운동이 따로따로 진행된 것으로 파악하는 경우도 있었다. 그러나 이 운동도 이 시기에 이미 대두되고 있던 민족유일당운동의 성격을 가진 것으로 이해하는 자료들이 나타나고 있어, 6·10만세운동의 성격을 규명하는 연구가 새로운 각도에서 진행될 여지가 생겨나고 있다.

일제시대 민족저항운동의 일환으로서의 국내 학생운동은 다른 계층의 운동에 비하여 비교적 연속적인 것이었으나, 그것에 대한 연구 작업은 대체로 광주학생운동에 집중되었다. 그러나 김성식(金成植)[3]과 정세현(鄭世鉉)[4]의 연구는 비교적 일제시대의 학생운동 전체를 대상으로 하고 있다. 민족해방운동 중에서 학생운동만을 분리해서 연구하기보다 전체 민족운동 속에서의 학생운동이라는 측면에서 연구되어야 할 것이며, 그렇게 함으로써만 전체 민족해방운동 위에서의 학생운동의 전위성과 위치가 제대로 부각될 수 있을 것이다. 이런 관점에서 볼 때 국내 학생운동뿐만 아니라 국외, 특히 일본 지역에서의 한국 학생운동이 연구되어야 할 것이며, 사회주의 계열의 학생운동도 시급히 연구대상이 되어야 할 것이다.

사회주의 계열의 독립운동은 지금까지 대체로 공산주의운동과 노동

---

3) 김성식 「일제하 한국학생운동」, 최영희 외 공저 『일제하의 민족운동사』, 민중서관 1971.
4) 정세현 『항일학생민족운동사연구』, 일지사 1975.

운동의 두 가지 측면에서 파악돼왔다. 먼저 공산주의운동사의 연구 정리는 앞에서 든 조지훈의 「한국민족운동사」에서 간략하게나마 서술되었고, 전문적이고 본격적인 저술은 김준엽(金俊燁), 김창순(金昌順)에 의해 이루어졌다.[5] 민족분단과 함께 일제시대의 공산주의운동마저도 연구, 정리되기 어려운 조건이었으므로 조지훈의 「한국민족운동사」 가운데서의 '사회주의·무정부주의·공산주의'편 정도라도 일제시대 사회주의 계열의 운동을 이해하는 데 도움을 주었다. 그러나 한편 10년간에 걸쳐서 앞에서 든 『한국공산주의운동사』 5권이 출판됨으로써 볼셰비끼 혁명 이전 러시아의 한인사회 사정에서부터 일제시대 말기의 공산주의 재건운동에 이르기까지의 전체 우리나라 공산주의운동의 역사가 일단 정리되었다.

공산주의운동에 관한 자료가 인멸되어가고, 연구환경도 불편한 조건 아래서 이 저술은 적어도 국내에서 접할 수 있는 우리나라 공산주의 운동사로서는 가장 포괄적이고도 높은 수준을 유지하고 있다. 그러나 이 저술이 일제시대의 우리나라 공산주의운동을 본질적으로 독립운동의 일환으로 파악하고 서술한 것인가에 대해서는 섣불리 평가하기 어려운 점이 있다. 일제시대 공산주의운동 연구에서는 몇 가지 먼저 해결되어야 할 문제점이 있다고 생각된다. 첫째, 그것을 순수한 공산주의운동으로만 볼 것인가 혹은 독립운동의 일환으로 볼 것인가 하는 연구자 나름대로의 관점이 먼저 확립되어야 할 것이며, 둘째, 전체 일제시대 역사 속에서는 물론 공산주의 역사 속에서도 철저한 객관적 입장이 먼저 확립되어야 한다는 점이다. 셋째, 해방 후 정치적 조건 때문에 일제시대 공산주의운동 연구 자체가 거의 금기로 되어버린 경우가 있고, 설사 공

---

5) 김준엽·김창순 『한국공산주의운동사』 1~5, 고려대 아세아문제연구소 1967~1976.

산주의운동을 민족해방운동의 주류로 간주하는 입장이라 하여도 그 특정 부분 내지 특정 노선만을 강조하는 경우가 있어서 이와 같은 학문 외적 조건의 극복이 선결되어야 한다는 점이다.

　사회주의운동의 다른 한 갈래로서의 노동운동사 연구 역시 여러가지 제약 조건 때문에 그다지 활발하지 못한 실정이다. 일제시대의 노동운동만을 다룬 것에는 김윤환(金潤煥)의 연구[6]에, 김윤환·김낙중(金洛中)의 공동연구가 있어[7] 어느정도 체계화되어 있으며, 이밖에 단편적인 몇 편의 논문이 있을 뿐이다. 노동운동사에 비해 농민운동사 연구는 더욱 황무지적 상황이다.[8] 독립된 연구서는 아주 드물고 단편적인 논문조차도 드문 실정이다.[9] 일제시대의 노동운동과 농민운동 연구가 심화되지 못하고 있는 이유는 자료가 부족한데다 약간의 자료마저도 아직 정리, 출판되지 못하고 있는 점, 공산주의운동과는 다르다 해도 역시 학문 외적 조건이 연구활동을 제약하고 있는 점 등을 들 수 있다. 한편 일제시대의 노동운동 및 농민운동 연구는 그것의 노동 및 농민운동으로서의 성격과 민족해방운동으로서의 성격이 모두 선명히 부각될 수 있는 방향에서 잡아야 할 것이 요청되며, 그만큼 연구 부담이 무거워진다 할 것이다.

---

6) 김윤환「일제하 한국노동운동의 전개과정」,『일제하의 민족운동사』.

7) 김윤환·김낙중『한국노동운동사』, 일조각 1975.

8) 淺田喬二『日本帝國主義下の民族革命運動』, 未來社 1973; Se-Hee Too, *Korean Communist Movement and the Peasantry under Japanese Rule*, Columbia University Press 1974.

9) 권두영「일제하의 한국농민운동」,『사회과학논집』3, 고대정경대학 1974(『한국근대사론Ⅲ』, 지식산업사 1977에 재수록); 淺田喬二「大正末期昭和10年代初期朝鮮における抗日農民運動の地域的特徴」,『朝鮮史研究會論文集』8, 1971; 西條晃「1920年代朝鮮における水利組合反對運動」,『朝鮮史研究會論文集』8, 1971; Se-Hee Yoo, "The Communist Movement and the Peasantry: The Case of Korea," *Peasant Rebellion and Communist Revolution in Asia*, Stanford University Press 1974.

3·1운동 이후 조선총독부의 이른바 문화정치와 1930년대 이후의 민족운동에 대한 탄압의 심화 과정을 통해 나타난 문화운동 및 국학진흥운동에 관해서는 그것을 변형된 민족운동의 일환으로 보아 문화사 및 학술사적 연구대상으로만 파악하지 않고 민족운동의 범주 속에 넣어연구한 업적들이 있다.[10] 독립운동의 일환으로서 국학 연구 및 교육운동, 언론 활동, 문화예술 활동을 이해하는 데는 다른 이론이 있을 수 없겠지만, 이 시기의 문화운동에는 독립운동의 변형된 형태가 아니라 절대독립에서 일보 후퇴한 타협주의적 방법의 일환으로서의 성격을 가진경우가 있음을 간과할 수 없다. 민족해방운동의 일환으로서 문화운동, 국학진흥운동을 대상으로 삼는 데는 그만큼의 신중성이 요청된다 할것이다.

　한편 국외에서의 민족해방운동사 연구는 대체로 지역별로 다루어져왔다고 할 수 있다. 우선 연구활동이 비교적 활발하게 이루어진 부분이중국에서의 독립운동이며, 그것은 또 대체로 상해임시정부 중심으로이루어졌다. 상해임시정부의 활동에 관해서는 독립운동사편찬위원회에서 편찬한『독립운동사』의 제4권『임시정부』가 비교적 그 활동상황을 상세히 서술하고 있으며, 국사편찬위원회에서 편찬한『한국독립운동사』의 제3권 가운데 제1편이「대한민국 임시정부 수립과 독립운동의통할」을 서술하고 있다. 이밖에도 이강훈의『대한민국임시정부사』가있고, 대만의 정치대학 교수 호춘혜(胡春惠)의『한국독립운동재중국(韓國獨立運動在中國)』이 신승하(辛勝夏)교수에 의해 번역, 출판되었으며, 임시정부의 성립과정과 외교활동을 연구한 단편 논문들이 근래 활발히생산되고 있다.[11]

---

10) 고려대 아세아문제연구소 편『일제하의 문화운동사』, 민중서관 1970.

국외 민족해방운동 중 가장 중요한 위치를 차지하는 것 중의 하나가 만주의 무장독립운동이다. 만주 무장독립운동은 구한말 의병운동과 애국계몽운동의 연장으로서 민족독립운동으로 발전한 것이며, 이 지방의 교포사회를 근거로 한 것이었기 때문에 일종의 독립기지 설립운동으로 발전했다. 그러나 독립군을 유지할 만한 조건이 갖추어졌던 데 반하여 그것을 통합할 만한 정치적 지도력이 형성되지 못하여 청산리전투와 같은 초기의 무장항쟁이 그대로 유지, 발전되지 못했다. 따라서 만주 무장독립운동 연구도 주로 한일합방 후의 독립기지건설운동과 1920년대 초엽의 무장항쟁 연구에 치우쳤으나 근래에는 청산리전투에서의 패배에 보복하기 위한 일본군의 교포 대량학살과 그 이후의 만주독립운동에 관한 연구도 차차 활발해져가고 있다. 청산리전투 이후 만주의 독립운동에 대한 연구는 아직 만주사변이 일어나기까지의 독립운동단체통합운동 과정을 밝히는 데 그치고 있으나,[12] 이 시기는 주로 북만주 일대를 중심으로 하는 무장운동의 전개과정과 1930년대 이후의 무장항쟁에 대한 연구가 활발히 이루어져야 할 것이며, 나아가서 무장항쟁의 바탕이 된 교포사회 전반에 대한 연구도 폭과 깊이를 더해가야 할 것이다.

만주 무장독립운동과 불가분의 관계에 있는 것이 노령지방의 독립운동이다. 해삼위(海蔘威)를 중심으로 하는 연해주 일대의 독립운동은 어느 지역의 그것보다 일찍부터 그리고 활발히 전개됐다. 그러나 지금까지의 연구업적은 대체로 3·1운동을 전후한 대한국민의회(大韓國民議會)의 성립과 상해임시정부와의 통합 과정을 밝히는 것에 그치고 있는 실정이다.[13] 구한말 연해주 교포사회의 성립에서부터 상해임시정부 성

11) 홍순옥 「대한민국임시정부의 성립과정」, 『3·1운동 50주년 기념 논집』, 동아일보사 1969.
12) 윤병석 「1928·9년 정의·신민·참의부의 통합운동」, 『사학연구』 21, 1969.

립 이후 이 지역의 독자적인 독립운동에 관한 연구가 체계적으로 이루어져서 전체 민족해방운동에서 적절한 위치를 차지할 수 있어야 할 것이다. 만주와 연해주지방의 독립운동은 대체로 초기의 민족주의적 운동과 후기의 사회주의적 운동으로 나눌 수 있다. 따라서 지금까지는 대체로 초기의 민족주의적 운동만이 독립운동사의 범위에 포함되어 있고 후기의 사회주의적 운동은 공산주의운동사 속에 일부 논급되어 있거나 겨우 다루어지고 있는 실정이다. 만주지방이나 연해주지방 독립운동 전체의 발전 과정만을 분리하여 체계적으로 연구함으로써 한층 더 깊고 포괄적인 성과를 얻을 수 있을 것이다.

　해외의 독립운동 가운데 또 하나의 중요한 부분을 차지하는 것이 하와이를 포함한 미주(美洲)의 독립운동이다. 지금까지 미주의 독립운동은 대체로 몇 사람의 지도적 인물을 중심으로 하는 활동을 소개하는 데 그쳤지만, 구한말의 이민으로 형성된 교포사회를 바탕으로 한 독립운동은 몇 사람의 영도력으로만 이루어진 것이 아니다. 상해임시정부 재원의 상당 부분이 미주 교포사회에 의존하고 있었던 사실은 널리 알려진 일이지만, 이밖에도 무장독립운동적 측면에서의 활동에 대한 자료도 정리되어야 할 것이다. 현지에서 간행된 『재미한인 50년사』는 그 안내서가 될 수 있으며, 『신한민보(新韓民報)』와 같은 신문이 기본 자료가 될 것이다.

　해외독립운동사 연구 가운데 가장 뒤떨어진 분야가 일본에서의 독립운동이다. 2·8독립선언 이외에는 이른바 관동대지진 때의 학살문제[14]와 전쟁 말기의 강제연행 문제 등에 관한 연구가 있을[15] 뿐 일본에서의

---

13) 홍순옥 「한성·상해·노령임시정부의 통합과정」, 『3·1운동 50주년 기념 논집』, 동아일보사 1969.

14) 姜德相 「關東大震災における朝鮮人虐殺の實態」, 『歷史學硏究』 278, 1963.

민족주의운동과 사회주의운동 및 노동운동 등에 관한 연구는 거의 백지상태에 있다. 일본에서의 한국인 문제는 '재일교포' 문제로만 다룰 것이 아니라 독립운동의 일환으로서 시급히 연구되어 전체 독립운동사의 한 부분으로 편입되어야 할 것이다.

연구의 전망과 자료 문제

민족해방운동사 연구 부진의 중요한 원인 중의 하나가 자료 정리의 부진이라 지적했지만, 그러나 해방 후 30년이 지나면서 자료 정리 면에서도 상당한 성과가 나타나고 있다. 우선 국사편찬위원회의 『한국독립운동사』가 서술 부분보다 오히려 자료편에 치중한 느낌이 있으며, 이와는 별도로 『한국독립운동사료집』이 계속 간행되고 있다. 한편 독립운동사편찬위원회에서도 『독립운동사』를 편찬하는 한편 『독립운동사자료집』을 간행하고 있으며, 주로 중국 측의 신문에 나타난 자료를 수집, 편찬한 추헌수(秋憲樹) 편 『자료한국독립운동』이 간행되어 있고, 국회도서관에서도 『대한민국임시정부의정원문서』가 완벽하지 못한 채로나마 정리, 출판되었으며, 또 일제시대 일본 외무성 문서의 마이크로필름이 수집, 보관되어 있어 독립운동사 연구의 기본 자료가 되고 있다. 또한 아직 공간(公刊)되지는 않았지만 정부의 문서창고 속에는 조선총독부 문서가 보관되어 있는데 이 속에 상당한 분량의 이른바 폭도편책(暴徒編冊)과 같은 치안 관계 문서가 있어서 독립운동사 연구의 또 하나의 기본

---

15) 김대상 『일제하 강제인력 수탈사』, 정음문고 1975; 朴慶植 「太平洋戰爭時における朝鮮人强制連行」, 『歷史學硏究』 237, 1965.

자료가 되고 있으며, 부산 교도소에 보관되어 있는 독립투사들의 공판기록을 비롯한 각종 독립운동 관계 판결문들이 차차 정리돼가고 있다.

한편 이밖에도 일본에 보관되어 있는 일본의 육군성 문서, 조선 총독부 경무국 문서, 조선군사령부 문서, 내무성 경보국 문서 등에서 독립운동 관계 자료를 뽑아 정리한 김정명(金正明) 편 『조선독립운동』 6책과 역시 일본의 경무총감부 고등경찰과 기밀 관계 문서, 조선총독부의 내각총리대신에의 전문 보고, 일본의 신문 논설, 일본 육군성 문서를 비롯한 각종 보고 문서, 고등경찰 보고, 사상휘보 등에 나타나는 독립운동 관계 자료를 정리한 강덕상 편 『현대사 자료조선편』 6책 그리고 일정한 주의를 요하는 것이지만 쓰보에(坪江汕二)의 『조선민족독립운동비사』 (엄남당 1959)가 출판되어 우리 독립운동사 연구에 도움을 주고 있다.

이와 같이 독립운동사 자료가 정리, 출판돼가고 있는 것은 앞으로의 독립운동사 연구가 훨씬 활발해질 기반을 마련해주는 것이라고 하겠다. 그러나 자료의 정리, 출판만이 독립운동사 연구 조건을 개선할 수 있는 길은 아니다. 자료 조건을 바탕으로 하여 독립운동사 연구에 불편한 환경이 가셔야 할 것이며, 또한 올바른 연구방향이 잡혀야 할 것이다. 앞으로의 독립운동사 연구에서 무엇보다도 먼저 강조되어야 할 점은 독립운동이 항일운동만이 아니라는 사실을 철저히 인식하는 일이 아닌가 한다. 항일운동 사실들만을 집합해놓은 것이 독립운동사가 아니라 그 속에서 근대민족운동사의 성격이 함께 추구되어야 한다는 점이다. 일본의 침략에 저항하는 일은 임진왜란의 경우와 같이 중세시대에도 있었고, 또 형태는 다르다 해도 앞으로도 있을 수 있는 일이다.

20세기 전반기에 수행된 독립운동은 항일운동인 동시에 근대민족국가수립운동이다. 복벽운동과 같이 그것이 비록 항일운동이라 하여도 근대민족국가수립운동의 성격을 가지지 못하면 독립운동이 될 수 없다. 민족국가수립운동과 역사적인 궤를 같이하는 항일운동일 때 비로소 독립운동, 민족해방운동으로서 성격을 갖출 수 있으며, 이와 같은 관점의 연구작업일 때만 독립운동의 단계적 성격을 명백히 할 수 있을 것이다. 독립운동을 민족국가수립운동과 연관해 생각할 때 그리고 식민통치에서의 해방만으로는 완전한 민족국가가 성립되는 것이 아니며, 앞으로 통일이 이루어질 때 비로소 그것이 완성되는 것이라는 생각을 바탕으로 할 때 독립운동사의 연구는 또 하나의 새로운 과제와 방향을 가지게 된다. 그것은 일제시대를 뒤돌아보는 측면에서의 연구뿐만 아니라 그야말로 민족사적 현재 그리고 장래에까지 연관되는 연구방향이 되어야 함을 아울러 생각하지 않을 수 없는 것이다.

19세기 후반부터 시작된 근대민족국가수립운동은 19세기 후반에는 국민주권국가수립운동과 병행되었고, 20세기 전반에는 항일독립운동과 병행되었으며, 20세기 후반에는 민족통일운동과 병행되고 있는 것이라 이해된다. 이 경우 국민주권국가수립운동과 항일독립운동 그리고 민족통일운동은 넓은 의미에서 그 궤를 같이하고 있는 것이다. 따라서 독립운동사 내지 민족해방운동사 연구의 폭은 이 세 시기 민족운동의 흐름을 바탕으로 할 때 비로소 그 올바른 방향을 찾게 되는 것임을 분명히 할 필요가 있다.[16] (1981)

---

16) 강만길 「한국독립운동의 역사적 성격」, 『아세아연구』 59호, 1978. (『분단시대의 역사인식』, 창작과비평사 1978에 재수록.)

2. 신간회운동 연구론

　일제하의 민족독립운동은 그 성격에 따라 여러가지로 분류할 수 있지만, 대체로 3·1운동 이전까지는 복벽주의적 운동과 공화주의적 운동으로 나누어볼 수 있으며, 3·1운동과 그 결과로 성립된 임시정부가 독립운동을 짧은 기간이나마 주도함으로써 공화주의적 독립운동이 일단 정착되었다. 그러나 이후의 독립운동전선은 곧 민족주의운동과 사회주의운동의 두 노선으로 나누어졌고, 임시정부가 이들 두 계통의 운동을 포섭, 수용하지 못함으로써 독립운동전선은 점차로 분열돼갔다.

　1927년에 성립되어 1931년에 해체된 신간회운동은 3·1운동 이후의 독립운동이 민족주의운동과 사회주의운동으로 양분된 조건 속에서 나타난 좌우합작운동으로서의 독특한 성격을 가진다. 좌익 진영과 우익 진영의 일부가 합작하여 이루어진 신간회운동은 삽시간에 국내에만 140여 개소의 지회(支會)와 약 4만 명의 회원을 가진 대규모 운동으로 발전했고, 내부에서의 좌우세력 간의 대립과 일제의 탄압이 더해갔음에도 불구하고 식민지 교육정책을 비판하고 노동운동과 농민운동을 지원하면서 적극적인 항일운동을 펼쳐나갔다.

신간회운동이 이와 같이 확대되어간 이유는 3·1운동 이후 좌우익으로 분열된 독립운동전선을 새로운 방향, 즉 전선연합의 방향으로 발전시킴으로써 이른바 문화정책을 가장한 일제의 민족분열정책을 분쇄하려는 시대적 요청이 뒷받침된 것에 있기도 하지만, 한편 이 무렵에는 노동자·농민층의 사회의식 및 민족의식이 급격히 높아져서 전국적으로 노동운동과 농민운동이 활발히 추진되어갔고, 신간회의 지회들이 그것과 연결됨으로써 빠른 시일에 그 기반을 확대해나갈 수 있었던 데 있었다. 평양 지회와 노동운동, 단천(端川)지회의 농민운동과의 깊은 연결은 그 대표적인 경우로 들 수 있을 것이다.

　그러나 독립운동사상 최초로 성공한 협동전선으로서의 이 운동은 지금까지의 연구결과로서는 대체로 다음과 같은 두 가지 원인에 의해 불과 5년 만에 해체되고 말았다.

　신간회가 해체된 일차적이고 근원적인 원인은 역시 일제의 탄압에 있었다. 조선총독부는 반일세력을 일단 노출할 필요도 있었고, 또 좌우합작의 민족운동이 성공하지 못하리라는 판단 아래 신간회를 허가했으나 그 활동이 노동운동 및 농민운동과 연결되면서 크게 확대되어나가자 당황하여 탄압을 가하지 않을 수 없었다. 조선총독부의 탄압 때문에 신간회는 창립 이래 한 번도 전국대회를 가질 수 없었고, 그 결과는 회(會)의 통일적인 운명에 결정적인 타격을 주었다.

　신간회가 해체된 또 하나의 원인은 좌익 진영이 국제공산주의운동의 노선 변경에 따라 우익 진영과의 합작운동을 청산하고 독자적인 운동을 펼치려 한 데 있었다. 즉 국제공산주의운동은 1928년에 이른바 「12월테제」를 발표하여 조선공산당을 해체하고, 만주지방의 조선 공산주의운동을 중국공산당의 만주성위원회(滿洲省委員會)에 흡수시켰다. 따라서 이후의 조선 공산주의운동은 국내의 재건운동이 번번이 일제의 철저한 탄압으로 실패했고 한편으로는 중국 공산주의운동의 영향을 크게 받게 되었다. 중국 공산주의운동은 1930년 이후부터 이른바 이입삼 노선에 의해 극좌주의 방향으로 나아가게 되었고, 그 영향을 받아 조선 공산주의운동도 민족주의세력과의 협동전선인 신간회운동을 청산하는 방향으로 나아가게 되었던 것이다.

신간회운동을 이해하는 데 그 첫째 문제점은 우선 이른바 좌우합작운동으로서의 이 운동이 어떤 시대적 배경과 상황 아래서 나타나게 되었는가 하는 점이다. 신간회운동에 관한 연구를 소개하면 다음과 같다.

이현희(李炫熙)는 신간회가 성립된 요인으로서 다음과 같은 세 가지 점을 들고 있다. 즉 그 첫째 요인은 1924년 이후 사회주의사상의 보급과 6·10독립만세운동을 계기로 점차 열세에 빠진 민족주의 지도층이 민족운동 대표기관의 탄생을 열망했던 점에 있으며, 둘째로는 6·10독립만세운동을 계기로 사회주의운동은 그 세력이 크게 후퇴했고, 이에 1926년 8월에 토오꾜오에 있던 일월회(一月會)파의 안광천(安光泉), 하필원(河弼源)이 귀국하여 사회주의운동에서의 파벌 청산을 내세우고 정우회(正友會)에 가입하여 일본의 이른바 후꾸모또(福本)이즘의 이론투쟁을 모방하여 대중의식적 정치형태로 비약, 진출하려는 움직임이 있었고, 셋째로는 일제가 내세운 이른바 문화통치의 일환으로서 결사의 자유를 드러내보이기 위해 신간회 조직을 허가했으나, 사실은 그것을 통해 항일독립운동자들의 동태와 경향을 파악하려는 데 본래 목적이 있었던 것이라 했다. 요컨대 민족주의운동의 새로운 방향 모색과 사회주의운동에서의 이른바 후꾸모또이즘의 도입이 결합하여 신간회가 탄생된 것이라 했다.

한편 송건호(宋建鎬)는 당시 민족주의세력을 좌파와 우파로 나누어 이해하고 우파 민족주의자들의 자치운동에 대항하여 좌파 민족주의자와 사회주의자들이 합작하여 우파 민족주의의 자치운동을 기회주의로 파악하고 이를 분쇄하기 위해 '민족단일당' '민족협동전선'을 지향하면서 신간회를 발족한 것이라 설명했다.

한편 일인 학자 미즈노(水野直樹)는 신간회운동을 '민족협동전선'으로 파악하고, 먼저 민족주의자 측에서 물산장려운동을 통해서 '민족적 대동단결'을 요구하고 나섰으나 사회주의자 측에서 이를 거부했다가 1924년경 타협적 민족주의와 별도로 비타협적 민족주의가 나타나게 되자 사회주의운동자 측에서 후자와의 '민족협동전선' 구축을 주장하게 되었고, 1925년에는 이 '민족협동전선론'이 정착되었으며, 그 실현 과정으로서 신간회가 성립된 것이라고 이해했다.

이 연구들 가운데 우선 신간회 성립에서의 이른바 '후꾸모또이즘' 도입 문제는 좀더 철저한 이론적인 분석이 필요할 것 같다. 1926년 12월에 새출발한 제2차 일본 공산당의 초기 지도 이념으로서 이른바 '결합 전의 분리'를 주장한 후꾸모또이즘이 '민족협동전선'을 지향하는 일월회, 나아가서 신간회운동의 이론적 뒷받침이 되었겠는가 하는 점에서는 카지무라(梶村秀樹), 미즈노 등도 이미 의문을 제기하였다.

한편 신간회운동의 배경을 자치론과 민족협동전선론의 대두에서 구한 송건호와 일인 학자 미즈노의 관점은 정확한 것이라 생각된다. 그러나 신간회운동을 국내 운동으로만 한정하여 이해할 것이 아니라, 이 시기의 전체 독립운동전선에서 나타난 민족유일당운동의 일환으로 이해할 필요가 있다. 3·1운동 직후의 독립운동은 역시 상해임시정부가 그 중심적인 역할을 다할 것으로 기대되었다. 그러나 상해임정은 국민대표자회의의 결렬을 마지막으로 독립운동의 중추적 역할을 다할 수 없게 되었고, 이후의 독립운동전선에는 사회주의세력이 강력히 등장하는 한편 자치운동을 표방하는 타협주의 노선도 나타나게 되었다. 이와 같은 조건 아래서 민족주의세력이 타협주의와 비타협주의로 비교적 선명하게 나누어지게 되었고, 그 가운데 비타협주의 세력이 사회주의세력과 제휴하여 만주·중국 등지의 독립운동전선에서 새로운 투쟁방법으로서의 민족유일당운동을 펴게 되었으며, 국내에서는 신간회로 나타나게 된 것이라 이해할 수 있다.

위에서 미즈노의 연구가 지적하는 것과 같이 신간회가 성립되기 2, 3년 전에 이미 국내에서 민족협동전선론이 나타나고 있었지만, 이 시기의 국외 독립운동전선에서는 민족유일당운동 자체가 실제로 일어나고 있었다. 한정된 자료만으로도 1926년에 '한국독립유일당' 북경촉성회가 결성되어 "동일한 목적, 동일한 성공을 위하여 운동하고 투쟁하는 혁명자 등이 반드시 하나의 기치 아래 모이고 하나의 호령 아래 모여야만 비로소 상당한 효과를 거둘 수 있음은 더 말할 필요가 없다"고 선언했고, 계속해 상해·남경·광동 촉진회 등이 결성되었으며, 여기에는 민족주의세력과 사회주의세력이 함께 참가했던 것이다.

신간회운동을 단순히 국내에서의 좌우합작문제로만 이해하지 말고 이 시기의 독립운동전선 전체에 일어난 민족유일당운동의 일환으로 파악할 때 이 운동이 가지는 독립운동사상의 위치가 더 뚜렷해지는 것이 아닌가 한다. 신간회운동을 이해할 때 또 하나의 문제점은 그것이 우리 독립운동사상에서 어떤 의미를 가지며, 또 어떤 위치를 차지하는가 하는 점이다. 이 운동은 독립운동 과정에서 한때 나타났다가 곧 사라져버린 좌우합작운동으로만 볼 수도 있고, 더 나아가서 좌우합작운동이라는 것은 결국 실패할 수밖에 없음을 보여준 우리 역사상 최초의 실례로 볼 수도 있다. 그러나 신간회운동을 보는 눈이 언제까지나 이와 같은 것에 한정되는 것도 아님을 이해할 필요가 있다. 신간회운동까지를 포함해서 이해해야 한다고 생각되는 1920년대 후반기의 민족유일당운동의 필요성을 주장한 어느 선언서는 다음과 같이 말하고 있다.

1919년 3월 1일에 오인(吾人)은 생존의 방도가 없었기 때문에 일제발기(一齊撥起)하여 철갑(鐵甲)으로써 무장한 강도에게 적수공권(赤手空拳)으로 반항하였다. 그러나 하등 구체적 계획, 조직, 지도 없이 단순히 기분적 또는 환상적, 자연성장적이었던 아(我)운동은 패배의 원한을 남기지 않을 수 없게 되었다. 그러나 오인은 기간(其間) 재기전(再起戰)의 준비와 전략 강구(講究) 시기가 지났기 때문에, 혹은 실력 양성·사회주의 혁명 혹은 암살·파괴·개인 폭력으로써 아(我)민족의 해방을 기도하였지만, 오히려 분립적이고 통일적이지 못하고 각개적이고 연락적이지 못하였다. 따라서 전략(戰略) 급(及) 주의(主義)가 동일한 전우 간에 있어서도 상호 반목질시하여 심지어는 상살전까지 하였다. 이와 같은 과거들이 오인에게 무엇을 암시하는가. 실력 양성도 개인 폭력도 사회주의 혁명도 어느 것도 무용하다. 다만 오직 이해가 동일한 각 계급이 민족에 단결하여 무장적으로 일본제국을 타도하는 외에 다른 길이 없다.

이 선언서가 표현하고 있는 것과 같이 3·1운동은 확실히 계획성과 조직성이 철저하지 못한 독립운동이었다. 그러나 그것은 거족적인 운동이었고, 따라서 적어도 1920년대 전반기까지는 이 거족적인 독립에의 여망이 상해임정으로 집중되었다. 그러나 상해임정은 그것에 부합될 수 없었고, 이 때문에 1920년대 후반기의 독립운동전선은 이 선언서가 지적한 것과 같이 이른바 실력양성운동과 사회주의운동 그리고 개별적인 폭력운동 등으로 나뉘어서 구심점을 갖지 못하고 있었다.

일제의 탄압이 철저하고 고도화하는 반면, 독립운동전선이 사상적으로 혹은 방법론적으로 분열되어가는 조건 아래서 그것을 탈피하고 전선 통일을 이루기 위한 차원 높은 방법론을 제시한 것이 바로 이 민족유일당운동이었고, 신간회운동도 그 일환이었음을 이해할 수 있다면, 이 운동은 일제하 독립운동전선의 하나의 획기(劃期)를 이루려 기도했던 운동으로 성격 지울 수 있을 것이다.

한편 우리의 독립운동을 민족사 내적인 측면에서 다시 들여다보면 관점에 따라서는 3·1운동까지의 과정은 국민주권국가수립운동의 과정으로 이해할 수 있고, 그 이후부터 민족통일이 이루어질 시기까지를 통일민족국가 수립 과정으로 이해할 수 있다. 그리고 통일민족국가 수립 과정은 민족 내부의 사상적 분열을 좀더 높은 차원에서 해결할 수 있을 때 앞당겨질 수 있을 것이다. 이와 같은 관점에서 우리 근대사를 다시 보면 신간회운동 및 그 모체로서의 민족유일당운동은 통일민족국가 수립 과정의 하나의 출발점을 이루는 운동이 될 수도 있으며, 따라서 그것은 신간회운동, 더 나아가 1920년대 후반기의 민족유일당운동의 실패로서 일단락되는 것이 아니라, 민족통일이 달성될 때까지 계속되는 운동의 하나로 이해될 수 있는 것이다.

신간회운동을 포함한 민족유일당운동이 일단 실패한 후에도 1930년대 후반기에 이르러서 이 운동의 맥락은 되살아났다. 즉 중일전쟁 발발 이후 다시 강화된 임시정부 계통의 한국광복운동단체연합회와 조선민족혁명당 계통의 조선민족전선연맹이 연합하여 1939년에 전국연합진선협회를 결성함으로써 중국에서의 독립운동전선의 연합전선 형성에 성공해간 것이다. 이 연합전선이 미처 자리잡기 전에, 따라서 그것이 전체 독립운동전선으로 확대되기 이전에 해방을 맞이하게 되었고, 이 때문에 통일민족국가 수립운동은 또 한번 실패하고 결국 민족분단을 가져오고 말았지만, 그러나 이후에도 그 맥락은 민족통일운동을 통해 그대로 흐르고 있는 것이다.

신간회운동이 한때 나타났다가 사라진 단순한 좌우합작운동의 성격을 넘어서서 우리 근대사상에 계속 흐르고 있는 통일민족국가 수립운동의 하나의 연원을 이루는 운동임을 최초로 알아차린 것은 역시 1939년 중국에서 민족연합전선이 이루어질 때였다. 전국연합진선협회의 형성을 지지하면서 당시의 조선의용대가 내놓은 다음과 같은 선언문이 그것을 잘 나타내고 있다.

1927년 2월, 3·1운동이 실패로 돌아가고 중국 북벌이 개시된 당시 조선의 각 혁명정당·애국지사도 역시 단결의 중요성을 통감하여 신간회란 통일전선 조직을 건설하였다. 동회는 전국 2150여〔150의 오기 – 인용자〕분회(分會)를 설치하고 3만 명 이상의 회원을 가지고 있었다. 신간회의 지도하에 저 장렬한 광주학생운동이 발발하였다. 사변(중일전쟁) 발발 이후 조선민족혁명당·민족해방동맹·혁명자동맹 등의 제단체가 1937년 11월에 조선민족전선동맹을 설립하였고, 동시에 한국인민당〔한국국민당〕·한국독립당·조선혁명당의 세 단체도 김구씨의 지도하에 한국해방운동단체〔한국광복운동단체〕연합회를 설립하였다. 1939년 민족전선의 영수 김약산(金若山)씨와 해방항일전선의 김구씨는 연명으로 공개 서신을 발표하여 현단계에 있어서의 조선혁명의 정치주장 및 목전의 해외 조선 혁명운동 단결통일 문제에 대한 공동 의견을 석명(釋明)하였지만, 이에 의하여 조선민족해방운동은 신(新)단계에 들어갔다.

즉 이 성명은 1939년의 전국연합진선협회 성립으로 일부 이루어져간 독립운동전선의 연합전선 형성을 이보다 10여 년 전에 형성된 민족적 협동전선으로서의 신간회운동의 연장선상으로 이해하고 있는 것이다.

(1981)

3. 지식인과 역사변혁

『한국의 역사상(歷史像)』(이우성, 창작과비평사 1982) 서평

현실과 역사학의 대상

『한국의 역사상』은 저자가 1963년에서 1982년까지 20년간 쓴 '본격적인 논문이 아니면서 일반 잡문도 아닌' 사론(史論)이라 할 수 있을 34편의 글을 모아 만든 책이다.

근년에 우리 국사학계는 사론적인 업적을 상당수 생산하고 있으며, 그것은 국사학계의 안팎에 일정한 의미를 주고 있다. 우선 국사학계 밖으로는 사론적인 업적들이 국사학계와 지식대중과의 거리를 좁혀서 그들의 역사의식 일반을 높이는 데 이바지하고 있으며, 국사학계 안으로는 사론적인 글을 쓸 수 있는 학자의 수가 그만큼 증가하여 방법론적인 모색이 한층 더 활발해질 것이 전망되는 한편, 사학사적(史學史的) 정리를 위한 자료도 그만큼 풍부해진 것이다. 다른 학문 분야도 그렇겠지만 역사학, 특히 국사학의 경우 한 사람의 학자에 대한 사학사적 위치를 옳게 이해하기 위해서는 본격적인 논문만으로는 부족하며, 오히려 사론적인 글에서 그 참모습을 이해하기 쉬운 경우가 많다.

『한국의 역사상』도 저자의 체취가 강하게 느껴지는 글들로 채워져 있다. 이 글들은 우리의 역사적 현실이 질식할 만큼 절박했던 지난 20년 동안에 '한 사람의 역사학도로서의 의식이 역사연구 작업으로 제대로 소화되지 못했던 괴리' 때문에 생산된 것이라 했다. 따라서 이 책은 그 내용이 비록 시대적으로 집중되지 못하고 주제별로 압축되어 있지는 못하지만, 현실과의 끊임없는 긴장관계 속에서 역사적 진실에 접근하려 한 한 사람의 사학자가 현실 속에서의 역사성을, 역사 속에서의 현실성을 추구해온 업적의 집적이며, 그것은 우리의 긴 역사시대 속에서 주로 어떤 문제를 글의 주제로 택했는가 하는 데서 비교적 선명히 드러나고 있다.

모두 5부로 구성되어 있는 이 책의 주제를 나름대로 다시 분석해보면 첫째, 하나의 지배체제를 객관화하기 위해 그 체제 밖에 자신들의 시점(視點)을 마련하고자 노력한 실학자들의 문제, 둘째로 그와는 반대로 하나의 체제를 지속 및 고정화하기에 스스로를 매몰시켜간 조선왕조 사대부 일반의 역사적 위치 문제, 그리고 셋째로 나말여초(羅末麗初), 여말선초(麗末鮮初)와 같은 역사변혁기에서의 지식인층의 자세 문제 등으로 나누어 이해할 수 있을 것 같다. 이와 같은 문제들이 중성적 객관성을 경계하고 국수주의 사관을 거부하면서 "'나'의 주체가 역사의 주체로 통일되어야 하며 '나'의 주체가 역사의 주체로서의 위치에 서게 될 때 그 역사 기술은 개인의 것이 아닌 역사 그 자체의 하나의 상(像)으로 형성될 수 있을 것"이라 믿는 저자에 의해 어떻게 파악되었는가 하는 문제를 이해하게 하는 것이 이 책이 아닌가 한다.

실학이란 결국 무엇인가

해방 후 국사학계가 이루어놓은 두드러진 업적 중의 하나인 실학연구 분야에서 저자 이우성 교수는 뚜렷한 위치를 가지고 있으며, 이 책의 제1부에 실린 글들이 그것을 구체적으로 말해주고 있다. 특히 「실학연구서설」은 그의 실학관이 압축, 정리된 글이다.

실학연구가 활발히 진행되는 과정에서 실학을 보는 연구자들의 눈에도 상당한 차이가 있었고, 아직도 그것이 해소된 것은 아니지만, 이 책에서의 실학은 대체로 다음과 같은 세 가지 측면에서 이해되는 것이 아닌가 한다.

첫째, 실학은 어느 시대에나 나타날 수 있는 통시대적인 개혁사상이 아니라 우리 역사의 중세체제를 청산하고 근대사회를 지향하던 시기에 필연적으로 나타난, 하나의 '시대'를 차지한 사상이었다는 점을 뚜렷이 한 것이다. 실학이 중세 말기의 시대적, 체제적 모순과 대치된 사상이었다는 이해가 지금에는 대체로 일반화하고 있지만, 이 글이 쓰일 무렵에는 실학연구의 열정에 제동을 거는 일부의 의견도 있었기 때문에 이 점이 강조된 것이다.

둘째, 실학자들의 정치·경제·사상적 처지의 문제인데, 그들이 조선왕조의 지배체제 밖에 있으면서 그것에 철저히 맞서려 하지는 못하였다 해도 스스로의 위치를 체제 밖에 두고 그것을 객관화하려 노력한 것으로 이해하고 있다는 점이다. 조선왕조시대의 지식인층은 유생, 불승에 한정되어 있었다. 그러나 불승은 그 신분이 천인화되어 지식인으로서 역할을 다할 수 없었고, 유생은 모두 관료 지망생이어서 체제를 객관적으로 보는 지식인의 역할을 다할 수 없었다. 그러나 실학자들은 왕조

후기의 지배체제에서 철저히 소외됨으로써 체제 밖의, 체제를 객관화할 수 있는 지식인으로서의 위치를 어느정도 확보해갔음을 이 책은 지적하고 있다. 실학사상의 요체는 지배체제에 매몰되지 않고 이를 객관화하려 한 학자들의 사상이라는 점에 있지만, 그것이 체제의 개량에 한정되고 그 변혁에까지 나가지 못했음도 분명히 지적할 필요가 있다. 실학자의 대부분이 토지제도 문제에 관심을 가졌고 그 개혁론을 제시했으나, 그들의 이론은 집권층의 경제 기반을 해치는 것이었으므로 전혀 용납되지 않았다. 따라서 실학자의 개혁론은 당연히 권력구조 자체의 개혁 문제에까지 연결되지 않을 수 없었지만, 그것까지 암시한 이론은 극히 드물다.

『한국의 역사상』에서 볼 수 있는 실학에 대한 세번째 이해는 실학자들이 지배층과 피지배층 사이에서 결국 후자의 편에 서서 그 이익을 옹호했음을 분명히 했다는 점이다. 그리고 이 점은 확실히 실학사상 및 그 사상가의 역사적 성격을 한층 더 명백히 한 것이다. 조선왕조시대를 통해 농민층의 저항은 작게는 화적(火賊)의 형태로, 크게는 민란의 형태로 꾸준히 일어나고 있었다. 그러나 그것을 민란 이상으로 의미 짓고 확대할 만한 지식인의 작용을 찾기는 극히 어려운 일이었다. 실학자들의 '민중의 편'도 역시 선명한 한계가 있었으며, 그것은 행동 면의 한계만이 아닌 사상적 한계도 함께하고 있었음을 한층 더 분명히 밝힐 때 실학이 가진 역사적 위치를 가일층 명백히 할 수 있을 것이다.

낡은 체제를 유지하게 한 것들

실학이 중세사회체제의 청산 문제와 연결되는 사상이며, 실학자들이 그 체제와 거리를 두면서 어느정도의 체제개혁을 생각했고, 그들이 기도한 개혁의 방향이 피지배 민중의 이익을 옹호하는 데 있었다면, 무엇이 이와 같은 일련의 움직임을 약화, 저지하고 조선왕조의 지배체제를 500년이나 지속되게 했는가 하는 문제가 역사학자의 관심의 대상이 되지 않을 수 없다. 『한국의 역사상』은 이와 같은 관심을 대체로 제3부에서 표시하고 있다. 이 문제에 대한 관심은 조선왕조의 지배계층을 형성한 사대부 자체가 어떻게 생성되어 변천해갔는가 하는 문제와, 조선왕조의 지배원리인 성리학의 역사적 성격이 무엇이며, 그것이 당시의 정치현실에서 어떤 역할을 다했는가 하는 문제로 집약되어 있다.

사대부는 고려시대의 문신 및 무신과는 무관한 향리층 출신이며 조선왕조를 성립한 후에는 과전법을 통해 그 경제 기반을 법제화하고 지주·전호(佃戶)관계를 확고히 함으로써 중세체제를 다시 정비, 강화하는 한편, 정치 면에서는 재야 사대부가 집권 사대부의 귀족화를 견제하면서 지배체제의 신선성을 어느정도 유지했으나 왕조의 후기로 접어들면서 집권 사대부층이 벌열화하고 재야 사대부층이 정권에서 철저히 제거됨으로써 일부는 실학자와 같은, 체제와 어느정도 거리를 둔 지식인이 되었고, 다른 일부는 산림(山林)의 형식으로 필요한 때마다 체제 속으로 흡수, 이용되었다고 지적하고 있다. 집권 사대부층의 귀족화로 사대부 지배체제, 조선왕조적 지배체제의 모순이 심화되고 재야 사대부층의 일부가 정권에 참여함으로써 체제의 신선성을 일부 다시 유지할 수 있었고, 그것이 사대부 지배체제 자체의 파국을 모면하고 낡은 왕조를 500년이나 유지하게 한 원인이라 파악한 것이다. 왕조 후기 집권 사대부층의 벌열화 이후에는 산림과 같은 극히 제한된 상징적인 인물 이외에는 재야 사대부층이 정권에 참여할 기회가 거의 없어졌지만, 그런 조건 아래서도 적어도 사대부계급인 이상 조선왕조적 지배체제에 선명히 반대하면서 피지배층의 저항운동을 민란 이상으로 승화할 만한 지식인이 없었다는 사실이 사대부에 대한 분석을 통해 한층 더 분명히 입증된 것이다.

조선왕조의 지배원리로서의 성리학은 왕조 성립의 초기에는 그 지배체제의 수립을 위해 현실적으로 적용되는 인륜문제나 명분론, 의리론을 강조하면서, 그것을 바탕으로 하여 지배계급 내부의 위계질서와 지배계급과 피지배계급 사이의 통치질서를 수립했다. 15세기를 통해 새 왕조 수립의 이념적 바탕이 된 성리학은 그러나 16세기로 접어들면서 이기론(理氣論)을 중심으로 한 관념론으로 빠져들었고, 특히 17세기 이후에 그것은 이제 형식적인 예법논쟁을 불러일으키면서 당쟁을 격화시키는 요인이 되었다. 일부 당쟁권 밖으로 밀려나간 식자층에 의해 성리학에 대한 비판의식이 어느정도 나타나기는 했고 그들을 실학자라 부르고 있지만, 그들 역시 반성리학적 입장에는 거의 서지 못했고 그들의 사회·경제 면의 개혁론도 성리학적 사상체계의 테두리에서 크게 벗어나지는 못했던 것이다.

『한국의 역사사상』은 조선후기 성리학이 가진 반역사적 성격을 두 가지로 지적하면서 "하나는 형이상학적·사변적 해석으로 종래의 윤리도덕에 새로운 이론적 근거를 줌으로써 중세 신분주의적 계층사회 질서를 강화시키게 된 것이고, 다른 하나는 중국 역사에 정통론적 이념을 구현시킴으로써 중화주의적 세계관을 확립하게 된 것이다. 첫째의 것은 주자의 인륜, 즉 천리론(天理論)과 분(分)사상에서 온 것이고, 둘째의 것은 주자의 강목(綱目)사상에서 온 것이다"라고 구체적으로 밝혔다.

왕조 후기 성리학의 정치·사회적 기능을 정확하게 지적한 것이라 하겠으며, 이와 같은 기능을 깨뜨릴 만한 사상체계가 생성되지 못한 점이 이 시기 피지배층의 저항운동을 민란 이상으로 끌어올릴 만한 지식인이 형성되지 못했던 점과 함께 왕조후기의 탄력성 잃은 지배체제를 그대로 지속되게 한 중요한 원인으로 지적될 수 있을 것이다.

역사변혁기의 지식인의 자세

이밖에도 『한국의 역사상』에서는 역사변혁 과정 내지 그 질곡 속에서의 지식인의 자세 및 역할 등을 부각함으로써 저자의 역사를 보는 눈이 얼마나 날카로운가를 보여주고 있다.

당나라의 이간정책인 동방정책으로 북의 발해와 남의 신라가 대립을 계속한 역사적 상황 아래서 당나라 유학생이요, 신라 최고의 지식인이던 최치원(崔致遠)의 발해에 대한 변함없는 적대감정과 새로운 정치세력으로 등장한 고려왕조의 통일과정에서의 그의 좌절을 지적한 「남북국시대와 최치원」은 역사학이 택할 수 있는 바람직한 연구대상이 어떤 것인가를 잘 말해주고 있다.

「고려 무신 집권하의 문인 지식층의 동향」과 「고려 무신정권과 이규보」는 무신정권, 탄압정권 아래서의 지식인의 처신 문제를 다룬 글이다. 무신정권에 대한 지식인의 대응책을 유관(儒冠)을 버리고 중이 된 사람, 유관을 버리지 않고 지방에서 유학을 닦으면서 처사(處士)로 일생을 마친 사람, 무신정변 초기에 일시 피했다가 돌아와서 벼슬을 구했으나 얻지 못하고 불우하게 생을 마친 사람, 무신정권에 등용되어 그 문객이 된 사람의 4종으로 나누었다. 이 가운데 무신정권에 참여한 지식인의 처지를 지적하면서 "일부 구관인(舊官人)과 신진 인사들이 최씨정권 밑에서 일정한 지위를 얻어 각기 주어진 위치에서 행정에 참여하였다. 그러나 그것은 어디까지나 무신정권을 보좌하는 것뿐이었다. 최씨정권의 절대적 지배하에서 수족처럼 움직이는 존재일 뿐이었다"했고 "정중부의 난 직후를 문화의 말살기, 암흑기로 생각함에 반하여 최씨정권 이후를 문사의 보호, 육성을 통한 신문화의 발아기로 생각했다. 그러한 일면이 없는 것은 아니었다. 그러나 이들 문사에 대한 최씨 정권의 보호육성책은 많은 인간을 아유(阿諛), 타협, 왜곡의 형으로 만들었다. 이러한 인간들에 의해 건전한 이념과 정당한 방향이 정립될 수 없었고, 따라서 정치와 문화가 올바로 발전될 수 없었다"라고 하여 무신정권에 참여한 지식인의 역할이 결국 무엇이었던가를 예리하게 지적하고 있다.

더구나 최씨무신정권의 정변 종식과 대몽항쟁을 찬양하면서 벼슬이 재상에까지 올랐던 이규보(李奎報)가 실권 없는 빈자리와 강화도에서의 무신정권의 부패, 타락에 환멸을 느꼈음을 지적하고 저자는 "후세의 사가들은 이규보를 최가(崔家)의 문객으로 혹평하고 있다. 과연 이규보를 최가의 문객으로 규정지어도 좋을 것인가" 하고 안타깝게 반문하고 있지만, 그 안타까움은 이규보를 문객으로 보는 데 대한 안타까움이 아니라, 하나의 시대를 잘못 본 지식인 이규보에 대한 안타까움일 것이다.

고려 무신정권에 참여한 지식인과는 대조적으로 「고려·이조의 역성혁명과 원천석(元天錫)」의 경우가 있다. 출신 성분은 새 왕조 창건자들과 같고 또 친분도 그쪽에 있었지만, 유신(遺臣)으로서의 의리와 선비로서의 자세를 지키면서 역사의 진실을 전하기에 최선을 다한 그는 역사 변혁기에서의 하나의 지식인 형으로 뚜렷하다. 다만 여말선초에 원천석과 같은 길을 걸은 지식인들의 자세에 대해서는 지금까지와 같은 다분히 윤리적인 차원을 넘어선 역사적 차원에서의 평가가 아직 남아 있는 것이 아닌가 생각된다. (1982)

4. 역사학이 찾은 시대와 소설이 담은 시대

『이조한문단편집(李朝漢文短篇集)』(이우성·임형택 역편, 상·중·하, 일조각) 서평

머리말

역사학은 자료를 생명으로 삼기 때문에 자료의 값어치를 따지는 일에 인색하기 짝이 없다. 비슷한 자료를 두고도 1차 자료, 2차 자료를 따지고 될 수 있으면 1차 자료만을 쓰려 애쓴다. 자료의 값어치를 인색하게 따지는 이유는 두말할 것 없이 좀더 진실에 가까운 자료를 구하기 위해서다. 그러나 자신이 직접 겪지 않은 지난 일을 기록한 자료 속에서 가장 진실에 가까운 것을 가려내기란 결코 쉬운 일이 아니다. 이 일은 역사학 전공자가 갖추어야 할 필수적이고 기초적인 자질과 관계되는 일이면서도 평생을 두고 부딪히는 가장 어려운 일이다.

가장 중요한 자료 선택 문제에서 항상 어려움을 겪는 역사학은 어느 사이에 슬그머니 하나의 통례 같은 것을 만들어버렸다. 사실을 보는 눈이 각기 다르거나, 더욱 곤란하게도 사실에 대한 평가마저 제각기 붙은 개인이나 민간의 비공식 기록보다 서술하는 방향이 대체로 일정하고 또 형식을 제대로 갖춘 관문서(官文書)를 1차 자료로 규정해버리는 관

례 같은 것이 생긴 것이다.

역사학이 관문서를 1차 자료로 삼는 일이 많아진 또다른 이유는 민간의 비공식 문서에서는 통일된 의견을 구하기가 어렵다는 점에도 있지만, 한때의 역사학이 통치권력의 정당성과 합리성을 세워주는 일을 주된 임무로 삼았기 때문이기도 하며, 또 지역에 따라서는 통치권력이 남겨놓은 관문서 이외의 민간문서가 거의 없었기 때문이기도 했다.

우리나라의 경우를 생각해보면 근대 이전의 역사기록은 거의 대부분 지배권력의 정당성을 뒷받침하고 그 업적을 찬양, 전달하기 위해 이루어진 것이었고, 근대 이후 역사학의 업적도 발굴된 민간문서가 대단히 적은 조건 아래서 부득이 관문서에 주로 의존할 수밖에 없었던 것이다. 민간이 남겨놓은 기록이 아무리 적다 해도 근대 역사학 역시 소설 등의 문학작품을 그 자료로 채택하는 일은 대단히 싫어했다. 국사학의 경우 최근에 와서야 실학자의 소설을 통해 혹은 식민지시대의 특정 소설을 이용하여 그 시대상을 이해하는데 도움을 얻으려 노력한 일이 있었지만 아직도 소설을 자료로 쓰는 일은 거의 생각지 않고 있는 것이 아닌가 한다.

그러나 이우성·임형택 역편 『이조한문단편집』을 읽으면 국사학이 지금까지 찾아낸, 그리고 계속 찾아낼 조선후기 사회와 이들 소설 속에 담겨 있는 조선후기 사회 사이에 거의 차이가 없음을 발견할 수 있다. 그뿐만 아니라 관문서 속에서는 이 시기 역사 발전의 개연성이나 그 바른 방향에 부합되는 직접적인 자료를 찾기가 대단히 어려웠고, 그 때문에 하나의 자료 속에 들어 있는 진실을 찾아내기 위해서는 이중, 삼중의 저의까지를 알아내야 했지만, 이들 소설 속에는 그것이 풍부하게 그리고 적나라하게 드러나 있음을 발견할 수 있다.

편역자는 '부편(附編)'을 제외한 총 176편의 작품을 '부(富)' '성(性)

과 정(情)' '신분 동향에 따르는 세태' '시정주변(市井周邊)의 세태' '저항과 좌절 면에서의 민중기질' '풍자와 골계(滑稽)를 통한 민중기질'의 여섯 부분으로 나누어서 엮었다. 이것을 해방 후의 국사학이 추구해온 조선후기 사회의 역사적 변화 문제와 연관하여 나름대로 다시 정리해보면, 첫째 재부관(財富觀)의 변화와 경제적 발전 문제, 둘째 중세적 신분체제의 해체와 인간성 해방의 문제, 셋째 민중세계의 의식성장과 체제 밖의 인간형 내지 체제에 맞서는 인간형의 형성 문제 등으로 나누어 생각할 수 있지 않을까 한다. 하나의 역사적 체제가 이미 반동화됐을 때 그것을 거부할 수 있는 인간형의 형성 문제는 역사 발전의 원동력의 하나가 됨을 우리는 알고 있다.

섣불리 『이조한문단편집』에 실린 소설들이 조선후기사 연구에서 당장 자료로 이용될 수 있다거나 이들 소설만을 자료로 삼아도 이 시기의 사회상을 밝힐 수 있다고 말하는 것이 아니라, 앞의 몇 가지 분야를 통해 우선 지금까지 국사학이 찾아낸 조선후기 사회와 이 소설들이 나타내고 있는 사회상을 비교해봄으로써 소설과 역사학 자료의 문제, 또 소설의 역사성 문제 같은 것이 일단 부각되지 않을까 한다.

새로운 재부의 소유자

조선왕조의 성립은 고려후기에 이미 흔들리기 시작한 중세사회체제를 유교 지배원리와 이른바 농본주의의 경제체제로 다시 한번 안정시킨 계기가 되었다. 그러나 이와 같은 일시적 안정도 1세기를 견디지 못하고 다시 흔들리기 시작했고, 이후 임진왜란과 같은 큰 전쟁을 겪으면서 전면적으로 무너져갔다.

17세기 이후의 조선사회는 모든 면에서 중세사회의 모순이 한꺼번에 드러나는 시기였지만, 특히 경제적인 면이 두드러졌다. 전쟁으로 농토는 폐허가 되고 민중은 흩어졌지만 지배층은 생산적인 정책을 마련하지 못하고 당쟁에 빠져들어갔다. 농민 세계만이 복구사업에 전력을 다했으나 농토는 계속 집권층에 집중돼가고 농업생산력은 그다지 향상되지 못했다. 이런 조건 속에서도 일부의 농민층이 영농방법을 개선하고 근면 절약함으로써 완전한 소작농의 위치에서 벗어나 소작 겸 자작농으로 혹은 자작농으로 점점 성장해갔고, 따라서 종래적인 지주·소작관계에 약간의 변화가 나타나고 있었다.

해방 후의 국사학은 이와 같은 농촌사회의 변화상을 찾아내기 위해 일반 관문서 속의 희귀한 자료를 수집, 분석했고 양안(量案)과 같은 특수 자료를 이용하여 새로운 농가형을 찾아내려 하기도 했다. 역사발전의 개연성을 두고 생각해보면 중세말기 농촌경제의 변화상을 말해주는 자료들이 당연히 풍부할 것 같지만 역시 관문서 중심의 기록에서는 그것을 찾기가 쉬운 일이 아니다. 따라서 제한성 있는 자료를 확대 해석했다는 비판이 따르게 마련이다. 그러나 『이조한문단편집』을 읽어보면 차라리 관문서에만 매달려야 하는 역사학이 안타까운 생각이 든다. 편역자가 아예 「경영형 부농」이라 이름 붙인 작품은 말할 것 없고, 「귀농(歸農)」과 「광작(廣作)」은 몰락한 양반이, 그리고 「부부각방(夫婦各房)」은 머슴살이하던 젊은 부부가 상업적 농업과 근검절약으로 치부하여 자작농으로 성장해간 사실을 소재로 하고 있다. 권력을 배경으로 한 양반지주계급만이 재부(財富)의 주인이던 시대는 이미 무너지고 몰락한 양반이나 상놈이라도 창의적 노력과 근검절약을 바탕으로 하여 새로운 부를 축적할 수 있는 시대가 되어가고 있었던 것이다.

농본주의 경제체제에서는 농업 생산만이 재부의 원천이며, 농토의 소유자만이 그 주인이었다. 그러나 조선후기는 그것도 붕괴되던 시기였다. 상업이나 수공업이 새로운 치부 수단으로 나타난 것이다. 국사학은 그것을 밝히기 위해 우선 실학사상 속에서 재부관의 변화과정을 그리고, 상공업의 말업관(末業觀) 내지 천업관이 무너지는 과정을 인정할 수 있었으며, 실제로 양반계급이 상업에 종사하는 사례를 찾아냈다. 한편 상업을 통해 자본이 축적돼가고 있다는 사실을 밝히기 위해 서울 시전상인과 경강상인 그리고 개성상인과 의주상인의 활동상을 추적했다.

임진왜란과 같은 큰 전란을 겪으면서 황폐화한 농촌을 떠난 농업인구가 도시로 모여 상업인구로 전환되고, 제한된 속에서나마 외국과의 무역도 일부 열려서 국내 상업이 상당히 발전하고, 이에 힘입어 금속화폐의 전국적 유통이 이루어져가던 시기였기 때문에 관문서들 속에도 이에 관한 기록이 비교적 많이 나타난다. 그러나 관문서 속의 상업 관계 기사는 관리들이 전문(傳聞)한 것을 옮겨 실은 것이거나 상인 활동을 견제하고 통제할 목적으로 기록한 것이 많다. 그 속에서는 상인들의 구체적인 치부 수단이나 그 과정 그리고 그들의 인간상이나 상혼(商魂) 같은 것을 찾아내기 어려우며 실제적인 자본량도 측정하기 어렵다.

『이조한문단편집』 중 '부(富)'에 실린 대부분의 작품은 양반계급이 상인으로 전환되어간 사실을 허다하게 전해주고 있으며 선상(船商), 개성상인 등을 비롯하여 비부(婢夫) 출신의 상인, 담배·감초·택사(澤瀉) 등의 매점상인(買占商), 소금장수, 술장수, 비부가 되어 얻은 자본으로 치부한 몰락 양반상인 등 이 시기에 나타나는 크고 작은 각양각색의 상인상(商人像)을 생생하게 그리고 있다. 그뿐만 아니라 작품상의 액수라 해도 그들의 자본액이 그 나름대로 표시되어 자본 규모를 어느정도 짐작하게 하는 작품도 있고, 강계와 같은 지방 상업도시의 동태와 중국 무역 및 일본 무역의 실태도 소상하게 전해주는 작품들이 있는가 하면, 몰염치하고 몰인정하게 치부에 집착하던 상인사회의 풍속도를 사실적으로 혹은 풍자적으로 그리고 있는 작품들이 있어서 변해가고 있던 조선 후기 사회의 단면을 절실히 느끼게 한다.

천한 비부가 되어서라도 돈을 벌겠다는 영남의 가난한 선비, 10년 단골집이 흉년으로 굶주리는 것을 보고도 쌀 실은 배를 딴 곳으로 돌리는 선상(船商), 돈 때문에 양부자(養父子) 관계를 떼었다 붙였다 하는 개성 상인, 아내를 술청의 꽃으로 삼아 객줏집을 경영하면서 5, 6년 만에 찾아온 형에게 밥값을 받는 충청도 명가 출신의 상인 등은 조선사회적 명분으로서는 전혀 이해될 수 없는 인간형이며, 관문서 속에서는 도저히 찾아볼 수 없는 상인형이다. 그러나 분명히 이들이 재부의 새로운 주인으로 등장해가고 있던 시기가 바로 조선후기였던 것이다.

인간성의 해방

고려시대에서 조선시대로 넘어오는 과정에서 한반도에 사는 주민 모두는 불교적인 생활양식 내지 인간형에서 자발적으로 혹은 강제적으로 유교적인 생활양식 내지 인간형으로 개조돼갔다. 그리고 또 이 과정은 아직도 일부 남아 있었던 고대사회적 생활양식이나 사고방식을 청산하고 중세적 체제로 철저히 전환되는 과정이기도 했다.

불교적 생활양식 내지 사회체제 아래서보다 유교 원리의 적용에 따라 사회신분체제가 더욱 굳어졌고, 따라서 인간성의 속박은 한층 더 심해졌다. 지배계급과 피지배계급 사이의 신분적 갈등이야 삼국, 고려시대의 불교사회에서도 있었지만, 유교사회 체제는 지배신분과 피지배신분의 간격을 더욱 뚜렷하게 하는 한편, 지배신분 중에서도 특히 여성의 사회적 지위가 더욱 떨어져서 인간적 속박이 심화되었고 서자층과 같은 새로운 차별받는 계층이 생겨났다.

그뿐만 아니라 유교적 윤리관은 불교의 그것에 비해 성(性)과 정(情)의 문제에서도 훨씬 더 그 금욕성을 요구했고, 그것의 자연스러운 표현을 죄악시함으로써 오히려 피지배신분을 지배하는 하나의 수단으로 삼았다. 고려시대까지도 없었던 양반가 과부의 재혼 금지 규정은 양반계급의 자기도태 작용의 일환인 동시에 유교사회적 인간성 속박의 단적인 표현이었다.

중세체제를 계속 유지하기 위한 이와 같은 인간성의 통제도 그러나 조선후기에 들어오면 하나하나 무너져가지 않을 수 없었다. 국사학은 그 과정을 추적하기 위해 실학자들의 서얼소통론(庶孽疏通論), 과부재가론, 노비해방론 등을 찾아냈고, 또 이들의 주장이 어느정도 정책 면에 반영되어 실제로 서얼소통이 이루어지고, 노비계급의 신분해방로가 넓어지고, 양반계급이 몰락하는 반면, 일반 양민층의 신분상승이 이루어져간 사실들을 밝혀가고 있다.

양안·호적문서·노비문서를 비롯한 각종 관문서를 분석한 결과 조선후기의 사회변동상을 어느정도 밝혀낼 수 있었다. 노비의 종모법(從母法)이 획일적으로 적용되는 한편 전란과 경제적 조건의 향상 등이 원인이 되어 노비계급의 상당수가 양민 혹은 양반으로까지 올라갔고, 많은 수의 양민층 역시 같은 원인으로 양반 신분을 얻을 수 있었다. 19세기 전반기 무렵에는 특정 지역의 경우 주민의 7할 이상이 법적으로 양반 신분이 되었고, 정약용은 모든 사람을 양반으로 만들어버리면 결국 양반이 없어지는 것이라 말하기에 이르렀다.

그러나 국사학의 연구성과가 사회 변동상을 추적하는 데는 어느정도의 성과를 내었다 해도, 이 시기의 인간성의 해방문제를 밝혀내는 데는 아직 미흡하다. 국사학의 관심이 거기에는 미치지 못했기 때문이라 할 수도 있겠지만, 그보다도 국사학이 주로 이용해온 관문서에서 그것을 추적하기는 실제 어려운 일이기도 했던 것이다.

『이조한문단편집』을 읽어보면 중세사회 해체기에 당연히 나타나야 할, 그러면서도 관문서에서는 찾기 어려웠던 중세체제의 굴레에서 해방돼가는 인간성의 실체를 찾아낼 수 있다. 거기에는 중세 윤리의 제약이나 계급적 속박을 넘어서서 본연의 욕망과 애정에 충실하려는 인간들의 이야기가 거리낌 없이 드러나 있는 것이다.

편역자가 '성과 정'의 부(部)로 분류한 26편 작품 속에 있는, 여인의 애정을 외면하여 죽음에 이르게 한 성리학자의 비정을 책망한 이야기, 청상의 딸을 가난한 무변(武弁)에게 개가시킨 재상의 이야기, 평양감사의 아들과 기생의 신분을 초월한 사랑의 이야기, 음탕한 별감의 아내를 죽이고 이를 자백함으로써 별감도 살리고 자신도 면천된 차부(車夫)의 의협심을 그린 내용 등은 신분의 높고 낮음을 막론하고 본연의 성정에 충실하려 한 인간들의 이야기를 잘 드러내고 있는 것이다.

관문서에서 찾아낼 수 있는 서얼소통이나 양민층 및 노비층의 신분 해방문제 이외에 이 시기의 인간성의 해방문제를 좀더 밀도있게 밝혀 내기 위해서는 관문서 이외의 자료 발굴이 불가결하며, 이 때문에 박지원과 같은 실학자의 소설과 「춘향전」과 같은 민간소설이 이미 역사학 자료로 이용되고 있지만 『이조한문단편집』 속의 작품들도 이와 같은 정도의 위치를 차지한다 해도 무리한 이야기는 아닐 것이다.

체제 밖 인간형의 형성

중세체제 해체기로서의 조선후기는 또 다음의 시대를 담당할 새로운 인간형이 형성되어가던 시기이기도 했다. 조선왕조를 만들고 이끌어간 정치세력으로서의 사대부층은 17세기 이후에는 이미 올바른 역사적 기능을 상실한 반시대적 세력으로 전락했다. 그들은 이미 창조적 기능을 발휘할 조건에 있지 못했고 반동화해버린 체제를 유지하기에 급급할 뿐이었다.

사대부층에 대신해서 이미 민중 속에 제자리를 잡은 몰락양반층 속에서, 혹은 바깥세상의 변화를 비교적 빨리 알 수 있었던 일부의 중인층에서, 의식 수준이 점점 높아져가던 상공업자·농민·노비 등 피지배층에서 새로운 정치세력이 형성되어 역사적 기능을 상실한 사대부 세력을 대신하여 새로운 시대를 담당할 준비가 갖추어져가는 것이 바람직한 일이었다. 그러나 국사학에서는 조선후기의 새로운 정치세력의 형성 문제에 대해서 아직은 그다지 관심을 기울이지 않는 것이 아닌가 한다. 다만 실학자들을 중심으로 하여 종래의 사대부형이 아닌 새로운 정치적 인간형의 형성을 추적하려는 노력이 일부 있었지만, 아직 본격적인 단계에는 미치지 못하고 있는 것이다.

사대부 세력이 역사적으로 이미 반동화했다 해도 곧바로 새로운 정치적 인간형이 형성되기를 바라기는 어려운 일이지만, 그에 앞서서 기성의 정치적·사회적 권위를 비판하고 부인할 수 있는 인간형의 광범위한 형성이 바람직하다. 그러나 조선왕조와 같은 전제주의 체제 아래서는 실제로 그런 인간형의 형성이 있었다 해도 적어도 관문서에서는 찾아보기 어렵다. 설령 반체제적 인간형이 있었다 해도 그들이 어느정도

행동화했을 때만 역적으로서 기록될 뿐이다.

『이조한문단편집』에서도 체제에 정면으로 거역한 이야기가 많은 것은 아니며, 더구나 그것을 역사 발전의 바른 방향으로 이해한 것도 아니다. 그러나 편역자가 '세태' 부에 포함한 「신분 동향」 35편과 「시정주변」 31편의 작품 속에는 자신을 체제 속에서 분리해나가는 여러 종류의 인간형이 잘 그려져 있고, '민중기질' 부에 넣은 「저항과 좌절」 22편과 「풍자와 골계」 20편의 소설 속에서 우리는 다소 소극적이기는 하지만 체제를 거부해나가는 인간형을 발견할 수 있다.

'신분 동향'과 '시정주변'에서는 검술을 익혀 주인의 원수를 갚고 명망있는 인물에게 몸을 의탁했다가 그가 결코 큰 뜻을 가진 인물이 못 됨을 알고 그 곁을 떠나는 비녀(婢女) 출신의 여걸 이야기, 어영청의 군졸 5, 6명을 두들겨패고도 오히려 중용되었다가 또 홀연히 벼슬을 버린 뒤에도 의리를 지킨 어느 낙방 무변의 이야기, 약국의 점원으로 통제사의 막료가 되어 훌륭한 행정 솜씨를 보여준 어느 비장의 이야기, 관노 출신으로 임진왜란 때 전공을 세워 결국에는 북병사(北兵使)에까지 올라간 정기룡(鄭起龍)의 이야기 — 임진왜란 때 큰 전공을 세운 실존 인물 정기룡은 물론 관노 출신이 아니다 — 등 양반 통치계급이 아니면서도 세상을 다스릴 능력을 발휘한 새로운 정치적 인간형이 제시되고 있다.

한편 이들과 같은 적극적인 행동은 아니라 해도 시정의 일각에서 체제에서 초탈하여 스스로의 생활환경을 만들어가는 책장수, 건어물 행상의 이야기가 있는가 하면, 종의 신분으로 글을 익혀 스스로 의식 수준을 높여가는 이야기, 시운(時運)을 알아서 약을 지어주기 때문에 효력이 컸다는 의원의 이야기 등이 흥미로우며, 특히 악공·화공 등이 봉건 정부에 예속된 예인(藝人)·귀족층의 취미생활 뒷바라지꾼의 위치에서 점차 스스로의 예술세계를 확보해나가는 자기 발견의 노력이 담긴 소설들이 많다. 예술사가들이 밝혀낸 조선후기 예술세계의 새로운 경향은 이들 소설 속에 나타나는 예인들의 노력의 결과였던 것이다.

'저항과 좌절을 통해서 본 민중기질'에서는 체제에 대항하는 인간형이 좀더 구체적으로 나타나 있다. 체제에 대항하는 인간형이 역적으로 나타난 경우는 거의 없고 대체로 의도(義盜)로 그려지며 민중세계의 영웅으로 나타난다. 홍길동, 임꺽정형의 도적이 준 강한 인상이 조선후기에까지 민중세계 속에 깊이 남아 있었음을 이들 소설이 잘 설명해주고 있는 것이다.

홍길동, 임꺽정 등이 활약한 조선중기보다 조선후기는 지배층의 반역사성이 더욱 심화됐던 반면, 민중세계의 의식수준은 더욱 높아져 있었다. 지배층이 당쟁의 수렁 속에 깊이 빠져들어가는 한편, 민중세계는 상공업의 발전, 농업경영 형태의 변화 등을 통해 어느정도 안정을 얻고 있었다. 그러나 명화적(明火賊) 등의 이름으로 농촌사회에는 군도(群盜)의 출몰이 실제 끊어지지 않았고 민중세계는 홍길동이나 임꺽정의 출현을 계속 기대했던 것이다.

이 시기의 소설들이 관물을 털거나 관아를 습격하여 약탈물을 가난한 자에게 나누어주는 의도를 즐겨 소재로 삼고, 더 나아가서 그들을 오히려 영웅호걸로 성격 지우고 있는 것은 이와 같은 민중세계의 기대를 배경으로 하고 있는 것이라 볼 수 있을 것이다. 민중세계가 의도의 출현을 기대하는 것은 생활의 곤궁에도 원인이 있었지만, 한편으로는 이미 반동화된 조선적 지배체제와 당쟁의 소용돌이에 빠져 헤어날 줄 모르는 지배층에 대한 저항심이 바탕이 된 것이라 볼 수도 있을 것이며, 이 경우는 민중세계의 의식성장이 그 근원적인 원인이라 생각할 수도 있을 것이다.

그러나 이와 같은 민중세계의 저항에는 넘을 수 없는 한계가 있음도 간과할 수 없다. 그들의 저항은 탐관오리나 당쟁에 빠져버린 집권 양반 층이 대상이 될 뿐, 조선왕조의 왕권 자체에까지는 미치지 못한 것이 아 닌가 하는 것이다. 저항과 반대가 왕권에까지 미치지 못할 때 탐관오리 나 집권 관료층의 횡포는 언제나 움직일 수 없는 뿌리 위에 서 있게 마 련이며, 이 경우 민중세계의 저항은 좌절로 그리고 풍자와 해학으로 빗 나가는 것이 아닌가 생각하는 것이다.

한걸음 전진한 민중의식이며 한 단계 높아진 저항의식이지만, 왕권까 지를 적으로 설정할 수 있는 차원에까지 가지 못했을 때, 역사적으로는 정치혁명을 유발할 조건이 이루어지지 못하고, 문학작품상으로는 풍자 와 해학 그리고 결국은 좌절의 인간형만이 그려지는 것이 아닌가 생각 해볼 수 있다. 그리고 이 점에서는 역사학이 찾아낸 조선 후기와 소설이 담아놓은 조선 후기가 불행하게도 일치하고 있는 것이 아닌가 한다.

맺음말

『이조한문단편집』을 읽으면 한 시대의 역사와 문학이 거의 빈틈없이 만나고 있다는 느낌을 갖게 된다. '부편'을 제외한 총 176편의 작품이 뽑을 수 있는 만큼 뽑은 것인지, 아니면 일정한 내용상의 기준에 의해서 뽑은 것인지 분명하지 않지만, 우리의 생각으로는 이 시기의 역사성을 바탕으로 하여 뽑은 것이라 추측된다. 더구나 편역자의 학문적 배경이 역사와 문학의 만남 내지 공존을 충분히 이해할 수 있는 위치에 있다는 점에서 작품을 뽑은 안목을 다시 생각하게 한다.

편역자 서문에서도 이 시기에서의 상품화폐경제의 발달로 인한 도시 형성과 농촌의 변화, 양반층의 몰락과 중인계급·상공업자·농민층에서의 신흥부자의 대두, 장차의 역사 담당 계층으로서의 민중 등 역사적 배경을 바탕으로 한 사실과, 우리 문학사의 재구성과 함께 조선후기 사회경제사 내지 사상사 연구의 자료적 가치까지를 염두에 둔 사실을 밝히고 있는 것으로 보아도 작품 선정의 속마음을 어느정도 짐작하게 되며, 전체 작품을 '부'와 '성과 정' '세태' '민중기질'로 나누어 편성한 데에서도 그것을 엿보게 된다.

한편 작품마다 제목을 새로 정한 데서도 편역자의 문학관과 역사의식이 함께 담겨 있음을 볼 수 있다. 조선후기사 연구의 최근 업적에 대한 전문가적 이해가 없고는 적절한 제목을 달 수가 없었을 것이다. 다만 역사연구의 전문가적 지적이 문학작품 이해에 오히려 너무 직수입되어서 문학작품 이름으로는 다소 부적당하지 않을까 생각되는 경우도 있다.

근래, 특히 조선후기사의 연구업적이 문학사연구와 깊이 연결되어서 문학사적 논쟁을 불러일으킨 경우와, 다른 한편으로는 이 시기의, 특히 사회경제사적 연구성과가 문학작품 활동에도 상당히 원용되고 있음을 우리는 알고 있다.

우리의 단견으로는 지난 시대를 다룬 문학작품이 좁게는 그 시대 사정에 정통하고 넓게는 시대사조와 연결될 때 흔히 말하는 멜로드라마적 단계를 넘어설 수 있으며, 반대로 역사학연구 역시 그 시대의 문학적 세계를 이해해야만 학문적 윤기를 가질 수 있는 것이 아닌가 한다.

이와 같은 눈으로 볼 때 『이조한문단편집』에 실린 170여 편의 작품은 그 자체가 우리의 중세말기 문학사 정리에 좋은 자료가 될 것임은 물론, 앞으로의 작품활동을 위해서는 시대 사정과 시대사조까지를 알려주는 자료가 되어 풍부한 작품 소재를 제공해줄 것이며, 조선후기사 연구에도 새로운 윤기를 넣어주는 자료가 될 것이라 기대된다. 편역자의 의욕도 바로 이 점에 있을 것이다. (1973)

5. 소설 『토지』와 한국 근대사

역사서술과 역사소설

역사가가 역사를 서술할 때나 작가가 역사소설을 창작할 때는 모두 역사적 사실을 바탕으로 하게 마련이지만, 그러나 역사서술과 역사소설 사이에는 상당한 차이점이 있다. 그 차이점을 얼른 생각하기에는 문학이 주로 인간의 문제를 다루고 역사는 주로 정치적·경제적·사회적 제도나 문화적 현상을 다루기 때문에 생기는 것이라 말할 수도 있겠지만, 좀더 문제를 좁혀서 역사적 사실을 다루고 이용하는 데만 한정해 생각해보아도 큰 차이가 있음을 알 수 있다.

역사가에게 역사적 사실이란 역사학이 자랑하는 고증에 의해 역사학계 일반이 만들어놓은 어느 울타리 안에 들어 있는 '사실'이며, 따라서 역사가가 그 '사실'을 다룰 때도 울타리 안에서의 다룸에 한정되게 마련이다. 혹시 어느 역사가가 '사실'을 그 울타리 밖으로 끌어내어 요리하는 경우 역사학계 일반은 그것을 '사실'로 인정하지 않고 '허위'로 취급하게 마련이다. 이 때문에 역사소설을 쓰는 작가가 역사학계가 쳐놓은 울타리 안의 '사실'을 울타리 밖으로 끌어내어 작품에 이용하는 경우 역사학계는 불쾌해하기 마련이며 '사실'대로 써주기를 요구하는 '실례'를 범하게 마련이다.

역사학은 사료(史料)의 행간에 있는 '사실'에 충실할수록 '사실'로서의 가치가 높은 것으로 여기는 속성이 있는 데 반해, 역사문학 쪽에서는 사료 행간에 있는 '사실'만의 연결로는 역사 서술은 될지언정 창작으로서의 역사소설은 될 수 없는 것이라 항의하게 마련이며, 사실 사료 속의 '사실', 역사학 울타리 속의 '사실'만으로 문학적인 창작을 하라는 역사학 쪽의 요구는 '실례'가 아닐 수 없다. 사료에만 충실한 역사서술은 문학 쪽에서 보면 '인간 부재'의 문학으로 보일 수 있으며, 역사문학이 '인간 부재'의 문학이 되지 않기 위해서는 역사학의 울타리 안에 있는 '사실'을 벗어나서 '역사문학적인 사실'을 더 많이 만드는 데 있다고 생각할 수도 있다. 그러나 역사문학이 '역사문학적인 사실'을 만들면 만들수록 역사학 쪽에서 보는 그것은 역사와 동떨어진, 역사소설이 아닌 허구만의 소설에 지나지 않는 것이다.

역사학이 '사료적인 사실'에 충실하면 할수록 그것과 역사문학과의 거리는 멀어질 것이며, 역사문학이 문학으로서의 방법에 충실할수록 역사적 사실로부터 멀어져가게 마련이다. 역사학 쪽에서는 역사적 사실에 충실하다 하여 작품의 문학성이 줄어드는 것은 아니며, 역사적 사실에 충실하면서 쓰인 역사소설이야말로 그 임무를 다한 역사문학이라 말할 수 있겠지만, 반면 역사문학 쪽에서는 역사학 쪽에서 말하는 '사실'이란 얼마나 믿을 수 있는 것인가 하고 의문을 제기할 수도 있다. 역사학이 '사실'에 얽매이는 정도와 역사문학이 그것에 얽매이는 정도가 같다면 역사학과 문학의 차이가 무엇인가 하고 반문할 수도 있을 것이다. 이렇게 보면 역사적 사실을 둘러싼 역사학과 역사문학의 이해는 영영 엇갈리게 마련이며, 역사학과 역사문학의 화해는 거의 기대할 수 없는 일인 것같이 생각되기도 한다.

그러나 생각하기에 따라서는 역사학과 역사문학 사이의 이와 같은 불화는 해소될 수 있으며, 더 나아가서 역사가가 역사를 서술할 때의 태도와 작가가 역사문학을 창작할 때의 태도는 근본적으로 같은 것이라 생각할 수도 있다. 왜냐하면 역사학이나 역사문학이 그 자료를 모두 과거의 사실에서 구하고 있지만, 그것이 모두 현재적 조건을 바탕으로 하여 과거의 사실을 다루고 있으며, 결국은 현재를 어떻게 인식하느냐에 따라 역사학연구나 역사문학 작품의 가치가 평가되기 때문이다.

역사서술과 역사문학의 창작이 같은 태도에서, 즉 역사의식과 작가의식이 합치된 상태에서 이루어질 수 있고, 또 역사학의 연구와 역사문학의 창작이 그 현실인식을 기준으로 하여 가치평가된다고 해도 역사학과 역사문학 사이에 전혀 차이가 없다는 말은 물론 아니다. 역사학이 전체적으로나, 부분적으로나 전혀 허구성이 허용되지 않는 데 반해, 흔히 말하는 것같이 역사문학은 부분적으로는 허구가 있다 해도 전체적으로 역사적인 진실에 접근하고 있다면 훌륭한 작품으로 인정받을 수 있다는 것이다. 다시 말하면 어느 작가의 작가의식이 같은 시대 역사학자의 역사의식과 일치하는 경우, 또 그 작가의식이 시대정신을 적절히 포착하여 공감대를 넓히는 경우, 그것을 한층 더 효과적으로 표현하기 위한 문학적 허구성의 적용은 허용되어도 좋다는 말이며, 여기에 역사학과 역사문학의 차이점의 하나가 있다는 말이다.

그뿐만 아니라 한걸음 더 나아가서 전체적인 진실을 효과적으로 표현하기 위해 원용하는 '허구' 때문에 문학은 오히려 역사학이 도달하지 못하는 역사적 진실에 더욱더 다가갈 수 있는 경우도 있음을 알아야 할 것 같다. '허구'가 허용되는 것이 역사학에 비한 역사문학의 일종의 특권일 수 있으며, 이 특권이 곧 역사문학으로 하여금 역사학에 앞서서 역사적 진실에 접근하게 하는 요인이 될 수 있는 것이다. 사료에 철저히 얽매이게 마련인 역사학은 사료의 구속력 때문에 역사적 진실에 접근하지 못하는 경우가 많다. 사료라는 것은 역사가가 역사적 진실, 역사적 현재성에 도달할 수 있는 유일한 길잡이인 동시에 한편으로는 그것들에의 접근을 방해하는 장애물이기도 하다. 역사가가 사료 없이 직관력과 상상력만으로 어느 역사적 진실에 접근할 수 있었다 해도 역사학적 방법론으로는 그 논증이 불가능한 것이다.

이와 같이 역사학은 사료의 속박에서 벗어날 수 없는 약점을 가지고 있다. 사료의 부족 때문에, 또 사료가 가진 허위성 때문에 도달해야 할 진실에 절반도 접근하지 못하는 경우가 역사학에는 얼마든지 있을 수 있으며, 어쩌면 역사학이란 본래 그런 것이라고도 할 수 있다. 그러나 역사소설은 역사서술에 비해 사료로부터의 해방도가 훨씬 높다. 역사학이 온갖 정력을 기울여도 사료의 부족 때문에 혹은 사료가 가진 허위성에 현혹되어 도달하지 못하는 역사적 진실, 역사적 현재성에 역사소설은 작가의 예민한 직관력과 풍부한 상상력을 매개로 하여 쉽게 도달하는 경우가 얼마든지 있을 수 있는 것이다. 역사학이 사료의 부족 때문에 혹은 사료의 행간에만 얽매이기 때문에 메울 수 없는 역사상의 공간을 역사문학이 오히려 메울 수 있는 경우도 생각할 수 있으며, 작가들의 직관력과 창의력으로 역사학이 찾아낸 진실, 사료에 얽매인 진실 이상의 진실을 찾아내는 경우도 있을 수 있다는 말이다.

물론 역사학의 경우도 그 역사서술이 완전히 사료에 얽매여서 역사학자의 상상력이나 창의성이 전혀 적용될 수 없는 것은 아니다. 그러나 그들의 상상력이나 창의성이 적용될 수 있는 범위는 이미 확인된 사실과 사실을 연결하는 범위 안에서만 허용될 뿐 그 이상은 넘어설 수 없다. 이미 정해진 두 개의 점을 연결하는 과정에서만 그 상상력이나 창의성이 허용될 뿐이다.

그러나 이에 비해 작가들은 사료나 단순한 사실 밖에 있는 현실성을 논리나 또 구구한 사실을 넘어선 현실적 파악이 모두 사료에 얽매이는 역사학자들보다 앞설 수 있으며, 이 때문에 작가들의 상상력 및 창의력의 적용은 훨씬 자유스러울 수 있는 것이다. 역사학 쪽은 구체적 사실에 충실한 역사소설을 계속 요구하지만, 구체적 사실에 충실하면서도 역사의 전체적인 흐름에 역행하는 반동적인 작품보다 구체적인 사실의 표현에는 작품의 효과를 높이기 위한 과장이나 허구가 있다 해도 그 작품의 전체적인 흐름이 역사발전의 전진적인 방향과 궤도를 같이하고 있다면 높은 평가를 받아서 당연하며, 사료에 속박되어 구체적인 사실을 밝히는 데만 그쳐버린 역사서술보다도 오히려 역사에 대한 이해를 높이는 구실도 다할 수 있을 것이다.

부분적으로는 허구나 과장이 있어도 전체적으로 역사의 진실에 접근하고 있다면 용납될 수 있는 점에 역사문학의 '자유'가 있으며, 이 점이 바로 부분도, 전체도 허구나 과장이 용납될 수 없는 역사학과의 차이점이다. 역사학이 이와 같은 역사문학과의 차이점 내지 역사문학이 가진 일종의 '특권'을 인정하고 나면 역사학을 연구하는 태도와 역사소설을 쓰는 태도가 본질적으로 같은 것이라 수긍할 수 있으며, 구체적 사실에 충실한 작품만을 쓰라는 '무례'를 범하지 않을 수 있는 것이 아닌가 한다.

먹고 잠자는 일밖에는 아무것도 할 수 없는 그런 조건 아래서 무더운 여름철의 대부분을 보낸 적이 있었다. 이렇게 막막한 세월에 천만다행하게도 『토지』를 읽을 수 있었고, 특히 주인공의 한 사람 김환의 삶과 죽음에서 감명과 위안을 함께 받을 수 있었다. 부분적인 '허구'가 소설로서의 재미를 높여주었고 전체적인 진실에 크게 공감할 수 있었기에 문학을 잘 모르면서 작품 읽은 감상을 글로 쓰고 싶은 충동을 느꼈다. 『토지』를 통해서 평소에 자주 생각하고 있었던 역사서술과 역사소설의 다른 점을 다시 한번 따져보고 싶었고, 또한 역사학이 사료적 한계성 내지 연구환경의 불편 때문에 미처 밝히지 못했던 우리 근대사의 일부를 사료에서 해방된 『토지』가 오히려 밝혀내고 있는 것이 아닌가 하는 생각을 가지게 된 것이다.

대한제국의 성립에서부터 광주학생운동까지 30여 년간 우리 역사의 수난기를 배경으로 하고 있는 1부에서 3부까지의 『토지』는 그 무대가 한반도뿐만 아니라 만주, 연해주에까지 걸쳐 있으며, 특히 이 기간 중국 대륙에서의 정세 변화도 폭넓게 다루고 있지만, 우리의 관심은 역시 이 소설이 우리 근대민족운동사의 줄기와 성격을 어디에서 구하려 했는가 하는 점에 쏠린다.

『토지』에 나타난 '백성'의 국가관

조선왕조의 전제군주체제가 국민혁명으로 무너지지 않고 외국의 침략에 의해 무너졌기 때문에 이후의 우리 역사가 진 부채는 컸다. 군주주권을 철저히 거부한 역사 경험이 적었기 때문에 국민주권을 철저히 요구한 역사가 많지 못한 것이다. 외국의 식민지로 전락한 가장 중요한 원인을 일본의 군사적 우위나 그 침략성에서 구하기보다 국민혁명의 달성, 국민주권주의의 확립에 성공하지 못함으로써 국민들의 주권 수호를 위한 책임과 용기가 부족했던 점에서 구하는 것이 그야말로 주체적인 역사인식 태도라 생각되지만, 대한제국시기의 애국계몽운동이 왕권을 철저히 부정하지 못했고 이 때문에 일제시대의 복벽주의운동도 독립운동이라 생각되었다.

국사학은 아직도 구한말의 애국운동·민족운동이 군주주권, 국민주권을 가리기 이전에 항일운동이었던 것으로 이해하는 경우가 많으며, 군주주권체제를 깨뜨리고 국민주권체제를 이루었을 때 주권수호운동·애국운동의 열의와 책임이 더욱 높아진다는 역사인식에 아직 철저히 미치지 못하고 있는 경우가 많다. 그러나 『토지』에는 독립운동전선에서의 복벽주의와 국민주의의 문제를 한층 더 선명히 해보려는 작가의식이 있고, 이 점에서 역사학 측의 공감을 얻고 있다.

『토지』에 등장하는 인물 가운데 김훈장 같은 사람은 몰락양반으로 의병운동에 참가했다가 망명생활을 하면서도 "선비놈들이 나라 망해 먹었으니 선비놈들은 구구로 있어라. 자유다, 평등이다. 상감이 무엇이냐, 서양에선 상감이란 없다. 고깃간 주인도 제 잘나면 우두머리가 된다"고 하게 된 개화 풍조를 죽을 때까지 개탄했다. 어쩌면 척사위정론자의 하나의 유형으로 등장시킨 인물이 아닌가 하지만, 이런 유의 인물들이 펼친 '독립운동'은 대부분 복벽주의운동이었다.

같은 양반 출신이면서도 청백리의 후손으로 청렴하게 살면서 상민을 동정했고, 김훈장이 전혀 용납할 수 없었던 동학농민혁명군을 오합지졸이 아니라 지도자와 민중이 뭉쳐서 태운 정열이라 이해한 독립운동가 이동진의 경우는 국가관, 군주관이 상당히 달라져갔다. 만주지방으로 망명하려고 하는 이동진에게 친구이며 최참판 댁의 당주인 최치수가 "자네가 마지막 강을 넘으려 하는 것은 누굴 위해서, 백성인가 군왕인가?" 하고 물었을 때 그는 "백성이라 하기도 어렵고 군왕이라 하기도 어렵네. 굳이 말하라 한다면 이 산천을 위해서, 그렇게 말할까" 하고 대답했다. 국왕을 위해 '독립운동'에 투신하는 순수 복벽주의자는 아니었다 해도 아직 완전한 공화주의 독립운동가는 못 되었던, 막연히 제 나라

산천을 위해서 독립운동전선에 참여하려 했던 사람이 다소 개명한 양반 출신 독립운동가 이동진이었던 것이다.

국왕의 편인지 백성의 편인지, 복벽주의자인지 공화주의자인지 자신도 잘 모르고 망명길에 들어선 이동진이었지만 일단 독립운동 전선에 뛰어든 뒤의 "그는 냉혹하게 국가와 황실을 새로운 각도에서 인식하려 했다. 시베리아 벌판에 우뚝 선 자기 그림자, 한 인간의 모습을 처음 만난 듯싶었고 군주의, 권좌의 부당성을 깨달았다. 국가나 민족의 관념도 무너지는 것을 느꼈다. 그것은 불행한 이성, 그 불행한 이성이 마음속에 터전을 잡으려 했을 때, 그러나 감정은 창을 들고 일어서서 아우성을 치며 반란을 일으키는 것이었다." 이동진이 독립운동전선에 뛰어든 후에야 비로소 왕권이라는 것이 무엇인가를 본격적으로 회의하게 되지만, 그렇다고 하여 아직 그것에 대신할 만한 확고한 대상이 이루어지지도 않았던 것이다. 그는 망명한 이유를 '산천을 위해서'라 했고, 그 산천이란 것을 '내 나라 내 땅'으로 이해하고는 있었지만 아직도 근대적인 민족관이나 국가관이 확립되지 않았던 상태라 할 수 있을 것이다.

일제시대의 독립운동 초기에는 아직도 복벽주의운동이 있었다. 3·1운동 이후 상해임시정부가 성립되고 난 뒤에도 간도지방의 대한국민회장 구춘선이 "임시정부 밖에 서 있는 저들 복벽주의 단체들의 군인이 되어 죽으면 아무 가치도 없고 아무 성공도 없다. 가치있고 성공 있게 죽으려 하면 공화정부의 군적에 등록하여 공화정부의 군인이 될 것이다" 하고 만주지방 교포사회의 독립운동 병력을 복벽주의자들에게 빼앗기지 않으려 노력하고 있었던 것으로 보아도 양반 출신 독립운동가 이동진이 확고한 공화주의자가 되기에는 상당한 시일이 필요했음을 이해할 수 있는 것이다.

같은 양반 출신이면서도 김훈장의 국가관과 이동진의 그것 사이에 차이가 있었지만, 상민 출신 독립운동가의 국가관은 이들과는 또 다르다. 간도 용정촌에서 손꼽히는 자산과 명망이 있으며 학교를 설립, 경영하고 있는 상민 출신 송병문의 아들 송장환과 이동진의 아들 이상현의 대화에서 그 차이점은 잘 드러난다. 송장환이 "평소 생각하는 일입니다만, 이곳에 와서 운동을 하고 계시는 분들 대부분이 국가와 왕실을 분리해서 생각지 않는 모양이더군요. (…) 우리 독립투사들의 통치자에 대한 생각은 달라져야 하리라 믿습니다. 충성심의 대상이 임금이어서는 안 되겠다 그 말입니다. 이제는 일반 서민들에게 왕을 국가의 상징으로 납득시킬 수 없지요" 하고 말했을 때 이상현은 "이곳에서 운동하는 분들 모두가 국왕에 대한 충성을 운동의 이념으로 삼고 있는 것은 아니라 생각하는데요. 대부분의 인사들은 왕실에 대한 백성들의 감상을 적당히 운동에 불을 지르는데 이용하거나 혹은 이용하려는 그만한 술수쯤으로 생각하고 있지 않을까요" 하고 대답했다.

사실 이상현의 말과 같이 이 무렵까지의 독립운동가 대부분은 아직도 왕실이 나라 망하게 한 장본의 하나라는 생각은 적었고, 복벽주의자가 아니라 하여도 독립운동에 왕실의 이용가치가 있다고 생각하는 경우가 많았다. 공화주의 임시정부가 성립된 후에도 왕자 이강(李堈)을 상해로 데리고 가면 독립운동에 효과가 있으리라 생각하는 사람들이 있었고, 임시정부도 공화제를 채택했으면서도 황실을 우대한다는 조문을 헌법에 넣었다. 그러나 이상현의 말을 들은 송장환은 "그러니까 함께가 아니라 백성이란 예나 지금이나 이용당한다 그 말씀이오?" 하고 반박했다. 같은 양반 출신이면서도 김훈장과 이동진 사이에, 또 이동진과 그 아들 이상현 사이에 국가관, 군주관의 차이가 있음을 짐작할 수 있지만, 이들과 상민 출신 송장환 사이에는 국가관이나 백성관에 본질적인 차이가 있음을 느끼게 한다.

이상현과 송장환의 경우만 비교해보아도 이상현에게 '백성'은 아직도 독립운동 과정에서의 객체에 지나지 않는다. 독립운동가와 '백성'이 함께 주체적 처지에서 독립운동을 수행하는 것이 아니라 '백성'은 독립운동의 주변에 지나지 않으며, 아직도 독립운동은 양반계층이나 일부 개화한 지도자 중심으로 진행되는 것이라 생각되었고, 따라서 왕실도 아직 이들 독립운동가의 일원으로 인식되고 있었던 것이 아닌가 한다. 이런 경우 이들이 추진하는 독립운동은 아직 근대민족운동적인 차원에 이르지 못하고 있는 것이라 보아도 무방할 것이다. 그러나 송장환의 반발은 '백성'도 독립운동의 주체 속에 포함되어야 한다고 생각하고 있는 것이다. 이상현에게 '백성'은 독립운동가가 황실을 이용하여 불을 지르는 대상으로서의 '백성'인 데 대하여, 송장환에게 그것은 곧 독립운동가에 의한 '백성'의 이용으로 받아들여졌고, 이 때문에 반발했던 것이다.

송장환의 경우 독립운동가와 '백성'이 함께 독립운동의 주체가 되어야 한다는 주장이었지만, 또다른 독립운동가 장인걸은 독립운동의 주체가 바뀌어야 한다는 데까지 나아가고 있다. 이동진과의 대화에서 그는 이렇게 열변을 토했다.

우린 개척민들에게 있어선 군식굽니다. 그들을 계몽하여 그들에게 독립운동사상을 고취하고, 그건 망상입니다. 처음부터 잘못이었단 말입니다. 똑똑히 기억해야 할 일은, 그렇지요. 개척민 그네들은 조선 위정자 밑에 살 수 없었던 가난뱅이들이었고, 우린 왜적 치하에서 살 수 없었던 민족주의자들입니다. 그네들은 황막한 무인지경을 피땀으로 일구었습니다. 피땀으로 일할 때 그들에겐 보호해줄 정부도 호소해볼 위정자도 없었습니다. 민족주의자 조오치요, 독립투사 얼마나 훌륭합니까. 그 훌륭한 양반들이 나라 잃고 이곳 타국에 와서 개척민들, 일찍이 버림받았던 그네들을 언덕 삼아 비비댄 건 어쩔 수 없는 일이겠으나 그래, 그들에게 호령하고 지도할 푼수가 되나요. 애국애족이면 단가요, 국토회복이면 단가요, 염치 없는 짓 아니고 뭡니까. 그들에겐 피땀 흘려 일군 땅보다 버림받았던, 은덕이라곤 받은 일이 없는 조국이란게 더 소중할 리없지 않습니까. 제가 무슨 얘길 하는고 하니 그네들에게 주도권을 주라 그 얘깁니다. 그래야만 수십만 인민들은 한 깃발 밑에 모일 거란 그 말입니다. 그들 스스로 그들 속에서만 이 조직은 가능하고 공고할 것이며 확대될 거란 그 얘기죠 (…) 근본적으로 뜯어고쳐야 할 것은 그네들을 종속적 존재로 인식해서는 안 된다 그겁니다. 군자금을 내라, 우리는 독립군이다. 편리를 보아주게, 우린 독립군이다. 그 얘기는 국내에 살 만하여 남은 사람들한테나 할 일이오.

국사학은, 적어도 3·1운동 전후 시기까지 만주 및 연해주의 무장 독립운동은 국내에서 망명해간 독립운동 지도자들이 그곳에 이전부터 형성되어 있던 교포사회를 바탕으로 독립군을 조직하여 국내 침공작전을 비교적 성공적으로 추진했고, 특히 청산리전투·봉오동 전투에서 크게 승리했으나 일본군의 무자비한 간도지방 '토벌작전'으로 독립군의 주력부대가 노령·연해주로 옮겨갔다가 소련군에 무장해제된 것으로 설명하고 있을 뿐, 『토지』에서 장인걸이 말한 독립운동의 내적인 문제점같은 것은 아직 구체적으로 구명하지 못하고 있으며, 따라서 무장독립운동의 실패 요인도 대체로 일본군의 '토벌작전'과 소련의 무장해제에만 돌리고 있는 셈이다.

왕권에 붙어서 권력을 전단하다가, 양반이랍시고 백성을 지배하다가, 나라를 빼앗긴 뒤에도 만주까지 따라가서 일찍이 내버렸던 백성 위에 독립운동을 내세워 또다시 군림하려 한, 군권주의(君權主義)에서 완전히 벗어나지 못한 독립운동가가 독립운동의 주체가 되어 있었다면 일본군의 '토벌작전'이나 소련군의 무장해제가 없었다 해도 실패하지 않을 수 없었을 것이다. 이 시기 노령, 만주 지방의 독립운동사가 주로 몇몇 독립운동가 자신들의 기록이나 일본군 측의 '토벌 기록'을 중심으로 하여 서술됨으로써 독립운동 내부에 있었던 문제점이 제대로 노출되지 않았다고 볼 수 있다. 실패한 원인이 일본군이나 소련 측의 작용, 즉 외적인 조건에만 떠넘겨짐으로써 독립운동전선이 그렇게 분열되었던 원인도 제대로 밝혀지지 않았던 것이 아닐까.

장인걸의 말과 같이 토착 교포에게 독립운동의 주도권이 넘겨졌으면 오히려 교포사회 전체가 단결하여 그들 스스로 조직을 갖추고 통일된 군사력을 갖추어 효과적인 독립운동을 벌일 수 있으리라고 생각할 수도 있을 것이다. 각 독립운동단체들이 난립하여 교포사회를 각자의 세력권 속에 넣기 위한 경쟁을 벌였던 독립운동 내부의 분열상과 취약점까지도 구명될 때 독립운동전선의 진실이 밝혀질 것이다.

20세기 전반기의 우리 독립운동은 항일운동만이 아니라 국민주권국가수립운동도 겸하고 있었다. 따라서 일본의 지배에서 벗어나는 것만이 독립운동의 전부가 아니라, 그보다 못지않게 국민주권주의·공화주의를 완성해야 할 과제도 함께 가지고 있었던 것이다. 송장환과 장인걸의 주장을 통해 본 『토지』에서의 작가의식은 이와 같은 독립운동의 또다른 과제를 부각하고 있으며, 이 점에서 필자와 같은 독자에게 큰 공감을 주고 있다. 국사학이 아직 구체적으로 접근하지 못하고 있는 독립운동전선의 취약점에 사료로부터의 속박도가 약한 역사문학 쪽에서 오히려 더 접근하고 있는 것이라 말할 수 있으며, 이 점에서 역사소설로서의 『토지』가 성공했다 할 것이다.

다만 이와 같은 작가의식에도 불구하고 최참판 댁이라는 하나의 '왕가'가 평사리시대, 간도시대, 다시 진주시대를 통해 왜 농민들의 두렵고도 은혜로운 '왕가'로 계속 군림해야 하는지 역사학적인 일종의 반발을 느끼게 한다. 최씨 '왕가'의 소작농민에 대한 계속적인 군림이, 조선총독부가 그 지배정책의 하나로 지주층을 보호하고 그 지주로 하여금 농민층을 계속 지배하게 한 일종의 식민지 간접 지배정책과는 다르다 해도, 또한 민족 내부의 지배질서를 그대로 유지하는 데 식민정책의 특징이 있음을 증명하려 한 것도 아닌 이상 최씨 '왕가'의 경제적·권위적 존속에는 역사학적 반발이 없을 수 없는 것이 아닌가 한다. 『토지』가 지방 토호 가문의 몰락 과정을 그린 작품이라 볼 수도 있겠지만, 우리의 눈으로는 최참판 댁이 양반가문이면서 상업을 경영하고 종과 혼인했다는 시대적 추이에 따르는 '변화'만 보일 뿐, '몰락'은 보이지 않는 것이다.

농민 중심의 근대민족운동사

『토지』를 읽으면서 또 하나 관심을 끄는 것은 이 소설이 대한제국시대에서 일제식민지시대에 걸친 외세침략 과정에서 그것에 대응하는 한편, 민족 내부의 역사적 과제를 해결해야 하는 우리 근대민족운동의 큰 줄기를 어디에서 잡으려 했는가 하는 문제였다.

이 소설이 시작되는 1897년은 조선이 대한제국으로 '신장개업'하는 해이다. 작가도 이 점에 착안하여 소설의 출발점을 잡은 것이 아닌가 하지만, 동학농민혁명이 실패하고 갑오경장, 민비살해사건을 겪고 독립협회운동이 바야흐로 그 절정기에 올라서려던 때이며 동학농민혁명군의 잔여세력이 을미년의 의병운동에 가담했다가 아관파천으로 인한 의병 지휘부 유생층의 후퇴로 다시 실패하고 새로운 투쟁의 기회를 기다리고 있던 때에서 이 소설은 시작된다.

일반적으로 말하면 이후 민족운동의 맥락은 독립협회운동으로 연결되게 마련이지만, 『토지』에서 독립협회운동을 보는 눈은 우리가 흔히 접할 수 있는 국사학의 그것과는 다름을 볼 수 있다. 이 무렵의 『토지』가 경상도 하동 평사리라는 작은 농촌마을을 중심으로 전개되었고 독립협회운동이 지식인, 그것도 도시 지식인 중심이며 서울을 비롯한 대도시에 한정된 운동이었기 때문에 독립협회운동을 충분히 소화할 사정이 아니었다고도 할 수 있지만, 그것만이 아니고 독립협회운동 자체를 보는 눈에도 차이가 있는 것이 아닌가 하는 것이다. 작가 본래의 의도와는 달리 읽는 사람이 자기중심으로 생각할 수도 있고, 그 점이 작가에게 폐가 되는 일이 허다하지만, 개화 양반 조준구가 서재필이 독립협회를 만들었다가 그대로 부지하지 못하고 미국으로 돌아간 사실을 안타까워하자 중인 출신의 문의원이

돌아갈 수밖에 없지 않소. (…) 그 양반이 명문의 자제로서 호의호식할 수 있었겠는데 20세의 약관으로 장사들을 이끌고 국사를 바로 잡을 충심에서 거사한 것도 장하고 만리타국, 말조차 통하지 않는 남의 나라에 가서 빈주먹으로 의술을 배운 것도 장한 일이었소. 허나 그 양반이 어디 우리나라 백성이오.

라고 한 데서 『토지』의 독립협회관의 일부가 나타나 있지 않나 한다.

독립협회운동 전체가 민중 속에 차츰 뿌리내려가고 있었다거나 서재필 없는 독립협회도 유지될 수 있었다고 말할 수 있지만, 개화파 중심의 정치운동이요, 도시민 중심의 문화운동이었던, 동학혁명군이 비도(匪徒)로밖에 보이지 않았던, 동학농민혁명군이나 의병이 서울을 범할 것이 두려워 외국군대가 들어와 있는 것이 낫다고 생각한 독립협회운동이 『토지』가 엮은 민족운동의 줄기에서 소외된 것은 오히려 당연할지 모른다.

『토지』에서의 동학농민혁명 이후의 민족운동은 '을사조약' 이후의
의병운동으로 연결된다. 지금까지의 역사서술에서는 사료의 제약 때문
에 최하 단위의 의병부대들이 구체적으로 어떤 형태로 왜 결성되었는
지 밝히기가 어려웠다. 다만 유명한 어느 유생 출신 의병장이 어디에서
어떤 격문을 돌리고 군사를 일으켰는데, 그 군사의 수는 얼마나 되었고
장비는 어떠했으며 어디에서 정부군과 싸워서 어느정도의 전과를 올리
고 어떻게 패했다는 피상적인 설명밖에 할 수 없었다. 즉 유생층이 근왕
(勤王)을 목적으로 일으킨 의병에 농민들이 왜 동조했는지, 농민들에게
도 그만큼 왕에 대한 충성심이 있었는지, 의병을 일으킨 유생의 이해문
제와 그것에 가담한 농민의 이해문제가 일치했는지, 밝히지 못하고 있
는 의문이 많은 것이다.

　사료에 속박받지 않는 소설 속의 의병인 평사리 의병부대는 어느 역
사책에서도 볼 수 없는 최소 규모의 부대지만 그 기병(起兵) 과정이나
동기에서 상당한 실감과 공감을 느끼게 한다. 한 마을 단위의 최소 규모
의병이 거창한 준비나 명분의 내세움 없이 자연발생적으로 일어나는
과정을 읽고 있으면, 사실 의병이란 바로 이런 것일 거라는 느낌을 가지
게 되는 것이다.

　민비살해사건 이후의 의병보다 정미7조약으로 인한 군대해산 이후
의 의병은 그 지도부도 유생에서 평민으로 뚜렷이 바뀌어갔다. 바로 이
무렵에 일어나는 평사리 의병도 상놈 목수 윤보와 몰락양반 김훈장의
신분을 넘어선 협력에 의해 일어나지만, 근왕을 목적으로 의병에 가담
하는 김훈장은 실제로 상징적인 존재에 불과하며, 의병부대의 실질적
인 지휘자는 상놈치고는 제법 식견이 넓고 과묵하면서도 의리있는 목
수 윤보다.

　이제는 친일파 조준구가 독차지한 최참판 댁의 곡식과 패물을 빼앗

아 군자금으로 삼으려 하는 평사리 의병계획을 화적떼와 같은 짓이라 반대하는 김훈장에게

　　머라캤입니까. 화적 떼 겉은 소행이라 말씸하싰읍니까. 그라믄 묻겄임다. 서울서 우리 군사가 무기고를 부싀고 왜군하고 쌈질한 거는 멉니까. 그것도 화적 떼 겉은 소행입니까. (…) 머 이런 일을 경영한다고 해서 잃은 나라를 당장 찾을 수 있는 것도 아니겄고 왜군이 물러설 기라는 생각도 없입니다만 부모가 돌아가시도 곡을 하는 법인데 나라가 죽는 거나 진배없으니 자결하는 것도 충절이겠지마는 죽기로 작정하고 싸워보는 기이 지금은 도리가 아니겄입니까.

하고 설득하고 있다. 이것이 평사리 의병장 윤보의 꾸밈없는 기병 격문이라 할 수 있으며 김훈장으로 하여금 결국 상놈들과 함께 의병을 일으키게 한 명연설이었던 것이다.

　　우리는 아직 구한말 평민 의병장의 기병 격문을 찾지 못하고 있다. 그러므로 양반이 지배하는 양반의 나라 조선이 망하는데 항상 천대받고 빼앗기기만 한 상놈들이 왜 목숨을 걸고 의병이 되었는지 그 선명한 이유를 역사학은 아직 밝히지 못하고 있는 것이다. 그러나 『토지』에 의하면 상놈 의병장 윤보가 의병을 일으킨 동기는 나라가 죽는 마당에 자결하는 것보다 싸워보는 것이 도리라는 데 있다. 서울에서 군대해산 때의 시가전에 뛰어들었던 윤보의 기병 동기는 나라의 죽음에 있었고, 그의 기병에 평사리 농민들이 호응한 이유는 최참판 집 재산을 빼앗은 친일파 양반 지주 조준구에 의한 소작 조건의 악화와 심한 수탈에 있었다.

　　유생 의병장들과 같은 거창한 격문이 없어도 평사리 의병부대의 기병 동기는 너무도 분명하다. 상놈 의병장에게는 임금이 아닌 나라가 조

금은 보이기 시작했고, 농민들에겐 나라에 앞서서 새로 들어선 친일 지주의 수탈이 이미 피부로 느껴지게 된 것이다. 따라서 '을사조약'과 군대해산 이후에 오게 되면 '나라의 죽음'과 친일지주의 수탈이 이 시기 의병투쟁의 주된 동기이며, 김훈장이나 생각하고 있었을 임금에 대한 충성심은 의병투쟁의 동기로서는 차차 퇴색해가고 있었던 것이다.

국사학은 대체로 1907년 군대해산 이전의 의병운동을 근왕운동으로 보고, 그 이후의 의병투쟁을 독립전쟁적인 성격으로 보려 하고 있다.

평사리 의병은 특히 그 동기에서 역사적 진실에 상당히 접근하고 있는 것이며 이 때문에 독자의 공감을 사고 있는 것이다. 국사학이 지금까지 엮어놓은 우리 민족운동의 줄기는 의병세력이 '한일합방' 이후 만주지방으로 옮겨가서 무장투쟁을 벌임으로써 독립전쟁으로 발전하고, 국내의 무장항쟁은 '합방'을 전후한 일본군의 이른바 '남한대토벌작전'으로 거의 지속되지 못하다가 국내 민족운동은 3·1운동과 같은 형태로 나타나는 것으로 되어 있다.

『토지』에서는 동학혁명의 직접적인 맥락으로서 일제시대 초기 지리산에서의 저항운동을 설정하고 있다. 김개남을 염두에 두고 설정한 인물이 아닌가 싶은 동학농민혁명군의 대장 김개주의 아들 김환과 운봉노인, 윤도집이 중심이 되고, 연곡사의 중 혜관까지 합세한 이 저항운동 단체는 동학교도 중 시천교, 천도교의 어느 파에도 전신하지 않은 세력을 규합하여 이루어진 것이다.

지금까지 국사학이 찾아낸 동학농민혁명군 잔여세력의 활동은 그 일부가 초기 의병투쟁에 가담했다가 그것이 아관파천으로 중지된 후 활빈당(活貧黨)을 만들어 사전(私田)혁파, 철도부설권 양여 반대 등 국정민원(國政民寃) 13조 등을 발표하면서 경주와 양산 통도사 등지에 출몰하여 부자들의 재산을 털어 빈민들에게 나누어주는 활동을 계속하다가 대체로 1904년경에 해체된 것으로 되어 있다. 국사학이 자료의 제약으로 활빈당 활동밖에 찾아내지 못하고 있지만 일제시대 삼남지방에 그야말로 우후죽순처럼 나타난 신흥종교들이 대부분 동학과 맥을 잇고 있는 것으로 미루어보아도 동학농민혁명군의 잔여세력이 군대해산 후의 의병항쟁에도 연결되었고 '한일합방' 후에도 활약했을 가능성은 있다.

여러분도 아시다시피 오늘 우리는 어렵게 이런 자리를 마련하여 한 곳에 모였소. 이같은 모임은 처음 있는 일이요, 그런 만큼 매우 중요한 일이외다. 그간 우리 동학은 필설로는 다 못할 고난의 길을 걸어왔고 당시 제도구민, 보국안민의 기치 아래서 학정을 쳐부수고 일본에 항쟁한 영광의 동학을 생각하고 무수한 동학의 피가 산천을 적신 그 마지막 싸움 이후 수십 만 동학이 친일파로 혹은 중도파라고나 할까, 아무튼 싸움을 잊은 형편이며, 더러는 일개 화적당으로 전락하여 잔명을 보존하는 이 기막힌 세태를 생각할 적에 가슴에 불기둥이 솟는 것은 여러분도 매일반일 것이요. 이 차중에 비록 그 수효에 있어서 미약하나마 절을 굽히지 아니하고 가슴에 불길을 그대로 간직해 온 여러분이 이렇게 한자리에 모인 것에 감회가 없을 수 없겠소.

주재소에 불 지르고 왜 순사 등에 칼 꽂는 일을 개별적으로 해오던 '지리산 동학당'의 요원들을 처음으로 모아놓고 원로격인 운봉 노인이 한 인사말이다.

동학사상이 반드시 혁명군의 사상이 되었느냐, 혁명군과 동학교단이 얼마나 연결되어 있었는가 하는 문제를 두고 국사학은 의문을 표시하는 경우가 있었으나, 시천교와 천도교로 '전신'할 수 없었던 동학농민혁명군 및 동학교단의 잔여세력을 국사학은 거의 찾아내지 못했다. 다만 일제시대의 신흥종교들 속에서 그 흔적을 발견하는 정도지만, 『토지』에서의 동학농민혁명군 잔여세력도 그들의 진로를 결정하기가 쉽지 않았다. "의병이기보담 동학교도란 말시. 칼을 휘두르는 한편 사람 맘에다 하눌님 뜻도 전하여야 한당께로. 그래야만 우리가 칼을 휘둘러 왜놈을 치는 명분도 서는 거 아니겠어" 하는 의견이 있는가 하면, "명분이고 개뿔이고 바린 말 할 것 같으믄 우리네야 몰린 쥐니께 목심 내놓은 것밖에 확실한 얘기는 못할 기구마. 그렇잖으믄 아예 애시당초 집어치웠던 기라" 하고 반박한다.

일본군의 철저한 탄압 앞에서 교(敎)를 위주로 하여 세를 확대해나갈 것인가, 당(黨)을 위주로 하여 투쟁을 앞세울 것인가 하고 논쟁이 벌어지는 장면은 동학농민혁명 당시의 남접과 북접의 대립을 연상하게 한다. 교를 앞세운 나머지 사교(邪敎)로 변질해버리는 한 패도 있지만, 작가가 바라는 '지리산 동학당'의 길은 혜관이 윤도집에게 권한 길이 아닌가 한다.

15년 뒤도 좋고 50년 뒤까지 기다려보는 것도 무방하지만 그 기간 동안 백성들은 잊을 것이요. 교활 무쌍한 왜 위정자들 수수방관만 하고 있을 성싶소. 하니 불씨를 여기저기 묻어놓을 필요가 있소. 때때로 터지기도 하고 불붙기도 하구 백성들 가슴에 충격을 주는 일이 교실 안에서 얻은 지식을 전파하는 것보다 월등 효력도 있거니와 널리 퍼지고, 함께 뛰고 싶어지는 거 아니겠소. 그러니 그것이 보다 강한 백성들 교육방법이라 할 수도 있을 것이요. 또 길러낸 인재를 뿌리박게 하는 토양도 되구요. 미적미적한 것 가지고는 푹 가라앉아버리지요, 불 씨는 하나 둘 꺼져버린다 말입니다. 윤도집께서는 교세 확장을 통해 누긋하게 인원을 불려가면서 힘을 모아치고 나가자는 셈을 하십니다만 안 됩니다. 푹 가라앉은 백성, 불씨 잃은 백성이 주문만 외고서는 법당에 앉아 저승길 닦는 절의 신도들과 한 푼 다를 것이 없지요. 어디까지나 동학은 위장이어야 하오. 신도들 대가리 수에 희망을 걸지 마시오.

이 논리는 일제식민지시대의 독립운동 과정 전체를 통해 적용되는 논리기도 하다. 독립준비론, 실력배양론, 외교독립론 등 소극적인 노선과 독립전쟁론, 절대독립론, 무장항쟁론 등 적극적인 노선이 전체 독립운동 과정을 통해 계속 대립돼가지만, 동학군의 잔여세력에서도 예외는 아니었을 것이다. 독립준비론, 실력배양론이 결국에는 적과의 타협적 노선으로 변해갈 위험이 있었던 것처럼 교(敎) 위주론이 사교로밖에 갈 수 없음을 『토지』는 말해주고 있으며 당(黨) 위주론, 적극투쟁론이 희생을 감수하면서도 이후 민족운동의 전개와 계속 밀착해감을 보여주고 있는 것이다.

3·1운동의 이론적 근거라 할 수 있는 민족자결주의가 "세계대전의 전승국 지도자들이 헤프게 뿌려놓은 복음, 피압박민을 향한 황홀한 선언"이라 정확하게 알고 있었지만, '지리산 동학당'계의 사람들이 이 운동에 적극 참가했고, 이들의 새로운 지도자 송관수는 상해에서 온 사람들과 접촉한다. 그뿐만 아니라 인텔리 사회주의운동가 최범준에게

너거들 일본 가서 공부해가지고 농민전쟁이다, 농민혁명이다 하는 그런 말 가져와서 동학란이 난 줄 아나. (…) 자네가 농민 어쩌고저쩌고, 무산계급이 어쩌고저쩌고 할라카믄 한테 엉키어야만 되는 거다. 기름하고 물맨크로 따로 돼 있다믄 그는 호박 줄기에 엉켜붙은 비리밖에 아니다 그 말이구마. 내가 최 군 자네한테 똑똑히 일러두고 접은 것은 너거들 식자 물 위에 뜬 기름이 되어서는 안 되겄다. 그라고 너거들이 무식쟁이 농부 노동꾼들한테 멋을 주고 있다, 가리키고 있다는 생각부터 싹 도리내어야 하고 서로 주고받음서 운동을 하든 투쟁을 하든 너거들만 주고 있는 기이 앙이다, 그 말인 기다.

라고 하면서 이 시기 인텔리 사회주의의 약점과 그것이 옳은 민족운동이 되기 위한 방향을 정확하게 일러주고 있다. 장돌뱅이의 아들, 백정의 사위 송관수가 생각하는 농민운동, 노동운동의 방법론이나 만주에서 독립운동가 송장환, 장인걸이 주장하는 독립운동의 방법론이 모두 운동가들에게 객체로만 인식되었던 민중을 그 주체적인 위치로 바꾸어놓아야 한다는 데 일치하고 있음을 볼 수 있는 것이다.

김환의 죽음으로 '지리산 동학당'의 새로운 지도자가 된 송관수는 일제 지배하의 농민은 양도 아니고 이리도 아닌 고양이여서 쉽게 불붙지 않을 것이라 알고 "빨리 달고 빨리 식더라케도 풍각 잡힐 곳은 도방이다"하면서도 기독교세력이 농촌으로 뻗을 것이라는 최범준의 의견에는 "아무도 못 묵어, 농촌은 아무도 못 묵어, 못 묵는다 카믄 못 묵는 줄 알아, 농촌은 맨 마지막이다. 상투도 남아나는 곳은 농촌이니께"하고 강경하게 부정하면서 농민에 대한 신뢰를 보이고 있다.

동학농민혁명이 비록 실패했더라도 그것이 일어나게 한 농민의 저력이 우리 민족운동의 바탕이며, 독립협회적인 새로운 사조나 방법론, 근왕운동적 성격이 짙은 의병운동, 3·1운동적인 방법, 인텔리 사회주의적 활동 등 어떤 이론, 어떤 방법이 들어오더라도 우리의 옳은 민족운동은 농민적 바탕 위에서 진행되어야 하며, 그 저력을 배제한 역사발전은 있을 수 없다는 확실한 주장 같은 것이 보이는 게 아닌가 하며, 여기에 『토지』의 본뜻이 있는 게 아닌가 한다. 그리고 이 운동의 줄기는 김개주에 의해 혁명적인 방법으로 나타났으나 그의 죽음과 함께 일단 실패했고, 이후 김환에게 이어져 지하투쟁적인 방법으로 전개되었다가 그의 죽음으로 또 한번 방법론적인 단락이 지어지는 것이 아닌가 하며, 송관수에 이어져 새로운 길이 모색되는 데서 『토지』의 제3부가 끝난 것이라 생각되는 것이다.

1부에서 3부까지의『토지』는 그 전개과정에서 국사학의 도움을 어느 정도 받을 수 있었겠지만 앞으로 계속될 4부 이후는 그것을 거의 기대할 수 없을 것이다. 작가가 직접 살아온 세월이기는 하지만 그것이 역사로 정리되지 않는 한, 객관화되어 작품 속에 소화되기 어려울 것이며, 그만큼 작가의 부담도 커질 것이다. 송관수와 그 동지들이 펼쳐갈 민족운동의 방향이 관심거리가 아닐 수 없다. 한마디로 말해서『토지』는 사료에 구애되지 않음으로써 오히려 역사적 진실에 접근한 농민 중심의 근대 민족생활사, 농민 중심의 근대민족운동사라 할 수 있을 것이다. (1980)

5부

일제 식민지배 청산의 과제

1. 대담: 한·일 근대사를 바로잡는다
2. 일본군 '위안부'의 개념과 호칭 문제
3. 침략전쟁기 강제동원된 조선 노동자의 저항
4. 독도는 왜 일본 땅이 아닌가

1. 한·일 근대사를 바로잡는다

동아시아의 평화를 지향하며

대담자

나까쓰까 아끼라(中塚明) 일본 근대사, 나라(奈良)여자대학 명예교수, 1927년생. 저서로
『근대 일본과 조선』『역사의 위조를 바로잡는다』『역사가의 임무』 등이 있다.

강만길(姜萬吉) 한국 근대사, 상지대학교 총장, 1933년생. 저서로 『통일운동시대의 역
사인식』『역사를 위하여』 등이 있다.

일본의 식민지지배의 세계사적 특징

- 왜 일본은 근대에 들어 제국주의 국가가 되어 한국을 비롯한 이웃 여
러 나라에 침략을 거듭하게 되었는지부터 시작해볼까요?

나까쓰까 아끼라(이하 나까쓰까) 일본은 아시아에서 상대적으로 빨리
통일적인 국민국가를 수립했는데요, 이것에 의해 정치·외교·군사에서
교육에 이르기까지 전체를 통일적으로 운용하는 것이 가능해졌습니다.
그리고 이웃나라 조선 혹은 중국의 국민국가 수립이 상대적으로 늦어
진 기회를 틈타 그것이 가능했습니다.

메이지유신이 일어난 지 불과 20여 년 만에 일본은 청일전쟁을 일으
키는데요, 이때까지는 자본주의 발달이 매우 미숙했습니다. 따라서 조
선에 대해서도 새로운 문명을 일으키는 형태, 즉 근대적인 병원을 건설
하거나 학교를 창설하여 세력을 침투해나가는 것이 아니라, 처음부터
아주 난폭한 방법으로 침략을 시작했습니다. 말하자면 운요오호사건

등이 그 단적인 예라고 할 수 있는데, 군사력을 전면적으로 행사해 개
국을 강요하는 난폭한 방법이었죠. 이후 조일수호조규(朝日修好條規)를
시작으로 한 일련의 조약도, 막부 말에 일본이 구미제국으로부터 강요
받아 체결한 불평등조약과 비교해보았을 때, 조선에 한층 더 가혹한 내
용이었습니다.

청일전쟁 당시 일본 외무성이 편찬한 『통상휘찬(通商彙纂)』에도 나오
는데요, 자본주의가 미숙했기 때문에 일본 상인이 사기적 상행위를 하
는 것에 대해 주의를 주는 기사가 많이 있습니다. 예를 들면 성냥갑 위
에는 진품 성냥 두세 개비를 놓고, 그 밑에는 탄묵을 풀에 섞어 나무개
비 끝에 발라 성냥 같아 보이게 하고, 맨 아래에는 나무개비만 두어서
팔았습니다. 매우 심한 예지만 일본 상인들은 그렇게 엉터리 상행위를
했습니다(『통상휘찬』 1894년 10월호). 게다가 조선에는 토요또미 히데요시
(豊臣秀吉)가 침략했던 기억이 생생하게 남아 있었기 때문에, 일본은 처
음부터 반일적인 여러 움직임에 직면했습니다.

그럼에도 불구하고 메이지정부가 조선 침략을 진행한 이유는, 구미
자본주의 국가들에 의한 시장개척의 선두에 서는 역할을 담당함으로써
구미 국가의 이익을 대변하는 방책을 의식적으로 취했기 때문입니다.
더구나 그 당시 제국주의 국가 간에는, 특히 러시아와 영국이 대립하고
있었는데, 일본은 그 대립을 적극적으로 이용했습니다. 러일전쟁에서
는 영국과 미국이 일본에 자금을 지원했기 때문에 가능했던 사정도 있
고, 그러한 여러 나라의 이익도 대변하면서, 일본은 그 힘들을 이용하여
조선 침략을 지원하게 했습니다.

강만길　지금 한국사학계에는 당시 조선이 왜 근대국가·민족국가를
건설하는 데 실패했는가 하는 원인에 대해 '일본의 침략' 이외에는 그다
지 지적하지 못하고 있다고 생각합니다. 중학교나 고등학교 교과서에

서도 이 점이 상세히 설명되어 있지 않습니다.

중세까지 동아시아 문화권의 중심은 말할 필요도 없이 중국이었습니다. 조선은 바로 옆에 접해 있었지만, 일본은 좀더 주변 지역에 위치해 있었기 때문에 지리적으로도 일본열도가 한반도보다 서양의 배가 닿을 기회가 많아서 서양 근대문화 수용에 좋은 조건이었다고 할 수 있겠습니다. 조선의 경우는, 고작 제주도에 서양인이 표류하는 정도였습니다.

일본에는 근대 초기부터 '탈아론(脫亞論)'적 사고가 있었지만, 조선에는 '탈아론'은 없었고 중국도 마찬가지였습니다. 중국은 '중체서용(中體西用)', 조선은 '동도서기'라는 사고방식이었습니다. 조선은 중세 동양 문화의 중심부와 가까워 그것을 쉽게 버리지 않았던 것에 비해, 일본은 중세 동양문화권의 주변에 있어 '탈아론'을 내세우는 것이 쉬웠던 것입니다.

일본은 서양 제국주의로부터 피해를 받았지만, 다른 한편으로 그 방법을 익혀 모방하였습니다. 그래서 결국 '탈아론'이 제국주의를 모방하는 방향으로 나가게 되어, 조선·중국 침략이 이루어지게 된 것입니다.

19세기, 영국과 미국은 러시아와 세계 각지에서 대립하고 있었는데, 일본에는 유리한 상황이었습니다. 러시아가 한반도를 통해 태평양으로 나아가려고 하는 조짐을 보이자 그것을 방어하는 역할을 미국과 영국이 일본에 위임하려고 일본을 후원했기 때문입니다. 러일전쟁에서 실제로 싸운 것은 일본이지만 전비(戰費)의 절반 정도는 미국과 영국이 부담한 것입니다.

지금도 마찬가지로 일본은 대륙세력이 태평양에 진출하는 것을 미국을 대신해 방위하고 그 이익을 지키고 있습니다. 이러한 과거의 입장에 의해 일본에는 두 가지 결과가 발생하게 되었습니다. 하나는 식민지가 되지 않았으므로 근대국가로 성장할 수 있었다는 것이고, 또 하나는 일본이 조선이나 중국에 대해서 제국주의적인 침략을 하는 근거가 되었다고 하는 것입니다.

　　나까쓰까　저도 일본의 근대국가로서의 독립 그리고 제국주의 국가로서의 발전은 조선, 중국에 대한 침략과 표리일체의 관계에 있다고 생각합니다.

　　일본에서는 지금까지도 청일, 러일전쟁을 '성공 미담'으로 여기는 사람들이 많습니다만, 그 '성공'은 동시에 큰 모순을 잉태한 것이었습니다. 특히 조선을 식민지화한 것은 이웃나라이자 수천 년의 역사와 문화를 가진 문명 정도가 매우 높은 민족을 통째로 식민지화했다는 사실입니다. 이것은 세계에 전례가 없는 일입니다. 그것만으로도 조선 민족의 저항은 대단히 커졌고 민족운동이 격렬하게 일어남으로써, 일본을 지지하였던 제국주의 국가와의 사이에도 새로운 모순이 생겨 식민지와의 모순, 제국주의 국가와의 모순이 마침내는 어찌할 도리 없이 커진 것입니다. 이러한 문제를 일본 근대의 근본적인 문제로 이해하지 않았는데 현재 나타나고 있는 남북한과 중국을 비롯한 아시아 여러 나라와의 관계에서 잘못된 시각의 근원이 여기에 있다고 생각합니다.

　　－왜 일본은 근대국가로 성장해가는 과정에서 대만, 오끼나와를 포함해 주변의 여러 나라를 침략한 것일까요?

　　강만길　서양의 침략에 대해 일본이 독립을 지키고 근대국가로 잘 성장해가기 위해서는 다른 민족을 침략하여 일본의 근대국가를 만드는 기초로 삼으려는 사상, 사고가 그 당시의 일본에는 상당히 강했다고 생각합니다. 다른 민족을 침략하는 것은 그 시대 사람들, 특히 일본인에게는 서양도 해온 것이기 때문에, 살기 위해서는 부득이한 것으로 받아들여겼던 것이죠.

나까쓰까 메이지 초기에 정한론(征韓論) 등이 출현한 배경에는 서양의 위협이 실제 어느 정도였는가라는 점과는 별개로, 막부 말부터 '러시아의 위협'이라는 것이 되풀이되어 언급되고 있었습니다. 그렇기 때문에 조선을 침략하는 것은 경제적인 문제에서 조선으로부터 무언가를 빼앗아온다는 것이 주도적인 요인이 아니라, 조선을 지배함으로써 전략적인 혹은 세계적인 국제정치상에서 일본의 우위를 획득하는 것이 가능하다는 사고가 메이지 초부터 1870년대 말까지 특히 강했던 것으로 볼 수있지 않을까요? 운요오호사건 이후 조선과 개국 교섭을 할 당시 주러시아 공사였던 에노모또 타께아끼(榎本武揚)는 테라시마 무네노리(寺島宗則) 외무경에게 전달한 편지에서 "조선이 우리나라의 경제상 실익은 매우 적다고 하여도 정치 및 전략상의 필요에 이르러서는 현하 세간에서 말하는 이른바 권모술수는 차치해두고라도 그 장래에 관한 바 실로 적지 않다고 할 것이다"(『일본외교문서』 제9권)라고 말했습니다.

물론 조선이 일본에 경제적 실익이 없다는 것은 아니며, 개국 후 실제로 조선으로부터는 쌀·대두 등의 곡류, 그리고 일본의 금본위제 확립에 무시할 수 없는 금이 지금(地金)으로 수입되는 등 중요한 측면이 있었습니다. 그러나 그것이 일본이 조선을 침략한 주된 목적이었다고는 말할 수 없다고 생각합니다. 더구나 일본의 산업자본에 의한 생산물의 수출은 청일전쟁 당시에도 미미한 것이었습니다.

온존하는 멸시관과 지배관

－일본은 조선을 침입하는 과정에서, 예를 들면 동학농민에 대한 처참

한 학살이라든가 혹은 민비 시해 등, 침입 직전까지 일본 안에서 내전이 있었던 것을 고려한다 해도, 매우 폭력적이고 잔혹한 일을 행했습니다. 이때부터 조선 민족에 대한 차별의식이나 편견이 있었기 때문일까요?

　나까쓰까　그렇다고 생각합니다. 이는 토요또미 히데요시가 출병했을 때도 그랬습니다만, 조선을 침략할 때면 고대 진구우황후(神功皇后)의 '삼한정벌' 신화 등이 종군 무사의 머릿속에 떠오르는 것입니다. 에도시대에는 조선통신사의 왕래가 평화적으로 이루어졌기 때문에 그러한 의식은 잠재되어 있었고 그다지 표면에 드러나지 않았습니다. 그런데 막부 말에서 메이지로 바뀌면서 정한론이 대두하자, 또 곧바로 삼한정벌이라는 이야기 등이 나옵니다.

　그러나 메이지 초기 정한론이 일어난 때에는 정한론에 대한 날카로운 비판도 있었습니다. 그것은 『메이지문화전집(明治文化全集)』(「잡사편」 중 '정한평론'에 수록)에 게재된 타야마 세이추우(田山正中)의 주장입니다. 다섯 가지로 비판하고 있는데, 특히 두번째 논점은 매우 명쾌하다고 생각합니다. 타야마는 이렇게 말합니다. "조선을 영유함으로써 러시아를 방어하고자 한다고 말하는 사람도 있지만, 이것은 전쟁의 도(道)를 모르는 것이다. 왜냐하면, 예를 들어 조선을 일본 세력하에 둘 수 있다 해도 곧 주변은 전부 적이 되고 사면은 모두 적으로 둘러싸이게 된다. 주변이 전부 적이 되는데, 어떻게 더 큰 적을 막을 수 있겠는가"라고 하였습니다. 저는 이 주장이 당시뿐만 아니라, 일본 근대사를 통틀어 일본의 조선침략에 대한 비판 의견이라는 데 일찍부터 주목하고 있었습니다. 일본이 조선을 침략한 후 역사적 전개를 보면 그 경과는 대체로 그대로 되었기 때문입니다.

　막부 말부터 정한론이 있었습니다만, 메이지 초기에는 그러한 정한론에 대한 비판도 있었습니다. 타야마뿐만이 아니라 요시오까 코오끼(吉岡弘毅)라는 조선에 파견된 외교관의 비판도 있습니다.(마끼하라 노리오(牧原憲夫)『메이지 7년의 대론전(明治七年の大論戰)』참조) 또한 메이지 10년대 초에도 토요또미 히데요시의 조선 출병에 대해서, 그것은 '무명무의(無名無義)'한 전쟁이었다고 하는 냉철한 비판의 글이 육·해군과 깊은 관계를 가진 『내외병사신문(內外兵士新聞)』의 사설에까지 실렸습니다.

그것이 청일, 러일 전쟁으로 진전됨에 따라 점점 사라져갔습니다. 한일합방 전해인 1909년, 일본군은 전라도를 중심으로 일본의 식민지화에 반대하는 항일의병투쟁을 철저하게 진압하는 작전을 전개했습니다. 그 보고서에는 "전라남도의 산야를 유린한 적도(賊徒)를 근절해 남김없게" 하는 것이 동시에 "일본 역사상의 근본적 명예회복"이 된다고 쓰여 있습니다.(「남한폭도대토벌실시보고」) 다시 말하면 조선의 민족적 자주운동을 근절하는 것이 '진구우황후의 삼한정벌'이나 '히데요시의 조선정벌'을 '일본 역사상의 근본적 명예'로 여기는 것과 연결된다고 주장하는 것입니다. 이러한 사고는 러일전쟁 후 국정교과서 등을 통해 일사천리로 국민 사이에 확산되게 되었습니다.

강만길 당시 세계사 안에서 서양세력은 아시아와 아프리카를 식민지배했습니다만, 서양은 동일한 문명권이 아닌 문화적으로 이질적인 세계를 침략한 것입니다. 일본과 조선은 동일한 문명권에 속하였으며 수준 차이도 그다지 없었습니다. 그러한 두 나라가 지배와 피지배 관계가 되었습니다. 또한 1910년경 조선의 문화 수준으로 타국의 식민지가 된 경우도 없습니다. 이러한 것 때문에 조선민족의 독립운동이 격렬하게 이어졌던 것입니다. 이러한 독특한 역사적 측면을 서로가 인식해야 한다고 생각합니다. 동일한 문화권 안에서 지배와 피지배 관계가 되었던 것은 영국의 인도 지배나 프랑스의 베트남 지배와는 다른 것입니다.

동일한 문명권의 나라를 강제적으로 지배한다는 점에서는 제2차 세계 대전 당시 독일이 프랑스를 지배한 상황과 유사하지 않나 생각합니다.

식민지배라고 하는 것은 어쨌든 가혹한 것이지만 조선에 대한 일본의 지배는 매우 혹독했습니다. 영국의 인도 지배와 프랑스의 베트남 지배에서도, 피지배민족을 동화해 민족 자체를 없애겠다는 정책을 취하지는 않았습니다.

—일본의 식민지지배는 토지를 수탈한 것뿐만 아니라, 언어나 이름까지 빼앗고자 했습니다. 이 36년간 식민지지배는 근대 일본에서 어떠한 의미가 있을까요?

나까쓰까 외무성에는 지금도 청일전쟁 당시 외무대신인 무쓰 무네미쓰(陸奥宗光)의 동상이 있습니다. 역대 외무대신은 1945년 패전까지 약 50명 정도 됩니다만 동상이 세워진 것은 무쓰 무네미쓰뿐입니다. 지금 서 있는 동상은 전후에 재건된 것인데요, 원래 동상은 1907년(메이지 40년), 그의 사후 10주기를 기념해 외무성의 정면에 세워졌습니다. 유일하게 무쓰의 동상이 일본 외무성 안에 있는 것은 근대 일본의 '성공 미담'이라는 상징으로서의 의미를 가진다고 봅니다.

그러나 그의 성공 미담은 청일전쟁부터 태평양전쟁 패전까지 불과 반세기의 것만이 아닙니다. 맥없이 허물어져버린 성공 미담인 것입니다. 지금까지도 일본의 학교교육에서는 청일, 러일 전쟁으로 일본의 국제적 지위가 향상되었다고 일관되게 가르치고 있는데요, 그 향상되었다는 나라가 반세기도 지속되지 못하고 대패한 것은 도대체 왜 그럴까요?

그것은 조선을 전면적으로 지배함으로써 나타난 모순이 근원적인 문제로 존재했기 때문이라고 생각합니다. 조선에 머무르지 않고 조선의 치안을 유지하기 위해서 만주로 침략을 확대하자 중국의 항일운동이 격렬해졌고, 더욱더 만리장성으로부터 남쪽으로 공격해 들어가게 된 것입니다. 계속해서 침략을 확대해갔는데요, 청일, 러일 전쟁에 승리하고 조선을 식민지화하는 데 '성공'한 일본은 그때부터 강력한 민족적인 저항에 부딪쳤고, 그것을 또한 군사적으로 억압함으로써 모순을 한층 심화하는 악순환에 빠진 것은 아닐까요.

일본 국내에서는 1892년, 쿠메 쿠니따께(久米邦武)사건이 일어났습니다. 토오꾜오 대학 교수 쿠메 쿠니따께는 「신도(神道)는 제천(祭天)의 고속(古俗)」이라는 논문을 써, 이른바 국체론이라든가 신도 측으로부터 맹렬한 공격을 받아 토오꾜오 대학에서 쫓겨났습니다. 이때 거의 황국사관의 원형 같은 것이 생깁니다. 특히 사실이라 해도 나라의 이익을 해칠 수 있는 주제에 대해서는 연구도, 발표도 해서는 안 된다는 풍조가 생기게 됩니다.

이러한 상태에서는 일본이 조선에서 무엇을 했든, 그 진상은 거의 일본에 전해지지 않습니다. 예를 들면 청일전쟁에서 최초의 일본군 무력행사였던 조선 왕궁 점령 등도 사실과는 전혀 다른 모습으로밖에 일본에 전해지지 않았습니다. 일본인은 조선에서 무슨 일이 일어났는지, 일본이 무엇을 했는지 진상을 전혀 알지 못했다는 것입니다. 더욱이 사실을 은폐함으로써 일본의 국내외정책을 추진하는 주요 정치가와 군인들도 진실을 알 수 없게 되어 다음 정책을 그르치는 악순환이 일본 국내에 형성되었습니다. 그것은 현재도 마찬가지라고 할 수 있습니다.

강만길 제국주의시대는 그러했다 해도 제가 놀라는 것은 지금 일본과 일본인들도 그러한 인식을 그대로 가지고 있다는 점입니다. 일본에서도 비판이 있는 것 같습니다만, '새로운 역사교과서를 만드는 모임'(이하 '새역모')의 '역사관'의 근거가 되었다고 하는 시바 료따로오(司

馬遼太郎)의 소설 『언덕 위의 구름(坂の上の雲)』을 읽어보았습니다. 놀라운 것은 러일전쟁이 이른바 조국방위전쟁이었다고 하는 점입니다. 그렇다면 청일전쟁은 무엇을 위한 전쟁이었을까요? 당시 청국은 일본을 위협하는 존재가 아니었습니다. 나까쓰까 선생을 비롯해 일본의 학자들도 청일전쟁은 조선침략전쟁이었다고 증명한 바 있는데요, 그렇다면 청일전쟁은 조선에 대한 침략전쟁이고, 러일전쟁은 조국방위전쟁이었던 것일까요? 일본의 역사교육은 어떻게 가르치고 있는 것일까요? 일본은 청일전쟁 이후 조선에 세력을 뻗쳐오는 러시아에 대한 문제만을 거론해서, 러시아가 일본까지 침략해올 것이기 때문에 조선을 그 방위선으로 해야만 한다는 '논리'였습니다. 러일전쟁 후 러시아가 패전하고 조선을 침략할 가능성이 완전히 없어지자 일본이 신속히 조선을 식민지로 만든 사실은 어떻게 설명하려 해도 설득력 없는 '논리'입니다.

러시아가 만주를 자신의 세력하에 넣으려고 했던 것은 사실입니다. 그러나 한반도는 일본과 러시아 사이의 중립지대로 하고자 한 근거가 있습니다. 러시아가 미국에 한반도중립안을 제안하려는 것을 일본이 알고 외교관을 미국에 보내, 만약 러시아가 미국에 한반도중립안을 제안해도 거절할 것을 교섭한 사료가 남아 있습니다.

역사라는 것은, 물론 사람에 따라 보는 관점이 같지 않습니다. 같은 사료를 이용해도 결론이 다를 경우가 있습니다. 그러나 지금 일본정부가 말하고 있는 것과 같이, '새역모'의 역사를 보는 눈은 개인의 역사관으로부터 나온 것이기 때문에 어쩔 수 없다고는 할 수 없습니다. 왜냐하면 역사가를 포함해 어떠한 개인이든, 문명국인이라면 앞으로 세계나 지역의 평화를 안정화하고 유지하기 위한 책임과 의무가 있기 때문입니다. 그것은 어떠한 나라의 역사가, 학자, 지식인이라도 가져야 할 세계시민적인 책임과 의무입니다. 만일 한 개인의 역사가가 자신의 역사관이라고 하며 평화를 파괴하고 침략을 미화하는 역사를 쓰고 가르치는 것을 그 사회의 국가가 묵인한다면, 아무리 경제나 교육제도가 발달했다고 해도 문명국이라 할 수 없을 것입니다.

나까쓰까　시바 씨의 경우는 역사가가 아니라 소설가이기 때문에 그다지 심하게 말하고 싶진 않지만 역시 청일전쟁 당시 일본이 조선에서 무엇을 했는지 정확히 조사하지 않고 지극히 주관적으로 썼습니다. 왕궁 점령에 관한 것만 해도, 저도 읽었지만 엉터리로 썼습니다. 말할 것도 없이 동학농민을 진압한 것 등은 조금도 쓰지 않았습니다. 알고서도 쓰지 않은 것일지도 모르지만 저는 시바 씨가 사실을 충분히 조사하지 않았다고 생각합니다. 기본적으로 조선 농민이 청일전쟁 중에 일본군에 의해 수만 명이 죽었다고 하는 사실에 전혀 눈이 가지 않은 것이죠.

일본군은 왕궁을 무력으로 점령하고 더욱이 이에 저항하여 일어난 2차 갑오농민전쟁에 대해 군사탄압도 주저하지 않았는데, 그러한 사실에 대해서는 외무성 사료인 「한국동학당봉기일건(韓國東學黨蜂起一件)」 등 원문서를 수록한 파일이 상당히 많이 있습니다. 그러나 외무성이 공개하고 있는 『일본외교문서(日本外交文書)』에는 어떤 것도 실려 있지 않습니다. 저는 일본에서는 청일전쟁 이후 역사 위조가 계통적으로 행해져왔다고 생각합니다.

메이지시대는 좋은 시대였다는 식으로 말하는 것은, 태평양전쟁이 일본인에게 몹시 참담했던 점이 있어서라고 생각합니다. 태평양전쟁과 비교해보면 청일, 러일 전쟁 때는 정치가와 군인 모두가 빈틈없이 잘해왔다고 하면서 시바 씨와 같은 역사관이 인기를 얻게 되는 것이죠.

강만길　일본의 역사학계는 일본의 침략전쟁을 15년전쟁으로 한정하고 있죠. 그것은 아무리 봐도 본질과는 거리가 먼 견해입니다. 15년전쟁이라는 것은 이른바 만주사변으로부터 시작됩니다. 만주사변이 일어난 것은 조선을 식민지로 삼고 그것을 발판으로 했기 때문에 가능한 것입니다. 조선을 식민지로 삼기 위한 침략전쟁은 이미 청일전쟁으로부터 시작된 것입니다.

나까쯔까 극동국제군사재판(토오꾜오 재판)이 1928년 이전의 것은 문제삼을 수 없다고 한 것도 큰 영향을 주었다고 생각합니다. 식민지 문제는 전혀 손을 쓸 수 없게 된 것이죠.

강만길 저는 역시 역사적 관점이 중요하다고 생각합니다. 조선총독부의 일본인 관리도 인정하고 있지만, 대체로 조선민족 정도의 문화를 가진 민족이 20세기에 들어서 식민지가 되었기 때문에 민족적 자존심이 매우 상하게 되었습니다. 이 때문에 해방 이후 50년간 '자성적 사관'보다도 '규탄적 사관'이라는 역사관이 학계를 지배하게 되었습니다. 이는 자기 나라가 식민지가 된 원인을 일본의 침략에서만 구하는 관점입니다. 해방 이후 50년 동안 한국사학계의 극히 일부에서 식민지가 된 원인은 일본의 침략뿐만이 아니라 한반도의 지정학적 위치라든가 성리학 이데올로기의 문제 등 여러가지가 있다고 주장해왔습니다.

한반도가 식민지가 된 원인을 더욱 다양하게 보지 않으면 안된다고 생각합니다. 지금 한반도는 통일문제가 전제되어 있는데, 한반도 분단의 근본적 원인은 물론 일본의 식민지지배에 있고, 일본의 식민지지배가 없었다면 패전 당시 미·소군의 분할점령은 이루어지지 않았을 것입니다. 그렇다고 해서 한반도 통일을 일본과의 관계에 국한하는 것은 아니고, 한반도 분단의 원인을 다양하게 보고자 하는 역사인식이 식민지화의 원인을 다양하게 보려는 역사인식을 낳게 되었다고 할 수 있을 겁니다. 일본 측은 이와 같은 한국사학계의 동향을 받아들여, 침략의 역사에 대한 반성을 한층 철저하게 해야 한다고 생각합니다. 그것은 한일 양국의 역사교육을 균형있게 하고, 21세기 동아시아 평화의 요소가 될 것이라 생각합니다. 일본의 역사교육이 이대로 침략을 미화·합리화하는 방향으로 간다면, 한국의 역사교육도 '규탄사관' 중심으로 되돌아갈 것입니다. 그렇게 된다면 21세기 동아시아의 평화는 멀어져가겠지요.

  나까쓰까 15년전쟁이라고 하는 견해, 또한 쇼오와(昭和)는 매우 오욕적인 시대였지만 메이지는 영광의 시대였다고 하는 관점은 시바 씨뿐만이 아니라, 만주사변 후의 중국 침략을 비판하거나 전쟁 책임을 추궁하는 사람 가운데도 많이 있다고 저는 생각합니다.

  프랑스에서 통신을 보내고 있는 후지무라 신(藤村信) 씨의 『밤과 안개의 인간극―바르비 재판 속의 프랑스(夜と霧の人間劇-バルビイ裁判のなかのフランス)』(1988)에는 난징대학살이나 히틀러 독일의 게르니카 공습과 같은 잔학한 행위는 지금까지 역사상 없었던 것이 아닌가라고 하며 다음과 같이 쓰고 있습니다.

  "모든 전쟁은 양민의 희생에서 행해지고 양민이 피해자가 되는 것은 지금까지도 있었지만, 적어도 러일전쟁과 제1차 세계대전 말기까지는 전쟁 당사자 가운데에 양민은 살상하면 안 된다는 기사도정신의 자취라고도 할 수 있는 무언의 룰이 있었다. 이 룰을 파기하고 인민의 대량 살상을 전략의 하나로 더한 것은 나치즘과 일본의 파시즘으로부터 비롯되었다."

  이는 청일전쟁, 의화단 진압전쟁(일본에서는 '북청사변'이라 부르고 있습니다만), 러일전쟁은 기사도정신이 행해졌다고 보는 것이 됩니다. 이렇게 말하는 사람들은 러일전쟁 당시 여순에서 러시아가 항복한 후 수사영(水師營)에서 찍은 일본의 노기(乃木) 대장과 스떼셀(Anatoly Mikhaylovich Stessel) 장군 등 러일 양국의 군 수뇌회견 사진 등에서 '기사도'의 이미지를 떠올릴지도 모릅니다.

  후지무라 씨의 저작은 나치스에 대항한 프랑스 레지스땅스 운동의 빛과 그림자를 분석한 좋은 저작일 뿐이며, 청일, 러일 전쟁에 대한 사실, 특히 일본군이 조선에서 무엇을 했는가에 대해서 알지 못하고, 그러한 것에 주목하고 있지 않기 때문에 이러한 서술이 가능했던 것입니다.

일본 안에서 사실을 조금이라도 더 알고 문제를 자각하지 않는다면 '새역모'의 교과서와 같은 문제를 극복할 수 없다고 생각합니다.

무쓰 등이 확실히 뛰어난 정치가인 것은 틀림없지만, 그만큼 한편으로 조선에 대해서는 공공연히 말할 수 없는 부당한 행위도 하고 있습니다. 왕궁 점령에도, 동학농민 진압에도 전부 관계되어 있습니다. 이러한 사실은 극히 소수의 역사가밖에 알지 못하고, 이에 대해 써도 거의 읽히지 않습니다. 이런 주변 상황을 앞으로 더욱 문제 삼아야만 한다고 생각합니다.

근거 없는 식민지지배 공적론

─식민지지배는 지배받는 측이 큰 희생과 부담을 강요받는 것이 당연한 일인데, 일본에서는 식민지시대에 인프라를 정비했다고 하면서 마치 은혜를 베푼 것과 같이 생각하는 사람들이 있습니다. 또한 한국에도 식민지시대에 인프라가 정비되었기 때문에 1960년대 이후 고도성장이 가능했다는 논의도 나왔다고 들었습니다.

강만길　식민지시대를 분석하는 이론은 주로 서양 측의 이론이며, 한국과 일본같이 동일한 문화권에서 지배와 피지배 관계가 된 경우에 대한 분석이론은 아직 없다고 해도 좋을 듯합니다. 좀더 상세히 분석되지 않으면 안 되는 것이 식민지가 될 당시 조선의 역사적 수준입니다.

식민지시기 35년 동안 공장이 많이 세워졌다, 철도가 많이 부설되었다고 말하는데, 설령 그 양이 조선인이 35년간 스스로 나라를 통치해서 건설할 양보다 많았다고 하더라도 그것은 민족이 주체적으로 운영한 것이 아닙니다. 만약 일본이 조선을 지배하기 위해 100m의 철도를 부설했고, 조선인이 주체적으로 운영해서 50m밖에 부설하지 못했다고 해도 그것은 조선인의 의지와 능력에 기초해 조선인을 위해 부설한 철도이기 때문에 역사적으로 본다면 한층 긍정적인 건설입니다.

식민지시대에 근대적 학교가 많이 세워졌다고 합니다만, 거기서 배운 학생은 조선인의 주체성을 배우기 위해서가 아니라, 일본인 이른바 황국신민이 되기 위해 배운 것입니다. 그 점을 보지 않고서 식민지시대에 학교가 어느 정도 세워졌다든가, 공장이 어느 정도 세워졌다든가, 철도가 어느 정도 부설되었다든가 하는 숫자만을 가지고 말하는 것은 역사적 관점이 아닙니다.

역사학적인 견지나 결론은 경제학적인 것과는 다릅니다. 숫자만 본다면 식민지시대의 조선의 경제성장률은 연 8% 정도였다고 하는 연구도 있었습니다. 그러나 그 성장의 실제적 의미와 가치, 즉 누구를 위해 누구에 의해 성장했는가, 그 열매가 누구의 것이 되었는가 하는 문제는 다릅니다.

또 한 가지 문제는 식민지시대에 약간의 인프라가 만들어진 것이 사실이라 해도 공업시설은 주로 북쪽에 많았고, 6·25전쟁 때 북쪽의 시설은 철저하게 파괴되었습니다. 저는 평양에 세 번 가보았습니다만, 6·25전쟁 이전의 건물은 하나도 없었습니다. 6·25전쟁 이후의 건설에 의해 북쪽의 경제력은 1970년대 전반기까지는 남쪽에 비해 높았던 것이죠.

남쪽도 마찬가지로, 1960년대에 경제가 발달한 것은 6·25전쟁 후 부흥 과정에서입니다. 남북의 정치경제체제가 다른 것을 불문하고, 조선

민족의 역사적·문화적 수준이 1960년대에는 이미 그 정도 수준에 오르게 되었다고 말할 수 있습니다. 조선의 긴 역사 속에서 보자면 식민지 시대는 짧은 한순간에 불과합니다. 1960년대 이후 남북의 경제적 발달은 조선의 긴 역사적·문화적 소산물이지, 민족사의 운영권을 다른 민족에게 완전히 빼앗긴 식민지시대의 소산물이 아닙니다.

─ 반대로, 지배한 일본의 입장에서도 경제적·정치적 혹은 정신적으로 큰 왜곡을 가져왔다고 생각합니다. 그것은 당연히 전후 현재의 상황까지 연결될 수 있다고 생각합니다만, 어떻습니까?

나까쓰까 제2차 세계대전 이후 일본에서는 일본의 근대 전체에 대한 전반적인 비판이 불가피했다고 생각합니다만, 그것이 매우 애매한 상태가 되었습니다. 그 첫번째 원인은 천황에게 전쟁 책임을 묻지 않은 것이라고 생각합니다. 그 가운데 전후에 구(舊)기원절이 부활하는가 하면, 메이지 100년 기념사업을 하고, 언론계에서도 하야시 후사오(林房雄)의 『대동아전쟁긍정론』 등이 출간되어 지금의 '새역모'까지 되풀이되어 이러한 논의가 계속되고 있습니다.

역사학에 대해서 말한다면, 메이지 이후 서구 지향, 대국 편중의 역사학 연구방식은 전후 다소 변했지만, 기본적으로는 변하지 않았다고 할 수 있을 것 같습니다. 조선문제 등 제가 여러 가르침을 받은 야마베 켄따로오(山邊建太郎) 씨의 선구적인 역할이라든가 조선사연구회의 활동 등 여러가지 제2차 세계대전 전에는 없었던 새로운 활동·연구도 생겨났습니다만, 그마저도 일본 역사학계 전체에서 본다면 소수의 영역에 머무르고 있습니다. 전전에는 말할 것도 없이 일본제국주의의 조선정책에 대한 비판이 기본적으로 허용되지 않았고, 전후에는 식민지를 잃었기에 조선에 대한 관심이 사라진 것이죠. 지금에야 토오꾜오 대학과 여러 대학에도 조선사 전공 교수가 있습니다만, 제가 근대 일본의 대외 관계를 연구하면서 조선사에도 주목하여 연구를 시작할 당시, 조선사 관계 강좌가 있던 곳은 텐리(天理)대학과 토오꾜오 도립대학에 불과했습니다.

본래 일본이 전후 평화국가로 다시 태어나기 위해서는 식민지문제를 포함한 근대 전체의 총결산이 강구되어야만 했습니다. 그 성과에 기초해 역사교육도 바르게 정리되었어야 했는데, 그것이 이루어지지 않은 것이죠.

전후의 역사학에서는, 가령 자유민권운동이라든가 타이쇼오데모크라시라든가, 일본의 민주주의적인 전통을 밝히는 연구도 꽤 이루어졌습니다. 그러나 자유민권운동도 쇠퇴기에 들어서면 조선 침략과 대청 강경론이 나타나고, 타이쇼오데모크라시에서도 근본적으로는 천황제 비판에는 이르지 못했습니다. 요시노 사꾸조오(吉野作造) 등 극히 일부의 사람들은 조선문제에도 관심을 가졌습니다만 타이쇼오데모크라시 운동 전체에서 봤을 때는 어떠했을까요? 조선문제에 대한 해명은 미약했던 것이 아닐까요? 타이쇼오데모크라시 문제와 식민지문제의 유기적인 관계 등은 역사 연구의 과제로서 더욱 깊게 들어가야만 하지 않을까 합니다.

그러한 문제가 애매하게 넘어갔기 때문에 '15년전쟁'에 비판적인 사람이라도 청일, 러일 전쟁은 좋았다고 말하고, 타이쇼오데모크라시에 참가하면서 자유주의적인 생각을 갖고 제2차 세계대전 당시 군부에 비판적인 사람들도 끝까지 대만과 조선은 전후에도 일본의 영토로 유지해야 한다는 생각을 가지고 있었습니다. 예를 들면 키요자와 키요시(淸澤洌)의 『암흑일기』 등도 그렇습니다. 그것은 태평양전쟁 말기에 화평

(和平)공작을 한 일본정부의 입장과 그렇게 다르지 않습니다.

키요자와는 반군적인 인물로 알려졌지만, 그도 태평양전쟁 말기에 다음과 같이 썼습니다.

"외교에서는 손에 쥐고 있는 패를 가지고 최소한도를 양보하는 방법을 쓸 수밖에 없다. 일본이 쥐고 있는 것은 만주와 외국의 주둔병이다. 그 둘을 사용해 조선과 대만의 독립을 막을 수 있다면 최상이다."(1944년 12월 10일 일기) 또한 그보다 앞서 "미국의 전후 요구 중에 조선 독립 같은 것은 없겠지만(그것은 합법적으로 이루어진 것이기 때문에)"이라고 특별히 쓰고 있습니다.(1943년 6월 1일 일기)

키요자와도 이러한 의견이었기 때문에, 일본정부는 전후에도 반성 없이 끌어오다가 1998년에 이르러서야 오부치(小淵) 수상이 겨우 반성하지 않을 수 없는 상황까지 오게 되었지만, 다시 교과서문제로 인하여 원점으로 돌아가는 상태가 되었습니다.

그렇기 때문에 일본의 근대 전체에 대한 역사적인 분석은 메이지 초로 거슬러올라가 넓게는 조선을 시작으로 아시아 여러 나라와의 관계도 시야에 정확히 넣어야 한다고 생각합니다.

교과서문제를 일으킨 역사인식의 토양

강만길 한국에서는 일본이 급격하게 우경화로 나아간다고 보고 있습니다. 지금 선생님이 말씀하신 바와 같이 그것은 급격하게 진행된 것이 아니라, 전후부터 줄곧 전쟁·식민지 지배에 대한 책임이 청산되지 않은 것이 문제의 근원인 것입니다. 특히 또다른 원인으로 고려해야 할 것은 사회주의가 붕괴한 것이 일본사회에 준 영향과, 중국이 새롭게 대국이 되고 있다는 데에서 오는 불안감 등입니다. 지난해 저는 한일문화 교류위원회 회의차 일본에 왔었는데요, 어느 일본 지식인과 대화를 나눌 때 한반도가 통일되면 일본과 연합해 중국을 견제해야만 한다고 말해서 놀랐습니다. 앞으로는 지식인의 발상이라 할지라도 어느 나라가 어느 나라를 견제한다든가 대립한다든가 하는 식이 되어서는 안 된다고 저는 생각합니다. 통일 한반도가 연합해 중국을 견제하고자 하는 생각이 일본 지식인들에게 있다면 통일된 한반도는 오히려 중국에 가깝게 되지 않겠느냐고 저는 말했습니다.

이렇듯 말하자면, 제국주의시대적인 발상을 한다면, 만약 한반도가 통일된다면—통일해도 일본보다 소국이고, 중국보다 더욱 소국입니다만—일본은 이것을 경계하고 불안감을 갖게 되지 않을까요? 평화주의자의 입장에서 본다면, 한반도가 평화적으로 통일되고 일본·중국과 우호적으로 지내는 것이 21세기의 동아시아를 위해 바람직한 길이라고 생각합니다. 그러나 과거 20세기적인 제국주의적·냉전주의적 사고에서는 한반도가 통일되는 것이 불안한 것이죠. 이러한 생각이 일본을 점점 오른쪽으로 향하게 하는 하나의 원인이 아닌가 생각합니다.

그러한 생각에 대해서, 이제부터는 EC가 EU로 된 것과 같이 동아시아도 일본과 통일된 한반도와 중국이 하나의 지역공동체가 되어 사이좋게 평화적으로 살아야 한다고 주장하면서 국민을 이끌어가는 정치적인 지도력이 요구되고 있지만, 지금의 일본에는 그다지 없는 것처럼 보입니다.

나까쓰까 오히려 반대로 '우경'을 선동하는 듯한 경향이 매우 강합니다. '새역모'의 교과서 등으로 아이들을 가르치고 점점 더 '제국주의적 의식'을 국민에게 각인시키는 것은 분명합니다.

강만길 수상을 비롯해서 지금의 일본 정치지도자들은 대부분 전쟁을 경험한 바 있습니다. 일본과 동아시아, 특히 세계의 미래 평화를 고려하는 것보다 자신의 정치적인 입장, 이익을 먼저 구한 결과 정치가 계속 오른쪽으로 향하는 것은 아닌가 생각합니다. 그것은 일본을 위해서도, 동아시아 전체를 위해서도 불행한 일입니다.

일본은 근대에 들어서 탈아론적 정책을 채택했지만 21세기에는 동아시아 국가로 되돌아가는 것이 중요하다고 생각합니다. 지금의 일본은 일방적으로 미국과의 관계를 돈독히 하고 있고, 미국은 러시아와 중국을 가상의 적으로 삼은 까닭에 일본도 대륙세력과 대립하고 있는 것입니다.

일본과 미국이 후원해서 대만이 독립했듯이, 21세기의 동아시아는 미국과 일본과 대만이 한편으로, 중국과 러시아가 한편으로 있어 두 개의 큰 세력이 대립하는 구도가 되고 있습니다. 그 가운데 한반도가 언제 통일되는지가 문제가 되겠지요. 이때 한반도는 대륙세력과 해양세력 어디에도 편향되지 않는 동아시아 지역공동체의 일부로서 통일되는 것이 이 지역 전체의 평화에 공헌하는 방향이라고 생각합니다.

20세기 동아시아 역사를 돌아보면, 21세기 이 지역의 평화의 열쇠가 되는 중요한 부분은 일본이 쥐고 있습니다. 미국이 21세기의 어느 시기까지 세계의 초강대국으로 있을지 알 수 없지만 만약 미국이 힘을 잃어간다면, 동아시아 국가로 귀환하지 않았던 일본은 완전히 고립될 것입니다. 지금은 그러한 점까지 고려하는 일본의 정치적 지도력을 필요로 하고 있습니다.

나까쓰까 말씀하신 대로 일본이 미국하고만 밀착한다면 일본 독자적인 외교 선택의 폭은 거의 사라져버릴 것입니다. 미국이 힘을 잃음과 동시에 태도를 바꾼다면 일본이 갈 곳은 더욱 사라지게 됩니다. 이 정도의 예측은 특별히 외교전문가가 아니더라도 할 수 있지만, 아무래도 정치의 중심은 좀처럼 변하지 않습니다. 교과서문제만 해도, 그러한 점을 코이즈미(小泉) 자신이 이해하지 못하고 있기 때문에 저런 태도를 취하는 것이 아니겠습니까?

　강만길　물론 일본은 동아시아 국가라고도 할 수 있고 환태평양국가라고도 할 수 있습니다만, 어느 한쪽을 선택한다는 것이 쉽지 않을 것입니다. 따라서 선택의 기준을 대립보다 평화 공존에서 찾아야만 합니다. 초강대국인 미국을 지탱하고 있는 것은 동양에서는 일본, 유럽에서는 영국입니다. 두 나라 모두 대륙과의 관계보다 미국과의 관계가 밀접합니다. 그러나 21세기에도 일본은 그렇게 계속 있는 것이 좋은 것일까요? 역사는 변합니다. 21세기도 계속해서 미국이 세계를 지배하는 초강대국이라는 보증은 없습니다. 일본의 정치지도자는 가능한 한 멀리 미래를 바라보면서 20세기와는 다른 21세기 일본의 방향을 모색해야 합니다.

　나까쓰까　근대 아시아와 일본의 관계를 일본인이 얼마만큼 정확히 이해하고 있는가가 문제입니다. 메이지는 빛나는 시대고 쇼와는 좋지 않은 시대라고 하는 사람은 결국 태평양전쟁 때 일본은 영국·미국과 사이가 좋지 않았기 때문에 패했다고 생각합니다. 그래서는 반성을 하더라도 영국, 미국과 사이좋게만 지낸다면 일본은 괜찮다는 논리가 되어버립니다. 이런 사고방식은 한편으로는 아시아에 대해서는 아무것도 모르는 종래의 역사인식과 같은 것입니다. 이러한 의식을 변화해가기 위해서도 역사문제는 중요하다고 생각합니다. 매스컴도 이러한 문제에 대해서 한층 진지하게 생각해주길 바라는 바입니다.

한반도 통일과 동아시아의 평화

－근대 일본의 아시아에 대한 멸시와 탈아론 혹은 대국 편중의 사고는 전후나 지금에 이르기까지 계속되고 있습니다. 이러한 발상을 극복하기 위해서는 무엇을 해야 할까요? 특히 일본이 해야 할 바는 무엇일까요?

나까쓰까　반복되는 감이 없지 않지만, 일본인이 21세기를 살아가기 위해서는 메이지 이후 일본이 아시아에 행했던 것과 태평양전쟁의 패배가 어떠한 관련을 맺고 있는가, 그것을 정확히 생각해 청산해야 할 것은 단호히 청산하는 것이 우선 제일이겠지요.

일본인의 역사인식은 오랜 시간에 걸쳐 사실이 은폐되거나 왜곡되어 그것이 아직껏 개선되고 있지 않기 때문에 위험한 방향으로 나아갈 가능성이 대단히 크다고 생각합니다. 역사가는 정력적으로 연구하여 사실을 그려내고, 그것을 역사교육에 반영하는 노력을 더욱 하지 않으면 안 됩니다. 국민의 역사인식을 고치는 것은 이러한 견실한 작업을 되풀이하고 되풀이하여 장기전으로 하지 않으면 안 되겠지요.

강만길　고(故) 야스에 료오스께(安江良介) 전 사장과의 본지 대담(1996년 1월호)에서도 이야기한 기억이 있습니다만, 일반론으로 말한다면 세계 문명국의 기성세대는 젊은 세대를 평화주의자로 키울 의무가 있습니다. 그것은 어느 나라도 마찬가지입니다. 저는 그 의무를 세계시민적 의무라고 말합니다.

일본은 유럽과 미국을 제외하고 유일하게 식민지를 가졌던 나라입니다. 유럽이 식민지지배를 했기 때문에 우리도 했다든가, 유럽의 침략을 방위하기 위해 우리들이 아시아를 지배했다든가 하는 논리는 이미 통하는 시대가 아닙니다. 아시아에서 유일하게 식민지를 가졌고 다른 민족에게 고통을 준 나라의 국민으로서 깊이 반성해야 합니다. 사실을 젊은 세대에게 정확하게 가르치는 것, 이로부터 동아시아 평화가 이루어질 수 있습니다. 일본의 젊은 사람들을 침략주의자가 아닌 평화주의자로 기르기 위해 과거에 침략한 사실을 가르쳐야 합니다. 일본은 아시아에서 정치적으로도 경제적으로도 가장 선진국이지만, 평화를 위해 세계 문명국의 시민으로서의 의무를 완수하지 않을 때는, 앞으로 아무리 경제가 발달해도 선진국으로 인정받을 수 없을 것입니다.

나까쓰까 저는 요전에 한국의 전주에 가서 '동학농민혁명국제학술대회'에 참가했습니다. 이 학술대회를 조직하고 운영하는 데 중추가 되었던 이들은 나이가 대개 30대에서 50대까지였습니다. 물론 역사학자도 있었습니다만, 대학에서 영문학을 가르치는 교수, 시인, 자원봉사로 나온 시민운동가도 있었습니다.

그들은 일본의 역사교과서문제에 대해서도, 1982년에 격렬한 외교문제가 되었던 당시와 비교하며 "우리들은 매우 냉정하다"고 하였으며 "우리들 자신, 한국군이 베트남에서 저지른 만행 등도 결코 눈감지 않을 것이다. 한국이 했던 것과 한국의 약점에도 충분히 눈을 돌려 21세기를 전망하면서 앞으로의 일을 생각하고 있다"라고 하며 대단히 냉정하고 그럼에도 자신에 차 있었습니다. 그것은 학술대회를 주도하고 세련된 운영을 한 점에서도 잘 나타났습니다.

그중 40대 중반 정도의 어느 역사학자는 5·18민주화운동 당시에 대학을 나오고 군대에서는 육군 중위였습니다. 그는 5·18 사건에 직면하자 "이렇게 해서는 한국은 도저히 유지될 수 없다, 이래서는 안 된다는 생각에 퇴역하고, 곧장 노동자들을 위한 야학을 개설하는 한편, 한국 전역을 10년에 걸쳐 돌아다니며 동학농민군 유적을 답사하고 동학 연구를 시작했다"고 말했습니다.

이러한 사람들이 지금 40대 중반이 되어 한국 역사학계를 운영하며 갑오농민전쟁을 기념하기 위한 이벤트를 기획하고 있는 것입니다. 저는 지금까지 민족주의적인 '우익 내셔널리스트' 역사연구자와도 교제한 적은 있었지만, 이번 학술대회에 참가해서 그러한 사람들과는 전혀 다른 연구자가 길러지고 있다는 점에 강한 인상과 깊은 감명을 받았습니다. 한국의 장래를 어떻게 만들어갈 것인가, 이를 위해 한국 안에서 변혁 지향의 역사적 조건은 무엇인가를 고민하며 갑오농민전쟁을 연구 대상으로 삼았다는 것입니다.

일본의 경우는 침략한 쪽이었으므로, 침략한 쪽의 입장에서 어떠한 모순을 ─ 현재 우리들 자신의 사고방식까지 포함해서 ─ 가지고 있는지를 더욱 역사적으로 분석하지 않으면, 일본인 자신이 변하는 것은 좀처럼 불가능하지 않을까 생각합니다.

일본의 경우 역사교육에서는 근대사를 전통적으로 경시해왔습니다. 특히 아시아 여러 나라와의 관계, 그중에서도 침략의 문제는 정확하게 교육되지 않았으며, 조선에 대해서는 사실 자체를 가르치지 않아 아무것도 모르는 사람이 많습니다.

만약 한일 공통의 역사책을 만든다고 하면, 이것만큼은 어떻게 해서도 일본과 한국에서 젊은 사람들이 알아야만 하는 그러한 책이 된다면 좋지 않을까 생각합니다. 아무튼 아무것도 모르면서 편견만 가지고 있습니다.

강만길　모르기 때문에 편견을 갖는 것이군요. 6~7년 전으로 기억하는데 일본에서 국제학술회의가 있어서 일본·한국·중국·러시아의 학자들이 모여 회의를 할 때 제가 이야기했습니다. 19세기 말 이후 동아시아 각국의 역사교육 내용을 보면 모두 자기 나라에 유리하게 써서 가르치고 있다.(웃음) 청일전쟁을 봐도 마찬가지인데 하나의 전쟁에 대해 일본과 중국, 한국의 시각이 다르다. 러일전쟁을 봐도 러시아를 포함해 네 나라의 입장이 모두 다르다. 이같이 상반된 역사교육을 받은 각 나라의 학생들이 그것을 바탕으로 사이좋게 동아시아 평화를 만들어간다는 것은 불가능할 것이라 생각했습니다.

그래서 저는 제안을 하나 했습니다. 민간 차원에서 한국·중국·일본·러시아 네 나라의 역사가들이 21세기 동아시아의 평화를 목표로 내걸고 동아시아 근대사를 공동으로 써서 그것을 한국어·중국어·일본어·러시아어로 출간해 젊은이들에게 읽히게 하는 것입니다. 그러나 그것이 대단히 어려운 제안이었던지 좀처럼 잘 진행되지 않았습니다. 그래도 이제부터라도 이러한 노력을 해야만 한다고 생각합니다.

나까쓰까 역사인식을 바꾼다고 하는 것은 힘든 일이지만 독일과 같이 정치적으로 과거의 침략을 단호하게 청산함과 동시에 역사적인 자료를 널리 공개하고 누구라도 쉽게 이용하도록 하는 방안을 마련하여 일본정부가 신속히 시행하기를 바랍니다. 다만, 우리들 한 사람 한 사람이 그것을 기다리고 있을 수만은 없지 않겠습니까! 자신들의 역사인식의 약점을 이 사람 저 사람의 책임으로 떠넘길 것이 아니라 자기 자신의 문제로서 역사적 사실을 자기화하는 노력을, 각각의 주어진 입장에서 가능한 한 하는 것이 필요하지 않을까 싶습니다. 역사가는 역사가로서 국민의 역사의식을 평화주의라는 방향으로 향하도록 하고, 그러한 국민에 책임을 갖는 연구를 적극적으로 하며, 시민에게 전달하려는 노력을 좀더 해야 한다고 생각합니다.

또 하나 마지막으로 말씀드리고 싶은 것이 있습니다만, 시민 차원에서 상호교류가 중요하다는 것이죠. 시민 차원에서 상호인식을 깊게 하고 역사인식을 풍부히 하기 위해서는 여러가지 루트를 통해 서로 교류

하여 견문을 넓히고 합일점을 찾는 것이 대단히 유용합니다. 이번 역사교과서문제로 한국의 서산시와 우호도시 관계를 맺고 있는 텐리(天理)시가 '새역모'의 교과서를 채택하지 않고 "텐리시 아이들은 서산시 중학생의 방문을 기쁘게 기다리고 있다. 10년에 걸쳐 축적되어온 자매도시 교류를 소중히 이어가고 싶다"고 말한 텐리시 교육장의 말(『나라 신문 (奈良新聞)』7월 15일자)이 더없이 인상적이었습니다.

⟨『歷史敎科書問題未來への回答』(『世界』第696號別冊, 岩波書店 2001)⟩

2. 일본군 '위안부'의 개념과 호칭 문제

머리말

일본제국주의가 침략전쟁을 중일전쟁과 태평양전쟁으로 확대해가면서 점령지구에서 군인들의 강간행위를 방지하고 성(性)문제를 해결한다는 평계로 본토와 식민지 및 점령 지역의 젊은 여성들을 동원하여 군대 주둔 지역과 심지어 최전방 전투지구에서까지 집단적으로 수용, 군인들의 성적 노리개가 되게 한 사실은 이미 널리 알려진 일이다. 전쟁의 역사는 인류의 역사만큼이나 길지만 이른바 종군위안부를 데리고 다니면서 전쟁을 치른 군대가 동서고금을 막론하고 일찍이 있었는지 의문이다.

일본군의 성적 대상을 '종군위안부(從軍慰安婦)'로, 그들이 수모와 고통을 당한 현장을 '위안소(慰安所)'로 이름 지어 부른 것은 물론 패전 전의 일본 군부였다. 패전 후의 일본에서도 그 명칭이 적합하지 않다는 의문을 제기하면서도 그대로 사용했고, 그 피해 민족의 하나인 한민족의 남북 학계에서도 역시 적합한 명칭이 아니라 생각하면서도 그대로 사용해왔다.[1] 그러나 한마디로 말해서 일본군의 성적 대상이 되었던 여성들을 '종군위안부'로 부르는 것은 어디까지나 그들을 통해서 성적 '위안'을 받은 일본 군인을 주체로 하여 붙인 명칭일 뿐이다. 그 여성들의 경우 군인들에게 '위안'을 제공하는 행위는 대부분 자발적인 것이 아니었을 뿐만 아니라 고통 중의 고통이었다는 사실을 전혀 고려하지 않은 명칭이었던 것이다.

역사적 사실에 대한 정확한 명명은 그 역사적 의미를 가름하는 중요한 문제다. '종군위안부'란 명칭이 적합하지 않다면 적합한 명칭이 다시 고안되어야 하며, 그것은 이른바 '종군위안부' 문제 전반에 대한 연구와 이해가 바탕이 되어야 가능한 일이다. 구체적으로 말하면 전쟁을 하는 일본군에게 왜 '종군위안부'라는 것이 있게 되었으며, 그들은 어떤 경위로 '위안부'가 되었는가? '위안소'는 어떻게 설치되고, 누구에 의해, 어떻게 관리되었는가? 그들 '종군위안부'의 '위안' 행위는 일반 직업으로서의 매춘행위와 어떻게 달랐는가? '종군위안부'들의 '위안소'에서의 평소 생활은 얼마나 자유스러웠으며, 또 얼마나 구속적이었는가? '위안소'의 시설은 어떠했고, 그것은 누가 설치하고 관리했는가? 특히 한국에서는 중일전쟁이나 태평양전쟁 당시는 물론 8·15 이후 최근까지도 왜 일반적으로 여자 정신대가 곧 '종군위안부'라 생각되었는가 하는 문제 등이 명백히 밝혀진 후에야 가능할 것이다.

이 글에서는 우선 그 도입부분으로서 '종군위안부'가 왜, 어떻게 생겨

---

1) 스즈끼 유우꼬(鈴木裕子)는 『近代日本と植民地』(岩波書店 1992)에 실린 글 「からゆきさん, 從軍慰安婦, 占領軍慰安婦」에서 "종군위안부라는 말은 사실의 본질을 애매하게 하는 뉘앙스를 가지고 있다. 그러나 현재 다른 적당한 말이 없기 때문에 이 글에서는 따옴표를 쳐 사용한다"고 했고, 남북의 학자들이 참가하여 1993년 평양에서 열렸던 '일본의 전후 처리 문제에 관한 국제토론회'에서도 역시 따옴표를 쳐서 종군위안부라는 말을 그대로 썼다.

났으며, 당시 조선에서는 어떤 사람이 왜 '위안부'가 되었고, 그들이 어떤 생활을 했는가를 개략적으로 살펴보고, 일본군이 붙인 '종군위안부'라는 명칭이 합당한가, 그렇지 않다면 그들을 무엇으로 다시 명명해야 할 것인가 하는 문제를 중심으로 생각해보기로 한다. 그것은 결국 '종군위안부'라는 것이 무엇이었는가를 해명하는 일이 될 것이다.

여자정신대가 왜 '종군위안부'로 인식되었는가

정신대란 말은 당초 어떤 의미로 쓰였는가

1990년에 한국에서 처음으로 일본군 '종군위안부' 문제를 학문적으로 연구할 목적으로 조직된 연구단체가 그 이름을 '정신대연구회'라 했고, 같은 해에 '종군위안부' 문제에 대한 대책을 강구하기 위해 성립된 협의회도 그 이름을 '한국정신대문제대책협의회'라 했다. 이 두 단체 구성원의 핵심 인물들은 태평양전쟁 말기 일본제국주의자들이 식민지 조선에 '여자정신근로령'을 발동했을 때 바로 그 법령의 적용대상에 든 연령층의 사람들이며, '연구회'와 '협의회'가 성립될 때 그 구성원 중에는 현직 대학교수인 사람들도 있었다. '종군위안부' 문제를 연구하고 다룰 단체의 이름을 '정신대연구회' 혹은 '정신대문제대책협의회'라 붙였으니 그들에게는 '종군위안부'라는 것이 곧 '정신대(挺身隊)'로 인식된 것이다.

일본제국주의의 정신대근로령 발동으로 조선처녀들이 강제동원되었던 1940년대 전반기를 살았던 한국인들 중 일반인은 말할 것도 없고 바로 그 동원 대상이었다가 뒷날 대학교수가 된 지식인들까지도 '종군위안부'를 여자정신대로 인식하고 있었다는 사실은 우리에게 여러가지 문제를 시사해주고 있다. 여자정신대가 곧 '종군위안부'는 아니라는 점이 지금은 물론 밝혀졌다. 그러나 한국인들이 왜 일본제국주의의 침략전쟁 당시는 물론 해방 후 반세기가 되기까지도, 또 바로 그 대상 연령층에 해당했던 지식인들까지도 일반적으로 여자정신대를 일본군 '위안부'로 생각하고 있었는가 하는 문제를 생각해봄으로써 식민지시대의 조선처녀들이 '종군위안부'가 되어간 진상의 일단을 밝힐 수 있지 않을까 한다.

식민지 조선에서 정신대란 말이 사용되기 시작한 것은 중일전쟁의 수렁에 빠진 일본제국주의자들이 태평양전쟁을 준비하던 1941년경인 것 같으며, 처음에는 농촌에서 전시체제를 강화하고 농번기 농촌 노동력을 조직화하기 위해 만든 산업보국단을 가리킨 것 같다.[2] 그러나 정신대 조직은 농민을 대상으로 한 것뿐만 아니라 각계각층으로 확대돼 갔다. "증산운동정신대로 일천만 학도의 원군(援軍) 소학생까지 근로보국"[3]이라 한 것과 같이 학생의 근로보국단을 정신대라 하기도 했고, "부인농업정신대, 각 군서 선발하야 내지(內地) 농촌 견학"[4]이라 한 것

---

2) 식민지 조선에서 신문지상에 정신대 기사가 비교적 일찍 나오는 것은, 『매일신보』 1941년 2월 12일자에 '5만 3000여 명을 동원 농촌정신대를 편성, 함남서 각 군별로 훈련을 개시'라는 제목으로 "함남도의 산업정신대의 편성은 모두 완료되었다. 도 사회과에서 편성한 내용을 보면 도내 농가 호수 16만 600호에서 3호에 1명씩 결국 5만 3530명을 내어서 1대에 30명씩 1783대를 편성하기로 되었다. 이것을 3월부터 12월까지 10개월 동안 한 달에 5300명씩 출두시키는데 도에서는 이들 산업보국단의 일상 훈련을 위해 예산 1만 4000원을 계상하여 각 군별로 대장을 3일간씩 강습시키는데 제1은 시국, 제2는 훈련, 제3은 현지지도 등을 강습시킬 터이다"라고 한 것에서 볼 수 있다. 농촌 노동력을 조직화하고 동원할 목적으로 만든 것이었다.
3) 『매일신보』 1941년 2월 14일.
4) 『매일신보』 1941년 3월 4일.

처럼 농촌의 남자 노동력 조직뿐만 아니라 일본 농촌 견학을 위한 농촌 부인 조직을 정신대로 부르기도 했다.

그런가 하면 "내선일체정신대로 기술과 노력의 교류, 육백 산업전사를 내지에 파견"[5]이라 한 것처럼 일종의 산업기술 연수생을 정신대로 부르기도 했고, "의용봉공(義勇奉公)의 정신대, 경성부 근로보국단 훈련 방침 결정"[6]이라 하여 도시 청소년의 근로보국단을 정신대로 부르기도 했다. 또 "열의에 찬 근로보국정신대는 마침내 정연맹(町聯盟)을 단위로 결성을 보게 되었다"[7]고 하여 일반 시민의 근로보국대를 정신대로 부르기도 했다. 심지어 "식봉공(食奉公)의 정신대들, 내(來)30일 경성식량보국대 신(新)발족"[8]이라 한 것처럼 전시하의 식량대책을 위해 식량창고업자, 정미가공업자, 식량배급업자 등으로 조직된 이른바 식량보국대를 정신대로 부르기도 했다. 보국대란 말이 따로 있었지만, 이 경우 정신대와 보국대를 같은 뜻으로 썼음을 알 수 있다.

그리고 이런 경우 정신대란 말은 전시체제 아래서 일본제국주의의 전투력 강화를 위해 특별히 노동력을 제공하는 조직 등을 지칭한 일반 명사였다고 할 수 있다. 그러나 태평양전쟁이 막바지로 접어드는 1943년 이후로 가게 되면 정신대란 말은 여자정신대 혹은 여자근로정신대에 한정해서 쓰이는 경향이 나타나다가 마침내 1944년에는 여자정신대 근로령이 내려지게 된다. 이후부터 정신대란 말은 대체로 전쟁 노동력

---

5) 『매일신보』 1941년 2월 18일, "조선서 소학교 6학년 졸업한 소년 200여 명을 뽑아 조선에 지점 혹은 지소를 가지고 있는 내지 공장 혹은 산업장으로 보내어 3년 혹은 2년간 일을 하는 한편, 기술을 배우게 한 후 다시 조선으로 와서 기술을 배운 곳의 지점 혹은 지소에서 조선의 생산력 확충을 위해 그 배운 바 기술을 발휘하도록 하는 것이다"라고 했다.

6) 『매일신보』 1941년 9월 4일.

7) 『매일신보』 1941년 11월 23일.

8) 『매일신보』 1942년 5월 24일.

으로 동원된 여자에 한해서 쓰인 것 같다.

여자근로정신대, 처녀 공출, '종군위안부'

일본제국주의의 침략전쟁이 태평양전쟁으로 확대되어 한 고비로 치닫고 있던 1943년 11월 26일자 『매일신보』에는 '소화 18년도 중학 졸업자 동원 방침 결정, 남자의 동원을 강화, 여자는 근로정신대로 활용'이라 한 제목 아래 "여자에 대하여서는 학교 단위로 여자근로정신대를 결성시켜 공출케 한다"고 했다. 중학교를 졸업하는 처녀들을 근로정신대로 '공출'할 것을 결정한 것이다. 또 1944년 3월에는 「여자정신대제도 강화 방책 요강」을 결정하여 "학교장·여자청년단장·부인회장·기타 적당한 직역(職域) 또는 지역 단체의 상장으로 하여금 여자정신대를 조직함에 필요한 조치를 취(取)케" 하고 "강력 명령에 반대하는 자에 대하여 국가 총동원법 제6조에 기(基)한 취업 제령(制令)을 발동"한다고 했다.9)

미혼여성들에 대한 강제동원체제가 강화되어가자 "처녀 공출 원방 송치(遠方送致)니 하는 무근지설(無根之說), 즉 유언비어에 미혹"되어 조혼이 유행하는10) 한편, 여자중학교 졸업생을 대상으로 하려 했던 당초의 계획과는 달리 처음으로 일본 토야마(富山)현에 있는 군수공장에 동원할 여자정신대원은 국민학교 졸업 정도의 17세부터 20세까지의 미혼여성을 대상으로 했다.11) 1944년 8월 8일자 신문 기사에서 "경성부에서는 지난 7월 7일 토야마 현 ○○공장에 용약, 입사하여 전력 증강에 정신하고 있는 경성부 출신 여자근로정신대를 인솔하고 가서 실지

---

9) 「여자정신대 강력 명령으로 결성 강화」, 『매일신보』 1944년 3월 20일.
10) 「조혼하지 말자! 여자는 징용치 않는다」, 『매일신보』 1944년 5월 16일.
11) 「징용과는 다르다, 나가자 여자정신대로」, 『매일신보』 1944년 6월 4일.

로 동사의 노무관리 상황을 시찰하고 돌아온 노다(野田) 경기도 노무과
장…"이라[12] 한 것과 같이 토야마 현 군수공장에 동원한 것이 조선에서
처음으로 여자근로정신대를 집단적으로 일본의 군수공장에 보낸 경우
가 아니었던가 한다.

정신대로 끌려가서 배고픔에 못 견디어 도망했다가 잡혀 '종군위안
부'가 된 강덕경은 "열여섯 살 되던 1944년 6월경에 여자근로정신대 1
기생으로 일본에 갔다. (…) 토야마현의 후지꼬시(不二越) 비행기공장
으로 갔다"고 증언했다.[13] 6월경이라 한 강덕경의 기억이 잘못된 것인
지 서울서는 7월에 가고 그가 살았던 진주에서는 6월에 갔는지 불분명
하지만, 이때 토야마현 후지꼬시 비행기공장에 강제동원된 여자정신대
가 조선에서 일본 등지로 동원된 최초의 여자근로정신대인 것은 틀림
없는 것 같다.

어떻든 후지꼬시 비행기공장에 여자정신대가 동원된 것에 대해 조선
총독부의 노다 노무과장은 "이번 경기도에서는 처음으로 내지에 있는
○○ 중요 공장에 보낼 여자근로정신대 ○○○명을 경성과 인천 두 곳
에서 선발하기로 되었다. 이것은 일반이 오해하고 있는 여자들의 징용
과는 전혀 그 성질을 달리하는 것으로 끝까지 본인은 물론 부형들의 타
오르는 황국적(皇國的)적성(赤誠)의 발로로서 자진하여 여성으로서도
자기 힘을 모조리 국가의 주요한 업무에 바친다는 것으로 나와야 할 것
이다"[14]라고 했다. 여자근로정신대에 대해 조선사람 일반은 처음부터

---

12) 「여자정신대 현지 보고회」, 『매일신보』 1944년 8월 8일.
13) 한국정신대문제대책협의회·정신대연구회 편 『강제로 끌려간 조선인 군위안부들』,
한울 1993, 273~74면.
14) 「징용과는 다르다, 나가자 여자정신대로」, 『매일신보』, 1944년 6월 4일. 노다는 경성
과 인천에서만 동원한 것같이 말하고 있으나 강덕경은 진주의 길야국민학교 고등과를
다니다 동원되었다. 실제는 경인지방 이외에서도 동원된 것이 아닌가 한다.

처녀들에 대한 강제징용으로 '오해'하고 있었고, 일본제국주의 당국자들은 강제동원은 아니라고 하면서도 '황국적 적성'을 내세워 자진 참여를 강조하고 있었음을 볼 수 있다.

이상과 같이 조선에서도 정신대란 말이 사용된 것은 1941년경부터였고 여자근로정신대가 실제로 동원된 것은 1944년 7월경이었으나 아직은 "지도, 권장에 의한 실시"였고 "비법제적 수단"에 의한 것으로 되어 있었다. 이른바 "여자 동원을 신속, 적격히 추진할 태세의 확립"을 위해 여자정신대근로령이 발동된 것은 1944년 8월 23일이었다. 그리고 여자정신대근로령이 발동되기 전부터 토야마현 후지꼬시 비행기공장의 경우와 같이 조선의 처녀들이 이미 정신대원으로 동원되었고, 이 법령이 발동된 후 더 많은 처녀들이 동원되었지만, 그들이 바로 '종군위안부'로 충당되었다는 문헌적 증거는 아직 없다. 그런데 왜 한반도 주민들은 8·15 이전이나 이후를 막론하고 여자정신대를 '종군위안부'와 같은 것으로 인식했는가 하는 문제가 있다.

앞에서 예를 든 강덕경의 경우와 같이 여자근로정신대로 끌려가서 굶주림에 못 이겨 도망하다가 붙들려 '종군위안부'로 넘겨진 경우도 있었으나 그런 예외의 경우 때문에 여자정신대와 '종군위안부'가 같은 것으로 여겨졌다고 할 수는 없을 것이다. 그런데 조선사람만 여자정신대가 곧 '종군위안부'라 생각한 것은 아니다. 당시의 일본인들도 '군위안부'를 정신대로 알고 있었다는 증거가 있다. 일본제국주의가 만주를 식민지로 만든 후 이른바 만몽개척단(滿蒙開拓團)으로 그곳에 갔던 일본인들이 태평양전쟁 말기 소련의 참전으로 만주가 그 점령하에 들어가게 되자 자신들의 안전한 귀국을 위해 제 민족의 처녀들을 소련군의 '위안부'로 바치면서 그 여인들을 정신대로 불렀다는 사실을 다음과 같이 확인할 수 있다.

1945년 9월 하순 어느 개척단의 부단장은 세는 나이로 14세부터 21세까지의 처녀들을 단본부 뒤뜰로 불러내어 낮은 목소리로 "여자정신대로서 소련군 숙사에 가주기 바란다"고 했다.

처녀들 속에서 정신대의 의미를 묻는 소리가 나왔다. 50대의 부단장은 "군대의 위안"이라고 대답하면서 "나라를 구하기 위해 정신(挺身)하라"고 명령했다. 그곳에 있는 20명 정도의 처녀들은 이에 따랐다.[15]

조선사람들뿐만 아니라 태평양전쟁 당시 일본인들도 여자정신대라는 것이 바로 군인들에게 위안을 제공하는 '군위안부' 그것이라 생각하고 있었던 것이 확실하다.

이렇게 보면, 한국 사람들이 8·15 이전의 태평양전쟁 시기는 물론 1990년대 정신대대책협의회를 조직할 때까지도 여자정신대를 '종군위안부'와 같은 것으로 생각한 이유가 반드시 있다고 본다. 식민지시기 조선을 지배했던 일본인 관리들은 패전 후 돌아가기 전에 조선총독부와 조선군사령부 및 경찰 관계 문서 중 중요한 것은 모두 불태웠다. 따라서 지금의 일본정부가 제국주의시대의 군사 관계 극비문서들을 완전히 공개하지 않는 이상 여자근로정신대로 끌려간 조선처녀들을 집단적으로 '군위안부'로 투입한, 그 때문에 당시의 조선인은 물론 일본인까지도 여자정신대를 곧 '군위안부'라 생각하게 된 문헌상 증거를 찾기는 어려울 것 같다. 일본정부의 이른바 전후 처리 차원에서의 과감한 문서 공개를 촉구하지 않을 수 없다.

일본군이 인신매매나 취직을 미끼로 한 기만적인 방법뿐만이 아니고 제도적인 방법에 의해 여자근로정신대로 강제동원한 조선의 처녀들을

---

15) 鈴木裕子, 앞의 책 242면.

집단적으로, 그들이 이름 지은 '종군위안부'로 만들었다면 '종군위안부' 문제 전체의 의미가 달라진다. 유독 일본군에게는 '필수 불가결의'존재였던 성노예로서의 '종군위안부'가 인신매매나 취직을 미끼로 한 개인적, 사적 관계에서만 충당된 것이 아니라 일본 군부나 정부기관 등의 공적 시책에 의해 동원된 부분이 있었다면 '종군위안부' 문제가 가지는 역사적·현실적 의미 자체가 근본적으로 달라지기 때문이다.

일본군에는 왜 '종군위안부'가 있었는가

일본군의 집단적 성(性)대상이 된 조선여성들을 '종군위안부'라 부르는 것이 합당한가, 그렇지 못한가를 가리기 위해 우선 그들이 어떤 경로로 일본군의 성적 대상이 되는 위치에까지 가게 되었는가, 그들이 '종군위안부'가 된 경위와 일반 여성들이 흔히 말하는 매춘부가 된 경위가 어떻게 다른가 등의 문제에 대해 살펴볼 필요가 있다.

일본제국주의 군대가 그 군인들의 성문제를 해결하기 위해 '위안소'라는 것을 처음으로 설치한 것은 대체로 1932년의 이른바 상해사변 때부터로 알려져 있다.[16] 그러나 위안소가 설치되기 전에도 일본 국내에서는 1872년 '전근대적'인 유곽제도를 폐지하는 예창기해방령을 발표하는 대신 이른바 대좌부업(貸座敷業)을 허용하여 '근대적'인 공창제도를 확립했다.[17] 한편 민간이나 군대를 막론하고 일본인 남자들의 해외 진출에는 그들의 성문제를 해결하기 위한 여성들이 따르게 마련이었다.

---

16) 吉見義明 編『從軍慰安婦資料集』, 大月書店 1992, 26면.

17) 鈴木裕子, 앞의 책 225면.

예를 들면 개항 초기인 1881년 부산 거주 일본인이 남녀 합쳐 325명이었는데 그중 매매춘에 종사하는 사람이 6명이었고,[18] 1907년의 경우당시 우리나라에 나와 있던 일본인 여자가 총 4만 2332명이었는데 그중 2562명이 예창기 및 작부였다.[19] 전체 여자 주민의 6%가 창기나 작부였던 것이다. 그리고 1870년대 이후 싱가포르는 일본인 남양(南洋)진출의 중심지였고 그 근간이 낭자군(娘子軍)이라 불린 추업부(醜業婦)들이었다. 낭자군들은 이곳에서 각처로 흩어져 갔는데, 1895년의 경우태국의 방콕 거주 일본인 78명 중 24명이 낭자군이었다.[20]

이렇게 해외로 '진출'한 추업부의 십중팔구는 일본 국내에서 유괴되어 정식 출국 수속 없이 밀항한 사람들이었다.[21] 메이지시대 일본 최고의 지식인이요, 휴머니스트라 평가받는 유명한 후꾸자와 유끼찌(福澤諭吉)도 "일본국 인민의 해외이주 식민사업의 발전에 따라 단신 부임하는남성에게 쾌락을 주기 위해 창부가 필요하다"[22] "해외 각지에 주둔하는 병사의 기(氣)를 화(和)하게 하기 위해서는 또한 창부가 필요하다."고 했다. 다시 말하면 일본의 경우 해외에 진출하는 남성을 위한 매매춘부의 파견은 필수적이며 공공연한 일이 되었고, 이런 유래를 배경으로하여 일본제국주의의 만주·중국 침략과 함께 군인들을 위한 집단적 성행위 장소로서 '위안소'가 생겼으며, 여기에 이른바 '종군위안부'가 집단적으로 수용된 것이다.

---

18) 임승표 「1876~1895년 개항장 거주 일본인의 경제활동연구」, 고려대학교 석사학위논문 1987, 38면. 표2-3에 따르면, 같은 해의 통계는 없지만 1891년 통계에 의하면 부산거주 일본인 중 여자의 비율은 41%다.(같은 논문 12면, 표 참조)
19) 『統監府統計年報』, 高麗書林 1907, 46~47면.
20) 鈴木裕子, 앞의 책 226면.
21) 같은 책 227면.
22) 같은 책 228면.

일본제국주의 군대가 이른바 '위안소'를 두고 '종군위안부'를 집단적으로 수용하여 군인들의 '위안' 대상이 되게 한 이유는, 전쟁 후 일본정부가 공식으로 발표한 바에 의하면, 점령지구 안에서 주민에 대한 일본군의 강간을 방지하고 군인들의 성병 감염을 방지하며 또 군사기밀의 누설을 막기 위해서였다.[23]

그러나 일본제국주의 군대의 어느 군의관은 제 나라 군인들이 성문제에서 이성적이지 못함을 통탄하면서 "군 당국은 군인의 성욕을 억제하는 일은 불가능하다 하고 중국여성에 대한 강간 방지를 위해 위안소를 설치했지만, 강간은 대단히 성행하여 중국 양민들은 일본 군인을 보면 모두 무서워했다." "전쟁하러 온 일본 군인이 틈만 나면 태연한 얼굴로 위안소에 드나드는 것을 보고 중국인들은 비웃었다"[24]고 했다. 일본군대의 경우 '위안소'를 두었다고 해서 현지민에 대한 군인들의 강간이 없어진 것은 아니었고, 강간이 성행하는 한편 그들의 위안소 출입 또한 예사롭고 태연한 일이었던 것이다.

전쟁이 끝날 무렵 '위안부'로서 '포로'가 된 여성들을 심문한 미국 군인이 "위안부라는 용어는 일본군 특유의 것이다. 전투가 필요한 곳에는 어디든지 위안부가 있었음을 말해주는 보고가 있다"[25]고 한 것과 같이, 그리고 제 나라 군인의 비이성적인 성욕 발휘를 통탄한 일본 군의관이 그의 보고서 제목에서 지적한 것과 같이,[26] 근대사회에 들어와서까지 공공연하게 '위안부'를 집단적으로 데리고 다니며 전쟁을 치렀다는 사

23) 內閣官房 內閣外政審議室 「이른바 從軍慰安婦問題에 대하여」, 1993년 8월 4일.
24) 早尾虎雄(國府臺 陸軍病院附 軍醫中尉 金澤醫科大學敎授) 「戰場에서의 特殊現象과 그 對策」, 1939. 琴秉洞 編, 解說 『戰場日誌에서 보는 從軍慰安婦極秘資料集』, 綠陰書房 1992, 87면.
25) 미국전시정보국 심리작전반 「일본인 포로 심문보고」, 제49호, 1944. 吉見義明 編, 앞의 책 441면.
26) 주 24의 보고서 제목 참조.

실은 일본군에만 있을 수 있는 그야말로 '특수 현상'이었다고 할 수 있을 것이다.

어느 일본군 의사과장의 말에 의하면, 1943년 1월 현재 일본군 장교 이하의 위안시설이 북부 중국에 100개소, 중부 중국에 140개소, 남부 중국에 40개소, 남방이라 부른 동남아시아에 100개소, 남해(?)에 10개소, 사할린에 10개소로 합계 400개소가 있었다.[27] 또 버마전선에서 포로가 된 어느 일본 군인의 증언에 의하면, 일본군 1개 사단에는 5개소 내지 6개소의 위안소가 있었고, 여기에는 일본인 및 조선인 '위안부'가 있었다.[28] 일본 군대가 가진 '특수 현상' 때문에 다른 나라의 군대에서 보기 어려운 '위안소'와 '종군위안부'가 있게 되었고, 침략전쟁의 전선이 확대되어 일본의 매매춘부나 일반 여성의 동원만으로 수요를 충당할 수 없게 되자 여러가지 방법으로 식민지 조선의 처녀들을 동원하여 일본군의 성노예가 되게 한 것이다.

누가, 어떻게 '종군위안부'가 되었는가

유괴와 인신매매로 '위안부'가 된 경우

일본군의 성적 대상이 된 여성을 처음부터 '위안부'라고만 부른 것은 아니었던 것 같다. 자료들에 의하면, '위안부'란 명칭 외에 기녀·추업부·매춘부·예기·창기·작부·여급·예창기 등으로 부르고 있음을 볼 수 있다.

---

27) 金原節三「金原節三業務日誌摘錄」,『課長會報』1942년 9월 3일.

28)「日本軍隊における生活利便施設(ATIS調査報告第120號)」, 1945년 11월. 吉見義明 編, 앞의 책 527면.

이렇게 보면 일반 사회에서 이미 매매춘이나 접객업에 종사하던 여성들이 이른바 '종군위안부'로 전환된 것으로 생각할 수도 있다. 일본인의 경우 이미 매매춘이나 접객업 등에 종사한 여성들이 '종군위안부'가 된 경우가 많았으나, 특히 조선여성의 경우 그런 경험이 없는 여성이 '종군위안부'가 된 경우가 많았다.

어느 일본인 군의관의 글에 의하면, 그가 검진한 조선여성 80명과 일본여성 20명의 '종군위안부' 중 일본여성은 이미 매음업에 수년간 종사한 여성들이었지만 조선여성은 나이도 젊고 초심자가 많아서 흥미있는 대조였으며, 조선여성들은 중일전쟁 후 '응모(應募)'하여 '미교육 보충'된 여성들이라 할 수 있었다.[29] 또 태평양전쟁 말기 버마 지방에서 포로가 되어 미국군에게 심문받은 어느 위안소 경영자의 진술에 의하면, 그는 조선인 미혼여성 22명을 그 부모에게 300원 내지 1000원을 주고 사서 '위안부'로 만들었는데 그들의 나이는 19세에서 31세까지였다.[30]

식민지가 되기 이전 조선에도 기생과 색주가 등이 있었다. 그러나 5세기 동안이나 지속된 특별히 엄격한 유교사회였던 조선에서는 매음행위가 공공연하게 이루어지는 일은 있을 수 없었다. 일본이 조선과 만주를 식민지로 만든 후 침략전쟁이 본격화하고 전선이 거의 아시아 전체로 확대되면서, 중국·필리핀·동남아시아·버마에 걸친 광범위한 전선의 도처에 일본군대의 '특수 사정'에 따른 '위안소'가 설치되었고, 일본여성만으로 '위안부' 공급이 부족하게 되자 먼저 조선여성을, 다음에는 중국·인도네시아 등 전투지구 현지의 여성을 조달하게 되었다.

---

29) Inter-Ministerial Working Group on the Comfort Women Issue Republic of Korea, *Military Comfort Women under Japanese Colonial Rule Interim Report*, 1992. 7, 143면; 麻生徹男「花柳病積極的豫防法」, 1939.

30) 吉見義明 編, 앞의 책 458면.

일본이 중일전쟁을 도발한 후 입안한 비밀문서 「조선민족대책」에는 "조선의 청·장년을 일본 내지에 연행하여 탄광 및 군수공장, 기타에 분산하여 사역한다"는 조항과 함께 "조선의 미혼 여자를 군대의 '특수 요무(要務)'에 충당한다"고 한 항목이 있다.[31] 여기에서 특수 요무가 구체적으로 무엇을 말하는지 밝혀지지 않았지만 군인에 대한 '위안행위'를 뜻하는 것이라면, 조선의 경우 종래의 기생이나 색주가들이 '종군위안부'로 조달되기보다 거의 매음업 내지 접객업 경험이 없는 미혼 여자 및 '초심자'들이 희생될 수밖에 없었다.

앞에서 1870년대 이후 싱가포르 등 동남아시아 지방으로 간 일본의 매음녀들이 대부분 유괴된 것이라 했지만, 일본이 도발한 중일전쟁의 전선이 확대되고 '종군위안부'의 수요가 많아지면서 조선에서도 대규모 처녀유괴단이 생겨났다. 1939년의 한 신문기사에 의하면, 농촌의 무지한 처녀 65명을 유인하여 창기로 팔아먹은 처녀 유괴범 부부가 붙잡혔다. 이들은 경상남북도와 전라남북도 각지를 돌아다니면서 무지하고 도회에 나가고 싶어 하는 농촌처녀들을 유괴하여 중국의 북경·천진·목단강·상해 등지에 700원부터 1000원까지 받고 창기로 팔아먹었다.[32]

유괴범들은 16세 정도의 소녀들을 상대로 서울 가서 좋은 직업을 알선하겠다고 속여서 팔아먹는 방법을 썼다. 조사가 계속되면서 유괴된 처녀는 65명뿐만 아니라 서울시내 각 유곽에 팔아먹은 수만 50여 명에 이르고, 기타 천진·상해 방면으로 중국인에게 팔아먹은 경우가 20여 명 등 약 150명이나 되었으며, 앞으로 취조에 따라 훨씬 많아질 것으로 예상된다고 했다.[33] 식민지배 아래서 황폐될 대로 황폐된 조선 농촌에서

---

31) 金一勉 『天皇의 軍隊와 朝鮮人慰安婦』, 三一書房 1989, 17면.
32) 「稀世의 誘引魔부부 처녀 賣喫 65명」, 『매일신보』 1939년 3월 5일.
33) 「오오 가여운 소녀들 毒牙犧牲 150명」, 『매일신보』 1939년 3월 7일.

국내에 조달될 매음 자원과 함께 중일전쟁의 확대로 그 수요가 급증한 일본군 '위안부'의 자원이 양산되고 있었음을 말해주고 있다. 이 유괴단은 유괴한 소녀들을 일단 서울시내의 유곽에 팔았다가 가족이나 경찰의 추적을 피해 다시 중국 등지의 '위안소'로 전매(轉賣)하는 방법을 썼다. 예를 들면 서울시내의 반월루(半月樓)·유명루(遊明樓) 등 유곽에 팔려갔던 40여 명의 피해자 중 다른 곳으로 전매된 것이 판명된 경우만도 20세의 조(趙)모를 산동성 답경(沓鏡) 위안소에 500원에 판 것을 비롯하여 12명이나 되었다.[34] 식민지 조선에도 옮겨진 일본식 유곽이 농촌 소녀들을 유괴해서 중일전쟁으로 중국에 설치된 일본군 '위안소'의 '위안부'로 전매하는 중간연결소의 역할을 하고 있었음을 알 수 있다.

같은 무렵 적발된 또다른 대규모 소녀유괴사건을 보자. 서울에 사는 배명준(裵明俊) 부자와 조카 등이 4년 전부터 북선(北鮮)지방 각 농촌을 돌아다니며 17~18세 소녀를 전문으로 100여 명 유인해다가 북중국 지방과 만주 등지에 팔았다. 이들은 농촌으로 다니면서 가난한 집 딸들을 부유한 집의 수양녀로 알선한다 하여 1년 이상 서울에 데려다두고 부모들을 안심시킨 후 백지 위임장을 받아 중국 등지로 팔아넘기는 방법을 썼다고 한다.[35]

가족, 친척 등으로 구성된 유괴단은 지방조직도 가지고 있었다. 논산지방의 경우 여섯 명의 조직원을 두고 서울에 수양녀로 알선해준다는 미끼로 소녀들을 유인하여 먼저 폭행한 후 중국 지역으로 팔았는데 그 수가 150여 명이나 되었다. 경찰이 그들의 집을 수색했을 때도 14세에서 20세에 이르는 소녀 10명이 있었다.[36] 역시 같은 무렵 부산에서도

---

34) 「악랄한 유곽업자 속속 외국으로 전매 ― 이름은 밝히지 않기로 한다」, 『매일신보』 1939년 3월 9일.
35) 「순진한 농촌 처녀 100여 명 유인 賣喫」, 『매일신보』 1939년 3월 28일.

"시골처녀와 유부녀들을 꾀어 부산까지 데리고 와서는 부산부 호적계와 대서업, 소개소 등과 연락하여 호적등본을 위조해 가지고 만주·북중국·남양 방면에 팔아먹고 있었다는바, 그 관계자들은 80여 명에 달한다"고 했고, 유괴범 10명을 구속했다.[37]

중일전쟁이 확대되면서 일본군대가 가진 예의 '특수 현상' 때문에 이른바 '종군위안부'의 수요가 그만큼 많아졌고, 그 조달방법의 하나로 조선의 가난한 농촌소녀들을 대규모로 유괴하여 중국 등지로 팔아넘기는 방법이 성행했음을 알 수 있다. 위에서 예로 든 신문기사들에 의하면 이 무렵에는 전국의 농촌을 대상으로 하는 대규모 유괴조직들이 상당수 조직되어 중국 등지의 '종군위안부' 수요에 응하고 있었던 것으로 볼 수 있다. 그리고 이들 유괴단들에 의해 일본군 '위안부'로 동원된 조선여성의 대부분은 10대 처녀들이었음도 또한 알 수 있다.

일본의 태평양전쟁 도발로 1942년에 귀국한 조선 주재 미국 외교관과 선교사들이 그 정부에 제출한 보고서, 특히 언더우드(H. H. Underwood)의 보고서에는 "수많은 한인 처녀들을 여러가지 다양한 방법으로 조달하여 중국과 만주의 유곽으로 보내고 있는 데 대하여 심대한 원한심(怨恨心)을 심어주고 있다. (…) 이러한 상황은 전국적으로 일어나고 있으며 대일(對日) 증오심의 비옥한 토양을 제공하고 있다"[38]고 했다. 앞의 신문기사들이 전해주는 경우도 그 다양한 방법 중의 하나지만, 가난한 부모들이 딸을 팔아먹은 것이 아니라 가난에 못 이겨 입을 덜려고 수양녀 등으로 보낸 딸들이 사실은 유괴범에 의해 유곽 등의 매음굴이나 일본군 '위안부'로 팔려간 경우들인 것이다.

---

36) 「희생된 처녀 150, 논산지방서 연루자 6명 검거」, 『매일신보』 1939년 4월 1일.
37) 「관계자 80여 명의 대규모 부녀 유괴단」, 『매일신보』 1939년 11월 22일.
38) 방선주 「미국 자료에 나타난 한인 '종군위안부'의 고찰」, 『국사관논총』 제37집, 1992.

'종군위안부'를 동원하는 또다른 방법의 하나는 농촌 소녀들을 그들의 가난한 처지를 이용하여 일정한 금액을 미리 주고 사는 방법이다. 인신매매에 의한 '종군위안부' 동원 방법이다. 그것도 처음부터 '종군위안부'로 동원되어야 한다는 사실을 내세우고 매매한 경우는 거의 없었고, 부상병 간호 등 다른 업무를 내세운 경우가 대부분이었다. 한 예를 들어보자.

　1942년 5월 초순 일본이 새로 정복한 동남아시아에서의 '위안 서비스'를 위해 한인 위안부를 모집하려고 일본인 주선인들이 한국에 도착했다. 이 '서비스'의 성격을 구체적으로 이야기 안했고 병원에 수용된 상병(傷兵)들을 방문하는 것에 관련된 일들, 예를 들면 붕대를 감아준다는 등 군인들을 일반적으로 즐겁게 하는 일들에 관련되었다고 생각하게끔 했다. 이들 주선인이 사용한 유혹 수단은 많은 돈, 가족의 부채를 없이 하는 기회, 쉬운 일 그리고 새로운 땅 싱가포르에서의 새 생활에의 전망에 관한 것들이었다. 이러한 거짓 제시에 현혹되어 많은 여성들이 해외 모집에 응했고 기백 원의 착수금을 받았다. 그중의 몇은 '이 지구상의 가장 오래 된 직업'과 관련되어 있었지만 대다수는 무지하고 교육 못 받은 여성들이었다. 이들이 날인한 계약서는 군대 규칙에 구속시켰을 뿐 아니라 그들이 사전에 받은 가족의 빚을 위한 착수금의 다과에 따라서 6개월 내지 1년 동안 '업자 주인'을 위해 일하게끔 되었다. 약 800명이 이런 식으로 모집되었고 1942년 8월 20일경 일본인 '업자 주인'과 같이 랑군에 상륙했다.[39)]

　이 자료는 대부분 매매춘 경험이 없는 조선의 젊은 여성들이 가족의

---

39) 방선주, 같은 글 231면.

빚을 갚기 위한 돈을 미리 받고, 상이군인 간호 등의 감언에 속아서 버마전선에까지 끌려가 '종군위안부'가 된 상황을 말해주고 있다. 그들은 '종군위안부'가 아니라 채무에 의해 성노예의 처지에 빠졌던 것이다.

취직 알선에 속아 '위안부'가 된 경우

전도금(前渡金)을 받고 버마 전선으로 끌려간 여성들은 그래도 군대 관계 '서비스'라는 말을 미리 들은 경우지만, 일본제국주의의 '종군 위안부' 동원 방법은 이밖에도 더 기만적이고 강제적인 경우가 많았다.

한국정신대문제대책협의회가 1992년에 조사한 '위안부' 출신 19명의 증언에 의하면, 그중 12명이 "일본 공장에서 일할 여자들을 모집하러 온 사람에게" "취직을 시켜준다는 사람이 있으니 일본으로 같이 가자고 해서" "오오사까에 가면 돈을 많이 벌 수 있다고 해서" "방직공장에 취직시켜 준다고 해서" "일본의 군수공장에 3년 계약으로 일을 하러 가면 큰돈을 벌 수 있다고 해서" "공부도 할 수 있고 돈도 벌 수 있는 곳으로 보내주겠다고 해서" "밥도 많이 먹을 거고, 너희 집도 잘살게 해준다고 해서" "일본에 있는 비단 짜는 공장에 간다고 해서" "빨래해주고 잔심부름하면 봉급을 많이 주겠다 해서" "돈 많이 벌고 잘 먹고 좋은 옷 입고 좋은 구경하는 데 간다기에" "일본에 가서 1년 동안만 공장에서 일하면 많은 돈을 벌 수 있다기에" "일본에 가서 일하면 돈도 벌고 정신대에도 안 나간다기에" 따라갔다가 결국 '종군위안부'가 되고 말았다.[40]

증언 청취에 응한 사람들의 대부분은 식민지배의 결과로 빚어진 농

---

40) 한국정신대문제대책협의회·정신대연구회 편, 앞의 책 참조.

촌지역의 극심한 빈곤에 시달리던 소녀들을 공장 여공으로 취직시켜준 다고 속여 유인한 경우이며, 나머지는 강제로 납치되었거나 근로정신 대로 소집되어 갔다가 굶주림을 못 이겨 도망했으나 결국 잡혀서 '종군 위안부'가 된 경우였다.[41] 그렇기 때문에 "가보니 일본인 여자 2명과 조선인 여자 20명쯤이 더 있어, 의령에서부터 같이 갔던 30명과 합쳐 여자가 모두 50명 정도가 되었다. 일본인 여자들은 유곽에 있다가 온 사람들이라고 했다. 나이가 27~28세 정도로 조선여자보다 대개 10살쯤 많았다. 군인들은 일본여자보다 한국여자들이 깨끗하다고 더 좋아했다"[42]고 한 것과 같이 조선인 '종군위안부'는 모두 매매춘부 출신이 아닌 일반 처녀들이었다.

한편 중일전쟁이 격렬해지면서 조선인 간호부들이 중국전선에 투입되기 시작했다. 1939년에 이미 24명의 일본적십자 조선본부 소속 간호부가 소집을 받아 북부 중국의 전선으로 나간 사실을 보도한 신문기사가 있었고,[43] 태평양전쟁이 고비를 맞게 되었을 때도 일본제국주의자들은 조선의 젊은 여성들을 백의천사라는 미명으로 전쟁 노동력으로 동원했다.

1943년의 한 신문기사는 "조선여성들도 솔선하여 백의천사가 될 것이 요망되고 있는 이때 육군조병창(造兵廠)에서는 이들 간호부양성소 생도를 널리 모집케 되어 이 봄에 새로 학교를 나오는 젊은 여성들로서는 성직에 나가는 다시없는 기회를 주게 되었다. 육군조병창 간호부양성소의 생도 모집 규정에 의하면, 그 자격은 만 15세부터 16세까지―고등여학교를 졸업했거나 또는 국민학교 고등과를 졸업한 이상의

---

41) 같은 책 273~84면, 강덕경의 경우 참조.
42) 같은 책 50면.
43) 「반도의 백의천사들 北支戰野로 진군」, 『매일신보』 1939년 3월 22일.

학력을 가진 자에 한정되어 있다"44)고 했다. 이 동원 계획은 곧 시행되어 조선 처녀들이 구호간호부로 선발된 기사들이 있고,45) 또 조선처녀들의 지원을 독려한 기사들이 이어졌다.46)

그런데 침략전쟁에 참전했던 어느 일본군 대위의 증언에 의하면, "조선인 위안부 중에는 간호부의 조수를 시킨다는 말에 속았다고 한 여성이 있었다"47)고 했고, 또 어느 일본군 상등병의 증언에서는 "특수간호부 모집에 응했다가 위안부가 되었다는 말을 들었다"48)고 했다. 육군조병창의 구호간호부와 같은 특수간호부로 취업시켜준다고 속여 '종군위안부'로 동원한 경우일 것이다.

일본 군부 및 정부의 강제동원 인정

이상과 같이 '종군위안부'의 동원 과정에서 강제 및 유괴방법이 적용되었기 때문에 일본 군부도 1938년에 작성된 한 통첩에서 "중일전쟁 지역에서의 위안소 설치를 위해 내지에서 종업부(從業婦) 등을 모집할 때 군부 양해(諒解) 등의 명의를 이용하기 때문에 군의 위신을 손상하고 또 일반인의 오해를 살 우려가 있으며, 혹은 종군기자·위문자 등을 개입시켜 통제 없이 모집함으로써 사회문제를 야기할 우려가 있다. 또 모

---

44) 「나오라 반도 여성들 육군조병창에서 백의천사 모집」, 『매일신보』 1943년 3월 6일.

45) 「砲煙彈雨의 一線에 반도 여성들의 진군 日赤救護看護婦로 14명 합격」, 『매일신보』 1942년 12월 22일; 「반도 출신이 12명 구호간호부에 군국 처녀의 意氣壯」, 『매일신보』 1943년 3월 14일.

46) 「여성의 聖職을 認識 반도 처녀들 구호간호부 나가라」, 「숭고한 聖職을 認識코 반도 처녀들 나가라」 등 기사, 『매일신보』 1943년 2월 10일.

47) 田野留美子 『慰安婦徵集에서의 强制性資料』 8면.

48) 같은 글 12면.

집을 담당한 자들의 인선(人選)이 적절하지 못함으로써 모집방법이 유괴와 비슷하고, 이 때문에 경찰 당국에 검거되어 취조를 받는 자가 있는 등 주의를 요할 점 적지 않다. 앞으로 위안부 모집에는 파견군의 통제하에 모집인 선정을 주도 적절하게 하고 그 실시에는 관계 지방의 헌병 및 경찰 당국과 밀접하게 연계하여 군의 위신 유지를 위해 또 사회문제를 위해 유루(遺漏) 없이 배려하도록 통첩한다"[49]고 했다. 유괴방법이 적용되었음을 시인하고 있는 것이다.

한편 지금의 일본정부도 1993년에 관방장관 담화를 통해 "위안부의 모집에 대해서는 군의 요청을 받은 업자가 주로 이를 담당했으나 그 경우도 감언·강압에 의거하는 등 본인들의 의사에 반하여 모집된 사례가 많았으며, 또 관헌이 직접 이에 가담한 일도 있었음이 명백해졌다. (…) 전지(戰地)로 이송된 위안부의 출신지에 대해서는 일본을 별도로 하면 조선반도가 큰 비중을 점하고 있었으나 당시의 조선반도는 우리나라의 통치하에 있어서 그 모집·이송·관리 등도 감언·강압에 의거하는 등 전체적으로 보아 본인들의 의사에 반하여 시행되었다"[50]고 했다.

당시의 조선이 일본의 통치하에 있었음을 전제로 함으로써 일종의 도피구를 마련하긴 했지만, '군위안부'들이 강제동원되었음은 시인하지 않을 수 없었다.

근대 이후 군인이나 민간인을 막론하고 일본인이 가는 곳에는 언제나 그들을 위한 매매춘부들이 따라다녔고, 일본제국주의의 침략전쟁이 중국 대륙으로 또 동남아시아 지역으로 확대되면서 특유의 군인전용

49) 陸軍省 兵務局 兵務課 起案「軍慰安所從業婦等募集に關する件」, 1938; 吉見義明 編, 앞의 책 105~106면.
50) 日本の戰爭責任資料センター「慰安婦關係調査結果發表に關する內閣官房長官談話」,『資料調査第1次發表』, 1993.

성행위 장소로서 '위안소'가 설치되었다. 이 '위안소'에 '위안부'를 동원하는 일은 특히 조선여성의 경우 조직적인 유괴범들을 풀어 가난한 농촌소녀들을 기만적으로 유괴하는 방법, 부채에 시달리는 가난한 농부들에게 몇백 원의 돈을 미리 주고 그 딸을 데려가는 식의 인신매매, 가난한 집안의 소녀들을 여공으로 취직시켜주겠다고 속여 데려가는 방법, 구호간호부 등으로 동원하여 '위안부'로 만드는 방법, 군경 등 일본의 정부기관원이 직접 납치하는 방법, 다음 절에서 논급하겠지만 이른바 근로정신대로 징집했다가 '종군위안부'로 넘겼을 가능성 등 다양한 방법이 적용되었음을 알 수 있다.

대부분 성경험이 없는 상태에서 "본인들의 의사에 반하여" 동원되고 역시 "본인들의 의사에 반하여" 군인들의 성행위 대상이 된 식민지 피지배 민족의 젊은 여성들을 침략자 일본군 당국자들이 '위안'받는 사람을 주체로 하여 지은 이름 그대로 '종군위안부'로 불러야 할 것인가, 아니면 가령 일본군 성노예와 같은 다른 명칭을 붙여야 그 역사성이 제대로 드러나겠는가 하는 문제를 생각하지 않을 수 없다.

'위안소'의 운영과 '위안부'의 생활은 어떠했는가

'위안소'는 누가 운영했는가

일본군이 가는 곳마다 거의 필수적으로 설치된 '위안소'는 대개 세 가지 형태가 있었다고 생각된다. 그 하나는 일본군이 직접 경영한 '위안소'이고, 다른 하나는 일본군의 감독과 통제 아래 있는 군인과 군속 전용의 '위안소'이며, 또다른 하나는 군대가 민간의 매매춘시설을 일정한

기간 군대용으로 지정하여 이용하는 '위안소'였다.[51]

1938년에 중국 지역 일본영사관끼리 주고받은 한 문서는 "육해군에 전속하는 주보(酒保) 및 위안소는 육해군이 직접 경영·감독·취체(取締)한다"[52] 하여 군에서 직접 경영한 '위안소'가 있었음을 말해준다. 이 밖에도 "위안소는 소관 경비대장 및 헌병대의 감독하에 경비 지구 내 장교 이하를 위해 개업했다"[53] "작전지구의 위안소는 군에 의해 개설되었고 또 감독되었다"[54] "좌기(左記) 장교가 위안소 감독의 임무를 맡고 제98비행장 대대가 그 운영에 대해 책임을 진다"[55]고 한 것과 같이 일본의 육해군이 직접 경영하는 '위안소'가 있었다.

그리고 이들 '위안소'는 "마쓰오(松尾), 일등병 위안소 설치 사역병으로 7시 대대본부에 갔다가 18시 이상 없이 귀대함"[56] "하시모또(橋元) 오장(伍長) 이하 87명은 위안소 건축부지 정비에 종사함. 부지의 적토(積土) 및 매립 부지로 도로 100m 보수"[57]라고 한 것과 같이 건물의 건축과 시설 문제 등도 군인들이 직접 담당했음을 알 수 있다. '위안소'를 군대가 직접 운영하는 경우 그 수익을 군이 차지했음은 당연하다.[58]

군에서 '위안소'를 직접 운영하지 않고 업자에게 운영을 맡긴 경우라해도 그 실상은 군에서 직접 운영한 경우와 큰 차이가 없었다. 우선 '위

---

51) 吉見義明 編, 앞의 책 27~28면 참조.

52) 「昭和13年7月5日附上海總領事發信在南京總領事宛通報要旨」, 같은 책 182면.

53) 第21軍司令部, 「戰時旬報(後方關係)」, 1939, 같은 책 213면.

54) 「南西太平洋地域ATIS尋問報告」, 같은 책 477면.

55) 「日本軍隊における生活利便施設(ATIS調査報告第120號)」, 같은 책 522면. 이 경우의 '좌기 장교'는 항공지구 사령관을 가리킨다.

56) 眞志喜警備中隊 「陣中日誌」 1944년 11~12월, 같은 책 394면.

57) 금병동 편·해설, 앞의 책 270면.

58) 「日本軍隊における生活利便施設(ATIS調査報告)」, 1943; 吉見義明 編, 앞의 책 475면에서 "이익은 군의 수입이 되었다"고 했다.

안소'의 설치 장소나 건물 등에 대해서는 물론, 종업원과 '위안부'의 인적 변동상황에도 일일이 그 지역 병참 담임 장교의 허가를 받게 되어 있었고,[59] '위안소' 경영자가 경영 곤란을 당한 경우 역시 그 지역 병참 담임 장교가 영업을 정지시킬 수 있었으며, 그 업자는 군당국에 대해 손해보상청구를 할 수 있게 되어 있었다.[60] 이런 경우 '위안소' 이용자는 물론 군인과 군속에 한정되어 있었다.[61]

대부분 일본군대가 직접 운영했거나 또 설령 민간업자가 경영했다 해도 실제는 군이 직접 운영하는 경우와 거의 다를 바 없었던 '위안소'에서 '위안부'들은 실제 어떤 생활을 했는가 하는 문제를 살펴보고, 그들이 '위안부'가 아닌 다른 이름으로 불려야 할 이유를 생각해보자.

'위안부'들의 생활은 어떠했는가

1939년에 일본군의 어느 연대본부에서 예하 각 부대장에게 보낸 지시문에서 "현재의 특수위안소는 위안부의 수가 적어서 다만 정욕을 채우는 데 지나지 않는다. 다소 위안부를 증가시켜 정신적 위안을 할 수 있게 지도해야 한다"[62]고 지시한 것과 같이, '종군위안부'들은 그야말로 군인들의 정욕을 채우는 대상일 뿐이었다. 그들은 하루에 한 사람이 많은 경우 40~50명, 보통 20~30명, 적을 때도 5~6명 정도 일본군의 '정욕을 채우는' 대상이 되었다.[63] 그리고 그것을 거절할 경우 매를 맞거

---

59) 같은 책 499면.

60) 같은 책 498면.

61) 같은 책 500면 참조.

62) 금병동 편·해설, 앞의 책 106면.

63) 한국정신대문제대책협의회·정신대연구회 편, 앞의 책 51, 114면 참조.

나 심할 때는 전기고문도 받았다.[64)]

　군인들의 성병 예방을 위해 '위안부'들은 정기검진을 받았는데, 검진 상황을 통해서도 '위안부'들의 생활상의 일단을 엿볼 수 있다. 중일전쟁에 종군했던 어느 일본인 군의관이 1940년 4月부터 11月 사이에 건강진단을 한 위안부 2177명 중 65명이 입원치료 대상이었다는 기록이 있다.[65)] 일본군의 '정욕을 채우는' 대상으로서 '위안부'들이 얼마나 혹사당했는가를 말해주는 하나의 자료가 될 수 있을 것이다. 역시 중일전쟁에 종군한 한 일본인 군의관은 수기에서 일본군인들이 "여자(종군위안부)들의 이름은 승마(乘馬)의 이름을 붙이자"고 했으며, "20 몇 명 모집한 중 몇 명은 순처녀였다" 하고, '위안부'들을 검진한 경험을 이렇게 말했다.

　국부를 내진하게 되자 더욱 부끄러워하여 좀체로 바지를 벗지 않았다. 통역과 유지회장(維持會長)이 고함을 질러 겨우 벗게 했다. 침대에 눕혀놓고 촉진하자 완강히 손을 뿌리치며 울고 있었다. 진찰실에서 나간 후에도 계속 운 것 같다. 다음 여자도 마찬가지였다. 나도 울고 싶었다. 모두 이렇게 부끄러운 경험은 처음일 것이다.[66)]

　일본인 '위안부'는 나이 많은 매매춘부 출신이 많았다고 했지만, 조선인이나 중국인 '위안부'는 대부분 나이 어린 처녀들이어서 그 수치심은

---

64) 같은 책, 125, 127면 참조. '종군위안부'들의 증언이 아니더라도 일본군의 '위안소 규정'에는 '위안부'에 대한 폭행을 금지한 조항들이 있어서 폭행이 자행되고 있었음을 간접으로 말해주고 있다.(금병동 편·해설, 앞의 책 188면 참조)

65) 금병동 편·해설, 앞의 책 132~39면 참조.

66) 日本の戰爭責任資料センタ『資料調査第1次發表』, 1993, 15면, 문서번호 59.

극도에 달했고, 일본인 군의관까지 울고 싶게 한 것이다.

'종군위안부'들은 또 군대의 작전지역 안에서 군인들의 성(性)상대가 되었기 때문에 거의 감금 상태에 있었다. 그들은 병참장교의 허가 없이는 지정 장소를 떠날 수 없었고, '위안소' 밖에서는 성행위가 금지되어 있었으며,[67] '위안부'들이 그 이용자에게 음식물이나 기타 물품을 팔지 못하게 되어 있었다.[68] 또 일본군의 「위안소 규정」에 의하면 "위안부의 외출을 엄중 취체"한다 했고, '위안부'들의 산책도 매일 오전 8시부터 오전 10시까지로 제한하고 예외의 경우 군정감부(軍政監部)의 허가를 받게 되어 있었으며, 산책하는 구역도 엄격하게 제한되어 있었다.[69] 다시 말하면 일본군의 '위안소'라는 곳은 '위안부'들을 집단적으로 감금해두고 군인들이 집단적으로 오로지 정욕만을 채우는 곳이었다고 할 수 있다. '종군위안부'들은 그곳에 집단 수용된 성노예 그것이었다.

그뿐만 아니다. 일본군은 '종군위안부'들을 최전방 전투지구까지 데리고 다니면서 '위안' 행위를 시킴으로써 '위안부'들이 군사행동을 같이하거나 심지어는 '전사'하게 했다. 버마전선에 갔던 어느 일본군 장교 출신은 "특히 한국인 정신대원들은 일본제국의 위대한 승리를 위해 목숨을 걸고 전투 지역에까지 자원해서 들어와 장병들을 위안하고 잠자리를 같이했다. (…) 바로 내일 죽을지 모레 죽을지 모르는 병사들에게 정신대의 봉사는 가장 큰 사기앙양이었다"[70]라고 가증한 증언을 하고 있지만, 조선인 '종군위안부'들이 "목숨을 걸고" 최전방 전투지구까지 끌려다니면서 '위안' 행위를 했던 사실을 정확하게 말해주고 있다.

---

67) 「日本軍隊における生活利便施設(ATIS調查報告第120號)」, 吉見義明 編, 앞의 책 504면.
68) 같은 책 513면.
69) 금병동 편·해설, 앞의 책 188~89면 참조.
70) 방선주, 앞의 글 230면.

이같이 '종군위안부'들이 최전방 전투지역에까지 가서 '위안' 행위를 한 결과 1944년 8월에 일본군이 버마전선에서 패배하는 과정에서는 20명의 조선인 '종군위안부'가 포로가 되었다. 그리고 이들 "종군위안부들도 일본인이건 조선인이건 모두 탄약을 나르고 수류탄을 던지고 굶고 같이 죽는 지옥상을 연출"했으며[71] '종군위안부'들은 실제로 '전사'하기도 했다. 버마전선에서 '포로'가 된 '위안부'들의 일치된 진술에 의하면 "연합군에 의한 폭격은 간담이 서늘할 만큼 치열했고, 그 때문에 그들은 마지막 시기의 대부분을 피난호에서 보낸 것 같다. 이런 상황에서도 일을 계속한 위안부도 한두 사람 있었다. 위안소가 폭격을 받아 위안부 여러 명이 부상하여 사망했다"[72]고 했다.

학병으로 일본군에 끌려가 버마전선에 투입되었던 어느 한국 지식인은 버마전선에서 후퇴하다가 다른 일본군 부대와 만난 경험을 이렇게 기술했다.

2열 종대의 선두에 두 여자가 걸어오고 있었다. 두 여자는 바지를 입고 륙색을 짊어지고 있어서 마치 등산 차림이었으나 틀림없이 조선인 위안부일 것이다. 여자들은 행군에 약하기 때문에 마치 향도병(보조를 조정하는 병사)처럼 대열 맨 앞에 내세운 것일까. 나는 일본군이 조선인 위안부를 앞세워 행군한다는 것을 상상할 수 없었던 것이다.[73]

---

71) 같은 글 233면, 236~37면.
72) 吉見義明 編, 앞의 책 448~49면.
73) 이가형 『나의 버마전쟁 1944~1945, 분노의 강』, 경운출판사 1993, 248~49면. 이 책은 소설이지만 거의 체험기다. 작가는 이 장편소설의 후기에서 "나는 『분노의 강』을 쓰기 시작할 때 르포르타주의 형식을 생각하고 있었다. 하나 반세기 전의 일이다. 논픽션을 일관하기 어려웠으므로 몇몇 인물의 이름을 바꿨을 뿐만 아니라, 사실의 리얼리티를 보완하는 한도 내에서 약간의 픽션을 가미하지 않을 수 없었다"고 했다.

그 '종군위안부'는 학병이었던 작가가 버마전선의 다른 곳에서 만난 적이 있었기 때문에 그 동료 '위안부'들의 '전사'소식을 동포 병사에게 이렇게 알려주었다.

오녀는 폭사했어요. 저희들은 메이크틸라에서 트럭을 타고 빠져나오는 도중이었어요. 아마 표부에 근방이었어요. 폭격을 당했어요. 오녀도 큰언니도 죽었고 죽지 않은 여자는 부상당했어요. 저와 일본 여자 둘만이 멀쩡해서 이렇게 병사들과 함께 걷게 되었지요.[74]

전투지역에서 조선인 '위안부'가 희생된 또다른 예는 중국 운남성(雲南省) 등월(騰越) 전투에서도 볼 수 있다. 운남성의 구도(舊都)인 등월에는 일본군 수비대 1개 대대가 있었고 여기에 조선인 '위안부' 7명이 있었다. 전투가 개시되면서 '위안부'들을 임시 간호부로 이용하다가 중국군의 공격으로 후퇴하면서 '위안부'들이 포로가 되어 군사비밀이 누설될 것을 막는다는 이유로 그들이 들어 있는 참호에 수류탄을 던지고 달아났다.[75] '전사'와는 또다른 의미에서 최일선 전투지구에서의 '위안부'들의 희생이었다.

'위안' 제공의 댓가는 어떠했는가

'종군위안부'들의 이와 같은 목숨을 건 '위안' 행위는 적어도 공식적으로는 보수를 받는 행위였다. 지역과 시기에 따라 차이가 있는 것 같고

---

74) 같은 책 253면.
75) 김일면, 앞의 책 235~37면.

자료에 따라서도 차이가 있지만, '위안소'에 출입하는 군인들이 지불하는 요금의 예를 몇 가지 들어보자. 1938년 중국 지역에 설치된 '위안소'의 경우 소요 시간은 한 시간 이내로 하고 중국인은 1원, 조선인은 1원 50전, 일본인은 2원으로 되어 있었다.[76] 이 '위안소'는 군인뿐만 아니라 군속 등도 출입한 곳이 아니었던가 생각된다.

　1941년 4월 중국전선의 일본군 포병연대에 설치된 '위안소'의 경우 병사는 30분 1원에 30분을 넘을 때마다 50전 추가, 하사관은 30분 1원 20전에 30분 넘을 때마다 1원씩 추가, 장교는 1시간 3원에 1시간 넘을 때마다 2원씩 추가되었다.[77] 1942년 6월에 필리핀에 주둔한 어느 독립 수비대대가 설치한 '위안소'의 경우는 장교 및 동등 대우를 받는 자는 30분에 3원, 1시간에 4원이었고, 하사관 및 동등 대우를 받는 자는 30분에 1원 50전, 1시간에 2원 50전이었으며, 병사의 경우 30분에 1원, 1시간에 2원이었다.[78] 그러나 같은 필리핀 주둔군이라도 1943년에는 30분에 하사관 2원, 병사 1원 50전으로 되어 있었다.[79]

　"경영자는 위안소 이용객에게 군표(軍票)와 교환하여 위안권(慰安券)을 주고 접객부가 받은 위안권을 기록하게 한다."[80] "위안소에서 표를 사지 않고 위안하는 자가 있다. 반드시 사전에 표를 구입할 것을 요한다"[81]고 한 것과 같이 군인들이 '위안'을 받으려면 돈이나 군표를 주고 '위안권'을 사야 했다.

---

76) 吉見義明 編, 앞의 책 200면.
77) 금병동 편·해설, 앞의 책 163면.
78) 吉見義明 編, 앞의 책 311면.
79) 같은 책 319면.
80) 「日本軍隊における生活利便施設(ATIS調査報告第120號)」 1945년 11월, 같은 책 500면.
81) 보병 제11연대 제3중대 『진중일지』 제6호, 1942년 4월 1~30일.

1944년에 버마전선에서 포로가 된 조선인 '위안부' 20명을 조사한 자료에 의하면, 민간업자가 경영하는 '위안소'의 경우 그 경영자들이 '위안부'가 벌어들이는 총액의 50 내지 60%를 차지했으며, 그 액수는 1개월 총수입 약 1500원 중 750원인 것으로 되어 있다.[82] 그러나 월수입 1500원이니 하는 액수 자체가 당시의 시가로는 터무니없는 액수이며 실제는 전혀 그렇지 않았다. 우선 실제로 '종군위안부' 생활을 했던 사람들의 증언을 몇 가지 들어보자.

군인들이 올 때마다 조그만 표(요즘의 경로우대증같이 생김)를 주고 갔는데, 그것을 모아다가 조선사람 주인에게 갖다주면 공책에 매일 기록했다. 일본이 전쟁에서 이기면 팔자를 고치게 해준다고 했으나 따로 급료를 준 적은 없었다.[83]

군인이 적은 평일은 10명 내외를 상대했고, 토·일요일은 40~50명을 상대해야 했다. 우리는 돈표를 갖다 주기만 했지 돈은 한 푼도 받지 못했다.[84]

비록 고정 월급은 없었지만 관리인은 우리에게 한 달에 한 번씩 중국 돈을 조금 주었다. 우리는 이럴 때면 말이 끄는 수레를 타고 단체로 시내에 나가 옷이나 신발을 사거나 영화 구경도 했다.[85]

군표는 갈색으로 된 표로 군인들 계급에 따라 가격이 달랐는데, 졸병은 1원

---

[82] 吉見義明 編, 앞의 책 445면.
[83] 한국정신대문제대책협의회·정신대연구회 편, 앞의 책 53면, 김덕진의 증언.
[84] 같은 책 114면, 문필기의 증언.
[85] 같은 책 153면, 문옥주의 증언.

50전, 하사관은 2원, 장교는 2원 50전이었다. 긴 밤은 장교들만 자고 갔는데 이때는 아마 3~4원이었던 것 같다. 그러나 군표는 모두 다 관리인이 직접 관리했다.[86]

보수는 받지 못했고, 군인이 가끔씩 용돈을 줄 때가 있었다. 나는 빚은 없었지만 술 먹는 애들은 오바상한테 빚을 지고 있었다.[87]

나의 한 달 수입은 30원이라고 했다. 그런데 옷, 화장품, 거울 같은 것을 가져다주고는 수입에서 제했으므로 나는 손에 돈을 쥐어본 적이 없다.[88]

가네야마는 전체 수익 중의 7할은 자기 몫으로 가지고 우리에게는 3할씩 준다고 했다. 그는 우리가 위안소를 떠날 때 일시불로 돈을 지급한다고 하면서 장부에다가 기록하고 있다고 했다. 간혹 우리가 그에게 입을 옷이 필요해서 사야 한다고 말하면 20원 정도를 주었던 것 같은데 그 돈은 장부에 적힌 각자의 몫에서 제하고 주었다. 그러나 옷 사 입게 돈을 내어주는 경우는 몇 달에 한 번 있을까 말까 했다.[89]

군인이 들어올 때는 나에게 표를 냈다. 크기는 명함만 했다. 표를 모으면 보통 하루에 10장에서 15장, 많으면 20장 정도 되었다. 많이 상대한 여자는 30장도 모았다. 일주일에 한 번씩 표를 모아 사무실에 가져다주고 계산을 했다. 저금한다는 소리는 들었지만, 통장이 있는지 없는지도 모르고 알아볼 생각도

---

86) 같은 책 158면, 문옥주의 증언.
87) 같은 책 173면, 이순옥의 증언.
88) 같은 책 190면, 이상옥의 증언.
89) 같은 책 204면, 이득남의 증언.

못했다.[90]

아침마다 표 계산을 했다. 다른 사람은 어떻게 했는지 모르지만 난 계산을 하거나 말거나 표만 갖다 주고 왔다. 하루에 한 번씩 정산을 했는데, 주인은 우리에게 돈을 조금 주고 나머지 돈은 저금했다고 했지만 얼마나 저금했는지 는 기억할 수 없다.[91]

비록 피해자들의 회고 자료이긴 하지만, 현금이 아니라 표를 받은 일, 요금 액수가 비슷한 점, 민간 경영의 경우 업주와 '위안부'가 수입을 나 눈 비율 등이 앞에서 제시한 문헌자료의 내용과 비슷하여 전체적으로 신빙성이 높은 자료라 생각된다. 중국전선의 경우 전선이 도시 가까운 곳일 때 가끔 영화관람을 할 수도 있었지만, 버마전선의 경우는 "우리 여자들은 돈을 받지 않았다. 위안소는 산속에 있었는데 돈을 쓸 데도 없었고 쓸 일도 없었다"[92]고 한 것과 같이 설령 보수가 정해져 있었다 해도 받아쓰지 못하고 대개의 경우 업주가 저금 등으로 보관했으나 전 쟁이 패전으로 끝나게 되자 무일푼으로 귀국하게 된 경우가 대부분이 었다.

요컨대 일본군의 '종군위안부'들은 군대에서 직접 운영하거나 군대 의 강력한 통제를 받는 민간인이 경영하는 '위안소'에서 산책하는 시간 도 통제될 만큼 실질적인 감금 상태에서 결과적으로는 무보수인 채로, 전세가 악화하면 군인들과 같이 행동하다가 '전사'하는 경우도 있을 만 큼 목숨을 내걸고 오로지 군인들의 정욕의 대상이 될 뿐이었다. 침략 군

---

90) 같은 책 221~22면, 이용녀의 증언.
91) 같은 책 245~46면, 박순애의 증언.
92) 같은 책 234면, 김태선의 증언.

대는 그들을 '위안부'라 불렀지만, 그들의 실상은 일본군대의 성노예에
지나지 않았다.

맺음말

일본의 참의원 의원 시미즈(清水澄子)는 1990년 12월 외무위원회에
서 대정부 질문을 통해 "나는 조선, 한국, 대만 등 식민지 지배하의 여성
과 필리핀, 중국 등 일본군 점령하의 여성들에 대한 성적 노예화라는 중
대한 인권 침해행위에 대해서 지적하고, 그것이 국제인도법 위반임을
분명히 했다"[93] 하여 '종군위안부'라는 것이 사실은 성노예였음을 이미
설파한 바 있다.

본론에서 살펴본 바와 같이 일본제국주의자들은 중국 대륙을 침략하
면서 일본군대 특유의 '종군위안부'를 확보하기 위해 여러가지 방법을
동원했다. 중일전쟁의 도발로 전선이 확대됨에 따라 '종군위안부'의 수
요도 급증했고, 그 때문에 식민지배하의 가난한 농민의 딸들을 기만적
인 방법으로 유괴하여 '종군위안부'로 만들었고, 역시 가난한 농촌처녀
들을 인신매매 방법으로 '종군위안부'로 만들었으며, 가난에 시달리는
식민지 처녀들을 일본 등지의 공장 여공으로 취직시켜준다고 속이거나
혹은 특수간호부 등으로 채용한다하여 '종군위안부'로 만들었다.

그러나 이런 방법들만이 '종군위안부'를 확보하는 길이었는가, 아직
은 '종군위안부'에 대한 자료, 특히 일본 측 자료가 완전히 공개되지 않
았고, 따라서 자료의 뒷받침이 없지만 일본제국주의 국가권력이 강제

---

93) 清水澄子「從軍慰安婦問題」, 國會議事錄集『戰爭と性的奴隷, 容恕せたい』, 1993, 4면.

로 동원한 여자근로정신대원을 집단적으로 '군위안부'로 충당한 일은 없었는가, 8·15 전의 전시나 그후의 상당한 기간을 통해 한국인들은 왜 여자정신대가 곧 '종군위안부'라고 생각하고 있었는가, 한국인뿐만 아니라 일본인까지도 그 패전 시기에 왜 여자의 '정신(挺身)'을 바로 군인의 성적 대상이 되는 일이라 생각했는가 하는 문제들이 있다.

지금의 일본정부도 '종군위안부'들이 '자의에 반해서' 동원된 경우를 인정하고 있지만, '자의에 반해서' 동원된 젊은 여성들이 전투 지구에 집단적으로 수용되어 외출도 자유롭게 할 수 없는 조건에서 결과적으로는 무보수로, 심한 경우 하루에 수십 차례의 집단적 성행위를 강요당했고, 최전방에까지 끌려간 이들은 전세가 불리해지면 군인들과 대열을 같이하여 후퇴하거나 심한 경우 '전사'하기도 했다. 일본 군대는 이들을 가리켜 '종군위안부'라 불렀으나 그것은 어디까지나 '위안'을 받는 군인들의 처지에서 붙인 명칭이며, 객관적인 관점에서 보면 일본군대 특유의 비인간성과 잔혹성의 증거로서 현대판 성노예에 지나지 않았다고 할 수 있다. (1997)

3. 침략전쟁기 강제동원된 조선 노동자의 저항

머리말

1905년 '을사조약'을 강제로 체결하여 대한제국을 보호국으로 만들고 1910년 한일합방조약의 강제체결로 한반도를 완전 식민지로 만든 일본은 1910년대의 폭압적 무단통치 시기를 통해 조선인들의 저항세력을 철저히 탄압하는 한편, '토지조사사업' 등을 통해 식민통치의 기초를 마련했다.

1920년대에는 '산미증식계획' 등을 통해 한반도를 일본의 식량 공급지로 만들어가는 한편, 연간 약 15만 명의 조선 농민을 이농 인구로 만들어갔다. 그러나 이 시기 한반도에서의 식민지자본주의 발달 수준이 낮아서 이들 이농 인구는 대부분 공장 노동자로 전환되지 못하고 식민지 경영을 위한 기초 시설로서의 수리조합공사, 철도·도로공사, 항만시설공사 등 토목공사장의 일용근로자로 되어갔다.

1930년대로 들어서면서 중국 동북지방, 즉 만주지방 침략을 출발점으로 하여 일본의 침략전쟁은 중일전쟁으로, 태평양전쟁으로 확대돼갔고, 조선은 그 병참기지가 되어 전쟁물자 조달을 주목적으로 하는 공업시설이 어느정도 이루어져갔다. 이 때문에 조선의 노동자 실업률은 낮아져갔으나 침략전쟁의 확대로 군사력이 증강되고 그 본국에서의 노동력 부족에 허덕이게 된 일본은 대신 조선인 노동력을 석탄광산·토목공사장 등의 노동력으로 보충하는 방법을 채택했다.

그러나 1920년대 이후 이미 농촌에서 분출된 노동력은 일본의 조선에 대한 병참기지화 정책 추진으로 어느정도 흡수되었고, 결국 농촌에 현존하는 농민 노동력을 이출(移出)할 수밖에 없었다. 특히 1920년대 말기부터의 농업공황 이후 극도로 피폐한 조선 농촌에는 강제동원할 만한 노동력이 아직 일부 남아 있었고, 그들이 1930년대 후반기 이후의 전쟁 노동력 확보를 위한 좋은 대상이 되었던 것이다.

일본은 처음에는 '모집'이라는 이름으로, 다음에는 '관 알선'으로, 마지막에는 '징용'의 방법으로 많은 조선 농민들을 전쟁 노동력으로 동원했다. 강제동원되기 전에는 대부분 농민이었던 이들 노동자는 광산 등의 위험한 육체노동에 익숙하지 못했을 뿐 아니라 일본인 감독자 및 노동자와의 언어불통, 민족적 차별·멸시·구타, 식사 부족, 풍토적 차이 등에 시달리면서 기회가 있을 때마다 그 부당한 탄압에 저항했다.

강제로 동원된 조선 노동자들의 노동현장에서의 생활상을 구체적으로 전해주는 자료는 많지 않다. 그러나 이들 강제동원 노동자들의 동향은 일본의 특별고등경찰에 의해 일일이 감시되었고, 특히 그들의 파업·태업 등을 통한 저항에는 고등경찰이 철저히 개입했다. 악명 높던 고등경찰이 일본의 조선 노동자 강제동원체제를 유지한 장본이었던 것이다.

우리는 『특고월보(特高月報)』에 실린 자료를 통해서 조선 노동자들의 저항상을 어느정도 파악할 수 있으며, 저항상의 분석을 통해 그 생활상의 일부를 추적할 수 있다. 일본에 동원된 조선인 노동자들에 대한 감시·

감독과 취체 그리고 분규와 태·파업에 대한 처리 문제 등은 모두 일본의 특별고등경찰이 맡고 있었다. 예를 들면 경찰서장 밑의 특고(特高)에는 조선인계, 중국인계, 포로계 등이 있었고, 특고는 주에 2~3회는 광업소의 기숙사 안을 제집처럼 돌아다녔다고 했으니 강제동원된 조선 노동자들에 대한 특고경찰의 감시가 얼마나 심했는가를 알 수 있다.

이 때문에 일본에 강제동원된 조선 노동자들의 저항 사례도 대부분 특고경찰 기관지인 『특고월보』에 실려 있다.

이 『특고월보』의 「조선인 운동의 상황」 부분에는 「분쟁의(紛爭議)의 상황」이라 하여 '모집' '관 알선' '징용' 등으로 일본의 광산 등 노동현장에 동원된, 이른바 이주노동자들의 쟁의 및 분규 상황을 현별 및 월별로 통계한 내용이 있다. 이 통계 중 필자가 구한 1940년 4월부터 1941년 12월까지 19개월간의(1940년 11월분 누락) '분쟁의'는 분쟁의 원인, 요구사항, 수단, 결과를 차례로 조사했고, 1942년 1월 이후부터는 분쟁을 노동분쟁의와 조선인·일본인 투쟁사건으로 나누고 각각 그 형태와 결과를 구분하여 조사했다.

한편 『특고월보』에는 위에서 말한 '분쟁의' 통계 이외에도 일본 각지의 작업장에서 일어난 조선인 노동자들의 저항상을 비교적 소상히 전하고 있는 부분이 있으며, 우리는 그중에서 각 사건의 원인과 개요와 처리 결과 등이 비교적 분명한 384건의 사례를 확보할 수 있었다(이하 '384건의 저항'으로 약칭). 이 글은 주로 이 두 가지 자료를 통해 일본제국주의자들에 의해 강제동원된 조선 농촌 출신 노동자들의 노동현장에서의 저항상을 분석함으로써 그 처절했던 생활상의 일부를 밝히는 데 목적이 있다.

조선 노동자의 강제동원 상황

조선 노동자들에 대한 일본제국주의의 '모집' '관 알선' '어용' 등 여러가지 방법에 의한 강제동원 과정에 대해서는 그것만의 연구가 따로 이루어져야 하겠지만, 강제동원 노동자들의 저항운동을 이해하기 위해서도 일본의 조선 노동자 동원 상황을 잠깐 설명할 필요가 있다.

조선총독부는 중일전쟁 도발 이전부터 조선의 실업률 조사를 계속해왔다. 구장(區長)이나 이장(里長)이 조사한 것을 부·읍·면 직원이 실지 조사, 확인하여 '정확을 기하는 방법'으로 실시했다는 이 조사에 의하면, 일본이 중일전쟁을 도발한 1937년 조선인의 전국 실업률은 5.4%였고 1938년은 4.3%, 1939년은 4.0%, 1940년은 2.1%로 각각 조사되어 실업률이 점점 낮아져갔음을 보여주고 있다. 1940년도분을 조사 보고한 관리는 급료생활자 실업자가 감소된 것은 '시국상과 일반사업계의 호경기'가 원인이라 했고 일용근로자 및 기타 노동자 실업자가 감소한 것은 '실업계 호전'으로 노동자의 수요가 많아진 때문이라 했다.

중일전쟁 후 조선에서도 실업률이 점점 낮아져갔지만, "시국 산업의 발흥에 따라 일본 본토에서의 노동력 부족이 점점 심각하게 됨으로써 일본정부에서 1939년에 노무동원계획을 수립했다. 그 일익으로서 석탄·광산·토건 등의 중요 산업 부문에 조선인 노무자의 일본 본토 이입을 기도"하게 되었고, 이때부터 조선 노동자를 계획적으로 그 산업부문에 동원하기 시작했다. 이 기획에 따라 1939년 1년간에 8만 5000명의 조선 노동자를 동원할 계획이었으며, 그해 12월 말 현재 후생성이 동원을 승인한 수가 3만 8959명이었다. 그중 실제로 일본에 이주한 노동자 수는 1만 9135명이었다.

한편 전쟁의 확대로 조선 노동자의 대대적 동원이 필요하게 된 일본은 조선총독부로 하여금 1940년에 전체 조선에서 「노동출가 급 노동전업 가능한 자 수조」와 「노동출가 급 노동전업 희망자 수조」를 실시하게 했다. 부·읍을 제외한 면 지역, 즉 노동지역에서 여자는 12세에서 19세까지, 남자는 20세에서 45세까지를 대상으로 노동인력조사를 실시한 결과 전체 조선에서 여자의 경우 노동전업 가능자 23만 2641명 중 희망자가 2만 767명이라 파악하고, 남자의 경우 가능자 92만 7536명 중 희망자 24만 2316명이라 파악했다.

태평양전쟁의 도발을 앞둔 일본은 1940년대의 조선에서 도시지역을 제외한 농촌지역 노동력만으로도 남녀 약 116만 명을 전쟁 노동력으로 더 뽑아낼 수 있으며 그중 약 26만 명은 자발적으로 동원할 수 있다고 본 것이다. 일본이 조선을 강제로 점령한 후 특히 1920년대를 통해서 매년 약 15만 명 정도의 농촌인구가 이농을 했고, 강점한 지 30년이 지난 1940년 시점까지도 아직 농촌에서 전체 인구의 약 5%를 더 뽑아낼 수 있다고 조사한 것이다.

'모집' 방법에 의해 1940년까지 11만 2518명의 조선 노동자를 동원한 일본은 1941년부터 그 동원 방법을 '관 알선에 의한 대조직' 방법으로 바꾸었다. 그 이유로 일본정부 기록은, 첫째 조선 노동력 동원에서의 시일 단축화와 절차 간소화, 둘째 일본 각 회사의 경쟁적 노동자 '모집'에서 발생하는 폐단 제거, 셋째 조선인 노동자의 지방별 부대 편성이 노무관리상 편리한 점, 넷째 조선 내 산업 발달과 일본에의 노동력 동원 계획화의 필요성 등을 들었다.

그러나 조선 노동자의 동원 방법을 바꾼 가장 중요한 원인의 하나는 그들의 도망 때문이었다. 1939년의 경우 일본으로 동원된 조선 노동자 3만 8700명 중 '멸모(滅耗)'된 수가 9.4%인 3639명이며, 그중 도망자 수가 2600명이었으나(그밖에 귀향 711명, 사망 81명, 기타 247명) 1940년에는 동원된 노동자 5만 4944명 중 '멸모'된 수가 56.7%인 3만 1177명이었고 그중 도망자 수가 2만 430명이나 되었다(그밖에 귀향 8336명, 사망 406명, 기타 2005명). 결국 이와 같은 '멸모' 수의 증가로 한층 더 조직적이고 강제적인 동원 방법으로의 전환이 필요했던 것이다.

'모집' 방법과 '관 알선' 방법으로도 전쟁 노동력 동원에 차질이 생기자 일본은 1939년에 국민징용령을 발동하여 노동인력 동원의 강제성을 법령으로 뒷받침했다. 이리하여 1939년부터 1945년 6월까지 일본 측의 통계에 의하면 72만 4787명의 조선 노동자가 일본으로 강제동원되었다. 그리고 이 수에 포함되었는지 아니면 따로 계산된 것인지 분명하지 않지만, 국민징용령에 의해 일본 본토와 사할린 및 남양군도 지방으로 동원된 조선인이 합해서 22만 2271명이었다고 했다. 강제동원된 이들이 열악한 노동조건과 민족적 차별 및 멸시 아래서 어떻게 투쟁했는지를 추적, 분석함으로써 강제동원 노동자 생활의 실상을 이해할 수 있을 것이다.

조선 노동자 저항의 원인

분쟁의 상황의 내용

앞에서도 말한 바와 같이 『특고월보』의 「조선인 운동의 상황」 중 「분쟁의의 상황」 부분에는 '모집' '관 알선' 등으로 일본의 광산 등 노동현장에 동원된 이른바 이입 노동자들의 쟁의 및 분규 상황을 분쟁의 현별 및 월별로 통계한 내용이 있다. 이 통계 중에서 역시 앞에서 든 1940년

11월분이 누락된 1940년 4월부터 1941년 12월까지 19개월간의 '분쟁의' 상황을 분석하려는 것이다.

이 통계에는 먼저 당해월(當該月) 일본 전국에 있는 조선인 노동자 수를 들고 그중 분쟁에 참가한 노동자 수를 들고 있다. 전체 노동자의 수는 월별로 증감이 심해서 실제 수를 파악하기에 부적당하다. 그러나 '분쟁'에 참가한 비율을 산출해보면 이 20개월 동안 일본에서 노동에 종사한 이입 조선 노동자의 평균 36.5%가 참가했음을 알 수 있다.

이들 노동자의 대부분이 도시지역 출신의 기성 노동자가 아니라 그보다는 사회의식이 상대적으로 낮았다고 할 수 있는 농촌에서 바로 동원된 농민 출신이었음을 감안하면 그들의 '분쟁' 참가율은 대단히 높은 것이라 할 수 있다. 그리고 그만큼 그들의 작업조건이 열악했고 민족적 차별을 심하게 받았음을 말해준다고 할 수 있겠다.

'분쟁의'에서 노동자들의 '분쟁' 참가율이 36.5%라 했고, 이밖에 『특고월보』 기사를 통해 '모집' '관 알선' '징용' 등으로 일본의 노동현장으로 끌려간 조선 노동자들이 일으킨 파업·태업·분쟁 등의 저항사건 384건, 즉 '384건의 저항' 중 작업장에 종업 중인 전체 노동자 수와 파업·태업 등 저항사건에 참가한 노동자 수가 함께 밝혀진 경우가 294건이다. 그중 종업 노동자 전원이 저항사건에 참가한 경우가 100건으로 34%나 되며, 종업 노동자 80% 이상이 참가한 16건을 합치면 40%나 된다.

『특고월보』 19개월간분의 '분쟁의' 통계는 조선 노동자 저항운동의 원인을 '언어·감정의 차이에 의한 투쟁' '재해발생' '대우불만' '계약사항의 오해' '기타'의 다섯 가지로 구분했다. 1940년 4월부터 1941년 12월 사이 19개월간의 평균치에 의하면 첫번째 원인에 의해 일어난 분쟁의는 전체의 30.5%이고, 두번째 원인, 즉 작업장에서의 재해 때문에 일어난 분쟁의는 전체의 8.1%, 세번째의 대우불만으로 일어난 경우는 전체의 32%, 네번째의 계약조건 불만으로 일어난 저항은 전체의 14.5%, 기타의 원인은 15%로 나타나 있다.

조선 노동자 저항운동의 원인은 대우불만과 일본인 감독자 및 노동자와의 감정적 충돌 때문에 빚어진 투쟁이 가장 많았고, 다음에는 회사 측의 계약위반에 의한 분쟁이 많았음을 알 수 있다.

언어불통, 감정대립에 의한 저항

우리가 파악한 '384건의 저항' 중 일본인의 조선 노동자에 대한 박해·구타·분쟁 등을 포함한 '언어·감정의 차이에 의한 투쟁'으로 볼 만한 경우는 177건으로서 전체의 41.1%나 된다. 예를 들면 조선 노동자와 일본인 노동자가 함께 갱내에서 작업하면서도 언어가 통하지 않아 일본인이 조선인을 구타한 예가 많으며, 조선 노동자가 소변보러 자주 간다 하여 일본인 노동자가 "조선놈 주제꼴에 무슨 짓거리냐" 하고 모욕을 준 예, 도망하다 들킨 조선 노동자를 일본인 취체계(取締係)가 발가벗겨 눈 속에 세워두는 사형(私刑)을 가한 예 등이 많았다.

몇 가지 더 예를 들면, 언어불통에서 빚어진 충돌이 계기가 되어 조선 노동자 402명이 참가한 조·일 간 집단분쟁이 일어나서 일본인 노동자 1명이 사망하고 4명이 중상하고 12명이 경상하고 조선 노동자 11명이 검거된 경우가 있었는가 하면, 일본인 요장(寮長)이 조선 노동자를 구타한 사건으로 조선인 노동자 72명 전원이 요장을 배척한 경우도 있었고, 일본인 노동자가 조선 노동자를 구타한 사건이 확대되어 전체 노동자 200명이 분규에 참가하고, 일본인 인사계가 조선 노동자들에게 전치 5일의 상해를 입음으로써 조선 노동자 30명이 검속된 사례 등도 있었다. 조선 노동자와 일본인 노동자나 감독 및 인사계·노무계 등 직원과의 사이에 일어나는 분쟁의 대부분은 조선 노동자들이 구타 혹은 수모를 당하거나 처벌되는 것으로 끝나는 경우가 많았지만, 일본인들의 박해에 조선 노동자들이 집단행동으로 대항한 경우도 적지 않았으며, 이 경우 조선 노동자의 희생이 컸다.

구체적인 예를 더 들면, 일본인 감독이 조선 노동자를 구타한 사건이 발단이 되어 1200명의 조선 노동자 중 70명이 참가하여 일본인 감독을 집단구타하여 전치 2주의 상해를 입혔고, 주모자로 지목된 노동자들이 검거되어 경찰로 송국되었는가 하면, 극장에서 조선 노동자가 일본인 경찰관에게 구타당하자 192명 중 100명이 극장으로 달려가 일본인 경찰관을 집단폭행한 일도 있었다. 이 분쟁은 경방단원(警防團員) 180명이 출동하여 진압되었으나 조선 노동자 전원이 연행되었다가 25명이 검찰로 송국되었다.

또 어느 광산에 동원된 50명의 조선 노동자 전원이 대우개선을 요구하며 일본인 수위를 폭행했다가 이를 진압하기 위해 출동한 경찰관의 칼을 빼앗은 사건이 있었고, 경찰관 20명이 출동하여 50명 전원을 검거했다가 그중 22명을 공무집행방해죄로 송국한 예가 있었다. 그런가 하면 일본인 경무계가 조선 어용공(御用工)을 구타한 사건으로 452명 중 382명이 참가하여 분규를 일으켰고, 경계병 30명이 개입하여 진정되었으나 16명의 징용공이 헌병대에 끌려가 취조받기도 했다. 심지어 징용공으로 끌려온 조선 노동자들이 숙소의 난로 위치 문제로 불평하자 일본인 수위가 그들을 구타했고 이에 분개한 조선 노동자들이 수위를 집단구타하여 무장병이 출동·진압하고 주모자로 지목된 사람이 검속된 경우도 있었다.

일본의 식민치하에 살면서 일본어로 교육했던 소학교에도 진학하지 못해 일본어를 전혀 구사할 수 없었던 조선 농민들이 일본의 탄광 노동력 등으로 동원되어 언어불통으로 일본인 광부나 감독자들에게 구타당한 예와 민족적 모멸을 받은 예, 그리고 수치스러운 사형(私刑)을 당한 예 등을 들었지만, 순박한 농민 출신 노동자들이 일으킨 '분쟁의'의 가장 비율 높은 원인은 바로 이 점에 있었음을 주목하지 않을 수 없다.

대우불만에 의한 저항

'분쟁의'의 원인으로 비율이 높은 대우불만의 경우는 그 내용이 다양하지만 그중에서도 식사의 양과 질 및 값 문제에 따르는 불만이 제일 많았다. 우리가 파악한 '384건의 저항' 중 식사 및 식대 문제로 일어난 분쟁이 68건으로 전체의 17.7%나 된다. 먼저 식사의 질에 관한 불만의 경우를 보면, 찬밥을 지급한 반장(飯場, 노동자들의 집단 식사장과 숙소) 경영자를 조선인 노동자들이 집단구타하여 4명이 구속되자 그들의 석방을 요구하며 전체 노동자가 단식동맹을 단행한 예가 있는가 하면, 1일 50전이던 반장료를 60전으로 인상한 것에 반대하여 역시 단식동맹을 한 예도 있다.

격심한 육체노동에 동원된 노동자들을 가장 괴롭힌 것은 역시 식사량의 부족과 그 질의 저하 문제였다. 홋까이도오 카야누마탄광(茅沼炭鑛)의 경우 절미(絶米)를 이유로 쌀 3합(合) 1작(勺)에 콩 5할을 섞어 지급하자 노동자들이 파업했고, 1인당 1일 8홉씩 지급하던 것을 갑자기 4홉으로 감량한 데 저항하여 파업한 예가 있는가 하면, 대용식으로 조선 노동자에게는 토란을 주고 일본인 노동자에게는 생선을 주는 차별 대우를 하자 이에 대항하여 파업한 경우도 있었다.

태평양전쟁이 막바지로 갈수록 급식 사정은 급격히 나빠져갔고 따라서 노동자들의 저항도 심해져갔다. 1인 1일 5홉은 부족하다 하여 일제히 파업한 예, 혼식 재료의 부족으로 1인 1일 6홉의 식사량을 5홉으로 낮추는 데 반대하여 조선 노동자 644명 중 319명이 참가하여 집단폭행 사건을 일으킨 예, 특배(特配)를 합해 반미(飯米) 5홉 5작을 지급하다가 이를 중지하고 두박(豆粕), 즉 콩깻묵 2할 5부를 섞은 데 격분하여 집단 저항한 예 등이 있는가 하면, 심지어 평소 식사에 감자를 섞었으나 이를 구하지 못해 대신 곤포(昆布)를 섞어서 일제 태업을 한 예도 있었다.

식사량의 부족으로 굶주린 조선 노동자가 2인분 식사를 절식(竊食)했다 하여 일본인 사감이 구타했고, 이를 본 조선 노동자 15명이 사감을 구타하여 전치 1주일의 상해를 입혔다가 주모자 1명이 검거된 일이나, 급식량 1일 4홉을 2홉 8작으로 감량했다 하여 조선인 징용공들이 일본인 회계주임을 집단구타하여 전치 6일의 상해를 입혔다가 주모자 6명이 검거, 송청(送廳)된 일 등 식사문제를 둘러싼 분규가 그치지 않았다.

이밖에도 격심한 육체노동을 하면서 식사량 부족으로 고통받음으로써 식권문제에 관한 분쟁이 빈발하고, 나아가서 집단폭행·파업·태업 등으로 확대되는 예가 많았다. 이와 같은 현상은 일본의 침략전쟁이 막바지로 접어들면서 더욱 심해지는 한편, 기타의 생활조건, 작업조건도 악화되어갔다. 징용된 조선인들과 일본인 수위 사이에 숙소 난로 문제로 빚어진 언쟁이 800명 중 400명이 참가하는 분쟁으로 발전하여 무장한 해군이 출동한 예가 있었는가 하면, 작업용 신발 '지하족(地下足)' 공급이 불공평함을 이유로 일제히 파업을 일으킨 경우도 있었고, 심지어 침구 부족에 대한 불만과 간이병원 설치 및 욕장의 등화 가설 요구 등이 원인인 태업도 있었다.

노동자들의 생활환경이 얼마나 열악했는지를 말해주는 것이기도 하지만, 한편 노동자들의 반일감정이 높아서 사소한 일에도 파업 혹은 태업으로 저항한 사실을 알 수 있게 한다.

다음, '분쟁의' 원인의 15%를 차지한 계약조건에 대한 불만은 우선 조선에서 노동자를 '모집'할 때 약속한 임금액과 노동현장에 와서 실제로 받는 임금액 사이에 차이가 있다 하여 파업이나 태업을 하는 경우가 많았다. 예를 들면 '모집' 때는 1일 임금이 2원이라 약속했는데 실제는 1원 50전밖에 주지 않는다 하여 태업한 경우와, 응모 시에는 1일 1원 80전이라 했던 임금이 실제는 1원 20전이어서 파업한 경우 등이 그것이다. 이 두 경우 특고경찰이 개입하여 수당 등의 명목으로 노동자들이 요구한 대로 실질임금이 인상된 것으로 보아 회사 측의 약속 위반이었음이 확실한 것 같다.

계약조건 불만 중 또 하나 두드러진 것은 계약기간의 문제였다. 모집원으로부터 계약기간을 6개월로 들었는데 와서 보니 2년으로 되어 있다고 6개월로 단축하라 요구하면서 485명 중 457명이 파업에 참가한 경우가 있다. 조선 노동자의 '모집' 문제에 관해서는 따로 논구되어야하겠지만 '모집'에 애로가 있어서 임금액을 실제보다 과장하고 계약기간도 단축해서 '모집'했을 가능성은 많다.

계약조건에서 불만이 심한 또 하나의 경우는 약속된 계약기간이 만료되어도 귀국시키지 않고 강제로 기간을 연장하는 데서 분쟁이 야기되는 일이었다. 조선 노동자를 '모집'이나 '관 알선' 등의 방법으로 대량동원하기 시작한 것은 1939년경부터였다. 태평양전쟁 발발 전이나 전쟁 초기에는 2년 기간 만료 후 조선 노동자들이 본인의 의사에 따라 귀국할 수 있었던 것 같다.

그러나 1944년경에 와서는 '모집'이나 '관 알선'의 방법으로는 더 노동력을 확보할 수 없어서 징용제를 강행해야 하는 상황이었다. 그 위에 전세가 악화하여 조선 노동자들이 일본 본토 및 사할린·남양 등지에 동원되는 것은 극력 기피했기에 사업주는 물론 일본정부 당국도 한번 동원한 노동자의 대부분을 계약기간이 만료되어도 귀국시키지 않았다.

몇 가지 예를 들어보자. 후꾸오까(福岡)현(縣) 미쓰비시 이이즈까광업소(三菱飯塚鑛業所)에 동원된 조선 노동자 2607명 중 68명은 1943년 12월에 계약기간이 만료되었으나 그들을 단체로 귀국시킨다는 핑계로 다음해 6월이 되어도 귀국시키지 않고 계속 작업을 하게 했고, 이에 견디지 못한 노동자들이 동맹파업을 단행했다. 야마구찌(山口)현 토오요오강판쿠다마쓰공장(東洋鋼板下松工場)에서도 조선 노동자 8명이 1944년 4월 25일부로 고용기간이 만료되었으나 역시 단체 귀국을 이유로 5월로 연기했다가 수송 사정을 이유로 귀국이 무망하게 되자 같은 공장 노동자 248명이 동조하여 동맹파업을 단행했다. 이런 사건은 같은 시기 후꾸오까현 카이지마광업오쓰지탄광(貝島鑛業大辻炭鑛), 나가사끼(長崎)현 닛떼쓰 키따마쓰광업소(日鐵北松鑛業所), 야마구찌현 히가시미조메탄광주식회사(東見初炭鑛株式會社) 등에서도 일어났다. 이들 동맹파업은 모두 경찰의 개입으로 조선 노동자들이 귀국을 포기한 채 계속 조업하는 결과를 가져왔다. 닛떼쓰 키따마쓰광업소의 경우 주모자 2명이 검속되기도 했다.

사가(佐賀)현 키시마탄광주식회사(杵島炭鑛株式會社)에서도 735명 중 58명이 계약기간 만료로 귀국하려 했으나 회사 측과 협화회(協和會)와 경찰서가 합동으로 '정착지도간담회(定着指導懇談會)'를 열고 계약기간을 연장하려 했고, 이에 노동자들이 사무소로 몰려가 귀국 수속을 강요하고 노무 계원을 집단구타했다. 1944년 이후 조선 노동자의 파업 및 태업 원인의 상당한 부분이 계약기간 만료 후의 귀국 저지에 대항한 경우였다.

조선 노동자 저항의 실상

노동자들의 요구사항

일본의 특고경찰이 작성한 조선 노동자의 '분쟁의' 통계에는 노동자들의 요구사항을 따로 분석한 부분이 있다. 요구사항은 임금증액 요구, 임금산정 및 지급방법 변경 요구, 노동시간 단축 요구, 설비·복리증진 시설 요구, 감독자 배척, 기타 등으로 되어 있다. 임금인상 요구가 22.9%로 제일 높고 다음 감독자 배척이 13.3%로 높으며, 설비·복리증진 요구가 8.7%, 임금산정 및 지급방법 변경 요구가 5%이고, 이외에 노동시간 단축 요구가 0.8%로 낮으며, 기타가 49.5%로 되어 있다.

임금인상 요구의 경우 홋까이도 야요이광업소(彌生鑛業所)에서와 같이 식비가 45전에서 50전으로 인상됨에 따라 임금인상을 요구하면서 파업을 하거나, 훈련기간이 끝난 후 임금을 인상하기로 한 약속이 이행되지 않아 파업하는 경우가 많았으며, 이밖에도 성적이 양호한 노동자에게만 주는 특별임금액 1원 80전을 일반 노동자에게도 지급할 것을 요구하며 사무실에 집단 쇄도하여 청원경찰을 구타한 예 등이 있었다.

한편 임금문제에는 또 인상요구 이외에 회사 측의 강제 저축에 반대한 사례가 대단히 많음을 볼 수 있다. 임금지불 때 10원씩만 지불하고 나머지는 강제 저축하는 데 반대하여 집단폭행사건이 일어나기도 했고, 국민저축금을 증액하는 데 반대하여 160명 노동자 전원이 일제히 파업하기도 했으며, 고국에의 송금을 면장을 경유하지 않고 가족에게 직접 송금할 것을 요구하며 태업하는 경우가 있었는가 하면, 심지어 조두(組頭)·소두(小頭) 등으로 불린 공사장의 감독자들이 이른바 '공제착

취(天引搾取)'하는 데 분개하여 43명의 조선 노동자 중 30명이 파업한 경우를 볼 수도 있었다.

전쟁경비 조달에 급급한 일본정부의 가혹한 강제저축정책이 조선에서도 강화되었지만, 임금 중 10원씩만 지불하고 나머지는 모두 강제 저축시킨 경우가 있었던 것과 같이 동원 노동자의 경우도 예외가 아니었다. 일본이 패전했을 때, 조선 노동자들이 이 강제 저축금을 지불받지 못하고 그대로 귀국하여 일본정부가 월급의 일부와 함께 보관하고 있었음은 이미 알려진 일이다.

'분쟁의' 통계에 나타난 조선인 노동자들의 요구사항 중 두번째 비율이 높은 감독자 배척의 경우도 대단히 심각한 문제였다. 일본인 일반 노동자도 갱내 등 작업현장에서는 대부분 농민 출신인 조선 노동자의 작업 교육자요, 지시자인 동시에 감독자였다. 특히 언어가 상통하지 않는 상태에서 이들 사이의 분쟁이 잦았고, 그것이 조선인·일본인 사이의 집단투쟁으로 확대되는 경우가 많았다.

그러나 그보다도 작업현장이나 숙소에는 노무계·감독·취체계·경무계·지도원·보도원·인사계·검량계·세화역(世話役)·요장·사감·훈련대장·사무원·수위 등 많은 감독자가 있어서 이들의 조선인 노동자에 대한 인격적 멸시 및 신체적 가해행위는 그칠 사이가 없었다. 그 대부분이 집단폭행 혹은 사무실 기물 파괴 등으로 발전했고, 그 결과 많은 노동자들이 구속, 송청되거나 본국 송환되었다. 조선 노동자들의 요구 조건 중 감독자 배척의 비율이 높은 것도 바로 이 때문이었다.

감독자들은 특히 조선에서 경찰관 경력을 가진 자나 군대에서 제대한 자들이 채용되는 경우가 많았다. 군대에서 제대하여 노무계가 된 어느 일본인의 회고에 의하면 "노무사무소에는 여러가지 사형도구가 제대로 갖추어져 있었다. 목도(木刀)는 부러지지 않게끔 벚나무로 만든 굵은 것이었고 보통은 가죽 채를 썼다"했고, 광업소의 복리과(福利課)에 근무했다는 어느 일본인은 "코가(古賀)의 (광부) 훈련소에 갔더니 (조선인) 요생(寮生)한 사람이 반항했다 하여 노무계의 S가 사무실 콘크리트 위에 꿇어앉히고 바리캉으로 머리를 열십 자로 깎고 물을 끼얹으며 쇠로 만든 솔로 문지르고 있었다"고 했다. 일본인 감독자들의 조선 노동자에 대한 사형이 얼마나 심했는지를 말해주고 있다.

『특고월보』에 의하면 후꾸오까현 닛산화학공업소탄광(日産化學工業所炭鑛)에서 일본인 노무계가 조선 노동자 2명을 구타한 사건은 바로 200명의 동료 노동자들이 노무계 사무실을 습격하는 집단행동으로 발전했고, 결국 노무계가 경질되었다. 홋까이도오 카야누마탄화광업 주식회사(茅沼炭化鑛業株式會社)에서는 어느 조선인 노동자가 죽으면서 요장에게 맞아서 죽는다고 유언을 함으로써 그 동료 814명 중 200명이 항의하고 요장을 폭행하여 전치 2주일의 상해를 입힌 한편, 400명이 요사를 파괴하고 파업했다. 이 사건으로 조선 노동자 9명이 검거되었다. 조선 노동자 집단폭행의 거의 대부분이 이들 감독자의 횡포와 폭행에 대항하는 데서 일어났다.

저항의 사상성 문제

『특고월보』의 '분쟁의' 통계는 또 조선 노동자들이 그들의 요구를 관철하기 위해 어떤 수단을 택했는가 하는 문제를 밝히고 있다. 그들이 택한 방법을 진정·태업·파업·시위운동·직접행동·기타 여섯 종류로 나누었는데, 그 비율은 파업 29%, 태업 25%, 직접행동 18.3%, 진정과 시위운동이 각각 5.9%의 순서이고, 기타가 15.4%로 되어 있다. 집단폭행이나 기물 파괴 등을 가리킨다고 생각되는 직접행동보다 파업과 태업의 비율이 높은 것은 그들의 저항이 적극적이면서도 어느정도 조직적인 면이 있었음을 말해준다고 할 수 있다.

조선 노동자들의 저항은 개인적인 경우보다 집단적인 경우가 많았고, 그 집단행동도 폭행이나 파괴행동의 경우보다 다소 조직적이라 할 수 있는 파업이나 태업의 비율이 높았다. 그러나 유능한 사법경찰로 알려진 일본 특고경찰의 철저한 감시 아래 있었던 조선 노동자들이 어떤 자생적 조직을 가지고 있는 경우는 거의 없었던 것 같지만, 그런 조건 아래에서도 전혀 예외가 없었던 것은 아니다. 한 예를 들면 아소오계(麻生系)탄광의 조선 노동자들이 토오꾜오의 사립대학을 졸업하고 조선독립운동에 투신했다가 서울에서 쫓겨 일본으로 온 박동운(朴東雲)이란 사람의 도움으로 일본석탄갱부조합(日本石炭坑夫組合)과 연결되고 그 지도로 파업을 일으킨 경우가 있었다.

또 1943년에는 요꼬하마(橫濱)에 있는 쓰루미제철소(鶴見製鐵所)에서 전체 조선 노동자 114명 중 79명이 참가한 '민족적 친목회'가 조직되어 그 핵심 인물이 특고경찰에 체포된 경우가 있었다. 이들 노동자들은 일본에 오기 전 서울의 직업소개소에서 현지 훈련을 받았는데, 이때 직업소개소 직원 오산수웅(吳山秀雄 쿠레야마 히데오, 27세)에 의해 "제군은 일본 도항(渡航) 후는 상호 일치단결하여 일본 공원들에게 지지 않게 노력해야 할 것이다. 그러기 위해 입소 후에는 곧 친목회를 결성하여 동료 사이의 단결 및 상호부조를 도모하는 것이 필요하다" 등의 지도를 받았고, 일본에 와서 이 제철소에 배치된 후 일본식 개명의 조선인 평전충웅(平田忠雄 히라따 타다오) 외 8명이 중심이 되어 회명(會名)은 아직 결정하지 못한 친목회를 조직했다.

친목회의 목적은 첫째 장래 조선 공업 발전의 기초가 될 기술을 습득하기 위해서는 동료 간의 단결이 필요하다, 둘째 이런 목적으로 친목회를 조직하고 동료 간이나 부모형제 등에게 불행한 일이 발생했을 때 상호부조하고 친목·융화를 도모한다, 셋째 일본인 지도원 혹은 공원(工員)이 우리에 대해 차별적 대우나 압박 등을 할 때는 우리는 일치단결하여 대항하고 장래 닛뽄강관주식회사계통(日本鋼管株式會社系統) 각 공장 이입(移入) 조선인 노동자 전원으로써 단결을 결성하며 직장·기타에서의 각종 문제 해결을 도모한다, 넷째 회원 간의 사고·기타는 절대로 공장지도원·경찰 등에게 내통하지 않는다, 다섯째 회원은 사람마다 매월 50전씩의 회비를 거출한다 등이었다.

카나가와(神奈川)현 특고경찰은 이 친목회가 '민족적 견지'에서 결성된 의혹이 있다 하여 해산하고 주모자 평전충웅 외 8명을 검거하는 한편 오산수웅도 취조했으나 사상적 의도가 없었다고 진술했다. 이 사례는 토오꾜오 근처의 도시지역에 배치된 노동자들에게 있었던 일이었지만, 역시 토오꾜오 근처의 카와사끼(川崎)시(市)에서 일본의 특고경찰이 사상성이 있다고 판정한 또 하나의 사례가 전하고 있다.

카나가와현의 닛뽄강관(日本鋼管) 카와사끼제강소(川崎製鋼所)에 배치된 어느 조선 노동자가 토오꾜오의 한 서점에서 구입한「반도 기능공의 육성」이란 팸플릿에 그 제강소 노무차장이 조선 노동자들의 "편지·수발은 모두 훈련대장의 사열을 거칠 것, 또 훈련기간엔 외출을 인정하지 말 것, 또 노동자들을 회사 측이 구타할 경우는 경찰관이 대신 하는 것이 좋다"하고 어느 노무관리 좌담회에서 발언한 내용이 실려 있는 것을 읽었다. 이 소식이 전해지자 조선 노동자들이 "극단적인 차별 압박을 가하는 한편, 피정복 민족으로서 멸시하고 있음이 명백하며, 타까하마(高濱) 노무차장의 의견이야말로 사업주 측의 진의(眞意)다"하여, 837명 전원 귀국을 요구하며 파업했다.

특고경찰에서는 그 이면에 사상용의자가 개재한 의혹이 있다 하여

주모자 15명을 검거하여 조사한 결과 일본식 개명의 청전무웅(靑田武雄
아오따 타께오, 22세)과 김원선재(金原善在 카네하라 젠자이, 22세) 등이 "조선
에 있을 때부터 민족독립사상을 가져서 책동의 기회를 엿보고 있다가,
앞에서 든 팸플릿 문제가 발생함으로써 호기가 왔다 하고, 이를 민족독
립의 관점에서 지도하고 있음이 판명됨으로써 목하 치안유지법 위반으
로 엄중 취조 중이다"라고 했다.

한편 1943년 3월과 5월에 사가현의 카라쓰탄광사무소(唐津炭鑛事務
所)와 오기탄광노무자식당(小城炭鑛勞務者食堂) 등에서 식사문제에 대
한 대장의 태도에 불만을 품은 조선 노동자들이 일으킨 집단폭행사건
이 있었고, 주모자 몇 사람이 검속되면서 일단락되는 것 같았으나 조선
인 노무자 대장 개명(改名) 일본명 풍전실언(豊田實彦 토요따 미쓰히꼬, 35
세) 중심으로 '의식분자 그룹'을 결집하려는 획책이 있는 것으로 재조사
되어 결국 치안유지법 위반으로 검찰에 송치된 사건이 있었다. 특고경
찰의 조사처리 결과를 요약하면 다음과 같다.

이 사건의 중심인물 풍전실언은 1942년 11월 이른바 이입 노동자 대
장으로서 오기탄광에서 조업하다가 같은 회사 경영의 카라쓰탄광으로
옮겼는데, 조선에 있을 때부터 영천청년연맹(永川靑年聯盟)이라는 조선
독립운동단체에 가맹하여 활동하다가 몇 번 검거된 바 있는 의식이 날
카로운 '사상 요주의 인'이었다. 오기탄광에 조업한 이후 조선독립운동
의 추진을 위해 여러가지로 강구하다가 이입 노동자들이 탄광 쪽의 노
무관리와 대우에 불평불만이 일어나게 되자 이를 기회로 민족의식을
계몽, 선전하여 다수의 동지를 획득하고, 태평양전쟁하 일본 국력의 쇠
퇴를 기회로 먼저 폭력수단으로 광산 측에 항쟁하고 이를 계기로 일본
본토에 사는 조선인이 일제히 봉기하게 함으로써 일거에 목적을 관철
하려 결의하고 두 번에 걸친 집단폭행을 선동, 감행한 후 일반 조선인

속에서 동지를 획득하기 위해 암약하는 중이었다 한다.

풍전실언은 오기탄광으로 가서 곧 이입 노동자의 지도자가 될 것을 목표로 동지를 물색하여 대장 상산찬식(常山燦植 쓰네야마 산쇼꾸, 24세), 반장 송전정변(松田正變 마쓰다 세이헨, 33세)·죽본영국(竹本永國 타께모또 에이꼬꾸, 25세) 등을 차례로 동지로 획득하고 자기의 기숙요에서 여러 번 회합하여 서로 민족적 열의를 피력하면서 그 의식의 고양을 기도하는 한편, 동지 획득과 폭동화 방법에 대해 협의, 선동하다가 당진탄광으로 전근되자 뒷일을 동지 상산 외 2명에게 부탁하고 1943년 1월 하순경 카라쓰탄광으로 옮겼다.

당시 카라쓰탄광에는 이입 노동자 약 500명이 탄광 측의 차별과 압박적 취급에 학대당하고 있었으므로 오기탄광에서의 실천활동과 같이 노동자의 지도자 격인 사람들을 대상으로 동지를 물색하여 대장 하본시굉(河本時宏 카와모또 토끼히로), 반장 우본상기(宇本常基 우모또 쓰네모또)·복산악여(福山岳呂 후꾸야먀 가꾸료), 현장 조수 산단난영(山端蘭英 야마하따 란에이) 외 2명을 차례로 동지로 획득하여 자기 기숙사에서 의식의 고양과 단결의 강화를 도모하는 한편, 사무소 습격방법에 대해 협의, 선동하여 마침내 3월 1일 집단폭행사건을 감행했다. 5월 중순경 다시 오기탄광에 돌아가자 즉시 전날의 동지 상산 외 2명과 협의하여 5월 25일 집단폭행을 선동, 감행했다.

그 선동 내용은, 첫째 이와 같은 조선인과 일본인 사이의 차별대우는 결국 조선 독립에 의해 근본적으로 해결할 수밖에 없으며, 우리는 독립을 위해 서로 단결하여 일본인과 항쟁할 뿐이다, 둘째 탄광 측의 차별대우와 학대에 대하여 불평불만을 말하는 것만으로는 안 된다.

우리 노동자의 결속된 힘에 의해 해결하지 않으면 안 된다, 셋째 우리가 소리 지르는 것만으로는 안 되고 서로 결속하여 탄광 측에 대항하지

않으면 안 된다. 뒷책임은 내가 질 터이니 협력하여 기숙사사무소 관리
자를 처단하고 노무사무소로 밀고 들어가라, 넷째 우리는 조선인의 해
방을 위해 탄광을 습격하고 대우 개선과 지위 향상을 착착 도모하고 있
지만, 진정한 조선인의 해방은 독립에 의해 완성되는 것이므로 일본 본
토에 사는 전체 조선인은 공장과 광산에 있는 우리를 따라 서로 단결하
여 실력으로써 봉기해야 할 것이다 등이었다.

　이들은 또 일본 본토에 거주하는 조선인의 일제 봉기를 유도하기 위
해 1944년 6월 5일경부터 7월 중순경까지 토오꾜오(東京)도(都) 오오모
리구(大森區) 이리아라이정(入新井町) 4-96번지 사사까와방(笹川方)의
산전일정(山田一正 야마다 잇세이) 외 8명, 나고야(名古屋)시(市) 아쓰따구
(熱田區) 니시정(西町) 55번지 고도춘길(高島春吉 타까시마 슌끼찌) 외 4명,
시모노세끼(下關)시 시모노세끼역전(下關驛前) 김상인(金相仁) 외 15명
에 대해 민족의식을 계몽·지도하는 등 활동을 하다가 결국 체포되어 경
북 영천 출신의 풍전실언, 황해도 평산군 출신의 상산찬식, 황해도 김천
군 출신의 송전정변, 경북 예천군 출신의 죽본영국 등은 검거되어 송국
되었다가 풍전은 1944년에 옥사했고 나머지 3인은 그해 9월에 기소유
예되었다.

　'모집' '관 알선' 등으로 일본의 광산 등 공사장에 동원된 노동자들의
일부가 민족독립이란 뚜렷한 목적을 가지고 조직적으로 폭동을 일으키
고, 그것을 일본 거주 조선인 일반에까지 확대하기 위해 노력했던 사실
을 실증할 수 있다. 한편 전쟁 말기로 가면서, 특히 징용제가 실시되면
서 조선의 지식청년들이 전쟁 노동력으로 동원되는 경우가 많아졌다.
이들 중에는 민족주의 혹은 사회주의 사상을 가진 채 강제로 동원되기
도 했지만, 또 일정한 목적을 가지고 이른 바 이입 노동자 속에 침투하
는 경우도 있었던 것 같다. 특고경찰도 이 점에 상당한 주의를 경주하고

있었음을 알 수 있다.

1944년 11월의 『특고월보』는 「징용에 의한 이입 노동자의 특이동향」을 말하면서 "조선 노동자의 계획 이입의 긴급 충족을 기해 제 2·4반기부터 조선에서 징용에 의해 노무자의 공출을 하고 있지만, 이 때문에 최근의 이입 선인 노무자 중에는 중등학교 졸업 이상의 학력을 가진 이른바 지식계층과 유식적 직업에 종사하고 있는 사람이 상당수 있다. 오까야마(岡山)현 미쓰이 타마노조선소(三井玉野造船所) 외 2개 사업장에서의 이입 선인 노무자에 관해서 보아도 3253명 중 467명을 점하는 상황이다. 그리하여 이들 중에는 민족의식이 농후한 사람들이 있어서 사소한 일을 두고 회사 측 및 일본 공원(工員)과 대립적으로 일반을 선동하여 민족적 주장을 하거나, 일반 공원으로서 무지 문맹자와 같이 취급하는 데 대해 적지 않은 불만을 품고 근로의식이 결핍하여 노무관리상 현저한 장애를 주고 있음은 주목할 만한 경향이다"라고 했다. 문맥으로 보아 앞으로를 위해 주의를 환기했다기보다 현재의 상황을 예로 들고 있는 것 같다.

침략전쟁이 막바지로 접어들면서 일본인들의 표현대로 '민족의식이 농후한' 젊은 지식인들이 징용공으로 일본의 광산 및 공사장에 동원되는 수가 많아졌고, 이들이 조선독립을 내세우고 조직적인 저항을 기도했던 사실을 확인할 수 있다. 침략전쟁의 말기로 가면서 일본제국주의의 발악과 탄압이 극한점에 다다르게 됨으로써 조선인들의 저항운동도 소극적으로 되게 마련이었지만, 일본의 공사장에 강제동원된 노동자들의 저항운동 속에서도 민족운동의 일단을 확인할 수 있는 것이다.

조선 노동자 저항의 결과

일본의 특고경찰은 또 조선 노동자들의 '분쟁의'가 어떻게 처리되었는가를 그 목적이 관철된 경우, 관철되지 못한 경우, 타협이 이루어진 경우와 '위유해결(慰留解決)'이라 하여 설득 무마된 경우, 미해결의 경우를 통계해서 제시하고 있다. 그 비율을 보면 '위유해결'한 경우가 60.8%로 제일 많고, 다음 타협이 이루어진 경우가 16.2%, 노동자들의 목적이 관철된 경우가 11%, 목적이 관철되지 못한 경우가 10.9%, 미해결된 경우가 1.8%로 되어 있다. 조선인 노동자들이 일으키는 거의 모든 사건에 특고경찰이 개입하게 마련이었으며, 이들에 의해 60% 이상의 사건이 '위유해결'되게 마련이었던 것이다. 그중에서도 대표적인 경우는 계약기간 만료로 귀국을 원하는 노동자들을 특고경찰이 개입하여 '위유해결'하는 일이었다.

예를 들면 미야기(宮城)현 요꼬스까해군시설부(橫須賀海軍施設部)에 동원된 조선 노동자 360명이 1944년 7월에 계약기간이 만료되었으나 사업주와 특고경찰과 협화회가 합동하여 일방적으로 전원에 대해 기한을 1년 연장하는 것으로 결정하여 고시했다. 이에 격분한 노동자들이 사업주와 임석(臨席) 경찰관과 노무계 등을 집단구타하여 전치 1주일 혹은 3주일의 상해를 입혔다. 해군헌병대까지 가세하여 진압되고 결국 전원 1년 연장근무하기로 하고도 주모자 6명이 검거되었다. 홋까이도오의 해군공사장에서도 기간 만료 노동자 87명이 재계약 권유를 뿌리치고 전원 귀국하기 위해 작업을 거부하고 출발했으나 경찰이 출동, 저지함으로써 결국 6개월 연장되었고, 후꾸오까현 조오반탄광탕본광(常盤炭鑛湯本鑛)에서 만기 노동자 375명이 귀국을 요구하며 휴업하자 설득이 불가능할 것으로 판단한 경찰이 그중 66명을 검속하고 재계약을 종용함으로써 결국 전원 응하게 된 일 등 이루 다 들 수 없다.

본의 아니게 재계약을 하고도 검거되는 노동자가 있었던 것과 같이 노동자의 저항이나 투쟁의 목적이 관철되건 안 되건 노동자들의 희생은 따르게 마련이어서 대부분의 '분쟁의'에는 몇 사람의 피검속자나 본국에의 강제 송환자가 있게 마련이었다. 『특고월보』에서 추출한 사건의 개요와 조치 경위가 비교적 명확한 304건의 '분쟁의' 중 사건 관련 노동자가 본국으로 강제 송환된 경우가 26건이고, 검거되어 취조 중이거나 검찰로 송국된 경우가 125건이어서 전체의 41.1%나 된다.

검찰로 송청된 노동자들이 이후 어떻게 되었는지 『특고월보』는 거의 밝히지 않고 있으나 꼭 1건에 한해서 그 징역 결과까지를 밝힌 경우가 있다. 미에(三重)현 소재 이시하라산업주식회사(石原産業株式會社)에 동원된 조선 노동자 658명 중 143명이 일본인 사감에 대한 불만의 폭발로 집단구타했다가 그중 8명이 공무집행방해 및 폭력행위법으로 송국되었다. 재판 결과 1명은 징역 8개월, 1명은 징역 6개월, 2명은 징역 6개월에 집행유예 3년, 1명은 징역 5개월에 집행유예 3년, 3명은 징역 3개월에 집행유예 3년의 언도를 받았다는 기록이 있다.

약속액과 차이가 있는 임금액을 파업을 통해 약속대로 인상받은 일, 그밖의 사소한 대우 개선 문제에서 노동자들의 요구가 관철된 경우는 있었으나, 그리고 갱내에서 일본인 노동자에게 구타당한 조선 노동자가 약간의 보상을 받고 타협하는 경우는 간혹 있었으나, 70% 이상의 '분쟁의'가 경찰의 위협적 설득 또는 목적 불관철로 끝나고, 절반의 '분쟁의'가 조선인 노동자에게 일방적인 피해만 준 채 끝났음을 알 수 있다.

맺음말

일본의 식민지 조선에 대한 농업정책의 결과, 특히 1920년대와 1930년대 전반기를 통해서 많은 농민이 농촌을 떠나 조선 안 토목 공사장의 일용노동자가 되거나 일본의 노동시장으로 흘러들어갔다. 일본의 대륙침략전쟁이 본격화한 1930년대 후반기 이후에는 조선의 농민들이 그 전쟁노동력으로서 일본으로 대량동원됨으로써 조선의 농촌경제를 거의 파탄에 빠지게 했다.

특히 '모집' '관 알선' 등으로 일본의 공사장에 동원된 조선인의 대부분은 본래 노동자가 아니라 농민이었다. 일본의 산업현장에 동원됨으로써 비로소 노동자가 되었다. 그들은 광산이나 공사장의 노동에 전혀 익숙하지 않았을 뿐만 아니라 일본어로는 거의 의사소통이 불가능했다. 그런 조건 아래서 식민지 출신 조선인이 일본 특유의 외국인 차별에 시달리면서 대부분 광산 등의 위험한 산업현장에 강제동원된 것이다. 그 때문에 그들의 크고 작은 저항행위가 끊일 사이가 없었다.

탄광을 비롯한 일본의 산업현장에 동원된 조선 노동자들이 저항행위를 한 가장 중요한 원인은 일인 감독자 및 노동자의 민족적 차별, 인격적 모욕이었다. 20세기 전반기까지도 유교사회 유풍(遺風)이 강하게 남아 있었으며, 특히 농촌의 경우가 심했기 때문에 일본의 식민지교육을 받지 않아서 일본어로 의사소통을 할 수 없었다 해도 대부분 재래식 유교교육을 받아 의리심과 자존심이 강했던 그들은 일본인 노동자 및 감독자가 주는 인격적 모욕을 견디지 못했던 것이다. 그들의 요구사항 중 임금인상 다음으로 감독자 배척이 많았던 것도 이 때문이라 할 수 있을 것이다.

조선 노동자들의 저항수단은 시위나 직접행동이 24%인 데 비해 파업과 태업이 54%를 넘어, 폭력적 저항보다 상대적으로 조직적 및 계획적인 저항이 많았음을 알 수 있게 한다. 전혀 근대적 사회의식으로 훈련되지 못한 농민 출신 노동자들이었지만, 유교적 가정교육 및 사회교육에서 얻은 의리심과 자존심이 그 저변에 있었기 때문이라 할 수 있다.

　　그런데도 그들의 저항은 그다지 성공하지 못했다. 악명 높은 특고경찰의 철저한 탄압과 위협적 '위유' 때문에 저항사건의 대부분은 유야무야되었고, 그 대신 저항사건의 주모자로 지목된 노동자들은 경찰에 의해 검거되어 송청되었다. (1997)

4. 독도는 왜 일본 땅이 아닌가

일본이 독도를 안 것은 언제부터인가

우리는 독도가 역사적으로 우리 땅이었음을 분명히 말해주는 자료들이 있고, 또 해방 후부터 실제로 우리가 점거하고 있으므로 당연히 우리 땅이라 생각한다. 그러나 일본 쪽에서는 훗날 그 귀속 문제를 국제재판소로 가지고 갈 경우를 생각해서겠지만, 필요하다고 생각할 때마다 제 땅이라는 주장을 되풀이하고 있다. 우리 쪽 자료를 근거로 하여 독도가 우리 땅임을 밝히는 일도 중요하지만, 일본 쪽 자료를 가지고 그 섬이 일본 땅이 아님을 밝히는 일도 또한 중요하다고 할 수 있다. 일본 땅이 아니면 당연히 우리 땅이 될 것이기 때문이다. 필자는 1970년대 말부터 1980년대 전반기에 걸쳐 일본 쪽 자료를 가지고 독도가 일본 땅이 아님을 밝히는 논문을 쓴 일이 있다. 그것을 쉽게 풀어서 독자들의 이해를 높이는 데 도움이 되고자 한다.

일본인이 울릉도 이외에 독도가 있음을 알았던 사실을 말해주는 기록은 17세기의 60년대에 처음으로 나타난다. 즉 1667년에 쓰인 『은주시

청합기(隱州視聽合記)』라는 책이 그것이다. 이 책에서는 일본의 "인슈우 (隱州)에서 배를 타고 서북쪽으로 2일 1박 동안을 가면 송도(松島)가 있고, 또 1일을 가면 죽도(竹島)가 있다. 이 두 섬은 무인도이며, 고려 땅에 서 이 섬을 보는 것은 (일본의) 운슈우(雲州)에서 인슈우를 바라보는 것과 같다. 그러므로 일본의 건지(乾地), 즉 서북쪽 땅은 이 주(州=隱州)에서 끝난다"고 했다.

이 무렵에는 동해 쪽에 사는 일본인들이 고기잡이나 벌목을 위해 울릉도에 가기 시작했으며, 그 때문에 독도를 알게 된 것이다. 이후에도 일본인들이 독도를 알고 있었음을 말해주는 기록들이 몇 가지 더 나오고 있지만, 그 섬은 모두 울릉도의 부속도서로 인정하고 있다. 따라서 울릉도가 조선 땅이 되느냐, 일본 땅이 되느냐에 따라 그 부속도서인 독도의 귀속도 결정되는 것이었다.

울릉도야 물론 고대사회에서부터 조선 땅이었지만, 17세기경에 와서 일본인들이 그곳에 많이 드나들었고, 이 때문에 조선정부와 일본정부 사이에 일종의 영토분쟁이 있었다. 그러나 1696년에 조선정부와 일본정부 사이에 울릉도가 조선의 영토임을 확인하는 결정이 이루어졌고, 그 부속도서인 독도도 조선의 영토로 인정되었다. 이후 일본정부에 의해 일본인의 울릉도 출입이 금지됨으로써 독도에 대한 일본인들의 관심도 자연히 없어지고 말았다. 이같은 내용은 물론 일본인들이 쓴 기록에 의한 것이다.

근대 이전의 경우 동해안 쪽에 있는 일본인들이 대개 17세기경부터 울릉도에 드나들게 되었고, 그에 따라 자연히 독도의 존재를 알게 되었지만, 조선과 일본 두 정부 사이의 타결에 의해 울릉도가 조선 땅임이 확인되었고, 그에 따라 일본인들의 울릉도 출입이 금지됨으로써 그 부속도서인 독도에 대한 일본인들의 인식도 없어지게 된 것이다.

메이지유신 후 일본은 독도를 얼마나 알았는가

메이지정부가 성립된 다음 해인 1869년에 일본정부는 조선의 국내 사정을 탐지하고 새로운 국교를 열기 위해 외무성 관리 세 명을 조선에 보냈는데, 이들이 돌아와서 제출한 보고서 중의 한 항목에 "죽도(즉 울릉도)와 송도(즉 독도)는 조선의 부속도서다"라고 명백히 밝힌 부분이 있다. 여기서는 울릉도와 독도를 분명 다른 두 개의 섬으로 인식하고 있었지만, 곧 그것마저 흐려지게 된다. 1873~74년경에 러시아의 블라지보스또끄에 왕래하던 어느 일본인이 제 정부에 「송도개척지의(松島開拓之議)」라는 것을 제출했다. 여기서는 송도와 죽도를 구분해서 죽도는 조선에 가깝고 송도는 일본에 가깝다고 하면서도 송도에는 소나무가 울창하고 수백 간의 폭포수가 있으며 광산도 있을 것 같다고 했다. 사실은 울릉도를 말하고 있음이 확실하다. 이후에도 송도가 "영국 지도에서는 대마도와 함께 조선 영토로 색칠되어 있고 프랑스도 같다. 독일의 '고다 스치르스' 지도에는 대마도와 함께 일본 영토로 색칠되어 있으며 다만 '와이마르' 지도국 지도만 대마도를 일본 영토로 색칠하고 송도, 죽도를 조선 영토로 색칠하고 있다"라고 한 기록이 있는가 하면, "우리나라(일본)에서는 송도와 죽도가 두 개의 섬인가 하나의 섬인가 판연하지 않고, 따라서 조선에 속하는지 아닌지 알지 못한다"고 한 기록도 있고, "블라지보스또끄로 가는 바다 위에서 송도를 보니 초가가 두 집 있음을 보았는데, 대단히 작아서 일본인 혹은 조선인의 집 모양과 방불했다"고 하여 분명 울릉도를 송도로 말한 기록도 있다.

이같이 블라지보스또끄에 드나들던 일본 모험상인들이 대체로 울릉도를 송도라 하면서 그것을 개척해야 한다고 주장하게 되자, 일본정부의 타나베 타이찌(田邊太一)라는 공신국장(公信局長)은 "송도는 조선의 울릉도로서 우리 땅이 아니다. 우리나라에서 개간하는 일은 전혀 있을 수 없는 일이다"라고 공식적인 답을 했다. 그런데도 이른바 송도를 개척해야 한다는 주장이 계속 나오게 되자 앞의 타나베 공신국장은 당시의 '송도개척론'을 송도가 울릉도임으로 조사하는 일 자체가 불법적이라는 의견, 그 섬이 울릉도인지 그 옆에 있는 우산도(于山島)인지, 아니면 전혀 다른 임자 없는 섬인지 조사해봐야 하지만 아직 세이난전쟁(西南戰爭) 중이니 후일로 미루자는 의견, 러시아와 영국 등이 그 섬을 먼저 점령할지 모르므로 빨리 조사를 해봐야 한다는 의견으로 요약했다.

그러나 그 자신은 "송도는 우리나라에서 붙인 이름으로서 사실은 조선의 울릉도에 속하는 우산(于山)이다" 하고, 그래도 믿을 수 없다면 군함을 보내어 조사를 해보자고 했다. 그 결과 1880년 9월에 일본정부는 군함 아마기함(天城艦)을 보내어 조사하게 했다. 송도를 조사하고 온 아마기함은 "그 땅은 예부터의 울릉도이며 그 옆에 죽도라고 부르는 작은 섬이 있으나 모두 하나의 암석에 지나지 않음을 알게 되어 오랫동안의 의문이 하루아침에 해결되었다"고 보고했고, 이에 따라 수로보고(水路報告) 제33호에서는 "송도 ─ 한인은 이를 울릉도로 칭함"이라고 했다. 일본 해군 군함 아마기함의 조사에서도 독도는 전혀 알지 못했고, 당시 일본 모험상인들이 개척해야 한다고 주장하던 송도가 공신국장 타나베가 알고 있었던 것과 같이 울릉도임을 확인했을 뿐이었다.

일본은 왜, 어떻게 독도를 '영토 편입'했는가

천성함이 조사하고 온 후 송도가 조선 영토인 울릉도임이 확인됨으로써 이후 일본의 공식 기록에서는 울릉도를 송도(마쓰시마)라 불렀는데, 어떤 기록에서는 '송도, 일명 죽도'라 한 것도 볼 수 있다. 즉 울릉도에 대한 공식 명칭은 송도로 되었고, 죽도(타께시마)라는 별칭도 있었지만, 그것은 이후 독도에 대해서는 일본 쪽이 전혀 인식하지 못했음을 알 수 있다. 그런데 독도가 서양인들에게 처음 알려진 것은 1849년에 프랑스의 고래잡이배 '리앙꾸르(LIANCOURT)'에 의해서였으며, 그 배의 이름을 따서 독도를 '리앙꾸르'섬으로 불렀다.

이 '리앙꾸르'라는 이름이 일본에는 '리얀꼬(リャンコ)'로 전해져서 1894년 일본 서부지방의 『산인(山陰)신문』에 "죽도(울릉도)는 오끼(隱岐)에서 서북쪽으로 80여 리의 바다 가운데 고립해 있다. (오끼에서) 배로 50여 리를 가면 하나의 외딴 섬이 있는데 이를 속칭 '리얀꼬'섬이라 한다. 여기서 30여 리를 지나서 죽도가 있다"고 했는데, 이 기록에서는 울릉도가 죽도가 되고 독도는 '리얀꼬'섬이 된 것이다. 이름은 바뀌었다 해도 독도가 다시 울릉도와 연관하여 인지되고 있음을 볼 수 있다.

1876년 강화도조약이 체결된 후 일본의 요구에 의해 부산·원산·인천이 개항되고 그곳에 일본영사관이 개설되었고, 이들 영사관에서는 일본 외무성 통상국 앞으로 계속 영사 보고서를 보냈다. 일본이 독도를 '영토 편입'하기 3년 전인 1902년 10월 16일 보고에 "(울릉도) 동쪽 50 해리에 세 개의 작은 섬이 있는데 이것을 '리얀꼬'섬이라 한다. 우리나라 사람(일본인)은 송도라고 하는데 전복이 다소 생산되어 울릉도에서 출어하는 사람들이 있다. 그러나 섬에는 음료가 적어서 오래 출어할 수 없고 4~5일간 머물다가 울릉도로 귀항한다"고 했다. 일본영사관 보고인데도 울릉도의 조선 어민들이 독도에 출어한다고 했을 뿐 일본인이 출어한다는 말은 전혀 없음을 볼 수 있다.

부산의 일본영사관이 이같은 보고를 한 2년 후인 1904년에 나까이요오사부로오(中井養三郎)라는 일본인이 「리앤꼬섬 영토 편입 및 대하원(貸下願)」이라는 것을 일본의 내무·외무·농상무 3대신 앞으로 제출했다. 그것에 의하면, 소학교를 졸업하고 약간 한문 수업을 한 평민 출신 나까이는 잠수기 어업을 하면서 블라지보스또끄와 조선의 전라·경상도 연안을 다니며 어업에 종사했는데, 1903년에는 독도에 출어하여 "자본을 투하하고 어사(漁舍)를 지어 인부를 데리고 가서 어구(漁具)를 갖추어 고기잡이에 착수했다"고 했다.

이같은 '대하원'을 접수한 일본정부는 "1903년에 나까이가 독도에 이주하여 어업에 종사한 것이 관계 서류로 보아 확실하며, 국제법상 점령을 한 것이라 인정되므로 우리나라(일본) 소속으로 하고 시마네(島根)현 소속 오끼시마사(隱岐島司)의 소관으로 한다" 하고 결정한 후, 1905년 2월 22일자로 이른바 '시마네현 고시(告示)'라는 것으로 '영토 편입'을 했다. 그러나 한국정부는 1900년에 칙령 제41호로 울릉도를 다스리는 행정관을 종래의 도감(島監)에서 군수로 바꾸고, 그 관할 구역으로 울릉도 전체와 바로 그 옆에 있는 죽도(竹島) 그리고 석도(石島)로 한다 했는데, 이 석도 즉 돌섬은 곧 독도를 말한다.

일본이 독도를 '영토 편입'한 후인 1905년에 나까이는 타께시마어렵(竹島漁獵)합자회사라는 것을 설립했는데, 그 회사 자료를 보면 나까이가 「대하원」을 낸 것은 "독도는 울릉도의 부속도로서 한국 영토라고 생각되므로 (독도를 빌리는 문제는) 장차 통감부가 처리해야 할 일이라고 생각되어 토오꾜오에 가서 획책했는데, (일본정부) 수산국장이 독도가 반드시 한국 영토에 속하겠는가 하는 의문을 제시했고, 수로부장의 단정에 의해 이 섬이 전혀 무소속임을 확인하게 되었다"고 했다.

이같은 일본 쪽 기록으로 봐도 당시 일본인으로서는 독도를 가장 잘 알고 있는, 그래서 「대하원」을 내게 된 나까이까지도 독도가 한국 영토라 알고 을사조약에 의해 일본이 곧 한국에 설치하게 될 통감부를 통해서 그 섬에서의 어업권을 허가받으려 한 것이 사실이다. 그런데 현장 사정을 전혀 모르는 수산국장이니 수로부장이니 하는 사람들의 획책에 의해 영토 편입하려 하게 된 것임을 알 수 있다.

그럼에도 일본정부의 내무성 당국자는 러일전쟁 중일 때 한국영토일 수도 있는 한낱 불모의 암초를 영토 편입함으로써 한일관계를 주목하고 있는 외국들로 하여금 일본이 한국을 병합할 야심을 가졌다는 의심을 키우게 하는 것은 이롭지 못하다 하여 「대하원」을 각하할 것을 주장했다. 그리고 일본정부가 「무인도(리얀꼬섬) 소속에 관한 건」을 심의한 문서에는 당시의 일본 내각총리대신 카쓰라 타로오(桂太郎)가 사인을 하지 않고 부(不)자를 적어놓은 것을 볼 수 있다.

그뿐만 아니다. 일본이 독도를 '영토 편입'했다는 약 5개월 후인 1905년 7월 31일자로 부산에 있는 일본영사관이 또 한번 「울릉도 현황」을 제 정부에 보고했고, 여기에도 독도에 관한 언급이 있는데 그것을 옮겨보면 다음과 같다.

토도(ㅏ ㅏ)라고 하는 해수(海獸)는 울릉도 동남쪽 약 25리 지점에 있는 란꼬(ランコ)섬에 살아서 작년경부터 울릉도 도민들이 이를 잡기 시작했다. 잡는 기간은 4월부터 9월까지 6개월간이며, 어선 1조(組)는 엽수(獵手)와 수부(水夫) 등 약 10명인데 평균 하루 약 다섯 마리를 잡는다고 한다. 이 어업에 종사하는 사람은 30인이며 어선은 3조다. 토도 한 마리의 현 시가는 평균 3엔 정도다.

일본정부가 독도를 '영토 편입'하면서 그 이름을 타께시마(竹島)로 바꾸었다고 했는데, '영토 편입'한 지 5개월이 지난 때까지 울릉도 현황을 조사한 부산 주재 일본영사관원은 여전히 울릉도의 부속도서로서 독도를 함께 조사했다. 그뿐만 아니라 그 섬이 일본 영토로 편입되었다는 사실은 전혀 말하지 않고 있으며, 이름도 일본 영토로 편입할 때 붙였다는 타께시마가 아니라 리얀꼬를 잘못 표기한 란꼬로 되어 있다. 그리고 일본인 나까이가 출자하고 인부를 동원하여 어사를 짓고 어업을 하고 있다거나 했다는 말이 전혀 없음을 볼 수 있다.

그런데도 일본 외무성 정무국장이 나까이의 「대하원」에 대해 "전쟁 중이므로 영토 편입이 더 시급하다. 망루를 건축하여 무선이나 해저 전신을 설치하면 적함(러시아 군함)을 감시하기에 대단히 좋을 것이다. 외교상 내무성에서 우려하는 일 같은 것은 없을 것이다.「대하원」을 빨리 외무성으로 회부하라"고 하여 '영토 편입'이 이루어진 것이다.

일본이 독도를 '영토 편입'하는 일에 대해 일본정부에도 반대하는 의견이 많았다. 그런데도 힘에 겨운 러일전쟁을 도발해놓고 러시아 함대와의 해전에 대비하기 위해 한국 영토라고 알면서도 혹은 한국 영토일 것이라고 의심하면서도 부산 주재 일본영사관조차 모르게 몰래 '영토 편입'한 것이다. 그리고 지금도 제 땅이라 주장하고 있는 것이다. (2000)

독립운동사 연구의 신지평을 열다

김기승 순천향대 교수

1. 저술의 동기

　증보판『한국민족운동사론』(서해문집 2008)은 1985년에 간행한『한국
민족운동사론』(한길사)에 1985년 이후 집필한 글 네 편을 추가하여 간행
한 책이다. 1985년도에 간행한 책을 23년이 지난 2008년에 증보판으로
간행한 이유는 무엇일까? 저자는 서문에서 지난 23년 동안 시민사회의
역사의식이 성숙하고 민족주의에 대한 인식이 다양화되었지만, 시민들
은 여전히 1985년『한국민족운동사론』에서 제시했던 분단극복을 통한
통일과 민주주의 실현을 추구하고 있다고 하였다. 민족의 통일과 민주
주의라는 민족주의 과제는 아직도 실천해야 할 진행 중인 과제라는 것
이다. 그리고 이 책의 출간은 민족주의 과제 실천을 위한 시민사회의 요
구에 부응하려는 목적이 있다고 밝혔다.
　1978년 저자는『분단시대의 역사인식』을 출간하여 역사학의 현재성
에 주목하면서 민족분단의 상황 속에 살고 있는 역사가들은 시대적 과
제를 실천하기 위한 역사연구를 지향해야 한다고 주장하였다. 이후 저

자는 분단극복이라는 민족주의적 과제의 실현을 위한 역사학 수립을 자신의 과업으로 설정하고 역사연구를 수행하였다. 『분단시대의 역사인식』 이후부터 1985년까지 저자가 수행한 한국 근현대사 연구성과를 모아 『한국민족운동사론』이 나오게 된 것이다. 『분단시대의 역사인식』은 한국이 분단상황이라는 현재적 인식을 바탕으로 한국 역사학이 해결해야 할 민족사적 과제를 제시하기 위해 문제의식과 방향성을 환기하는 데 중점을 두었다. 이에 비해 『한국민족운동사론』은 민족분단의 직접적인 계기와 원인이 되었던 한국 근현대사의 전개과정을 직접적으로 다루면서 민족주의 과제를 역사학 연구에서 실천할 수 있는 구체적인 연구성과물은 물론 연구방법론까지도 제시하였다. 특히 여기에 수록된 글들은 반공주의적 군사독재정권에 의해 대학교수직에서 '해직' 당했던 상황에서도 민주주의와 민족통일의 가치를 역사학 연구에서 발현하기 위해 끊임없이 노력한 저자의 열정과 헌신을 담고 있다.

2. 저술의 관점

서론에서 저자는 『한국민족운동사론』이 어떤 생각을 갖고 집필되었는지를 말한다. 한국 근현대사는 민족적 과제를 실현하기 위한 민족운동의 지속적인 전개과정으로 규정된다. 민족주의적 과제는 외세의 침략이라는 상황에서 자주독립된 통일민족국가를 수립하는 일이다. 이러한 문제의식에서 저자는 한국 근현대의 민족운동을 여러 운동이 분열 대립하는 과정이 아니라 서로 연합하거나 협동하면서 통일된 민족국가를 형성하기 위해 지속적으로 발전하는 과정으로 체계화하고자 하였다. 그리하여 저자는 대한제국시기에는 반외세운동과 국민주권주의운동이, 식민지시기에는 국민주권국가 수립운동과 항일독립운동이, 해방 후에는 민주주의운동과 통일운동이 합쳐지는 것이 민족주의운동의 올바른 노선이 된다고 보았다.

그러나 기존의 한국 근현대사 연구는 분단상황에 매몰되어 민족운동의 일부만을 보고 전체를 보지 못하고 있으며, 외세의 침략에 대한 저항이라는 점에만 주목하여 국민주권주의운동으로서의 민족운동을 보지 못하고 있다. 이에 저자는 다음 두 가지 점에 관심을 기울였다고 한다. 첫째는 한국 근현대사에서는 민족분열적인 요인만 있었던 것이 아니라 통일민족국가 수립을 위한 생각과 행동도 있다는 사실을 실증적으로 밝히는 일이다. 두번째는 우리 민족이 외세침략에 대한 저항뿐만 아니라 어떠한 체제의 민족국가를 건설하려 했는가를 밝히고자 한다는 점이다.

그 결과 저자는 한국의 민족운동에서 다음 두 가지 사실을 높이 평가하였다. 첫째는 대한제국시대에 공화주의운동이 전개되었고, 식민지시기 독립운동 과정에서 공화주의가 정착되었다는 점이다. 이는 해방 이후 민족통일운동이 민주주의운동과 함께할 수밖에 없었던 역사적 필연성을 보여주는 것이라고 했다. 둘째는 식민지시기 민족운동에서는 민족주의와 사회주의, 좌익과 우익의 이념적 대립과 갈등을 극복하고 민족적 통합을 위한 민족협동전선운동 혹은 민족연합전선운동이 지속적으로 전개되어왔다는 사실이다. 이것은 해방 이후 통일민족국가 수립에 실패했지만, 분단극복을 위한 귀중한 유산으로 높이 평가해야 한다고 하였다.

3. 책의 구성과 내용

『한국민족운동사론』은 1부 '분단과 통일운동', 2부 '민족운동사의 성격', 3부 '민족운동의 전제', 4부 '민족운동사론의 주변', 5부 '일제 식민지배 청산의 과제' 등 모두 5부로 구성되었다. 이 중 5부가 1985년 이후 새로 집필한 글들을 모아 2008년에 간행할 때 새롭게 증보한 부분이다.

저자는 한국사 연구를 조선후기 경제사로부터 시작하였는데, 대한제국시기와 식민지시기는 물론 해방 이후 우리가 살고 있는 시대에까지 관심과 연구 범위를 확대하였다. 『한국민족운동사론』에 수록된 글들이 주로 다루고 있는 시대는 근현대이지만, 멀리는 조선시대부터 가까이는 4월혁명에 관한 글도 있다. 모든 글들이 통일과 민주라는 저자의 현재적 문제의식을 담고 있지만, 일제 식민지배 청산이라는 현재 우리들의 관심을 글의 중심 주제로 다루기도 하였다. 저자의 역사학적 관심은 특정 시기의 특정 집단이나 사건에 대한 실증적 탐구에만 머물지 않는다. 저자는 한국민족이라는 역사적 운명공동체가 근현대 외세의 침략에 맞서면서 통일된 민족국가의 수립을 위한 노력이 어떻게 전개되었는지를 밝히려고 한다. 그런데 통일은 현재의 분단상황에서는 현재는 물론 미래의 과제이기도 하다. 따라서 저자의 역사연구는 과거의 연구에만 머물지 않고 현재적 실천과 미래에 대한 전망과 연결되는 통시대사적 접근이라는 특징을 지닌다.

1부 '분단과 통일운동'은 저자가 근현대 한국의 민족운동을 통일과 민주주의를 통합하는 관점에서 체계적으로 정리한 글들을 수록하고 있다. 1장 「한국 근대 민족주의의 전개 과정」에서는 기존의 민족주의에 대한 연구가 저항주의와 국가주의에 머물러 있고, 해방 이후에는 주목하지 못하고 있다고 비판하였다. 저자는 민족주의에서 국민주권주의의 중요성을 강조하면서 대한제국시기와 식민지시기의 독립운동이나 해방 이후의 통일운동까지도 국민주권주의와 결합할 때 민족주의의 올바른 발전이 가능하다고 보았다. 이런 관점에서 저자는 한국민족주의 발전 단계를 국민주권주의가 싹튼 구한말 시기, 임시정부 수립으로 국민주권주의가 정착한 시기, 독립운동 진영이 좌우로 분열되었다가 민주사회주의로 연합전선을 형성한 시기, 해방 이후 국가주의와 대항하면서 통일운동으로 발전한 시기 등 네 단계로 나누어 정리하였다. 2장 「좌우합작운동의 경위와 그 성격」에서는 해방 정국에서 추진된 좌우합작운동을 민족통일을 위한 민족주의운동의 일환으로 자리매김하였다. 3장 「4월혁명의 민족사적 맥락」에서는 4월혁명을 민주주의 민중운동으로 규정한다. 그리고 4월혁명을 갑오농민전쟁과 식민지시기 민중운동을 계승한 것으로 분단시대 민주주의운동이 통일운동으로 발전한 민중운동의 출발점이라고 그 역사적 의미를 부여하였다. 4장 「민족분단의 역사적 원인」에서는 민족분단의 원인을 식민지시기 독립운동 과정에서 이념적 대립과 분열, 한반도라는 지정학적 위치로 인한 외부 세력의 국토 분할 시도, 해방 직후 분단극복 노력의 실패 등 세 가지로 정리하였다.

2부 '민족운동사의 성격'은 근현대 민족운동에 관한 네 편의 글을 수록하였다. 1장 「독립운동 과정의 민족국가건설론」은 독립운동이 항일운동 측면뿐만 아니라 민족국가건설운동으로서의 성격도 갖고 있음을 강조한 최초의 연구이다. 저자는 한국의 민족운동이 전제군주제를 청산하고 공화주의를 정착하는 과정을 추적하고, 식민지시기 좌익과 우익의 민족국가건설론을 비교 검토하였다. 그 결과 좌익과 우익이 대립과 연합을 반복하면서 국가건설론에 있어서는 민주사회주의 혹은 사회민주주의로 수렴하는 경향이 있음을 실증적으로 밝혔다. 2장 「동도서기론의 재음미」에서는 동도서기론이 국민주권주의를 부정했다는 점에서 근대적 민족주의론으로는 한계가 있다고 하였다. 3장 「민족운동·삼균주의·조소앙」은 대한민국임시정부의 대표적 이론가로서 삼균주의를 바탕으로 「대한민국건국강령」을 기초한 조소앙의 사상과 활동을 정리한 글이다. 이를 통해 중국 관내 독립운동 진영에서는 삼균주의에 의한 좌우익의 연합전선이 형성되었고, 이것이 해방 이후 남북 통일운동으로 계승되고 있음을 말하였다. 저자는 삼균주의를 한국 민족주의운동 발전의 중요한 사례로서 평가하였다. 4장 「일제시대의 반식민사학론」은 민족주의사학과 사회경제사학이 식민사학을 극복한 성과와 한계를 정리한 글로서 시대적 과제를 해결하기 위한 역사학자의 자세가 어떠해야 하는지를 환기하였다.

3부 '민족운동의 전제'는 민족운동을 이해하기 위한 배경이나 관련된 사건을 다루는 글들을 수록했다. 1장 「조선은 어떻게 500년이나 지속되었는가」는 조선왕조의 안정성을 긍정적으로 보는 기존 견해를 비판한 글이다. 조선왕조는 피지배층의 변화와 발전의 역동성을 억압하는 정책을 취하여 500년이나 정권을 유지했지만, 그 결과 한국민족은 근대적 발전이 저해되어 식민지로 귀결되었다고 보았다. 2장 「실학의 상공업발전론」은 실학자들의 개혁론이 시대적 한계가 있기는 했지만, 조선왕조 지배체제를 탈피하려는 노력이었으며, 부분적으로 통상개화론으로 연결되는 사상임을 밝혔다. 3장 「대한제국 앞의 네 가지 길」은 한국의 식민지화의 원인을 살펴본 글이다. 대한제국은 근대 이전처럼 대륙세에 포함되어 제약된 주권을 갖는 길, 해양세에 예속되는 길, 대륙세와 해양세의 협상에 의해 분단되는 길, 중립화하여 독립하는 길 네 가지 가능성이 있었다고 한다. 그렇지만 대한제국은 이 중에서 가장 나쁜 해양세의 식민지로 전락하고 말았다는 것이다. 당시 한반도를 둘러싼 국제사회를 해양세와 대륙세의 대립으로 보고, 그러한 정세 속에서 대한제국이 선택 가능한 길을 일목요연하게 정리한 글이다. 한반도를 둘러싼 국제사회의 대립구도는 해방 이후 국토 분단의 직접적 원인이 되었으며, 아직도 분단체제가 존속되는 중요한 환경으로 작용하고 있다. 이 점에서 이 글은 분단극복과 통일국가의 미래를 생각할 때 중요한 시사점을 제공해준다고 할 수 있다. 4장 「일제 통치의 민족사적 피해」에서는 정치사와 경제사 두 측면에서 일제 통치로 인한 피해를 지적하였다. 즉 일제 침략으로 인해 20세기 전반기의 자주적인 국민주권주의운동과 민족자본의 성장이 저해되고 말았고, 이는 해방 이후의 정치경제적 발전의 저해 원인이 되었음을 지적하였다.

4부 '민족운동사론의 주변'은 다른 연구자들의 연구나 작품에 대한 논평이나 서평 형식의 글들이다. 여기에는 독립운동사 연구방법론, 역사학과 문학의 관련성, 지식인과 역사변혁에 대한 글들을 수록했다. 1장 「독립운동사 연구론」과 2장 「신간회운동 연구론」은 1980년대 초반 한국 독립운동사에 대한 연구성과를 돌아보면서 근현대 국내외에서 전개된 독립운동의 전체적 흐름을 이해한 바탕 위에서 연구가 진행되어야 한다는 점을 지적했다. 3장 「지식인과 역사변혁」은 이우성의 『한국의 역사상』에 대한 서평으로서 역사의 변혁기에 지식인이 어떠한 역할을 수행해야 하는가에 대한 문제의식을 갖고 집필한 글이다. 4장 「역사학이 찾은 시대와 소설이 담은 시대」는 이우성과 임형택이 편찬한 『이조한문단편집』에 대한 서평이다. 조선시대의 문학작품을 읽고 작품 속에 나타난 역사적 사실이 역사학자가 밝혀낸 사실과 어떤 관련성이 있는 지를 살펴보았다. 5장 「소설 『토지』와 한국 근대사」는 박경리의 장편소 설 『토지』를 읽고 문학가가 소설 속에 허구적으로 창작하여 묘사한 한 국 근대사의 모습이 역사가로서의 저자가 사료에 대한 실증적 연구를 통해 규명한 사실과 일맥상통하고 있음을 발견하고 쓴 글이다. 특히 저 자는 『토지』에 묘사된 '백성'과 '농민'이 겪은 한국 근대사의 모습을 찾 아내 보여줌으로써 민중사관의 가능성을 탐색하고 있다.

5부 '일제 식민지배 청산의 과제'는 2008년 증보판에 새롭게 추가된 부분으로 식민지 유산의 청산이라는 현재적 과제를 다룬 글들을 수록 했다. 1장 「한·일 근대사를 바로잡는다」는 일본어로 일본에서 발표된 저자와 나까쓰까 아끼라와의 대담을 번역한 글인데, 동아시아의 평화 를 위한 한일 간의 역사문제 해결 방향을 제시하고 있다. 2장 「일본군 '위안부'의 개념과 호칭 문제」는 '종군위안부'의 실상이 어떠했는지를 개관하면서 실질적으로는 '성노예'였음을 밝히는 글이다. 3장 「침략전 쟁기 강제동원된 조선 노동자의 저항」은 일제 고등경찰이 작성한 『특 고월보』에 실린 강제동원된 조선 노동자들의 분쟁 관련 기록에 대한 연 구를 통해 강제노동의 실상을 밝힌 글이다. 4장 「독도는 왜 일본 땅이 아닌가」는 독도에 관한 일본 측 자료 분석을 통해 일본 측 스스로 독도 가 일본 영토가 아니라는 것을 인정하고 있었음을 밝힌 연구이다.

4. 저술의 의미

저자는 한국의 민족운동사를 대한제국시기, 식민지시기, 해방 이후

전체를 아우르고, 더 나아가 미래의 통일한국까지도 전망하는 거시적
이고 장기적인 발전적이고 진보적인 역사관으로 정리한다. 따라서 저
자의 민족운동사 연구는 오늘과 미래의 민주화와 통일이라는 민족사
적 과제의 실천과 맞물려 있다. 저자는 기존 연구에서 소홀히 했던 국민
주권주의와 민족연합 혹은 민족협동의 사실과 관념을 민족운동사 이해
의 핵심 요소로 확립하였다. 이는 분단현실에 매몰되지 않고 민주화와
통일이라는 민족사적 과제를 해결하려는 치열한 역사학적 실천 속에서
거둔 성과였다. 이 점에서 『한국민족운동사론』은 실천적이고 진보적인
역사가가 이룩한 한국독립운동사 연구의 전형적 사례라고 할 수 있다.

강만길 저작집 간행위원
조광 윤경로 지수걸 신용옥

강만길 저작집 04
한국민족운동사론

초판 1쇄 발행/2018년 12월 5일
초판 2쇄 발행/2021년 11월 18일

지은이/강만길
펴낸이/강일우
책임편집/부수영 신채용
조판/정운정
펴낸곳/(주)창비
등록/1986년 8월 5일 제85호
주소/10881 경기도 파주시 회동길 184
전화/031-955-3333
팩시밀리/영업 031-955-3399 편집 031-955-3400
홈페이지/www.changbi.com
전자우편/human@changbi.com

ⓒ 강만길 2018
ISBN 978-89-364-6057-0 93910
      978-89-364-6984-9 (세트)